KB182379

2006년 역사학회 하계 심포지움

한국 근·현대사 교과서의
'독립운동사'서술과 쟁점

역사학회 편

景仁文化社

책 머 리 에

역사학의 유일한 학회로 창립된 이후 歷史學會는 반세기가 넘는 동안 한국의 역사학 발전에 꾸준히 기여해 왔다. 그 동안 한국의 역사학은 장족 의 발전을 거듭해 왔다. 서양사·동양사·한국사를 연구하는 학회가 연이 어 설립되었고, 三史 내에서도 각 시대나 국가는 물론, 분류사나 인물 또 는 특수한 사건을 연구하는 소학회가 결성되었다. 자연히 연구 영역이 세 분화되고 전문화되면서 역사학계는 학문의 수준을 높였을 것이지만, 이와 비례하여 연구 성과를 비평하고 종합하는 작업을 요구하게 되었다. 앞으로 역사학계는 바로 이런 점에 관심을 가져야 할 것이다.

역사학회는 학회지인 『역사학보』를 통해 매년 한국 역사학계의 연구 성과를 정리하는가 하면, 한편으로 한국사는 물론 동양사와 서양사를 아우 르는 종합 학회로서의 위상을 견지해 왔다. 또한 월례 학술발표회를 없애 면서, 서평이나 논단 중심의 연구업적을 게재하려고 노력하였다. 그러나 연구 성과를 종합하는 문제는 역사학회 혼자만의 몫으로 남을 수는 없다. 역사관련 모든 학회가 서로 모여 고민할 때에 밝은 내일을 바라볼 수 있을 것이다.

역사학회는 매년 한국사·동양사·서양사 연구자들이 모두 참가하는 공동의 학술심포지엄을 개최하여 그 성과를 단행본으로 출간하였다. 전임 이태진 회장이 주관한 학술 심포지엄의 성과가 『전쟁과 동북아의 국제질 서』(일조각, 2006)로 출간되었고, 2005년도의 하계 학술심포지엄의 성과는 『광복60년 한국역사학의 성과와 과제』(일조각)로 인쇄 중에 있다. 이번에 출간하는 『한국 근·현대사 교과서의 '독립운동사'서술과 쟁점』은 2006년 도 학술 심포지엄의 성과를 묶은 것이다.

iv

이 책에는 모두 8편의 논문과 토론 녹취록이 실려 있다. 그 내용은 크게 보아 세부분으로 나뉜다. 첫째, 올바른 역사교육을 위한 제언이다. 즉 바람직한 역사교과서의 편찬과 역사인식의 문제를 다루었다. 둘째. 국내의 독립운동이나 광복 이후 민족국가 건설에 관한 성격을 논한 것이다. 한말에서부터 일제강점기에 이르는 독립운동이나 3·1운동 및 민족문화운동의 전개과정과 그것이 민족국가의 건설에서 어떻게 계승되었는지를 밝히고자 하였다. 셋째, 국외 독립운동의 전개과정이나 외국의 교과서에서 독립운동사가 어떻게 서술되었는지를 다루었다. 중국이나 미국 등 각 지역에서 독립운동이 확산되어나간 과정을 추구하고, 독립운동사 서술에 대하여 폴란드와 한국의 역사교과서를 비교하였다. 마지막의 토론문은 정돈된 문장으로 수정된 것이지만, 개중에는 현장감을 살리는 표현을 남겨두기도 하였다.

역사학회 연구이사인 尹善子교수가 이 책에 실린 내용의 학술심포지엄을 맡아 계획하고 줄곧 주관하였다. 그리하여 본래의 취지는 근·현대 교과서에 독립운동사가 어떻게 서술되어 그 쟁점이 무엇인가를 제시하려는 방향으로 기획한 것이다. 그러나 논의 과정에서 역사교육이나 역사인식의 문제를 총론으로 다룸으로써, 자연히 발표 내용이 한국사에 치우쳐 동·서양사 분야를 포괄적으로 논의하려는 역사학회 본래의 의도를 벗어나게 되었다. 또한 중국이나 미국 등 외국에서 한국독립운동이 확산되는 과정에 천착하다 보니, 동·서양의 각 국가들이 독립운동사를 어떻게 서술하고 있는가를 한국의 사례와 비교하는데 소홀하였다. 이러한 미비점은 본래의 취지를 바꾸면서 일어났고, 그 책임은 전적으로 본인에게 있다.

그래도 허심탄회한 토론을 이끌어 낸 데에 한 가지 위안을 삼고자 한다. 보통 학술심포지엄에는 뜻이 맞는 비슷한 경향의 학자들이 모여 발표하고 토론하는 경우가 많다. 역사학회는 서로 생각이 다른 연구경향을 포용할 수 있어야 한다.

이 책에서는 발표자나 토론자들이 상반된 견해를 스스럼없이 제시하여 많은 문제점을 노출시켰다. 이점은 당장 해결될 수 있는 것은 아니지만, 앞으로 이념의 벽을 허물고 객관적인 진실을 파악함으로써 한국의 역사학이 공영의 길을 모색하게 될 것이다.

지난 여름 약암관광호텔에서 발표와 토론으로 이어지는 빡빡한 일정 속에서도, 우리 역사학도들이 삼삼오오 둘러앉아 늦 여름밤을 談論으로 보내면서 정의를 쌓았다. 보람을 느끼지 않을 수 없다. 책이 나오기까지 많은 분들이 수고해 주었다. 먼저 좋은 원고를 써주신 필자와 사회자·토론자 여러분에게 감사드린다. 특히 일반 참가자분들은 이 학술심포지엄을 성황리에 마치게 해주어 두루 고마울 뿐이다. 역사학회의 池斗煥교수를 비롯한 윤선자·李益柱·宋亮燮·李柱亨·姜明喜·任城模·郭次燮·朴興植교수가 열과 성의를 다하였다. 학술심포지엄이 순조롭게 진행되도록 궂은 일을 도맡아 처리한 趙串休 총무간사와 토론 녹취록을 정리하고 책의 교정을 맡았던 金圭俊 편집간사가 너무 수고해 주었다. 고마움을 표한다. 끝으로 이 학술심포지엄을 지원해준 보훈처와 출판을 맡아준 경인문화사의 韓政熙 사장과 아담한 책으로 꾸며준 申鶴泰 부장을 비롯한 편집부 여러 분에게 감사의 뜻을 전한다.

2006년 10월 30일

金 斗 珍

< 목 차 >

제1부

총 론

'올바른 역사교육과 바람직한 역사교과서'를 위한 제언

유 영 익(연세대 국제학 대학원 석좌교수)

스페인 출신의 미국 철학자 G. 쌴타야나(George Santayana, 1863-1952)는 일찍이 "과거를 [올바로] 기억할 수 없는 사람들은 그것을 되풀이하도록 저주받는다."(Those who cannot remember the past are condemned to repeat it.)라는 명언을 남겼다. 같은 맥락에서 영국의 정치가 W. 처칠(Winston Churchill, 1874-1965)은 "당신이 더 멀리 되돌아보면 볼수록 그만큼 더 멀리 앞을 내다볼 수 있을 것이다"(The farther backward you look, the farther forward you are likely to see.)라고 갈파한 바 있다. 이러한 서양인들의 역사론은 역사의 기록과 전승이 개인과 민족의 흥망성쇠를 좌우한다는 동양인의 전통적 역사관과 부합한다.

우리의 현실을 살펴보면, 해방 후 한국의 역사학자들은 '과거를 기억'하기 위한 노력을 무단히 펼쳐왔지만 그 노력이 '저주받은 역사'의 고리를 끊는데 크게 기여하지 못한 것 같다. 그 이유는 우리나라의 현대 역사학이 민족주의와 맑시즘 등 이데올로기의 과잉 영향하에 기형적으로 발전하여 과거를 사실 그대로, 진실되게 파헤침에 미흡했기 때문이 아닌가 여겨진다. 이러한 역사학의 취약점은 한국 근・현대사 분야의 연구와 서술에서 가장 두드러지게 나타났다고 본다. 그렇게 된 이유는 국내 역사학자들이 자국의 근・현대사 연구를 게을리 한 틈새를 타고 1980년대 초부터 미국에서 유입된 수정주의라는 편향된 역사관이 남한 학계를 석권했기 때문이다. 그 결과 오늘날 한국의 많은 지성인들은 자기가 태어난 대한민국이 건국 후 정치, 경제, 사회, 문화, 과학기술, 예능 등 여러 분야에서 세계역사상 보기 드문 발전을 성취했음에도 불구하고 자기나라 역사를 자랑스럽게 여기기는 커녕 오히려 '부끄럽고 불행한 역사' 혹은 '실패한 역사'라고 생각하게 되었다.

지난 6월 28일 미국 시카고대의 전국 여론조사센터(The National Opinion Research Center)에서 세계 34개 민주주의 국가를 대상으로 실시한 '국가 자부심'(patriotism) 여론조사에서 조사대상자들이 자국의 정치적 영향력, 경제적 성공, 체육, 역사 등 분야에서 얼마나 긍지를 느끼는 지를 설문한 결과 한국은 거의 꼴찌에 가까운 31위에 그쳐 1위를 차지한 미국, 18위의 일본, 29위의 대만 등에 훨씬 뒤졌다고 한다. 물론 한국 근・현대사에는 부끄럽고 불행한 사건이 수없이 많았지만 반면에 영광스럽고 대견한 일이 그에 못지 않게 많았던 것이 사실이다. 그런데 오늘날 한국 지성인들의 자국에 대한 자부심이 이렇게 낮은 것은 그들이 역사 교육을 통해 자국의 근・현대사를 올바로 배우지 못한 데 연유함이 틀림없다. 요컨대, 현재 대한민국 지성인들은 대체로 자국의 역사에 대해 균형있는, 건전한 인식을 못하고 있는 것이 분명한데 그 원인은 그들이 한국 근・현대사를 제대로 배우지 못했기 때문이라고 말할 수 있다. 그리고 그들에게 건전한 역사교육을 베풀지 못한 책임은 누구보다도 우리들 역사학자에게 있는 것이 확실하다.

역사 교육의 핵심 매체는 역사 교과서이다. (TV의 역사 드라마를 통한 역사교육도 시청자들의 역사 인식 형성에 엄청난 영향을 끼치지만 그 영향의 정도는 교과서를 능가하시 못한다.) 우리나라에서 역사 교육이 제대로 행해지지 않고 있다는 것은 역사교과서가 제대로 만들어지지 않았다는 얘기로 귀결된다. 특히 한국의 많은 지식인들이 자국의 현대사에 대해 부정적인 인식을 하고 있는 것은 그들이 교육을 받는 과정에서 사용하였던 한국 근·현대사 교과서의 내용이 그러한 인식을 부추겼기 때문일 것이다. 최근에 불거진 교과서 논쟁에서 밝혀진 대로 현행 고등학교 한국 근·현대사 교과서, 그 중에서도 특히 전국 고등학교에서 가장 많이 채택된 K출판사의 교과서는 대한민국의 역사를 부정일변도로 서술하고 있다. 그러한 편향된 교과서로 한국 근·현대사를 공부한 학생들이 대한민국에 대하여 비판적, 부정적으로 인식하는 것은 너무나 당연하지 않은가.

나는 최근에 이르러서야 잘못 쓰여진 역사교과서가 국민교육에 끼치는 해독이 얼마나 심각한 지를 뼈저리게 깨닫고 뒤늦게나마 현행 고등학교 한국 근.현대사 교과서들을 살펴보았다. (나는 평생 한국 역사를 공부한다 하면서 전공에 관련된 논문을 쓰는데 골몰한 나머지 역사교육의 핵심자료인 국사 교과서에 대해 관심을 기울이지 못한 점에 대해 국민들에게 죄송하게 생각한다.) 그 결과 이 교과서들이 정도의 차이는 있지만 문체, 체제, 내용, 그리고 교과서 편찬 취지에의 적합성 등 여러 면에서 기대에 못 미친다고 느꼈다. 그러면서 나는 우리나라 역사학계에는 역량있는 학자들이 수두룩히 많은데 어째서 역사 교과서는 이렇게 저질인가라는 의문을 제기해보았다. 나는 오늘 이 자리를 빌어 "왜 한국에는 이상적인 근·현대사 교과서가 나타나지 않았는가"라는 의문에 대해 나의 경험담을 토로함으로써 – 역사학회에서 나에게 맡긴 연제(演題)인 – '올바른 역사교육과 바람직한 역사교과서'에 관한 나의 소견을 제시하고자 한다.

나는 1981년경 문교부의 역사 편수관으로부터 중·고등학교 국사교과서의 근·현대사 관련 원고를 검토·교정해달라는 요청을 받고 처음으로 국사교과서 문제에 관심을 갖게되었다. 그 때 나는 미국 대학에서 9년간 동양사를 가르치다가 귀국한 지 1년 정도 밖에 되지 않았기 때문에 국내학계의 동향에 어두었다. 뿐만 아니라 내가 봉직하게 된 대학에서 가르칠 한국 근·현대사 과목의 강의 준비를 하느라 눈코 뜰 사이가 없이 바빴던 까닭에 문교부 편수관의 요청을 처음에는 완곡히 거절하였다. 그러나 편수관의 집요한 요청에 몰려 할 수 없이 결국 국사교과서 근·현대사 부분 원고를 검토하게 되었다. 원고를 읽어 내려가면서 나는 제출된 원고 내용에 애매모호한 부분이 허다하고, 전문 용어의 사용에 문제점이 많으며, 문장이 너무 거친 점등에 크게 실망했다. 그러면서 국사교과서의 원고가 이렇게 실망스럽게 된 원인은 교과서 집필자들이 역사학계에서 권위가 높은 중진 학자들이 아니라 박사학위를 갓 취득한, '풋내기' 소장 학자들이기 때문이라고 판단했다. 그리고 이 같은 현상은 미국이나 일본 같은 선진국에서는 상상할 수도 없는 일이라고 생각했다.

그 때 문교부 측에서는 20일 이내에 원고 검토·교정 작업을 끝내달라고 요청했다. 따라서 나는 그 기한내에 작업을 '적당히' 끝내고 고친 원고를 문교부로 돌려보냈다. 그러면서 내심으로 '교정된' 원고가 내가 보기에도 부족한 점이 많은데 장차 그 원고로 만들어진 교과서를 가지고 역사를 공부하게 될 학생과 교사들은 얼마나 골탕을 먹을 것인가를 생각하면서 양심의 가책을 느꼈다. 이 경험을 통해 나는 대한민국 문교부가 국사교과서 편찬을 졸속으로 처리한다고 생각하였다. 문교부 측에서는 나에게 교과서 원고의 검토·교정 작업을 20일 이내에 끝내달라고 했기 때문이다. 그러나 나는 한 나라의 국사 교과서 원고를 제대로 검토·교정하기 위해서는 적어도 몇 달간의 시간 여유가 필요하며 또 그 내용이나 표현을 완벽하게 가다듬기 위해서는 관련 학자들이 적어도 한 달 이상 합숙하면서 세미나를 통해 의견을 충분히 교환하는 것이 바람직하다고 믿었던 것이다.

이 경험을 통해 나는 학문적으로 미숙하고 교육 경험이 부족한 풋내기 역사학자들이 국사교과서를 집필하고 또 문교부가 국사교과서 문제를 졸속으로 처리하는 한 우리나라에서 훌륭한 국사교과서의 출현을 기대하는 것은 무리임을 깨달았다. 그러면서 내심으로 교과서 집필에 참여하지 않은 중진급 역사학자들은 2세 국민의 역사교육을 외면함으로써 일종의 직무유기(職務遺棄)죄를 범했다고 생각했다. 나중에 알게된 사실이지만, 한국의 '정상급' 역사학자들 ― 주로 실증주의 역사학자들 ― 은 1981년의 이른바 '국사교과서 파동' 때 국회 문공위원회 회의실에서 개최된 고대사 관련 공청회에 출석하여 그곳에서 재야 사학자들의 편을 드는 일부 국회의원들로부터 식민주의 사학자로 지목되어 '평생 잊을 수 없는' 곤욕을 치른 후부터 국사교과서 집필을 기피하게 되었다고 한다.(윤종영,『국사교과서 파동』, 92쪽) 여하튼 나는 한국 역사학계의 중진들이 1980년대 이후 국사교과서 편찬에 소극적인 태도를 취함으로써 국사 교과서의 질이 저하되었으며 이에 따라 2세들의 국사 교육은 소홀하게 되었다고 본다. 오늘날 우리나라 국사 교과서가 여러 면에서 흡족하지 않은 근본 원인은 한국의 역량있는 실증주의 역사학자들이 국사교과서 편찬 문제를 강 건너 불 보듯 방관하며 교과서 집필을 기피한데서 비롯된다고 생각한다.

내가 두 번째로 국사교과서 문제에 대해 깊이 생각하게 된 계기는 2002년 어느 날 나의 한 제자가 내 연구실로 찾아와 자기가 고등학교 검인정 근·현대교과서를 집필했다고 자랑하면서 교과서 집필과정에서 겪은 실화 한 토막을 털어놓았을 때이다. 그 제자는 동학농민운동을 다룸에 있어 다른 한 명의 공동 집필자(S대 출신 교수)와 함께 이른바 '동학12개조폐정개혁안(東學十二個條弊政改革案)'('12개조 개혁안'을 약칭)이란 것이 허구임을 알기 때문에 애당초 그 개혁안을 교과서에 싣지 않기로 작정했는데 교육인적자원부(아래에서 '교육부'로 약칭)에서 집필자들에게 시달한 '국사 교육내용 전개의 준거안'에 그 개혁안을 의무적으로 인용하도록 되어있었기 때문에 부득이 교과서에 실었다고 고백했다. 나는 '12개조 개혁안'이란 것이 1940년에 어느 무명의 아마추어 역사가(오지영)가 『역사 소설 동학사』라는 책에 임의로 삽입한, 역사상 존재하지 않은 자료임을 논문을 통해 입증한 장본인이기 때문에 이 '고백'을 듣고 깜짝 놀랐다. 나는 교과서 검정권을 갖고있는 교육부가 '국사 교육내용 전개의 준거안'이라는 것을 내세워 사실(史實)에 어긋나는 비(非)진리를 국사교과서에 싣도록 강요한 사실에 분개했다. 이 얘기를 듣고 나서부터 나는 우리나라 교육부가 일본 문부성 못지 않게 역사 왜곡을 자행한다고 생각했고, 그 후로 일본 정부의 역사 왜곡에 대해 입을 다물게 되었다.

위의 에피소드는 나에게 우리나라 국사교과서 문제에 대하여 좀 더 깊은 생각을 굴리게 만들었다. 나는 국사교과서에 '12개조 개혁안'이 들어간 것은 교육부와 '국셔 교육내용 전개의 준거안' 작성에 참여한 일부 역사학자들에게 책임이 있다고 생각했다. 그러나 나중에 곰곰이 생각해 보니 일이 그렇게 된 데에는 그 에피소드를 나에게 귀띔해 준 제자와 그의 동료인 S대 출신 집필자에게도 적지 않은 책임이 있다고 여겨졌다. 그들은 '12개조 개혁안'이 허구임을 뻔히 알면서도 교육부의 '준거안'을 정정당당하게 거부하지 않고 '12개조 개혁안'이 사실인양 교과서에 기재함으로써 결과적으로 역사 왜곡에 동조하였으며 2세의 국사교육을 그르쳤기 때문이다. 나는 이들 소장 역사학자가 명리에 이끌리거나 용기가 부족하여 자신의 양심을 버리고 자신들이 받들어야 할 역사적 진실을 제대로 수호하지 않은 사실을 중시하였다. 나는 우리나라의 소장 역사학자들간에 진리 수호에 필요한 학문적 용기가 결핍된 상황에서 훌륭한 국사교과서가 탄생하기를 기대하는 것은 연목구어(緣木求魚)가 아닌가 생각하게 되었다.

내가 세 번째로 국사교과서에 관심을 갖게 된 것은 2005년 1월 '교과서 포럼'이라는 단체가 주최한 「고등학교 근·현대사 교과서를 비판한다」라는 주제의 학술회의에 종합토론자로 참석함을 계기로 K사에서 출판한 교과서를 포함한 6종의 검인정 교과서를 검토한 다음이다. 나는 한국 근·현대사 교과서에서 가장 중요한 대목—근·현대사 교과서의 생명줄—은

대한민국이 언제, 누구에 의해, 어떻게 수립되었느냐를 정확하고 자세하게
기술하는 것이라고 생각해왔다. 그런데 6종의 교과서를 살펴보니 거의 모
두가 대한민국의 건국에 대하여 간략하게 그리고 탐탁치 않게 기술하고 있
는데 적이 놀랐다. 특히 K사가 출판한 교과서의 경우 대한민국의 건국과
정에 관한 서술은 한 페이지에 불과하였다. 반면, 대한민국 수립 이전의
'해방공간'에 관한 서술은 자못 장황한 데 그 내용은 대한민국 건국에 반
대했던 몽양 여운형의 건국동맹, 건국준비위원회, 그리고 조선인민공화국
등에 관한 것이었다. 그러나 이 교과서에는 대한민국 건국의 주역인 우남
이승만과 그를 후원한 대한독립촉성국민회 및 한민당 등에 관해서는 일언
반구의 서술도 없었다. 이렇게 함으로써 이 교과서는 고등학교 학생들에게
이승만은 집권하지 말았어야 할 인물이고 대한민국은 태어나지 말았어야
할 나라라는 인식을 뇌리에 심어준 셈이다. 나는 이러한 건국사 서술은 국
사 교과서 편찬취지를 벗어난 일종의 반란선동행위라고 생각했다. 이러한
교과서가 뻐젓이 세상에 나올 수 있었던 것은 1차적으로 그 교과서를 집필
한 집필자들에게 책임이 있고 2차적으로 그러한 교과사를 '검정'·합격시
킨 교육부에 책임이 있다고 생각했다. 대한민국은 학문 연구와 언론의 자
유가 헌법상으로 보장된 나라이니까 역사학자들이 자기의 개인적 논저를
통해 대한민국 건국에 대해 부정적 내지 비판적 견해를 밝히는 것은 얼마
든지 허용되며 또 그렇게 하는 것은 한국 역사학의 발전을 위해 어느 정도
바람직하다. 그렇지만 대한민국 국사 교과서에서 대한민국의 정통성을 부
정하거나 훼손하는 학설을 활용하는 것은 교과서 편찬취지에 어긋나며 상
식적으로 도저히 용납될 수 없는 일임이 분명하다. 나는 대한민국의 건국
을 못마땅하게 여기는 학자라면 애당초 한국 근·현대사 교과서의 집필을
사양했어야 된다고 생각한다. 그리고 대한민국 건국에 비판적인 내용을 담
은 교과서를 검정·합격시킨 교육부의 교과서 검정 담당관은 – 우리나라가
정상적인 국가라면 – 당연히 직무태만죄 내지 내란방조죄로 엄중히 처벌받

앉어야 마땅하다고 생각한다.

K사에서 출판된 한국 근·현대사 교과서의 대한민국 건국사 관련 부분을 읽으면서 나는 그 부분의 서술이『한국전쟁의 기원 - 해방과 단독정부들의 대두, 1945-1947 - 』(The Origins of the Korean War: Liberation and the Emergence of Separate Regimes, 1945-1947)(1981)을 저술한 미국의 수정주의 역사학자 B. 커밍스(Bruce Cumings)의 대한민국 탄생사의 논지와 흡사하다고 직감했다. 요사이 K사의 한국 근·현대사 교사서를 비판하는 일부 학자들은 그 교과서의 현대사 서술이 북한의『현대조선역사』(1983)를 본 딴 것이라고 주장하지만 나는 그 교과서가 우리나라 보다 학문적 수준이 낮은 북한의 역사서를 모방한 것이라기 보다 커밍스의 저서에서 영향받은 것이라고 판단한다. (설사 북한의 역사서를 거의 표절하다 시피 모방한 것이 사실일 지라도 커밍스의 저서에 고무되어 그렇게 했을 것이라고 생각한다.) 그리고 K사의 교과서 집필자들이 커밍스의 현대사 인식을 고스란히 수용한 것은 일종의 학문적 사대주의 현상이라고 생각한다. 그런데 1991년 소련의 붕괴와 함께 커밍스의 수정주의적 역사관에는 치명적 오류가 있다는 사실이 밝혀진 다음에도 K사의 근·현대교과서 집필자들이 커밍스의 학설에 의존한 까닭은 무엇일까? 물론 교과서 집필자들의 이념적 편향이 고질화되어 있기 때문이다. 그러나 나는 그러한 이념적 편향성에 앞서 그들이 한국 현대사에 대해 무지(無知)하기 때문이라고 보고 싶다. 나의 현대사 연구 및 교육경험으로 미루어 나는 한국의 젊은 역사학자들이 자기나라 현대사에 대해 너무나 잘 모르고 있다고 생각한다. 그들은 학부에서 제대로 현대사를 공부할 기회가 없었고 대학원에 진학하고 나서도 1차 자료를 가지고 한국 현대사를 '스스로' 탐구할 기회가 거의 없었다고 생각한다. 그들은 주로 그들이 선호하는 2차 자료를 통하여 한국 현대사를 이해하고 이같이 피상적으로 파악한 역사를 요령있게 정리하여 재빨리 자기의 신념으로 굳힌 조숙(早熟)한 역사학자들이라고 생각한다. K사의

근·현대사 교과서를 집필한 역사학자들이 대한민국 건국에 관련된 풍부한 1, 2차 사료들을 한 번이라도 철저히 읽어보고 검토했더라면 그들이 그렇게 쉽사리 외국인의 학설에 경도되지 않았을 것이라고 생각한다. 이 점을 한국 근·현대사 교과서 편찬 문제에 결부시켜 보면, 우리나라에서 만족스러운 근·현대사 교과서가 나타나지 않은 근본 원인을 한국 역사학계의 자국 근·현대사 연구 수준이 아직 유치한 단계에 머물러 있기 때문이라고 말할 수 있다. 여기서 나는 한 나라의 역사 교과서의 질은 그 나라의 역사연구 수준을 반영한다는 사실을 통감한다.

나는 '교과서 포럼'이 주최한 학술회의에 참가하면서 교과서들의 오류와 왜곡을 파헤친 논문들 못지 않게 그 포럼에 참여한 학자들의 배경에 관심이 컸다. 나는 이 모임에 참여한 대부분의 학자들이 역사학자들이 아니라 정치학, 경제학, 사회학 등 사회과학을 전공한 사회과학자들이라는 사실에서 일종의 자괴심(自愧心)을 느꼈다. 잘못된 국사교과서를 비판하고 좀더 나은 교과서를 만들어 보려는 학자들의 모임에 역사학자들의 참여율이 낮다는 것은 역사학자들로서 크게 반성해야 할 문제라고 생각했다. 이러한 모임의 주도권은 원래 역사학자들이 쥐었어야 마땅하지 않은 가고 생각하였다. 그러면서 나는 이러한 추세가 지속되면 한국 국민들은 우리 역사학자들을 향해 당신들이 하는 학문은 '살아있는 학문'이 아니라 '죽은 학문', 즉 사학(史學)이 아니라 사학(死學)이라고 지탄할 날이 멀지 않았다고 생각하였다.

이상으로써 나는 우리나라에서 만족스러운 근·현대사 교과서가 출현하지 못한 원인을 나의 제한된 경험에 바탕하여 분석해 보았다. 요컨대, 나는 우리나라에서 훌륭한 근·현대사 교과서가 탄생하지 않은 주된 원인으로서 ①교과서의 편찬과 검정을 감독·담당한 문교부(교육부)의 졸속 행정과 정책적인 간섭, ②실력있는 '정상급' 실증주의 역사학자들의 교과서 집필 기피, ③교과서를 집필하는 역사학자들의 진리 수호 의지 결핍, 그리고

④국내 역사학계의 근·현대사 연구 수준 저급 등을 꼽고 싶다. 우리나라
에서 이상적인 근·현대사 교과서가 나타나기 위해서는 이상의 문제점들
이 먼저 해소되어야 할 것이다.

　나는 오늘날 난마와 같이 흐트러진 역사교육의 현실을 바라보면서 실
증주의를 표방하는 역사학회 회원들에게 기대하는 바가 크다. 이념적으로
편향된 우리나라 근·현대사 교과서의 폐단을 바로잡기 위해서는 탈이념
적인 입장에서 역사를 연구하는 실증주의 학자들이 자기 목소리를 크게 내
야 한다고 생각한다. 그들은 교과서 문제를 남의 일 같이 방관하지 말고
교과서의 집필이나 감수작업을 이 민족을 위한 역사가의 의무로 여기면서
적극 떠맡는 것이 바람직하다고 생각한다. 그들은 정부의 역사교육 정책을
예의 주시하면서 비판할 것은 비판하고 건의할 것은 건의하며 정치 권력에
의한 역사의 왜곡을 차단하여야 한다. 교과서 집필자들과 '준거안' 작성자
들의 어용적 일탈행위에 대해서도 감시와 비판의 기능을 발휘해야 한다.
무엇보다도 출판된 교과서의 내용에 대해 엄정한 논평을 가함으로써 잘못
된 교과서의 허점을 폭로하여 교과서의 질을 향상시키는데 기여해야 한다.
마지막으로, 그들은 모름지기 한국 현대사에 관심을 돌려 그 분야 연구에
박차를 가함으로써 지금까지 외국인 학자들과 사회과학자들의 손에 쥐어
진 한국 현대사 연구의 주도권을 역사학자들의 손으로 환수해야 한다. 이
렇게 해야만 비로소 우리는 학문적 사대주의에서 벗어나 우리의 시각에 입
각한 올바른 한국 근·현대사 교과서를 만들고 건전한 역사 교육을 할 수
있을 것이다.

'한국 근·현대사' 교과서의 역사인식

- 식민통치와 독립운동의 시대를 중심으로 -

이 주 영(건국대 사학과 교수)

1. '문명사적 전환'의 측면이 간과된 역사
2. 도덕의 관점에서 쓰여진 역사
3. 동맹 관계가 고려되지 않고 쓰여진 역사
4. 맺음말

고등학교 학생들이 선택과목으로 배우고 있는 『한국 근·현대사』교과서가 지난 몇 년 동안 '좌경화'의 논란에 휩쓸려 왔다.[1] 논란의 발단은

___

1) (1)배진영, "집중취재:경고! 귀하의 자녀들은 위험한 교과서에 노출돼 있다"『월간조선』(2004.4).

(2)교과서포럼 총서1, 『한국현대사의 허구와 진실:고등학교 근현대사교과서를 비판한다』(두레시대, 2005·4)

(3)교과서포럼 총서2, 『경제교과서:무엇이 문제인가?』(두레시대, 2006.1).

(4)배진영, "박효종 '교과서포럼' 상임대표 인터뷰 "교과서의 편향성 바로잡는 전도사로 나서겠다",『월간조선』(2006.3).

(5)교과서포럼 총서3『빼앗긴 우리 역사 되찾기:교과서포럼이 해부한 '왜곡'의 진상, 교과서 이렇게 고처야 한다』(기파랑, 2006)

(6)조동근, "중고 교과서의 반시장주의:주자에 대한 적개심을 키우는 교과서는 가난과 불평등을 불러 온다", 『월간조선』(2006.3).

(7)'한국 근·현대사' 교과서에 대한 비판은 아니지만 초등학교 교과서를 포함한 국사 교과서 내용 전반의 좌경화문제를 다룬 글로서는 다음의 것이 있다.

국민교육 수단인 교과서가 대한민국의 정체성을 부정하는 내용을 청소년
들에게 가르침으로써 궁극적으로 국가의 존립을 위태롭게 할 위험성이 있
다는 우파 지식인들의 문제제기로부터 왔다.[2] 문제를 제기한 지식인들은
역사가들이 아니라 정치학자, 경제사학자, 사회학자들과 같은 사회과학자
들과 언론인들이었다. 따라서 싸움은 얼핏 보면 역사학계 대 비역사학계의
대결로 비쳐질 수도 있었다.

현행 교과서는 제7차 교육과정 개정에 따라 제작된 것이다. 그것은 김
영삼 정부말기인 1997년 12월에 착수되었으나, 실질적으로는 김대중 정부
밑에서 제작되어, 노무현 정부 출범이 막 시작되던 2003년 3월에 일선 학
교에 배포되었다. 그것은 검인정 교과서로서, 금성, 법문사, 중앙교육진흥
연구소, 천재교육, 대한교과서, 두산의 6개 출판사에 의해 제작되었다.

6종의 교과서는 출판사와 집필자 개인에 따라 그 논조가 상당한 차이
를 보이고 있다. 우파 지식인들의 분석에 따르면, 그 가운데서 금성출판사

박봉균, "민중사관, 수정주의가 나라 망치고 있다: 교과서부터 뜯어고쳐야 한
다"『한국논단』(1998.1. 24~41쪽).
2) 여기서 한국의 우파라함은 대체로 두 집단을 가리킨다. 하나는 '구우파' 또는
'올드라이트'로 부를 수 있는 사람들로서, 자유주의, 자유자본주의, 자유민주
주의, 자유방임주의 또는 '신자유주의'의 이념을 대한민국의 정체로 보고 '자
유민주적인' 체제를 북한과 공산주의자들의 위협에 대항해 지키려 하는 세력
이다. 그러한 의미에서 이들은 반공적이고 또한 보수적이다.
또 다른 우파는 '신우파' 또는 '뉴라이트'로 불리는 사람들로서, 1960년대 이
후 반체제 운동에 몸담았다가 우파로 '전향'한 세력이다. 따라서 그들은 기성
대한민국 체제를 맹목적으로 옹호하기 보다는 공산주의자들까지도 포함한 다
양한 사회 세력들을 폭넓게 포용하는 새로운 개념의 우파를 내세우고 있다.
두 세력은 경우에 따라서는 모두 '뉴라이트'라는 단어를 사용함으로써 구분하
는 데 어려움이 있다. 그리고 약간의 갈등을 보이기도 한다. 그럼에도 불구하
고 두 가지 기본적인 측면에서는 공통점을 가지고 있다. 하나는 1930년대 이
탈리아, 독일, 일본의 군국주의적인 파시즘이나 나찌즘 유형의 극우파적 요소
를 철저히 거부한다는 것이고, 다른 하나는 군국주의적이고 전체주의적인 북
한 체제를 완강히 거부한다는 것이다.

본이 가장 문제가 많고, 두산출판사본이 가장 덜한 것으로 판단되고 있다. 특히 금성출판사본은 전체 판매부수의 절반을 차지하고 있기 때문에 그 영향력에 대한 우려가 유난히 클 수 밖에 없다. 그렇지만 6종의 교과서는 모두 교육부가 마련한 '교육과정'과 '준거안'에 따라 쓰여진 것이기 때문에, 근본 구조에 있어서는 큰 차이가 없는 것으로 판단되고 있다.

우파 지식인들의 우려를 더욱 더 자아내게 하는 것은 앞으로 새로 쓰여질 8차 교과서의 성격에 대한 불안감이다. 8차교육과정은 2005년에 『교육과정 시안』이 마련되어 1,2차 공청회를 거친 상태이다.[3] 앞으로 세부적인 내용을 제시하는 『교육내용 전개의 준거안』 같은 것이 마련되어 2007년 2월경에 고시되면, 즉시 출판사들은 본격적인 집필 단계에 들어가게 될 것이다. 그렇게 되면 2009년이나 2010년부터 고등학교 현장에서 사용될 수 있을 것으로 예상되고 있다.[4]

그런데 여기서 우파 지식인들이 우려하는 것은 현재의 『한국 근·현대사』 과목이 제8차 교육과정에서는 『역사』라는 과목으로 명칭이 바뀌면서 선택과목으로부터 필수과목으로 바뀌게 된다는 사실이다.[5] 만일 7차의 현행 『한국 근·현대사』의 역사관이 그대로 8차의 『역사』에서도 나타다면, '좌경화'한 교과서가 보다 더 많은 학생들에게 배포될 것이기 때문이다.

그러므로 이 글에서는 현행 『한국 근·현대사』 역사교과서가 어떤 인식태도 때문에 '좌경화' 시비에 휘말리게 된 원인을 일제시대와 독립운동

---

3) 사회과교육과정시안개발연구팀, 『중등학교 역사과 교육과정의 개정 내용 및 시안』(한국교육과정평가원, 2005.12) ; 『사회과 교육과정 개정시안 연구 공청회』(한국교육과정평가원, 2006.5).

4) 초등학교는 2008년부터, 중등학교는 2009년부터 8차 교과서가 공급될 것으로 예상하고 있다.

5) 고등학교의 『역사』는 9개 단원 가운데서 1개(우리 역사의 형성과 발전)를 전근대 부분에 배치하고, 8개를 근·현대 부분에 배치하고 있다. 이것은 종래의 '한국 근·현대사'(4개 단원)가 담당하고 있던 내용을 세분화한 것이다. 그리고 세계사와의 연계 속에서 한국사 학습을 표방하고 있다.

부분을 중심으로 간단히 분석하고, 앞으로 쓰여질 8차 교육과정의 『역사』 교과서가 고려해야 할 문제점을 몇 가지 제시하고자 한다. 이 글에 나타난 필자의 주장은 단순한 교과서 분석의 차원을 넘어, 우리 나라 역사학계 전반에 대해서도 적용될 수 있음은 물론이다.

1. '문명사적 전환'의 측면이 간과된 역사

1) 대륙문명권에서 해양문명권으로

필자는 현행 『한국 근·현대사』 교과서들의 문제점을 지적함에 있어서 '좌경화' 여부 보다는 '선진화' 여부에 더 관심을 두고 있다. 바꾸어 말하면, 교과서들이 기본적으로는 '문명개화파'의 입장에서 쓰여졌는가, 아니면 '위정척사파'의 입장에서 쓰여졌는가 하는 데 역점을 두고 있다.

1910년부터 1945년에 이르는 식민지 시대의 한(韓) 민족의 역사에서 민족주의와 민중주의의 요소가 중요한 것임은 부정할 수 없는 사실이다. 따라서 일제로부터 벗어나 국민국가를 건설하려는 독립운동, 그리고 일본인 통치세력의 잔혹 행위에 항거하는 저항운동이 역사 서술에서 중요한 위치를 차지하게 되는 것은 너무나 당연하다.

그럼에도 불구하고 일제시대에 대한 서술에 있어서 기존의 교과서들은 당시의 한국사회를 관통하고 있는 또 다른 중요한 역사적 흐름을 간과하고 있다. 즉, 교과서들은 일제시대가, 자발적이었든 강제적이었든 간에, 중국의 대륙문명권으로부터 벗어나 이본과 미국의 해양문명권으로 편입되어 가는 '문명사적 전환'의 시대이기도 했다는 사실을 지나치고 있는 것이다.

오랫동안 한 민족은 중국의 대륙문명권과의 접촉을 통해 선진문명을 받아 들여 왔다. 그 전통은 오늘날까지도 북한에 의해 계승되고 있다. 그렇지만, 남한은 문명 수입원을 일본과 미국의 해양문명권으로 바꾸는 일대 '문명사적 전환'을 이룩하게 되었다. 해방이후 60년 동안 남한이 북한에 비해 유난히 격렬한 정치적 격동과 사회적 혼란을 계속 겪게 된 것은 새로운 해양문명권에 적응하는 과정에 따르는 진통의 표현이었다. 어떻든 간에 남한은 해양문명에 적응하는 데 성공했고 그 대가로 비약적인 경제성장을 달성하게 되었다. 반대로, 북한은 대륙문명권에 계속 머물러 있음으로써 안정을 누릴 수는 있었지만 발전의 계기는 찾지 못했던 것이다.

　이와 같은 문명적 요인의 출현으로 남한과 북한은 지역적 차이를 너머 국가적 차이로, 더 나아가 보다 더 심각한 문명적 차이로까지 확대되었다. 그 때문에 이제 남북 문제는 민족의 문제로만 이해될 수 없게 되었다. 이제 남한인들과 북한인들은 '공통된 과거'와 '공통된 언어'는 공유하고 있지만, '공통된 이해관계'와 '공통된 생활방식(문화, 문명)'은 거의 갖고 있지 못하는 상태가 되었기 때문이다. 이제 민족은 주로 민족주의자들이나 통일지상주의자들의 머리 속에만 존재하는 '상상의 공동체'로 남게 되었다.

　이러한 현실에 비추어 볼 때, 남한과 북한, 어느 하나는 분명히 잘못된 길을 가고 있는 것이다. 민족주의의 명분에서 보면 북한이 옳아 보인다. 왜냐하면 민족의 자주성 수호를 내세우고 자주의 길을 가기 위해서는 우선 외세로서의 미군의 철수를 요구하고 있기 때문이다. 그러나 치열한 생존경쟁이 벌어지는 국제사회에서 살아남기 위해서는 대외개방을 통한 선진화의 길을 밟아야 한다는 자유주의(또는 신자유주의)의 명분에서 보면 남한이 옳은 것이다. 두 개의 길을 앞에 놓고 일어나고 있는 오늘날의 논쟁은 100여년전 '위정척사파' 대 '문명개화파' 간의 논쟁을 연상시킨다.

　『한국 근·현대사』교과서들은 이 논쟁에서 '위정척사파'의 편에 서있는 것 같다. 따라서 교과서들은 민족주의와 민중주의의 입장에서 한반도의 지난 1세기 역사를 정리한 것으로 보인다. 바로 이 점이 필자의 비판 대상이 되는 것이다.

2) 문명개화파의 중요성을 간과

자유주의자로서 필자는 이 논쟁에서 당연히 '문명개화파'의 입장에 서
게 된다. '문명개화파'라는 말로 필자가 떠 올릴 수 있는 이름은 김옥균을
시작으로 유길준, 윤치호, 서재필, 이상재, 이승만, 신흥우를 거쳐 백낙준,
유각경, 박인덕, 김활란 등으로 연결되는 인물들이다. 여기에는 김성수, 박
흥식과 같은 경제인들도 포함될 수 있을 것이다. 그들 가운데서 가장 중심
적인 위치를 차지하는 인물은 윤치호이다. 이들이 일본과 미국을 오가며
깨닫게 된 가장 중요한 요소는 근대국가의 개념과 개인적 자유의 개념이었
다. 그들은 그와 같은 해양문명국가들의 선진적 가치들을 일반 대중에게
확산시키려 했다.

이들은 길게 보면 '자유민주적 질서'를 표방하고 있는 대한민국의 초석
을 놓은 사람들이었다. 그들은 오늘날의 기준에서 볼 때 완전한 자유주의자
의 자격을 갖추었다고는 말할 수 없지만, 자유민주주의, 산업주의, 자본주
의의 뿌리가 이 땅에 내려지는 데 분명히 기여한 선각자들이었다. 특히 인
재양성에 있어서 공로가 컸다. 그 과정에서 일본인 통치자들에게 협력했다
는 비난을 받을 수 밖에 없었지만, 그 방법을 통하지 않고서는 선진문명의
습득이 불가능했던 것이다. 그들의 도덕성에 대한 평가는 어떻든 간에, 그
들은 '그 시대의 선진화 세력'이었다. 따라서 '그 시대의 엘리트'를 배제한
역사 서술은 있을 수 없는 것이다.

그럼에도 불구하고 현행 교과서들은 일제 시대의 상류층을 뺀 상태에
서 사실들을 설명하려 하고 있다. 친일 혐의 때문에 그들의 이름을 빼다
보니 별로 중요하지 않은 인물이나 사건이 등장하는 경우가 많다. 예를 들
면, 애국계몽운동과 관련하여 모든 교과서가 대한자강회를 언급하고 있지
만, 윤치호 등의 이름을 빼다 보니 누구에 의해 운영되던 단체인지 전혀
알 수 없는 내용이 되고 있다. 그리고 일제 시대의 여성운동에 대한 설명

에서도 유각경, 김활란과 같은 지도자들의 이름을 빼다 보니, 활동상이 불확실한, 정종명 같은 인물이 대신 들어가게 되는 불균형을 보이고 있다.

민족주의와 민중주의의 명분, 다시 말해 '민족 대 반민족', '엘리트 대 민중'의 대결 구도에 대한 집착은, '그 시대의 엘리트층'에 끼지 못하는 위정척사파 유학자들이나, 또는 민중주의자나 사회주의자와 같은 '운동가들'을 중심으로 역사를 서술하게 되는 것이다. 그 때문에 1933년의 제네바 국제연맹회의에서 이승만이 유럽 열강과 유럽 언론을 상대로 벌인 일본 규탄 행위는 일체 언급이 없으면서도, 그 실효성이 분명하지 않은 1919년의 '파리 장서' 사건은 삽화까지 곁들여 중요하게 언급했던 것이다. 이렇게 편파적으로 쓰여진 역사책은 실제로 일어난 일을 '있었던 그대로' 서술한다는 의미의 진정한 역사책이 되지 못한다. 그 경우에 역사책은 역사가 자신의 신념, 희망, 기대감, 염원을 투영시킨 종교서적이나 이념서적의 지위로 떨어지게 되는 것이다.

실제로 현행 교과서들은 여기 저기서 은근히 문명과 산업화에 대한 적대감을 드러내고 있다. 일제시대의 산업화에 대한 서술을 보면, 그것이 일본의 통치자들이나 자본가들의 주도로 이루어졌다는 이유에서, 호의적이지 않은 서술이 적지 않다. 또한 일제시대의 문명화에 대한 서술을 보면, 박람회 개최, 철도와 자동차의 도입, 신식 복장과 새로운 생활 습관의 도입도 일본 자본가들과 관련된 것이라 하여 부정적으로 묘사되고 있다. 그리고 일본의 문화가 서양의 문화를 섭취하여 만든 문화라는 이유를 들어 간접적으로 서양 문명에 대해 적대감을 표시하기도 한다. 이러한 서술들은 모두 현행 교과서들이 '문명개화파'의 입장 보다는 '위정척사파'의 입장에 더 호의적인 데서 온 결과이다.

3) 미국선교사와 개신교 세력의 역할을 경시

누구든지 한국 근대화 과정의 초기 단계에서 개신교 선교사들, 특히 미국인 선교사들의 역할이 아주 중요했다는 사실을 부정할 수는 없을 것이다. 그럼에도 불구하고 현행 교과서들은 그들의 정당한 역사적 위치를 인정해 주지 않는 것이 대부분이다.

예를 들면, 금성교과서의 경우, 제중원을 언급하면서도 알렌의 이름은 빼고, 배재학당과 이화학당을 언급하면서도 아펜셀러와 스크랜튼의 이름은 빼고 있다. 숭실학교를 세운 모팻, 경신학교를 세운 언더우드, 그리고 교육과 독립을 도운 호머 헐버트의 이름도 빠져 있는 경우가 대부분임은 물론이다. 그리고 그들이 세운 학교나 교회의 사회적 기여에 대해서도 아예 서술되지 않거나, 설사 언급되었다 할지라도 그 중요성에 비해 소홀히 다루어진 것은 물론이다.

그와 같은 학교들이 배출한 인재들의 비중을 감안할 때, 그와 같은 균형이 잡히지 않은 서술은 분명히 객관적인 것이라고 볼 수 없다. 그 대신 사회적 기여도가 확인되지 않은 원산학사가 한국인들에 의해 세워진 학교라는 이유만으로 교과서마다 빠짐없이 상세히 언급되고 있는 사실이 그와 같은 편파성을 잘 보여 주고 있다.

교과서들의 편파성은 일제시대에 개신교 세력의 역할에 대한 무시로도 나타나고 있다. 일제시대에 민족 계몽 운동에서 가장 적극적인 활동상을 보였던 사회 세력이 개신교도들과 미국인 선교사들이었음이 분명한 사실임에도 불구하고, 그들의 공로를 지적하기 보다는 그들이 친일 성향을 가지고 있었음을 암시하는 서술들이 적지않게 나타나고 있다.

그 대표적인 경우가 신사참배 문제이다. 개신교 교단들은, 신사참배를 끝까지 거부하지는 못했지만, 주기철 같은 순교자들을 낸 단계까지는 갔다는 사실이 언급되어야 했다. 그리고 유교나 불교 같은 다른 종교들이 신사참배 문제에 대해 침묵했다는 사실과 대비되어야 했다. 특히 서양 종교인 천주교는 로마 교황청과 파시스트 정권들과의 협조 관계 때문에 처음부터 신사참배에 협조했다는 사실을 감안했어야 했다.

그러나 개신교 세력과 미국인 선교사들의 역할이 교과서에서 강조되어야 하는 보다 더 중요한 이유는 그들이 '문명사적 전환' 과정에서 새로운 해양문명을 받아들일 새로운 유형의 인재를 육성했다는 사실 때문이다. 그 인재들은 나중에 해양국가로서의 대한민국이 수립되고 유지되고 발전하는 데 크게 기여할 새로운 엘리트였다. 바로 이 사실을 현행 교과서들은 놓치고 있는 것이다.

2. 도덕의 관점에서 쓰여진 역사

1) 민족주의의 명분에 대한 집착

역사학의 기본 목표는 과거에 '실제로 일어났던 것들'(what actually happened)을 '있었던 그대로' 서술하는 것이다. 그러한 의미에서 역사학자는 '실증사학'의 이상과 방법으로부터 결코 벗어날 수 없다. 새로운 학파가 형성되고 연구 방법이 개발된다 할지라도, 그것은 '실증사학'을 보완한다는 정도로만 가치를 가지게 되는 것이다.

이와 같은 '실증사학'의 이상은 교과서를 집필하는 경우에도 적용된다. 역사의 교훈을 국민에게 전달해야 하는 교과서야 말로 '실제로 일어났던 일들'을 '있었던 그대로' 서술해야한다는 실증사학의 목표에 가장 충실할 수 밖에 없는 것이다. 그런데도 『한국 근·현대사』 교과서들은 민족주의의 명분을 너무나 강조한 나머지 그 축에서 벗어나 있는 사실들이나 인물들은 빼거나 소홀이 다루고 있다. 이것은 역사를 '전체사'로서 이해해야 할 교과서로서는 아주 적절하지 못한 서술 방식인 것이다.

금성출판사본의 경우를 들어 보면, 일제시대를 다루고 있는 제2단원의 전체 제목이 '민족독립운동의 전개'로 붙여지고 있는 데, 이것만으로도 전체 단원이 온통 독립운동사로 채워질 것임을 쉽게 짐작할 수 있다. 그 단원을 구성하고 있는 5개장의 제목을 보면[6] 그와 같은 짐작이 잘못된 것이 아님을 알수 있다. 일제 통치에 대한 저항 운동을 제외한 다른 제목들은 애당초 뚫고 들어 갈 여지가 없어 졌기 때문이다. '민족 대 반민족'이란 단순 구도에서는 민족운동만으로 채워질 수 밖에 없었던 것이다.

이와 같은 편제에서 역사의 주역은 오직 소수의 저항적인 민족운동가들이 될 뿐이다. 그들을 제외한 나머지 2천만명의 삶은 묻혀 버리게 되는 것이다. 특히 식민지 사회를 이끌었던 엘리트에 대해서는 전혀 윤곽조차 잡을 수 없다. 왜냐하면 일본인 통치세력들과 제한적인 협력관계에 있었던 한국인 상류층이 민족주의 세력이 아니라는 이유로 제외되었기 때문이다. '그 시대의 엘리트'를 빼놓고 서술된 역사가 그 시대의 모습을 제대로 묘사할 수 없으리라고 하는 것은 더 이상 언급할 필요조차 없는 것이다.

당시의 한국인 지도층이 언급되는 경우가 있기는 하지만 그 대부분은 그들의 친일 행위와 관련된 부도덕한 내용뿐이다. 그 경우마저도 서술이 균형을 잃은 경우가 많다. 예를 들면 『조선일보』나 『동아일보』를 친일언론으로 매도하고 있으면서도, 그와 같은 친일적인 신문인 『조선일보』에 독립운동가인 신채호의 『조선사』가 연재된 사실에 대해서는 전혀 문제삼지 않고 있다는 사실이다.

우리나라 교과서의 역사 서술 방식이 얼마나 편향된 것인가를 알기 위해서는 이민족의 통치를 받은 경험이 많은 중국의 경우를 참조할 필요가 있다. 몽고족이 통치했던 원 나라의 역사와 만주족이 통치했던 청 나라의 역사를 기술한 때 외래 왕조 밑에서 상류층으로 있었던 한족의 활동에 대

---

6) 1. 일제 식민 통치와 민족의 수난
　　2. 3·1운동과 대한민국 임시정부
　　3. 무장 독립 전쟁의 전개
　　4. 사회,경제적 민족운동
　　5. 민족문화 수호 운동

한 서술이 어떤 모습으로 나타났는가를 검토할 필요가 있다. 중국 역사는 이민족 통치자에 대한 한족의 저항운동 중심으로 역사가 쓰여지지는 않고 있는 것이다.

2) 비현실주의와 혁명에 대한 집착

민족주의의 명분에 대한 집착은 현실적으로 실현이 불가능했던 일들을 애써 강조하는 낭만주의적인 역사 인식으로 이끌 위험이 있는 데, 실제로 그러한 위험성이 교과서에서도 나타나고 있다.

금성출판사본의 경우, 을사조약과 병합조약이 무효라는 주장을 1페이지분량으로 중요하게 다루고 있다. 즉, 을사조약은 고종이 외부 대신 박제순에게 위임장을 주지 않았으므로 무효이고, 또한 한일병합조약도 고종이 조약안을 재가하지 않았기 때문에 무효라는 것이다. 결국 일제의 대한제국 강점과 식민통치 행위는 불법이 되므로 마땅히 식민지대에 대한 원상회복과 배상의무가 남아 있다는 것이다.

그와 같은 사소한 사실들은 교과서에서 비중있게 다루어져야 할 만큼 중요한 문제는 아니다. 이미 나라를 일본에 빼앗겨 40년 가까이 지배를 받은 마당에, 뒤늦게 와서 그 조약이 무효이고, 따라서 배상과 원상 복귀의 의무가 남아 있다고 주장하는 것은 아무 소용이 없는 일이기 때문이다.

그와 같은 비현실적인 역사 인식의 태도는 일제시대와 해방직후의 좌우합작에 대한 서술에서도 나타난다. 현행 교과서들은 좌우합작이 실현 가능했던 현실적인 방안이었던 것처럼 서술하고 있다. 그 때문에 신간회의 중요성을 강조하고, 여운형과 김규식의 좌우합작 운동, 그리고 김구와 김규식의 남북협상 운동을 높이 평가하고 있다. 그러나 좌우합작은 현실적으로 가능성이 없는 이상일 뿐이었다. 소련군과 미군이 한반도를 점령한 상태에서, 특히 소련의 스탈린이 1945년 9월20일에 소련 극동군 사령관에게 북한에서의 단독정부 수립을 지시한 마당에, 통일정부의 수립은 현실적으로 불가능한 것이었다. 그런데도 현행 교과서들은 그 가능성에 대한 미련을 버리지 않고 있다.

비현실적인 역사 인식의 태도는 혁명에 대한 강조에서도 나타나고 있다. 현행 교과서들 상당수가 1945년의 해방이 독립운동의 결과로 찾아 온 것처럼 서술하고는 있지만, 실제로는 미국에 의한 일본의 패망으로부터 온 것이었다. 미국이 일본을 무력으로 패망시키지 않았더라면, 우리의 독립은 불가능하였던 것이다. 그것은 일본의 침략을 당하고 있던 중국이나 독일의 지배를 받던 프랑스의 경우도 마찬가지였다. 그러한 관점에서 본다면 이승만의 외교독립론이나 안창호의 준비론이 설득력을 갖게 되는 것이다.

그런데도 현행 교과서들은 외교론, 자치론, 준비론을 비하하고 신채호의 민중직접혁명론이나 무장투쟁만을 부각시키고 있다. 그에 따라 혁명을 예찬하는 서술들이 자주 등장하고 있다. 또한 '청산', '척결', '불꽃처럼 몸을 사른 사람들'과 같은 선동적인 용어들이 빈번히 등장하고 있다. 그리고 사회주의, 공산주의, 무정부주의와 관련된 인물이나 사건에 대해 호의적인 서술이 많이 나타나고 있다.

예를 들면, 좌우합작 단체인 신간회를 설명하는 경우에, 조선민흥회나 정우회 같은 좌파 단체들은 언급하면서도 그들의 상대편인 우파 단체들에 대해서는 전혀 언급되지 않고 있다. 여성 운동의 경우에도 역할이 불확실한 사회주의자인 정종명만 사진과 함께 등장시키고, 당시에 유명했던 자유주의적인 여성 운동가들에 대해서는 이름 조차 제시하지 않고 있다. 문학에 있어서도 사회주의 작가들만 주로 언급될 뿐, 나머지 다른 성향의 문인들에 대한 설명은 거의 나타나지 않는다.

광주학생운동에 관해서는 무려 2페이지에 걸쳐 관련 학생들의 사진 2장과 10명의 학생 이름을 게재할 정도로 비중을 크게 두고 있다. 그리고는 그 운동의 확산이 사회주의자들과 관련이 있음을 암시하고 있다. 그리고 암태도 소작쟁의, 원산파업과 같은 농민 운동과 노동자 운동이 길고 자세하게 서술되고 있다.

좌파와 혁명에 대한 강조는, 금성출판사본의 경우, 김일성에 관한 확인되지 않은 북한의 주장을 교과서에 그대로 싣는 정도로까지 나가고 있다. 그 교과서는 보천보 전투를 가리켜 김일성이 주도한 대표적인 항일전쟁이라고 기술하면서도 북한이 그렇게 선전하고 있기 때문에 그대로 싣는다고 쓰고 있다. 사실로서 확인되지 않은 사건을 북한이 그렇게 주장한다고 해서 교과서에 싣는 것은 역사가의 올바른 태도가 아니다.

이와 같은 무모한 서술들은 모두 역사를 '일어났던 그대로' 쓴다는 실증주의 대신, 민족혁명이나 사회혁명과 같은 추상적인 관념에 사로잡힌 데서 나온 결과이다. 그것은 인간의 역사가 '혁명에 의한 과거와의 단절'을 통해 전개되는 것이 아니라, '지속에 의한 과거의 계승'을 통해 발전한다는 사실을 무시한데서 나온 결과인 것이다. 그 점에서 현행 교과서들은 비현실적이고 이상주의적인 혁명가들이나 몽상가들의 꿈의 영역을 벗어나지 못하고 있는 것이다.

3. 동맹 관계가 고려되지 않고 쓰여진 역사

1) 이승만과 외교독립론의 무시

'정글'의 원리가 지배하는 국제사회에서 약소민족과, 약소국가에게는 안보 문제가 가장 큰 비중을 가지게 된다. 그에 따라 국가 생존전략으로서의 외교와 동맹이 역사 서술의 중요한 내용이 될 수 밖에 없는 것이다. 강대국에 속하는 프랑스도 제2차세계대전 당시 나찌 독일로부터 해방되기 위해서는 미국, 영국의 지원이 필수적인 것이었다.

그럼에도 불구하고 이들 교과서는 이 문제를 별로 중요하지 않게 다루고 있다. 독립을 위한 민족의 저항운동이 역사의 큰 흐름으로 부각되고 있을 뿐, 외교와 동맹을 통해 독립과 국가안보의 목표를 달성하려 했던 노력들은 빛을 보지 못하고 있다. 그러한 이유에서 일본의 힘을 빌어 부국강병을 시도했던 김옥균, 그리고 영세중립을 통해 독립을 유지해 보려던 유길준의 노력은 모두 무시되고 있다.

이 관점에서 보면 최대의 피해자는 이승만이다. 1905년 시오도 루즈벨트 대통령에게 한국인의 주권 수호 의지를 전달하기 위한 시도, 1919년 파리 평화 회의 참가 시도, 1922년 워싱톤 군축회의 참석 시도, 1933년 국제연맹에서의 일본 규탄, 1940년대 임시정부 승인 노력과 OSS와 광복군의 연계 노력, 1945년의 샌프란시스코 유엔창립총회에서의 독립 확보 노력은 언급조차 되지 않고 있다. 대한민국의 안보에 결정적으로 중요한 의미를 가지는 1953년의 한미상호방위조약의 체결 사실에 대한 언급이 없는 것은 물론이다.

그 대신 교과서들은 그 성과가 불확실한, 비현실적인 무장 투쟁만 중요시하고 있는 데,[7] 그 결과의 하나가 이승만을 깎아 내리기 위한 의도에서 실체가 희미한 박용만의 대조선국민군단을 크게 부각시키고 있는 사실이다. 1919년의 필라델피아 한인자유대회를 언급하면서도 그 주역인 이승만

---

7) 독립운동 방략으로 이승만은 미국을 비롯한 강대국을 설득하는 외교독립론을 제시하였다. 무장투쟁은 힘이 없는 한국인이 더 큰 보복을 받게 된다는 이유에서 였다. 그러므로 한국의 독립은 일본이 다른 강대국과의 전쟁에서 패배할 경우에만 이루어지게 될 것인 데, 일본을 무찌를 나라는 미국 뿐이라는 것이었다. 이에 대해 무장투쟁을 주장하는 이동휘, 신채호 등은 이승만을 반역자로 맹렬히 비난하였다.

그러나 결과는 이승만의 주장이 옳은 것으로 나타났다. 독립군은 1920년에 봉오동, 청산리 전투에서 승리하였지만, 일본군은 간도지방의 한국인 3,600 여명을 학살하는 간도참변(경신참변)으로 보복하였다. 이 사건의 성격은 제2차세계대전 당시 독일군이 프랑스 레지스탕스 활동을 막기 위해 독일군 1명 살해에 대해 프랑스인 100명 처형의 원칙을 적용한 사실에 비추어 보면 쉽게 이해된다.

의 이름은 나타나지 않고 있다. 이승만의 후원조직인 동지회도 나타나지 않는다.

심지어는 1919년 상해 임시정부 수립을 설명하는 부분에서 조차도 초대 대통령인 이승만의 사진은 보이지 않는다. 이승만에 대한 홀대는 해방 직후와 1948년의 정부 수립 과정에서도 마찬가지이다. 김일성과 모택동의 사진은 여러 번 나와도 대한민국의 초대 대통령인 이승만의 사진은 거의 나타나지 않고 있다. 이것은 교과서들이 '있었던 그대로' 기술한다는 역사 서술의 기본 요건에서 벗어나 있음을 보여주는 증거이다.

2) 군사 엘리트에 대한 무시

국가 안보 문제와 관련하여 중요시되어야 할 또 다른 중요한 요소가 군사 엘리트이다. 그런데도 대한민국의 국군을 형성한 인물들의 상당수가 일제 시대에 일본군과 만주군에 있었다는 이유로 현행 교과서에서는 전혀 언급이 되지 않고 있다.

그러나 그러한 건군의 주역들은 일제시대에 육성된 다른 직종의 엘리트와 같이 '문명적 전환'의 시대에 출현한 새로운 종류의 엘리트이다. 그리고 그들은 6·25전쟁에서 공산화를 막음으로써 대한민국이 대륙문명권에 재편입되는 것을 막은 공로가 있다. 그럼에도 불구하고, 현행 교과서들은 이들에 대해 거의 언급하지 않고 있다. 그러한 역사 서술은 민족주의의 명분에 입각해서 선악을 구분하려는 도덕적인 자세에서 나온 것이다.

그 때문에 일제시대에 관한 서술에서 대한민국 국군의 뿌리에 관한 내용은 전혀 찾을 수가 없다. 대한민국이 오늘날에 이르기 까지 존속하고 번영해 왔다고 한다면, 그 국가를 지킨 국군의 형성에 관한 언급이 당연히 있어야 할 것이다. 정규군이 없는 국가는 있을 수 없기 때문이다.

일제시대에 일제에 대항해 무장투쟁을 한 사람들은 있어도 해방후에 그들이 어떻게 되었는지에 대한 설명이 전혀 없는 것이다. 이들의 정체가 교과서에서 분명히 서술될 때, 대륙문명권으로부터 해양문명권으로의 '문명사적 전환'이 무슨 의미를 가지고 있는지 밝혀지게 될 것이다.

4. 맺음말

대한민국의 역사 교과서는 중요한 국민 교육 수단이다. 그러므로 그것은 대한민국 국가의 정체성을 분명하게 밝히는 방향에서 쓰여지지 않으면 안된다. 그런데 대한민국 헌법은 국가의 정체성을 '자유민주적 질서'(헌법 전문 및 제4조)로 분명히 밝히고 있으므로, 교과서는 당연히 자유민주주의[8] 원리를 토대로 쓰여져야 한다. 따라서 역사학은 한(韓) 민족사가 아닌, 대한민국 국가사에 머물러야 한다. 따라서 우리의 과거는 대한민국 국가사의 관점에서 정리되어야 한다.

그럼에도 불구하고 그 동안 역사학계는 이와 같은 엄연한 현실을 외면해 왔다. 통일을 지향하는 방향에서만 역사를 해석해 왔기 때문에, 학문적인 차원에서 남북분단은 인정되지 않아 왔던 것이다. 그 때문에 한반도는 두 개의 국가로 분리되었지만, 역사서술에서 나타난 한반도는 여전히 통일된 상태로 남아 있었던 것이다.

그러므로 앞으로의 역사학은 북한을 포함하는 한 민족 전체의 역사를

---

8) 여기서 자유민주주의는 민주주의와 분명히 구분돼 사용할 필요가 있다. 해방 이후 한 반도에서는 민주주의란 용어가 좌, 우익 모두에 의해 사용되어 왔기 때문에 혼선을 빚을 위험이 있기 때문이다. 해방 직후에 남한의 좌익은 '민주주의 민족전선'과 단체 이름에서 그 말을 사용하였고, 북한에서는 공산화 작업을 '민주 개혁'을 표현하였다. 그리고 북한의 국호인 '조선민주주의인민공화국'에 그 단어가 들어가 있다는 사실에 유의해야 한다. 그러므로 '민주화'라는 말은 북한처럼 된다는 의미로도 해석할 수 있는 것이다.

생각하는 것이 아니라, 대한민국과 관련된 문제들을 중심으로 과거를 생각하는 것이어야 한다. 그러한 의미에서 대한민국의 역사학의 주축은 '자유주의 사학'이 되어야 한다.

그러나 현재 역사학계 안에는 적어도 표면적으로 '자유주의 사학'이 존재하지 않는다. 이것은 대한민국이란 나라가 그 국민을 교육할 역사학을 가지지 못하고 있음을 의미한다. 따라서 필자는 '자유주의 사학'의 탄생을 기대하며, 그 상징적인 인물로서는 이광린 교수를 상정하고 있다. 그에 따라, 대한민국의 역사학은 '민족주의 사학'에서 '자유주의 사학'으로 그 중심축을 옮겨야 한다.

북한은 그 나름대로의 역사학을 가지게 될 것이다. 한가지 분명한 것은 대한민국의 역사학이 민족주의를 표방하는 한, 현실과는 동떨어진 학문으로 남게 되고, 따라서 북한 역사학의 시녀로 남게 된다는 사실이다.

다음으로 대한민국의 역사학계는 북한을 포함한 아시아의 다른 신생국들의 역사에 비추어 보는 비교사적 안목이 절실히 필요로 한다. 현행 역사 교과서들은 이승만과 박정희의 장기집권 시도를 비난하면서도, 김일성, 모택동, 호지명이 각기 북한, 중국, 베트남을 종신 통치하고 했던 사실에 대해서는 외면하고 있다. 그리고 김일성이 그 아들인 김정일에게 권력을 세습시켰다는 사실도 전혀 문제가 되지 않고 있다. 이와 같은 역사학은 자라나는 청소년들에게 도움이 될 역사의 교훈을 주지 못하게 되는 것이다. 대한민국에게는 '완전해야 한다'는 기준을 들이대고 무자비하게 비판하면서도 북한에 대해서는 관대한 비뚤어진 역사인식의 태도를 가지고는 역사지식의 효용성을 인정받을 수 없는 것이다.

결론적으로 말해 현행 7차 교육과정의 『한국 근·현대사』 교과서에 나타난 역사 인식의 태도는 많은 문제점을 안고 있다. 8차 교육과정의 『역사』에서도 그와 같은 역사관이 지속된다면, 우리의 청소년들은 성공여부와 상관없이 무작정 싸우는 무장독립투쟁가, 그리고 불확실한 이상사회를 꿈꾸는 몽상가들로 가득 채워진 쓸모없는 역사책으로 공부하게 될 것이다. 또한 말로만 반외세와 자주의 명분을 외치는 북한을 민족사의 정통으로 보는 엉터리 역사관을 가지게 될 것이다. 그리고 그러한 시각은 삶의 현실과 씨름하고 있는 국민 대다수로부터 쓸모없는 것으로 버림받게 될 것이다.

제2부

국내 독립운동과 민족국가의 건설

한말의 국내외 정세와 한국독립운동

오 영 섭(연세대 현대한국학연구소 연구교수)

Ⅰ. 머리말

근자에 한국 근현대의 역사적 사건을 기술한 현행 제7차 근현대사 교과서를 둘러싸고 논쟁이 벌어지고 있다. 살아있는 사람들에게 생생한 기억으로 남아있는 근현대사가 오늘 우리 사회의 성격을 규정하고 있기 때문에 그러한 논쟁은 아주 당연한 것이라고 하겠다. 그러나 그러한 논쟁이 한국 근현대사에 대한 일면적 인식체계 위에서 전개되고 있다는 사실, 그리고 반정부 공세의 일환으로 시작된 일부 언론의 정치적 문제제기가 지식인 집단과 정치세력들의 당파적인 이념투쟁과 역사논쟁으로 비화된 사실은 상당한 아쉬움을 던져주고 있다. 따라서 향후에도 간헐적으로 계속 벌어질 가능성이 높은 소모성 논쟁들을 종식시키기 위해서는 자라나는 청소년들에게 근현대사를 제대로 가르치는 작업이 필요하다.

한국 근현대사 교육에서 현행 제7차 교육과정은 특별한 의미를 갖는다. 국사를 독립과목으로 정하고 근현대사를 중점 교육할 것을 명시했던 제6차 교육과정과 달리 제7차 교육과정에서 한국 근현대사가 처음 선택과목으로 독립되었기 때문이다. 물론 이러한 방침은 전근대까지 배우는 제10학년의 국사와 차별성을 꾀하면서 근현대사에 대한 교육을 강화하려는 의도가 내포된 것이었다. 그러나 이러한 방침은 근현대사 과목을 택하지 않은 학생들이 고등과정에서 근현대사를 배우지 않고 졸업하게 된다는 점에서 오히려 근현대사 교육을 위축시킬 것이라는 부정적인 의견과 그동안 국정으로 획일화되었던 국사교과서에 상당한 영향을 미칠 것이라는 긍정적인 측면이 제기되기도 하였다. 하여튼 긍정·부정의 논란에도 불구하고 한국 근현대사 과목은 제11~12학년생이 배우는 심화선택 과목의 하나가 되었다.

이 논문의 목적은 1997년 12월 제7차 교육과정 고시에 따라 집필된 한국 근현대사 교과서의 의병운동 관련내용을 검토하려는 것이다. 주지하듯이 한말 의병운동은 1894년 6월 일본군의 무단적인 경복궁 강제점령부터 1910년 8월 한일합병 이후까지 벌어진 항일구국운동의 여러 방략 중에서 투쟁강도가 가장 강렬한 것이었다. 또한 자신들의 생사와 성패를 돌아보지 않고 "일본의 노예로 살기보다는 자유로운 몸으로 죽는 것이 훨씬 낫다"는 신념으로 외세에 대항한 애국세력들의 항일무장투쟁이었다. 나아가 1910년대 이후 중국과 러시아 각지에서 전개된 한국독립운동의 인적 자원을 마련해 주었을 뿐 아니라 한민족이 일제의 모진 탄압을 견뎌가며 장기간 끈질기게 독립운동을 펼칠 수 있는 정신적 원천을 제공해 주었다. 그러므로 한말 의병운동은 한국민족운동사의 원형이요, 한국독립운동사의 前史라고 평할 수 있다. 여기서는 현행 6종의 근현대사 교과서 가운데 일선 교육현장에서 도합 92% 정도의 채택율을 보인 금성·두산·중앙·대한 교과서 등 4종의 교과서의 의병운동 서술내용을 검토대상으로 삼았다.[1]

Ⅱ. 의병운동 서술방침과 서술상의 보완점

현행 근현대사 교과서는 2002년 7월 30일 교육인적자원부 교과서편찬 심의회의 심의기준을 통과한 책들이다. 이들 교과서는 교육부로부터 검정을 얻어내기 위해 교육부가 발간한 『고등학교 교육과정 해설 ④ 사회』와 『사회과 교육과정』에 실린 집필지침을 그대로 따르고 있다. 이것은 교과서 집필자들이 교과서의 장·절 명칭과 세부 서술항목을 선정함에 있어서, 그리고 역사적 사실에 대한 평가와 해석을 내림에 있어서 교육부의 방침을 그대로 따랐음을 의미하는 것이다. 동시에 교과서의 서술이 집필자의 창의성이나 재량의 여지가 없이 교육부가 제시한 세부지침에 맞춰 다소 기계적으로 이루어질 수밖에 없었음을 의미하는 것이다. 이로 말미암아 현행의 근현대사 교과서에는 교과서 집필자들의 재량이나 특성이 제대로 반영될 여지가 협소했다고 생각한다.

현행 근현대사 교과서에 실린 의병운동에 관한 내용도 교육부의 서술지침을 충실히 따르고 있다. 『고등학교 교육과정 해설④ 사회』에 실린 항일의병운동의 단원목표는 "항일의병투쟁의 전개과정을 정리하고 이들의 활동이 국권강탈 이후에는 무장독립군의 활동으로 이어졌음을 파악한다"고 되어 있다.[2] 이는 의병활동이 독립운동으로 이어졌다고 하는 발전적이며 계기적인 역사인식에 기초한 것이다. 이러한 목표 하에 『사회과 교육과정』에는 의병운동에 대해 다음과 같은 집필지침이 담겨 있다.

---

1) 교육인적자원부 자료에 의하면, 각 교과서의 2004년도 채택부수는 다음과 같다.(괄호안은 %)

금성	두산	중앙	대한	천재	법문	합계
175,270(55)	48,345(15)	36974(12)	35,312(11)	18,523(6)	6,164(2)	320,588

2) 『고등학교 교육과정 해설 ④ 사회』(교육인적자원부, 2001), 177쪽.

(1) 동학농민운동의 전개

④ 동학농민운동이 실패한 후 동학농민군의 잔여세력이 을미의병투쟁에 가담하고, 나중에는 활빈당을 결성하여 반봉건, 반침략의 민족운동을 계속하였음을 이해한다.

(3) 항일의병운동의 전개

① 초기의 항일의병투쟁은 위정척사사상을 가진 보수적 유생층이 주도하고, 동학농민운동의 잔여세력과 일반농민들이 대거 가담하였음을 이해한다.

② 의병투쟁의 전개과정을 을미의병, 을사·병오의병, 정미의병 단계로 파악하고, 각 단계별로 크게 활약한 대표적인 의병부대를 말할 수 있다.

③ 1907년에 해산된 군인들이 의병투쟁에 합류함으로써 의병의 조직과 전투력이 강화되고, 그 활동이 전국적으로 확산되면서 의병투쟁의 양상은 의병전쟁으로 발전하였음을 이해한다.

④ 국권피탈을 전후한 시기에 많은 의병들이 만주와 연해주로 옮겨갔으며, 이들 의병들이 무장 독립군으로 전환되었음을 설명할 수 있다.

⑤ 을사조약 반대투쟁의 실상을 알고, 20세기 초에 의거활동을 전개한 안중근 등 여러 의사들의 활약상을 통하여 이들의 애국애족정신을 본받으려는 태도를 가진다.[3]

위의 서술지침을 간단히 요약해 보면 다음과 같다. 첫째, 한말 의병운동을 을미의병→을사·병오의병→정미의병→독립군으로의 전환 순으로

---

3) 『사회과 교육과정:제7차 교육과정』(대한교과서주식회사, 1998), 166~167쪽. 『고등학교 교육과정 해설 ④ 사회』에 실린 항일의병운동의 서술지침도 『사회과 교육과정』의 그것과 거의 동일하다. 3. 구국민족운동의 전개. "비록 동학농민운동은 실패하였지만 동학농민군의 잔여세력이 의병과 활빈당을 결성하여 반봉건·반침략의 투쟁을 계속하였음을 학습한다. … 한편 일본의 침략을 막아내려는 항일의병운동이 을미사변과 단발령 실시에 대한 저항으로 시작된 후 러일전쟁 때에 일제침략으로 다시 불타올랐으며, 고종황제의 강제퇴위와 군대해산을 계기로 최고조에 이르러 의병전쟁으로 발전하였음을 학습한다. 그리고 안중근의거 활동 등 여러 의사들의 활약상을 파악하고 나라를 위하여 순국한 애국지사들의 정신을 되새긴다. 나아가 항일의병운동과 함께 구국민족운동의 두 줄기를 형성하는 애국계몽운동의 주체적인 전개과정을 살펴보고 신민회 활동의 중요성을 인식한다. 『고등학교 교육과정 해설 ④ 사회』, 178~179쪽.

시기 구분한 다음 각 단계별로 대표적인 의병부대를 중심으로 서술하고, 둘째, 1907년 8월 군대해산 이후 해산군인들이 의병에 합류하여 의병의 조직과 전투력이 강화되고 의병활동이 전국으로 확산됨으로써 의병운동의 성격이 의병전쟁으로 발전했음을 중시하고, 셋째, 국권피탈 후 많은 의병장들이 만주나 연해주로 망명하여 무장독립군으로 전환하였음을 설명하고, 넷째, 일반농민과 동학농민군의 잔여세력이 을미의병에 대거 가담하여 활동하였고, 일부 의병들은 을미의병이 종식된 후에는 활빈당을 결성하여 반봉건, 반침략의 민족운동을 계속하였음을 제시하였다.

　교육부의 집필지침에 따라 장·절의 명칭을 모두 동일하게 잡은 현행 근현대사 교과서에 실린 의병운동 서술내용은 제2장(근대 사회의 전개) 제3절(구국민족운동의 전개)에 들어있다. 이때 제3절은 1) 동학농민운동의 전개, 2) 대한제국과 독립협회의 활동, 3) 항일의병전쟁의 전개, 4) 애국계몽운동의 전개 순으로 쓰여져 있다. 이러한 항목설정에 따라 근현대사 교과서들은 항일의병운동의 전개양상을 1) 을미사변·단발령 후 의병운동의 태동, 2) 을사조약 전후 의병운동의 재기, 3) 평민의병장의 등장과 군대해산 이후 의병운동의 확산, 4) 13도창의군의 서울진공작전 실패 및 일제의 '남한대토벌작전'(1909), 5) 의병의 만주와 연해주 망명, 6) 의병운동의 의의 순으로 기술되어 있다. 아울러 의병활동에 대해 1894~1895년(전기)에는 '의병운동', 1904~1910(후기)에는 '의병전쟁'이란 용어를 붙이고 있다.

　현행 근현대사 교과서에는 이전의 국사교과서들에 비해 풍부하고 생생한 시각 자료들이 많이 수록되어 있다. 다시 말해 격문·통문, 인물 사진, 통계표·지도, 천연색 해설 등 다양한 자료들과 신돌석·안규홍·을미의병·을사오적 등을 다룬 인물소개란과 보충설명란이 들어있다. 이는 제6차 교과서에 비해 서술분량이 1~2쪽 정도 늘어난 때문이기도 하며, 비디오 자료에 익숙한 신세대들의 취향을 고려한 때문이기도 한다. 그러나 더욱 근본적인 이유는 "사료·역사지도·연표·도표·영상자료 등의 다양

한 학습자료를 활용하여 학생들이 흥미를 갖고 적극적으로 수업에 참여할
수 있도록 유도하고 … 특히 사료학습을 통하여 역사적 능력의 계발에 노
력한다"고 규정한 『고등학교 교육과정 해설④ 사회』의 교수방침에 따른
것이기도 한다.4) 하여튼 다양한 참고자료와 원사료들이 동원됨으로써 현
행 교과서의 의병기술 항목이 이전의 국사교과서들보다 역사적인 분위기
를 많이 풍기고 시각적인 효과도 많이 거두고 있다.

〈표 1〉 현행 근현대사 교과서의 단원과 제목 및 서술 내용

	소단원	소제목	서술내용
6 차	(5) 항일의병 전쟁의 전개	항일의병운동의 시작 의병항전의 확대 의병전쟁의 전개 항일의병전쟁의 의의	제목: 의병전쟁 전기: 의병운동, 활동, 투쟁, 　　　항전 후기: 의병전쟁 의의: 의병전쟁(96~99쪽)
금 성	3. 항일의병 전쟁의 전개	1) 의병운동이 시작되다. 2) 다시 불붙은 의병항쟁 3) 전국적으로 확대된 의병전쟁 4) 농민과 유생이 하나가 된 호 　남 의병전쟁 5) 의사와 열사들의 항쟁	제목: 의병전쟁 전기: 의병운동 재기: 의병투쟁, 의병운동 후기: 의병전쟁 의의: 의병항쟁(90~95쪽)
두 산	3. 항일의병 전쟁의 전개	1) 최초의 항일의병 2) 다시 일어난 항일의병 3) 항일의병전쟁의 격화 4) 항일의병운동의 의의	제목: 의병전쟁 전기: 의병운동 후기: 의병전쟁 의의: 의병운동 (78~82쪽)
중 앙	3. 항일의병 전쟁의 전개	1) 초기의 항일의병투쟁 2) 을사조약에 대한 항쟁과 의병 　투쟁의 확대 3) 항일의병전쟁의 확산과 서울 　진공 작전 4) 계속되는 의병전쟁 5) 항일 의병전쟁의 의의	제목: 의병전쟁 전기: 의병 투쟁, 의병 활동 후기: 의병 전쟁 의의: 의병투쟁, 의병전쟁 　　　(90~96쪽)

---

4)『고등학교 교육과정 해설 ④ 사회』, 186쪽.

		탐구활동 1. 을미의병은 왜 일어났으며, 누가 일으켰는가?	제목: 의병전쟁
대한	3. 타오르는 의병전쟁의 불길	탐구활동 2. 을사·병오의병의 대표적 활동은 무엇이며, 을미의병 때와 달라진 점은 무엇인가?	전기: 의병투쟁 후기: 의병전쟁(76~80쪽)
		탐구활동 3. 정미의병의 활동은 어떻게 전개되었는가?	

　교육인적자원부의 서술지침을 충실히 반영하여 집필된 현행의 근현대사 교과서의 의병항목은 다음과 같은 몇 가지 보완점이 있다고 생각한다.

　첫째, 항일의병운동의 제반 배경을 이루는 국내외 정세와 정치적 변란들에 대한 간략한 부가적 설명이 필요하다. 근현대사 교과서의 의병운동 항목은 '구국민족운동의 전개' 아래에 서술되어 있기 때문에 의병운동의 전개과정과 그 의의만을 집중적으로 서술하고 있다. 그러나 전기의병운동은 청일전쟁과 삼국간섭, 일본군의 경복궁점령과 갑오·을미개혁, 고종세력의 친미친로정책과 일제의 명성왕후시해, 변복령과 단발령 등과 긴밀한 연관을 지닌 사건이다. 또한 후기의병운동은 러일전쟁과 한일의정서의 체결, 일제의 황무지개척권요구와 보안회의 항일운동, 을사조약의 체결과 통감부 설치, 고종퇴위와 군대해산 등과 불가분의 관계가 있는 사건이다. 그러나 이러한 사건들에 대한 설명들이 의병항목에서 극히 소략하게 다뤄졌거나, 아니면 대부분 제2장 제2절(개화운동과 근대적 개혁의 추진), 제2장 제4절(개항이후의 경제와 사회), 제3장 제1절(일제식민통치와 민족의 수난) 등 다른 장에 들어가 있다. 이로 말미암아 일본군의 단계적인 대한침략 과정과 그에 대한 저항운동으로서의 의병운동이 전국적으로 확산되어 가던 배경 내지 원인을 입체적·종합적으로 파악하는데 상당한 어려움을 주고 있다. 따라서 의병운동의 전개과정을 서술하는 사이사이에 의병운동에 영향을 미친 국내외 정세와 중요 사건들에 대한 추가적인 보충 설명이 요구된다.

둘째, 전후기 의병운동기를 통해 의병활동에 직접적 영향을 미친 포군에 대한 설명이 매우 미흡하다. 한말 의병운동 당시 고종세력이나 유림층의 소모에 응하여 의진에 참여한 포군들은 자신들이 지닌 전투력에 따라 대가를 받는 용병성향의 구식군대였다. 현행 근현대사 교과서에 기술된 것처럼 군대해산 후 근대식 무기를 지닌 해산군인들의 참여로 항일의병의 전력이 이전보다 강화된 점은 인정된다. 그러나 의진에 참여한 해산군인의 숫자가 그리 많은 편은 아니었고, 또한 그들이 지닌 무기는 탄약 부족으로 말미암아 시간이 지나면서 활용도가 떨어지고 있었다. 이에 반해 화승총으로 무장한 구식군인은 전기의병기에 절대적인 무력기반을 이루었고, 후기의병기에도 전투수행 과정에서 중요한 역할을 담당하였다. 그러나 이러한 포군에 대해 금성·두산·대한 등의 교과서에는 포군이란 용어가 한 번도 안나오며, 중앙교과서에만 의병참여세력을 열거하면서 전기의병기에 '포수'를 후기의병기에 '포수'와 '포군'을 언급했을 뿐이다. 다만 금성교과서는 "농민군은 화승총으로 무장하였다"고 하거나 실체가 모호한 '무장농민'이란 표현을 사용하고 있다. 따라서 의병운동의 무력기반인 포군의 역할, 무기, 전력, 지향성, 용병적 성향 등을 보다 상세히 설명할 필요가 있을 것이다.

셋째, 농민군의 잔여세력이나 일반 산포수보다 훨씬 우수한 무장력과 전투력을 지닌 해산군인에 대한 설명을 보강해야 한다. 갑오경장 이전까지 지방 각지의 관아와 군영에 소속되어 준상비군의 역할을 맡았던 구식군인들은 1895년 윤5월과 7월의 군대해산령으로 실직되었다. 그러다가 단발령 후 고종세력과 유림층의 소모에 응하여 의병운동에 참여하였다. 이때 해산군인들의 의병참여를 촉진한 주요인은 고종세력과 유림세력이 정부가 설치한 별포군보다 적어도 3~4배 이상의 높은 급료를 보장했던 사실이었을 것이다. 또한 군대해산령(1907.8)이 내리기 전인 1905년 4월에 이미 총 2

만 명에 달하는 진위대 18개 대대가 8개 대대로 감축되었다. 이때 감축된 군인수는 군대해산령으로 해산된 군인수보다 훨씬 많았다. 그러나 현행의 근현대사 교과서에는 전기의병기에 중요한 역할을 수행한 해산군인에 대한 언급이 전혀 없으며, 후기의병기에는 1907년 8월 군대해산으로 해산군인이 대거 배출됨으로써 의병운동이 더욱 고양되어 갔다고 기술하고 있다. 따라서 앞으로는 전후기 의병운동기에 해산군인이 중요한 역할을 수행한 것은 일반적 현상이었음을 중시해야 한다. 나아가 후기의병기인 1905년 봄에 이미 해산군인이 대거 양산되었고, 이들이 진로를 모색하다가 1906~1907년경에 의병에 대거 투신하였고, 그리하여 의병운동이 전국화하고 강렬화하게 되는데 일정 부분 기여했음을 주목할 필요가 있을 것이다.

넷째, 한말 의병세력들의 사상적 지형과 변화에 대한 설명이 미흡하다. 현행의 근현대사 교과서에서는 위정척사사상을 지닌 유림들이 전기의병을 주도했다고 하였다. 그러나 전기의병기에 참여한 유림세력들은 척사파(도학파)와 과거파(실용파)로 갈라져 있었고, 또 의진에 참여한 상당한 영향력을 지닌 소수의 고종세력은 동도서기세력이었다. 따라서 전기의병의 사상적 정향을 일률적으로 척사파라고 단정하는 것은 다소 무리가 있는 해석이다. 아울러 청일전쟁에서의 청국의 패배, 대한제국기 서구사상의 유입 등으로 사상계의 자기분화가 촉진되면서 재야 유림들은 만국공법적 국제질서를 수용하게 되었다. 그리하여 러일전쟁 이전에 이미 거의 모든 유림들이 만국공법에 입각해 일본의 침략을 규탄하기에 이르렀던 점도 중요한 고려사항이다. 따라서 러일전쟁 이후 의병운동을 주도하게 되는 대표적인 의병장들의 사상적 정향이 여전히 유교사상에 기반한 동도서기론의 단계에 위치해 있었다는 점을 중시할 필요가 있을 것이다.

다섯째, 근현대사 교과서에 수록할 사진·도표·지도의 인용은 정확도와 선명도가 높은 것을 택해야 한다. 금성교과서에서 단발령을 설명하는 '단발령과 사진관'은 대한제국 후반기 이후의 사진이며, '의병 신표'는 겉

면의 숫자가 선명하지 못하여 식별이 어려운 상태이다. 두산교과서에서
'의병의 활동지도'는 이범윤·허위·이강년 등의 창의 장소를 잘못 표기
하고 있으며, '한말의 의병' 사진은 맨 왼쪽 의병의 얼굴이 반이 잘려있다.
중앙교과서에서 '단발 지령과 이에 반대하는 통문'은 선명도가 떨어지고
작은 글씨가 안보일 정도로 사진 크기가 작으며, '정미의병' 사진은 맨 왼
쪽 의병의 얼굴이 잘려 나갔다. 또 '의병부대의 활동' 지도에서는 이소응을
을사의병으로, 김동신을 김동식으로 잘못 표기하였다. 또 '정미의병' 사진
에 "이 시기의 의병부대는 다양한 계층이 참여하였다"는 설명을 붙였으나
이는 전기이든지 후기이든지 간에 다양한 세력이 의병부대에 참여했음을
간과한 설명이다.

Ⅲ. 고종세력의 의병참여와 항일방략

한말 의병운동의 참여세력에 대한 한국 역사학계의 연구는 의병장 중
심의 민족주의적·국수주의적 연구경향과 평민층 중심의 민중주의적 연구
경향으로 구분된다.5) 양자의 경향을 넘나든 연구들도 있기도 하지만, 대체

---

5) 전자의 연구경향에 대해서는, 박은식, 『한국독립운동지혈사』(上海: 維新社,
1920) ; 김의환, 『한국근대사연구논집』(성진문화사, 1972) ; 김의환, 『의병항쟁
사』(박영사, 1974) ; 김의환, 『항일의병장렬전』(정음사, 1975) ; 박성수, 『독립운
동사연구』(창작과비평사, 1980) ; 국방부 전사편찬연구소, 『의병항쟁사』(1984) ;
조동걸, 『한말 의병 전쟁』(한국독립운동사연구소, 1989) ; 윤병석, 『한말 의병
장 열전』(한국독립운동사연구소, 1991) ; 홍영기, 『대한제국기 호남의병 연구』
(서강대 박사학위논문, 1992) ; 유한철, 『유인석 의병 연구』, 국민대 박사학위
논문, 1996 ; 김상기, 『한말의병연구』(일조각, 1997) ; 구완회, 『한말의 제천의
병』(집문당, 1997) ; 박민영, 『대한제국기 의병연구』(한울, 1998).
후자의 연구경향에 대해서는 뒤바보(桂奉瑀), 「의병전」『독립신문』(상해, 1920) ;
강재언, 「반일의병운동의 역사적 전개」『한국근대사연구』(일본평론사, 1970) ;
김도형, 「한말 의병전쟁의 민중적 성격」『한국민족주의론』 Ⅲ(창작과비평사,

로 전자는 양반유생층과 전직관료와 해산군관의 활동을 중시한 견해로서 朴殷植의 의병관을 계승한 것으로 보이며, 후자는 포군층과 해산군인과 농민층의 활약에 주목한 견해로서 桂奉瑀의 의병관을 계승한 것으로 파악 된다. 다시 전자는 특정 지역을 무대로 활동한 의병장의 군사활동과 창의 이념에 대한 사례분석에 치중하며, 후자는 평민층의 사회경제적 지향과 반 봉건·반침략 성격분석을 위주로 하고 있다. 그러나 관점의 차이에도 불구 하고 양자는 모두 '평민의병장 신돌석'의 출현과 군대해산 이후에 평민의 병장이 의병운동을 주도해 나갔다고 주장하고 있다. 요컨대 양자는 한말 의병운동을 재야세력만의 항일운동으로 파악하고, 의병운동의 주도세력이 양반에서 평민으로 발전했음을 강조하는 점에서 공통성을 지니고 있다.

한말 의병운동을 재야세력만의 자발적인 항일운동으로 파악하는 역사 학계의 연구경향은 현행 근현대사 교과서 집필자들이 의병참여 세력을 서 술할 때에 그대로 반영되었다. 현행 근현대사 교과서 중에서 전후기 의병 운동의 참여세력을 자세히 나열한 교과서는 2종이다. 금성교과서는 전기에 유생, 농민군, 행상, 노동자, 걸인 등을, 후기에 유생, 농민, 해산군인, 노동 자, 소상인, 지식인, 승려, 화적 등을 들었다. 중앙교과서는 전기에 유생, 농민층, 농민군 잔여세력, 포수 등을, 후기에 전직관리, 유생, 군인, 농민, 어부, 포수, 상인 등을 들었다. 따라서 현행의 근현대사 교과서들은 크게 재야유림, 군인층, 포수, 농민층이 의병운동을 이끌어 나갔다고 주장하고 있다. 이러한 서술들은 한말 의병운동사에서 의병수가 수 백 명에 달했던 연합의진의 경우 고종세력과 재야세력의 연대에 의해 결성되었고, 또 고종 세력과 그들의 수하들이 연합의진에 직접 가담하여 중요 직임을 맡았던 사 실들을 간과한 것이다.

1985)　;　오길보, 『조선근대반일의병운동사』(평양: 과학백과사전종합출판사, 1988)　; 홍순권, 『한말 호남지역 의병운동사 연구』(서울대학교출판부, 1994)　; 이상찬, 『1896년 의병운동의 정치적 성격』(서울대 박사학위논문, 1996)　; 김순 덕, 『경기지방 의병운동 연구(1904~1911)』(한양대 박사학위논문, 2003).

1894년 6월 일제의 경복궁 강제점령 직후 그리고 1904년 2월 한일의
정서의 체결 직후부터 고종세력과 재야세력은 각기 중앙과 지방에서 거의
동시에 창의를 모색하기 시작했다. 양대 주도세력의 창의활동은 일본군과
친일파의 구축을 목표로 내걸었는데, 그들의 창의노력은 전기의병운동기에
는 을미사변과 단발령을 거치면서 표면화되었고, 후기의병운동기에는 일제
의 황무지개척권요구 반대운동과 을사늑약을 거치면서 구체화되었다. 이때
중앙의 고종세력과 재야의 유력가·요호층·武勇家들은 충군애국의 대의
명분에 입각하여 연대관계를 맺게 되었다. 아울러 이들은 일제의 단계적인
침략에 따라 점차 고조되고 있던 일반 인민들의 항일열기를 적극 수렴하여
의병운동으로 승화시켰다. 이처럼 한말 의병운동은 국가 멸망의 위기상황
속에서 국권과 군권과 생존권을 사수하려는 고종세력과 재야세력의 연대
에 의해 이루어진 것이었다.

국망기에 하층민의 항일열기를 조직화하여 의병운동으로 승화시킨 고
종세력은 어떤 집단인가? 고종세력에 포함되는 중앙인사들은 국권과 군권
및 기득권의 수호를 위해 반일운동에 종사한 강력한 근왕 성향의 정치세력
이었다. 고종세력의 정점에 위치한 고종을 제외할 경우, 이들은 한국측 자
료에는 근시·別入侍로, 일본측 자료에는 궁중파·궁정파·寵臣으로, 영
미측 자료에는 Royalist·Loyalist로 나온다. 이들은 첫째, 대한제국과 고종
부처를 적극 옹위하는 집단, 둘째, 고종의 전제적 황제체제를 지지하며 이
를 위협하는 세력을 극력 배척하는 집단, 셋째, 지방에 동족 집단과 鄕第
등 일정한 세력기반을 지닌 채 중앙정계에서 활약하는 고종 측근들, 넷째,
궁내부 각사에 소속되어 궁중을 무시로 출입하며 고종의 대내외 비밀정책
을 수행한 집단, 다섯째, 고종 부처의 반일·친구미적 외교노선을 충실히
따르는 집단 등을 들수 있다. 한 마디로 고종세력은 동도서기적 정치노선
과 반일·친구미적 외교노선을 따르고 있었으며, 대한제국의 국권과 고종
의 전제군주권과 자신들의 기득권을 지키려는 지배적인 정치세력이었다.

극소수 친일수작자를 제외할 경우, 고종세력은 한말 국가멸망기에 일제에 추종하지 않고 강력한 반일운동을 펼쳤던 충의세력이었다. 1895~1896년의 전기의병기에 활약한 고종세력으로는 고종과 명성왕후, 민영준·민영환·민영기·민병성 등 민씨척족, 송근수·신응조·이용직 등 親閔系 노론대신, 이범진·이윤용·이완용·이근영 등 친로친미 성향의 정동파, 심상훈·이세진·홍병진·엄상궁·김홍륙·이범윤 등 고종 부처의 측근 및 그들의 수하 등을 들 수 있다. 이들은 갑오경장기에 고종 부처의 왕권회복운동, 춘생문사건, 을미의병운동, 아관파천 등의 반일운동에 가담하였다. 1904~1915년간의 후기의병기에 활약한 고종세력으로는 고종황제와 의친왕 이강, 이범진·이용태·이용직·이용원 등 전주이씨, 민종식·민경식·민병한·閔衡植·민영달·민응식·민영철·閔炯植·민영규 등 일부 반일 성향의 고위급 민씨척족, 심상훈·신기선·정환직·강석호·이상천·이봉래·이유인·김승민·강창희·원우상·원용상·이소영·조남두·조남승·주석면·이회영·한규설·허위 등 고종의 측근과 별입시들을 들 수 있다. 이들은 을사조약 전후와 군대해산 전후의 시기에 재야세력과 연계하여 의병봉기를 추진하였다.

고종세력은 자신들이 직접 재야로 낙향하거나 혹은 휘하의 문객이나 수하들을 재야로 내려보내 재야세력과 연대하여 거의를 추진하였다. 그들은 고종의 內意에 따라 혹은 자신들의 자의에 따라 직접 재야세력과 연대관계를 맺거나 아니면 자신들의 문객이나 수하들을 밀사로 파견하였다. 당시 고종세력의 밀사나 협력자들은 ① 고종 명의의 밀지나 구두상의 당부를 재야세력에게 전달하여 그들에게 창의의 정당성을 부여해 주었고, ② 전국 각지를 돌아다니며 거의촉구 활동을 폈으며, ③ 직접 군사를 모집하여 의병장에 올라 항일전을 치르기도 하였고, ④ 대규모 연합의진의 전략·전술, 義陣 운영, 재정 조달, 고종세력과의 연락을 책임지는 총독장·謀事將·중군장·참모·종사 등직을 맡았다. 따라서 한말 의병운동은 재

야세력만의 자발적·독자적 항일민족운동이 아니라 중앙의 고종세력과 재
야의 여러 세력이 긴밀한 연계하에 조직적·연합적으로 추진한 항일민족
운동이었다.

고종세력의 창의활동의 결과 전기의병기에는 문석봉·정인희·유인
석·노응규·이소응·민용호·김하락·최문환·기우만·허위 등 대표적
인 의병장들이 고종세력과 연대하여 활동하였다. 이로 인해 아관파천 직후
정동파 내각이 의병해산령을 발포하자 정동파와 친분이 두터운 정교는
"이보다 앞서 각처 의진은 모두 密勅을 받고 일어났다"고 설파하였다.[6]
또한 후기의병기에는 원용팔·정운경·이강년·고광순·김동신·심남
일·안규홍·기삼연·채응언·이범윤·안중근·신돌석·유인석·유홍
석·최익현·김도현·정환직·정용기·박기섭·노응규·민종식·이인
영·노병대·허위·이은찬·김현준·이소영·차성충 등 대표적 의병장
들이 고종세력과 그들의 조력자들의 창의독려 및 창의후원 활동의 결과로
서 일어났다. 이들 의병장들은 향촌에 내려온 고종세력이나 그들의 밀사로
부터 고종의 밀지나 혹은 밀지에 준하는 내락을 받은 다음에 비로소 거의
하였다.

연합의진을 결성할 때에 고종세력과 재야세력은 충군애국이라는 표면
적인 대의명분에 공감하여 중층적인 연합성을 이루었다. 구체적으로 고종
세력과 재야세력의 연합양상은 먼저 고종세력과 재야세력간에, 그리고 지
도부와 병사층간에 대연합이 이루어졌다. 그리고 이러한 대연합의 근저에
다시 계층간 사상배경과 이해관계에 따라 고종세력과 재야유림, 관료층·
유림세력과 평민세력, 고종세력과 포군세력, 유생의병장과 평민의병장, 연
합의병장과 군소의병장, 전직관료·전직무관과 해산군인·포군, 포군장과
일반 포군·민군 사이에 다양한 형태의 소연합이 이루어졌다. 이처럼 한말
연합의병은 지역·신분·지위·학통·빈부가 각기 다른 여러 세력이 모

---

6) 정교, 『대한계년사』 상(국사편찬위원회, 1957), 139쪽.

여 중층적 연합성을 지닌 조직상·편제상의 특징을 보였다. 이때 각 세력 간의 중층적인 연합성의 강약 여부는 무기의 우수성, 병사들의 숙련도, 지도부의 통솔력과 함께 의병활동의 성패를 좌우할 만큼 중요한 문제였다. 왜냐하면 의병운동의 주도세력 가운데 하나인 유림세력이 창의 전에 이미 패배를 자인했던 것처럼 한말 의병운동은 성패보다는 의리심과 애국심과 협동심을 중시한 항일구국운동이었기 때문이었다.

그러면 강렬한 구국의지의 소유자들인 고종세력은 어떤 의도에서 재야세력의 창의를 적극 독려하고 후원했는가. 그들은 상비군이 부족한 대한제국의 위기상황을 타개하고 그들의 최종목표인 국권회복을 달성하기 위해 지방의병과의 연대활동에 주력하였다. 이를 위해 그들은 자신들이 의진에 투신하거나 혹은 인척과 수하들을 의진에 참여시키는 직·간접적 방법을 통해 수많은 의병장들과 연대하여 활동하였다. 이때 고종세력이 정략적 동기와 개인적 사리를 위해 재야세력을 봉기시켜 그들을 일본군의 총알받이로 내몰았다고 보는 것은 너무나 단선적인 역사해석이다. 고종세력은 청일전쟁과 러일전쟁에서 승전한 일본군의 막강한 무력을 간파하고 있었고, 더욱이 2천명의 동학당정토군이 화승총과 죽창으로 무장한 20만명의 동학농민군을 진압한 사실을 목도하였다. 그러한 고종세력이 전투력과 조직력과 자금력이 빈약하여 제대로 전투다운 전투를 치르기도 힘든 수 백 명의 재야세력을 각지에서 봉기시키려고 각별한 노력을 기울였던 것은 동양의 전통적 전술인 聲東擊西戰略을 구사하고 있었기 때문이라고 생각한다.

고종과 그의 측근들은 일제의 감시와 핍박을 받아가며 황권과 국권 및 기득권을 수호하고자 다양한 항일방략을 동원하였다. 즉, 그들은 ① 만국공법의 균세론에 따라 구미 열강을 끌어들여 일제를 견제하려는 영세중립화정책 및 전시중립화정책을 힘써 행하였고, ② 구미 열강과 주한외국공사관 및 국제회의에 "거액의 기밀비를 동원하여" 무려 15차례나 청원특사(밀사)를 파견했으며, ③ 국내의 춘천·평양 등 보장지나 러시아·프랑스 공사관 등 외국공사관으로의 파천과 국외의 연해주나 만주로의 망명을 추진 하였고, ④ 황제 명의의 밀지를 소지한 인사들을 전국 각지에 밀파하여 재 야세력의 창의를 촉구·후원했으며, ⑤ 정부내에서 친일·친로 세력을 상 호 견제시켜 전제황권의 위상을 강화하려 하였고, ⑥ 재야인사들에게 자금 을 지원하여 항일상소를 올리게 했으며, ⑦ 일부 재야신민들로 하여금 단 체를 조직하여 반일운동을 펼치게 하였고, ⑧ 일부 개명관료와 개화인사과 함께 애국계몽운동을 전개하였다. 이처럼 다양한 항일방략들은 외침의 강 도가 약했던 전기의병기에는 왕권회복을 중시했던 반면, 국가존망이 결판 난 후기의병기에는 국권회복을 최우선적 목표로 삼고 있었다.

한말 고종세력과 재야세력의 구국운동 패러다임

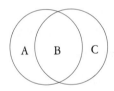

A: 재야세력: 의병운동, 의열투쟁
B: 고종세력: 의병운동, 청원운동, 계몽운동, 상소운동, 의열투쟁
C: 재야세력: 계몽운동, 상소운동

　이상과 같은 여러 가지 구국방략 가운데 고종세력의 핵심적 항일방략 은 국권수호외교와 황제파천운동과 항일의병운동이었다. 동전의 앞뒷면과 도 같은 세 가지 항일방략들은 일정한 시차를 두고 각개로 전개된 것이 아 니라 상호 긴밀한 연관하에 거의 동시에 펼쳐졌다. 이때, 고종세력은 자신 들의 궁극적 목표인 만국공법의 균세론에 입각한 국권수호외교와 고종을 외국 공관이나 지방으로 피신시키는 황제파천운동을 성사시키기 위해 전 국 각지에 밀사를 파견하여 의병을 봉기시키고 그들로 하여금 동시다발적 인 치열한 전투를 장기간 전개하게 하였다. 이때 다양한 재야세력 가운데 고종세력과 연대관계를 맺은 의병지도부의 일부 인사들만이 고종세력의 항일전략을 숙지하거나 간파한 상태에서 활동했을 뿐이다. 하층민을 포함 한 나머지 대부분의 의병세력들은 고종세력의 구국전략과 상관없이 강렬

한 충군애국심에서 혹은 소박한 생존권 확보운동 차원에서 의병활동에 참
여했던 것으로 보인다.[7]

Ⅳ. 의병운동의 시기별 기점문제와 독립군 전환 문제

한말 의병운동은 1894년 일본군의 경복궁점령 직후부터 시작되어 채
응언 의병장이 피체되는 1915년 7월까지 지속되었다. 약 20여 년간 걸처
발단기－재기기－고양기－퇴조기(전환기)의 과정을 밟은 한말 의병운동에
대해 그 시기구분 문제를 둘러싸고 다양한 주장이 나와 있다. 이를테면, 전
기(1894～1896)와 후기(1904～1915)로 크게 나누는 2시기 구분법, 전기
(을미의병)－중기(을사의병)－후기(정미의병)로 나누는 3시기 구분법, 제1
기(1894～1896)－제2기(1904～1907)－제3기(1907～1909)－제4기(전환기,
1909.11이후)로 나누는 4시기 구분법, 그리고 갑오・을미의병을 별도로 다루
면서 1단계(1904)－2단계(1905)－3단계(1907)－4단계(1909～1914)로 나누
는 5단계 구분법 등이 그것이다. 이중 현재 가장 폭넓게 수용된 학설은 4
시기 구분법이다.

현행 근현대사 교과서들은 교육부의 집필지침에 따라 을미의병－을사
의병－정미의병 등 전통적인 3시기 구분법을 택하고 있다. 그런데 명확히
기술하지는 않았지만 의병세력의 독립군으로의 전환문제를 다루고 있어서
실제로는 4시기 구분법을 택하고 있는 셈이다. 아울러 다른 교과서들은 교

---

7) 이상은 오영섭의 「을미의병운동의 정치・사회적 배경」『국사관논총』65(국사
　　편찬위원회, 1995), 227～278쪽 ; 「한말 의병운동의 근왕적 성격－密旨를 중
　　심으로－」『한국민족운동사연구』15(한국민족운동사학회, 1997), 41～93쪽 ;
　　「한말 의병운동의 발발과 전개에 미친 고종황제의 역할」『동방학지』128(연
　　세대 국학연구원, 2004), 57～128쪽 ; 「한말의병운동에 대한 새로운 이해」『군
　　사』52(국방부 군사편찬연구소, 2004), 57～91쪽의 내용 일부를 요약한 것임.

육부의 서술지침에 따라 '을미의병' · '을사의병' · '정미의병' 등의 용어를
사용하고 있으나 금성교과서만은 학계의 최신 연구성과를 반영하여 제2∼
3기 의병에 대해 '을사' · '정미'라는 간지를 붙이지 않고 있다. 동시에 모
든 교과서는 제3기에 의병운동이 더욱 고조된 사실을 중시하여 제2기까지
를 의병운동으로, 제3기를 의병전쟁으로 파악하고 있는데, 이는 앞서 살펴
본 것처럼 교육부의 입장을 충실히 수용한 결과이다.

　　그런데 한말 의병운동의 시기구분 문제를 논함에 있어 의병운동의 시
발점과 재기단계의 기점을 어디로 잡을 것인가 하는 문제는 의병 참여세력
의 범위를 어디까지 한정할 것인가 하는 문제와 결부되어 있다. 다시 말해
1∼20명의 군사로 친일부호와 일제관리를 찾아다니며 반일성 화적활동을
전개한 이른바 假義들을 의병에 포함시킬 것인가, 나아가 그들의 지향성
이 '반봉건 · 반침략'이었다는 일부 학자들의 주장들을 그대로 인정할 것인
가, 그렇지 않으면 조선(대한제국)이나 고종에 대해 애국심과 충성심을 피
력했던 의병들만을 고유한 의미의 의병으로 분류할 것인가에 따라 의병운
동의 시발점과 재기단계의 기점은 달라질 수밖에 없을 것이다.

　　현행 근현대사 교과서에는 한말 최초의 의병장 내지 최초의 의병운동
에 대한 기술이 없다. 이 문제에 대해 역사학계에서는 1894년 가을 안동에
서 봉기하여 서울진격을 목표로 곤지암까지 진격했던 서상철의병을 최초
의 의병으로 보는 견해가 있다.[8] 그러나 동학농민운동과 한말 의병운동의
지향점이 서로 달랐다는 점을 인정한다면 '僞東學軍'의 칭호를 받은 대원
군계의 동학의병을 한말 최초의 의병으로 분류할 수는 없을 것이다.[9] 이는
1895년 7월 평안도 상원에서 봉기하여 황해도 장수산성까지 진출한 김원
교에 대해서도 동일하게 적용되는 문제이다. 강력한 근왕성과 반개화론을

---

8) 김상기, 「조선말 갑오의병전쟁의 전개와 성격」『만국민족운동사연구』3(한국
　　민족운동사학회, 1989), 46∼53쪽.
9) 신영우, 『갑오농민전쟁과 영남 보수세력의 대응』(연세대 박사학위논문, 1992) ;
　　구완회, 「제천의병에 관한 문헌자료의 검토」『조선사연구』5(1996).

표방한 김원교의병도 현재로서는 동학세력인지 반동학세력인시 불분명한
형편이기 때문이다. 따라서 김원교의병의 실체가 제대로 밝혀지기 이전의
현단계에서 최초의 의병장으로는 을미사변 직후인 1895년 9월 중순 유성
에서 거의한 文錫鳳을 꼽을 수 있다. 투철한 충군애국론자인 문석봉은 명
성왕후의 특별배려로 경복궁 오위장을 지낸 경력이 있으며, 을미사변 후
민영환·신응조·송근수·송도순 등 고관들의 정신적·경제적 지원 하에
창의한 인물이다. 그는 죽을 때에 민영환이 창의를 당부하며 내려준 보검
을 같이 묻어달라는 유언을 남겼을 정도로 고종세력과 인연이 깊었다.

〈표 2〉 의병운동의 단계별 기점과 독립군으로의 전환

	발단기 의병	재기기 의병	고양기 의병	전환기 의병
6차	최초의 항일의병은 일본침략자들에 의해 자행된 을미사변과 친일내각에 의해 강행된 단발령을 계기로 전국 각지에서 일어났다.(96쪽)	을사조약을 계기로 국가의 존립이 위태로워지자, 다시 봉기한 의병들은 조약의 폐기와 친일내각의 타도를 내세우고 격렬한 무장항전을 벌였다.(97쪽)	고종황제의 강제퇴위와 군대 해산을 계기로 의병의 구국운동은 그 규모와 성격 면에서 의병전쟁으로 발전되어 갔다(1907). 이때의 의병을 정미의병이라고 한다.(97쪽)	의병전쟁은 남한대토벌작전을 계기로 크게 위축되었다. 그러나 많은 의병들은 압록강과 두만강을 건너 간도와 연해주로 옮겨가 독립군이 되어 일제에 강력한 항전을 전개하였다.(98쪽)
금성	을미사변으로 분노하던 유생과 민중들은 정부가 단발령을 공포하자 전국 곳곳에서 의병을 일으켰다. 1896년 1월 하순 이소응이 춘천에서 의병을 일으켰다.(90쪽)	의병투쟁은 1905년 을사조약을 전후하여 다시 불붙었다. 1904년 7월 교외의 군인들이 반일의병 활동을 시작하였다. 양반유생들도 전국 곳곳에서 의병을 조직하였다. … 1905년 8월 원주, 9월에는 단양에서 의병이 일어났다.(91쪽)	항일의병투쟁은 1907년 8월, 군대해산을 계기로 새로운 전기를 맞았다.…이에 따라 의병 부대의 전투력이 강화되어 의병항쟁은 본격적인 전쟁의 양상을 띠면서 전국으로 확산되었다.(92쪽)	대부분의 의병부대는 동포들과 뒷날을 기약하고 만주와 연해주 지방으로 건너가 그곳에 독립운동의 새로운 근거지를 마련하였다.(94쪽)
두산	최초의 항일의병은 명성황후 시해와 단	을사조약이 체결되자 의병들이 다	일본이 헤이그특사 파견을 구실로 고종	많은 의병들은 압록강과 두만강을 건너

두산	발령에 반발하여 일어난 을미의병이었다. 항일의병중에 유인석, 이소응, 허위 부대의 활동이 두드러졌다.(78쪽)	시 봉기하여 이 조약의 폐기와 친일내각의 타도를 내세우고 무장항전을 벌였다.(79쪽)	황제를 퇴위시키고 한국 군대를 해산하자 항일의병활동은 한층 격렬하게 전개되었다.(80쪽)	간도와 연해주로 근거지를 옮겨 독립군으로서 일제에 항전을 계속하였다.(81쪽)
중앙	일본이…명성황후를 시해하고…친일내각이 단발령을 강행하였다. 이에 전국 각지의 유생들이 중심이 되어 본격적인 항일 의병투쟁을 전개하였다.(90쪽)	을사조약의 강제 체결 이후 국가 존망의 위기 속에서 의병들은 국권회복을 위한 격렬한 무장항전을 전개하였다.(91~92쪽)	1907년에 고종의 강제 퇴위와 군대해산을 계기로 일어난 의병투쟁은 그 규모나 성격면에서 의병전쟁으로 발전하였는데, 이시기의 의병을 정미의병이라고 한다.(92쪽)	의병부대들은 간도와 연해주로 이동하여 의병기지를 건설하고 독립군으로 전환하거나 … 깊은 산악지형을 이용하여 항전하였다.(94~95쪽)
대한	을미의병을 일으킨 유생들은 단발령으로 대표되는 개화정책이 서양세력과 일본을 끌어들여 우리나라의 전통 유교윤리를 파괴하는 것으로 보았다.(77쪽)	을사조약으로 나라가 큰 위기를 맞게 되자 다시 을사·병오 의병이 일어나 항일투쟁을 전개하였다.(78쪽)	일제는 고종을 강제로 퇴위시켰다. 그리고 한일 신협약을 강요하여 내정간섭을 강화하였고, 군대를 해산시켰다. … 이에 따라 의병들의 국권회복투쟁도 더욱 치열하게 전개되었다.(78쪽)	많은 의병부대가 간도나 연해주로 이동하였고, 그곳에서 무장 독립군으로 재편성되어 치열한 독립운동을 전개하였다.(80쪽)

현행 근현대사 교과서들은 제1기의 의병운동이 을미사변과 단발령에 반발하여 일어났다고 보고 있다. 이러한 해석은 역사학계의 주장을 그대로 받아들인 것이다. 이때 금성교과서는 1896년 1월 하순 춘천의 이소응이 의병을 일으킨 것을 필두로 을미의병이 봉기했다고 하였다. 그러나 을미의병은 1896년 1월 1일 한강을 건너 이천으로 내려와 창의한 金河洛 등이 일으킨 이천의병이 최초의 사례이다. 또한 두산·중앙교과서는 제1기의 대표적인 의병장으로서 각기 유인석·이소응·허위, 유인석·이소응·박준영을 거론하고 있다. 그러나 경상도에 전포된 밀지를 전달받고 뒤늦게 봉

기하여 활동하다가 아관파천 후 개화정부의 권유를 받아들여 해산한 허위와 이천의병이 남한산성에서 패배한 후 일시 경기남부 의병장에 추대되었던 여주의병장 박준영은 사실 을미의병기에 활약이 미미했던 인물들이다. 나아가 모든 교과서들은 아관파천 후 국왕의 해산권고 조칙에 따라 대부분의 의병이 해산하였다고 기술하였다. 그러나 유인석·민용호·김하락·이경응 등 강력한 전투부대를 거느리고 있던 대표적 을미의병장들은 관군의 해산권유를 거부하고 끝까지 항전하였다. 아울러 기타 의병들도 소규모 부대로 각지로 몰려다니며 활동하다가 1896년 여름 관군의 진압작전에 밀려 해산하였다.

재기기의 의병운동에 대해 현행 근현대사 교과서들은 을사늑약의 강제체결로 국가가 위기 상황에 빠지자 지방 각지에서 의병들이 다시 봉기하여 치열하게 국권회복운동을 벌였다고 기술하였다. 다만 금성교과서만은 새로운 연구성과를 반영하여 을사늑약 이전인 1905년 8월에 원주에서 원용팔이, 9월에 단양에서 정운경이 의병을 일으킨 사실을 거론하였다. 그러나 대한제국기 후반기부터 나타나기 시작한 화적계 假義들의 반일성 무장활동을 제쳐두더라도 이미 1904년 9월 중순경에 각기 서울과 홍천에서 창의의 통문이 나돌고 있었다. 이때 황성의병소의 대장 김모는 일제의 황무지 개척권요구와 역부징발에 반대하는 통문을 돌렸고, 홍천의병대장 홍일청은 충의세력이 모두 모여 "爲國忠誠과 爲民保安의 도를 다하자"는 통문을 띄웠다.[10] 아울러 한말 의병운동의 상징적 인물인 유인석도 1904년 10월경에 최익현에게 보낸 편지에서 "活國良策은 오직 거의 뿐이다"며 창의를 촉구하였다.[11] 이처럼 1905년 이전에 이미 의병운동의 서막이 올랐던 사실이 현행의 근현대사 교과서에는 제대로 반영되지 못했다. 아울러 을미 연합의병장들은 말할 것도 없고, 을사늑약 전후에 거의한 대표적인 의병장들

---

10) 『대한매일신보』, 1904년 9월 13일, 9월 16일 ; 『황성신문』, 1904년 9월 15일.
11) 유인석, 『의암집』 권6, 「與최면암」(1904.음9).

이 거의 모두 고종세력과 연대하여 봉기한 사실에 대한 기술이 빠져있다.

고조기의 의병운동에 대해 현행 근현대사 교과서들은 고종의 강제퇴위와 군대해산을 계기로 의병운동이 전국으로 확산되어 마침내 의병운동이 의병전쟁으로 발전했음을 중시하였다. 이는 한말 의병운동 당시 대한제국의 군인출신들이 의진에 들어가 두드러진 활약을 펼쳤음을 고려할 때 일면 타당한 해석이라고 하겠다. 그러나 그러한 해석은 다소 보완의 여지가 있다고 본다. 그것은 을사늑약 전부터 고종퇴위 전까지 중앙과 지방 각지에서 높은 지명도를 지닌 수십 명의 고종세력이 재야세력과 연대하여 항일활동을 벌이기 위해 분주하게 활동했던 사실을 감안해야 하기 때문이다. 당시 고종세력은 의병운동에 절대 필요한 인적·물적 자원을 확보하느라 상당한 시일을 보내고 있었다. 그러한 사이에 1905년 4월에 감축된 지방군인의 항일열기와 고종퇴위 이후에 더욱 고조된 인민들의 항일열기가 고종세력의 창의열기와 한데 맞물려 가시적인 성과로 이어졌던 것이다. 따라서 고종퇴위 이후에 해산군인들만이 대거 의병에 가담함으로써 의병운동이 확산되었다고 보는 것은 다소 단순한 해석이라고 생각한다.

전환기의 의병운동에 대해 현행 근현대사 교과서들은 한결같이 교육부의 서술지침을 그대로 반영하여 "대부분의 의병부대가 뒷날을 기약하고 만주와 연해주로 건너가 독립군으로 전환하였다"고 하였다. 의병운동 퇴조 후 연해주와 간도의 의병들이 그대로 독립군으로 전환한 것과 국내의 일부 의병들이 중국과 러시아로 건너간 것은 분명한 사실이다. 그러나 대부분의 의병부대가 해외로 건너가 독립군으로 전환했다는 주장은 지나친 과장이다. 더욱이 한일병합 이후 독립운동의 주도권은 대한제국과 고종황제를 추종하는 의병세력보다는 서구적 민주정체를 지향한 애국계몽세력에게 넘어갔고, 따라서 새롭게 충원되는 신세대 독립군들은 의병세력의 항일의식과 애국계몽세력의 민주정체관을 계승한 상태에서 독립운동에 가담하였다. 따라서 한말 의병운동의 대미를 기술할 때에 항일의병의 독립군으로의 전환

을 중시하는 인적 자원의 전승문제보다는 항일의병의 구국정신이 청소년
들에게 그대로 이어져 한국독립운동의 정신적 기반이 되었던 사실에 강조
점을 두어야 한다고 판단한다.

V. 평민의병장 문제와 평민층의 의병참여 동기

　현행 근현대사 교과서의 의병운동 서술에서 특기할 만한 사실은 평민
세력의 활동을 중시한 점이다. 다시 말해 전기의병기에 일반 농민과 동학
농민군의 잔여세력이 의병에 많이 가담하였고, 후기의병기에 신돌석의 등
장 이후 평민의병장의 활약이 두드러져서 의병운동이 새로운 전기를 맞게
되었다는 것이다. 그런데 이처럼 평민세력의 의병참여나 평민의병장의 등
장과 역할을 주목한 대목은 교육부가 제시한 서술지침에는 들어있지 않다.
교육부 지침은 "각 단계별로 크게 활약한 대표적인 의병부대를 말할 수 있
다"고 되어 있을 뿐이다. 따라서 모든 교과서들이 전기의병기에 평민세력
의 의병참여를 언급하고 후기의병기에 평민의병장이 대거 등장함으로써
의병운동이 양반중심에서 평민중심으로 발전했다고 기술한 것은 교육부의
지침이 아니라 근현대사 교과서 집필자들의 개인적 사관에 입각한 것임을
알 수 있다.
　현행 근현대사 교과서의 의병서술은 인민대중의 반봉건·반침략 활동
이 역사발전을 선도했다고 하는 이른바 민중주의사관에 일정 부분 영향을
받았다. 이는 교육부 지침과 일부 근대사 연구자들의 연구경향을 무비판적
으로 반영한 결과로 보인다. 50% 이상의 채택율을 기록한 금성교과서는
평민의병 중시경향이 가장 짙게 배어있는 교과서이다. 여기에는 반봉건을
지향하는 여러 평민세력이 의병에 가담하였고, 이들이 의병해산 후 활빈당
을 조직하여 반침략·반봉건 활동을 벌였으며, 1905년 가을 다시 봉기한

의병운동도 이들의 주된 활동지에서 시작되었고, 의병운동이 본격화함에 따라 신돌석같은 평민의병장이 등장하여 동학농민운동이나 활빈당 등의 무장투쟁 경험을 바탕으로 치열한 전투를 벌였으며, 그리하여 의병운동이 반침략 항쟁으로 승화되었다고 되어 있다. 이처럼 의병운동이 계기적·발전적 과정을 거쳐 양반중심에서 평민중심으로 이행했다고 서술한 것은 정도의 차이가 있기는 하지만 현행 근현대사 교과서들의 공통된 서술양태이다.

〈표 3〉 근현대사 교과서의 평민관련 서술

	전 기	후 기
6차	이른바 을미의병은 위정척사사상을 가진 유생들이 주도하였고, 일반농민과 동학농민군의 잔여세력이 가담하였다.(90쪽)	종래의 의병장은 대체로 유생들이었는데, 이때부터는 평민출신 의병장의 활동이 두드러져서 의병운동의 새로운 양상을 보여주었다.(90쪽)
금성	초기 의병(을미의병)에는 위정척사사상을 가진 유생들이 앞장섰다. 여기에 반일·반침략을 부르짖던 일반농민과 동학농민군 참가세력이 가담하였다. 하지만 유생의병장들과 달리 일반농민들은 반봉건을 지향하고 있었기 때문에 크고 작은 갈등을 빚었다.(90쪽)	의병운동이 본격화하면서 평민의병장이 등장하였다. 평민의병장이 이끄는 부대는 동학농민운동과 활빈당 등의 무장투쟁을 경험으로 … 일본군과 치열한 전투를 벌였다. … 이처럼 후기 의병운동은 참여계층의 확대와 전술의 변화로 반침략 항쟁의 성격을 강하게 띠게 되었다.…의병부대의 구성도 더욱 다양해졌다. 유생과 농민, 해산군인 뿐 아니라 노동자, 소상인, 지식인, 승려, 화적 등 다양한 계층이 의병에 참여하였다. 의병장도 양반대신 평민이 다수를 차지하였다.(91쪽)
두산	을미의병은 위정척사사상을 가진 유생들이 주도했고, 일반농민과 동학농민군의 잔여세력이 이에 가담하였다.(78쪽)	평민출신 의병장인 신돌석은 일월산을 거점으로 … 활동을 벌였다. … 이때부터 평민의병장의 활동이 두드러져서 의병운동에 새로운 양상을 보여주었다. 전술면에서도 성을 지키는 수성전에서 유격전으로 전환함으로써 의병의 수적인 열세를 보완하였다.(79쪽)
중앙	의병에 참여하였던 민중은 대부분 농민층, 동학농민군의 잔여세력, 포수들이었다. 유생	평민출신 신돌석은 의병을 일으켜 … 강원도와 경상도 접경지대에서 크게 활약하였다. … 이 시기의 의병장들은 대부분이 유학을 숭상하던 전직

중앙	들은 이들 민중이 가지고 있는 반외세 정서를 항일운동으로 규합할 수 있었다.(91쪽)	관료였으나, 평민출신 의병장이 등장하였다는 점에서 의병운동이 새로운 양상을 띠었음을 보여 주었다.(92쪽)
대한	을미의병은 향리나 평민이 일으킨 경우도 있지만, 주도세력은 대부분 보수적 유생층이었다. … 농민들과 동학농민군의 잔여세력이 의병에 많이 참여하였음을 알 수 있다.(77쪽)	평민의병장이 이끄는 의병부대는 봉건적 신분의식이나 위정척사사상에 얽매이지 않았기 때문에 보다 단결된 힘을 가지고 국권회복투쟁을 전개할 수 있었다. … 평민출신 의병장이 이끄는 의병부대를 제외한 채 양반 유생 출신 의병장들이 중심이 되어 전개한 서울진공작전은 실패하였다. 이에 비해 평민출신 의병장들이 이끄는 의병부대는 주로 유격전술을 펼치며 일제에게 타격을 가하였다.(78쪽)

　한말 의병운동 연구에서 평민대중과 평민의병장의 역할을 최초로 중시한 이들은 역시 북한의 관변사가들이다. 金慶寅은 의병장 중에는 홍범도·차도선·신돌석과 같은 평민출신도 있었으나 대부분이 유생·관료출신이었고, 의병운동이 왕정복고를 지향하고 있었다고 보았다.[12] 초창기 북한학자들의 신중한 의병해석은 남로당·해외파 학자들이 제거되고 김일성유일체제를 지지하는 학자들이 등장하면서부터 점차 평민의 역할을 더욱 중시하는 쪽으로 나아갔다. 이나영은 을사조약 이후 인민들의 정치적 각성이 제고되었고, 그 후 반일의병투쟁의 선두에는 인민출신의 의병장들이 서게 되었으며, 그리하여 반일의병투쟁의 강화발전에서 획기적인 전환을 이루게 되었다고 하였다.[13] 또한 '평민출신 신돌석'의 대중적 항일투쟁에 비중을 두었던 김광수는 의병투쟁이 평민대중의 적극적인 참가에 의하여 확대 발전되었다고 하였고,[14] 북한정권의 충실한 나팔수역을 맡았던 오길보는 1907년 이후 평민출신 의병장이 출현하여 반일의병투쟁의 주도권을 장악하게 되었다고 하였다.[15] 이러한 북한학계의 의병관은 현재 남한학

12) 조선력사편찬위원회 편, 『조선민족해방투쟁사』(김일성종합대학, 1949), 202쪽.
13) 리나영, 『조선민족해방투쟁사』(조선로동당출판사, 1958), 192쪽.
14) 김광수, 「조선 인민의 반일 의병 투쟁」 『력사과학』, 1960년 6호, 26쪽.

계의 평민중시 의병관의 원형에 해당한다고 할 수 있다.

북한학자들의 소박한 평민의병 중시경향은 재일사학자 강재언의 『조선근대사연구』(일본평론사, 1970)에 실린 「반일의병운동의 역사적 전개」란 논문을 통해 학문적 체계화와 이론화 과정을 거쳤다. 이후 그의 논문은 일본학계와 남한학계에 큰 영향을 미쳤다. 특히 남한에서 1970년대 후반부터 1980년대까지 그의 논문이 운동권 학생들 간에 반봉건·반침략 의식을 고취하기 위한 의식화 교재로 이용되기도 하였다. 아울러 일부 연구자들이 북한학계와 강재언의 평민적 의병관에 입각한 연구성과를 내놓게 되면서부터 평민의병의 역할을 중시하는 연구경향은 남한학계에서 시민권을 획득하게 되었다. 특히 남한의 일부 연구자들은 북한학계의 평민중시 연구경향을 통계상으로 입증하기 위해 학술적으로 의미가 떨어지는 각고의 노력을 기울이기도 하였다. 평민의병장의 진출을 입증하기 위한 학술적 노력의 결과물들은 대한·중앙 교과서 집필자들에 의해 다소 임의대로 변개가 이루어진 상태에서 인용되고 있다.[16]

그러면 군대해산 이후에 평민출신 의병장이 대거 출현하여 의병운동의

---

15) 오길보, 「19세기말-20세기초 반일의병투쟁의 성격」『력사과학』, 1966년 6호, 19쪽.

16) 예컨대 박성수의 『한국독립운동사』(창작과 비평사, 1980, 223∼224쪽)에는 1908년 10월경부터 1909년까지 활동한 전국 의병장에 대한 '신분·직업별 통계표'가 실려있다. 여기에는 조사대상자 430명 가운데 255명의 신분·직업별 통계가 나와있다. 그런데 대한교과서는 이 표를 인용하면서 1907년에 일어난 '정미의병장의 신분·직업별 분포'라고 명칭과 연도를 임의대로 바꾸었고, 또 통계 숫치도 430명은 빼버린 채 255명만 인용하고 있다. 하여튼 255명의 신분·직업별 분포는 유생·양반(63명), 농업(49명), 사병(35명), 무직·화적(30명), 포군(13명), 광부(12명), 주사·서기(9명), 장교(7명), 상인(6명), 군수·면장(6명), 기타(19명) 등으로 되어있다. 그러나 박성수가 인용한 일제측 자료는 의병운동이 퇴조하고 화적계의 부대장들이 크게 활동하던 때에 생산된 것이기 때문에 한말 의병장의 신분·직업을 전반적으로 파악하기에는 문제가 있는 자료이다.

주도권이 양반층에서 평민층으로 넘어갔다고 하는 주장은 과연 타당한 것인가. 필자는 한말 근대기에 민중의식이 점차 성장하여 민중이 역사의 전면에 등장할 준비를 하고 있었다는 주장을 당연한 사실로 받아들이는 편이다. 그러나 일제측의 자료에 수록된 '폭도 거괴'들을 통계 처리하여 도출한 평민의병장의 대거출현설은 역사적 실상과 일치하는 것이라고 생각지는 않는다. 왜냐하면 일본측 기록을 기계적으로 반영한 기왕의 연구성과들은, ① 수 백명 이상의 군사를 거느린 대규모 연합의병의 의병장과 그 휘하의 의병장(중군장·선봉장·후군장·소모장·유격장 등)을 동급의 의병장으로 분류하였고, ② 연합의병장의 피체·전사로 연합의병이 해체된 후 10～30명의 군사로 게릴라 활동중인 부대장을 수 백명을 거느린 연합의병장이나 100～200명을 거느린 중급의 의병장들과 동급으로 처리하였고, ③ 고종세력과 연대하여 창의하거나 고종세력이 후원하는 연합의병장의 막하에 있다가 독립하여 소규모 부대의 부대장으로 활동하던 의병장들이 적지 않았다는 사실을 고려하지 않았고, ④ 1908년 중반 이후 국가멸망의 징후가 노골화된 극심한 혼란기에 10～20명 정도의 군사로써 의병인지 화적인지 실체가 불분명한 반봉건·반일성 토색활동을 벌인 수많은 부대장들을 모두 의병장으로 간주하였고, ⑤ 일제의 효과적인 탄압작전 이후 등장한 소규모 게릴라 부대장들은 사실 평민층의 신분상승 욕구나 반제의식의 확대의 결과로서 나타난 것이라기보다는 의병운동의 해체과정 내지는 독립군으로의 전환과정에서 나타난 필연적인 산물임을 간과했으며, ⑥ 신분과 이력이 불명하여 통계에서 다루지 못한 의병장이 너무 많을 뿐 아니라 일본측이 공판조서에 '평민'이나 '농민'이라고 기록한 경우에도 단순한 평민이나 농민이 아니라 주경야독하는 양반인 경우가 많았다는 점등을 간과하였기 때문이다.

이상의 문제점들을 다각도로 고려할 때 평민의병과 평민의병장 이해에 새로운 전기를 마련할 필요가 있을 것이다. 이제 평민의병장 이해의 지평

을 확대하기 위해 다음과 같은 몇 가지 중요 문제들을 차례대로 논급하려
한다. 첫째, 국망기에 대표적 평민의병장들은 그들의 신분이 평민에 속했
다고 하더라도 그들이 의병장에 오르는 과정과 그들이 벌인 의병활동의 전
과정이 반드시 평민적인 것은 결코 아니었다. 차라리 평민의병장과 고종세
력과의 관계를 파헤치는 것이 평민의병장의 실체를 제대로 파악하는데 유
익할 것이다. 둘째, 평민세력의 반침략세력으로서의 정통성을 강조하기 위
해 평민세력과 양반세력의 갈등을 강조한 주장들은 다소 사실에서 벗어나
있다고 생각한다. 셋째, 한말 의병운동에 참여한 민중층은 포군층과 농민
층으로 대별되는데 대체로 그들은 경제적인 동기에 따라 의진에 참여했다
는 점이다.

첫째, 고종세력과 평민의병장이 어떤 관계를 맺고 있는가를 평민의병
장으로 널리 알려진 신돌석・안규홍・홍범도・채응언 4인을 중심으로 알
아보겠다. 한국근대사 개설서들은 말할 것도 없고 현행의 근현대사 교과서
들은 한결같이 신돌석을 '평민출신'으로 기술하고 있다. 나아가 평민의병
장 신돌석이 출현하면서부터 의병운동의 주도층이 유림층에서 평민층으로
발전했다고 주장하였다. 이처럼 신돌석이 평민출신이라거나 신돌석의 출현
이후 의병운동의 성격이 변화되었다는 주장은 북한학계의 주장을 그대로
받아들인 결과이다. 그러나 주목할 사실은 신돌석은 평민이 아니라 양반서
당에서 양반들과 같이 공부했던 양반급 향리의 후손이었다. 그의 부친은
의병군자금으로 쌀 100섬을 회사하고 나중에 전재산을 내놓았던 향리재력
가였던 것이다.[17] 이런 사실로 미루어 신돌석과 평민의병에 대한 환상을
일정 부분 수정될 필요가 있다.

1906년 4월 신돌석이 영해에서 봉기할 때에 고종세력은 두 갈래 루트
로 신돌석의 창의에 영향을 미쳤다. 하나는 고종의 정치적 분신인 궁내부
대신 심상훈과 친분이 두터운 김현준이 고종에게 밀지와 군자금을 받은 다

---

17) 이병국, 『敬山文集』「挽申舜卿」.

음에 경상도로 내려가 안동의 유력가 이상룡에게 거의를 상의하자 이상룡
은 인근의 신돌석에게 창의를 권하였다.[18] 다른 하나는 고종의 측근인 정
환직이 어전에서 밀지를 받은 후에 아들 정용기에게 거의를 당부하자 山
南에서 창의한 정용기는 측근을 보내 인근의 신돌석에게 창의를 촉구하였
다. 이를테면 혼인 시에 양반의관을 갖추었다 하여 양반들에게 모진 수모
를 당했던 신돌석의 휘하에 전현직 관리인 영해의 명문양반들이 몰려든 것
은 영해지역에서 신분갈등이 해소된 결과라기보다는 신돌석의 배후에 있
는 고종측근들의 영향력에 힘입은 결과였음에 틀림없다. 따라서 신돌석의
봉기는 고종세력의 구국의지와 영해지역 재야세력의 항일열기가 맞물려
나타난 결과로 보아야 한다.

　일제가 호남지방 의병장 중에서 첫째가는 인물로 꼽은 안규홍은 양반
가에서 품팔이를 하던 한미한 신분 출신의 평민이었다. 그는 1908년 2월
주변의 머슴꾼들을 모아 창의했는데, 그의 창의에는 보성의 유력자인 안극
과 박남현이 영향을 미쳤다. 그런데 부인이 여흥민씨인 안극은 전남관찰사
를 지낸 다음 고종의 청원외교를 도왔던 고종의 별입시 민영철과 절친한
사이이며, 의병장 민긍호와 죽마고우의 관계였다.[19] 그는 고종으로부터 밀
지를 받은 다음에 의병장을 다수 배출한 항일단체 충의사의 회원 박남현과
함께 창의를 모색한 결과 담대한 안규홍에게 인적·물적 자원을 지원하게
되었다. 특히 안극은 평소 도적방비를 위해 양성하고 고용한 가병 100여명
을 안규홍에게 주었고, 자가의 토지까지 팔아서 안규홍의병의 군수품에 충
당하였다. 이로 인해 안극은 '숨은 의병'이라는 평을 받았다고 한다.[20]

　한국독립운동의 기린아 홍범도는 1907년 11월경 차도선과 함께 삼
수·갑산·북청 일대를 무대로 활동한 평민의병장이다. 당시 차도선·홍

18) 이규홍,「세심헌일기」, 을사−기유년조 ; 이준형,「선부군유사」『석주유고후집』.
19) 안극,『晦隱集』권1,「행장」·「閔雲沙壽序」.
20) 『전라남도사』(전라남도사편찬위원회, 1956), 812쪽 ; 『보성군향토사』(호남문
　　화, 1974), 59, 278∼283쪽.

범도의병은 서울에서 군인 27명을 데리고 내려가 함남 영흥에서 창의한 윤동섭의 창의에 자극받아 일어난 의병부대로 보인다.21) 그런데 1908년 3월 12일 그들이 임강현의 대노야 앞으로 보낸 무기요청 서한의 말미에는 차도선·홍범도의병의 근왕적 성격을 알려주는 비밀이 담겨있었다. 즉, 거기에는 "의진. 모사장 박충보·都대장 차도선·부대장 홍범도·우대장 양봉익·좌대장 태양욱" 등 의진의 직임과 임원의 성명이 나열되어 있었다.22) 이때 의병장 차도선·홍범도보다 상위 서열에 위치한 모사장 朴忠保는 미지의 인물인데, 그 직임으로 보아 북청의병의 전략과 전술을 통괄하는 요직을 차지하고 있었다. 한말 의병운동 당시 서울의 고종세력이 수많은 문객들을 지방으로 파견하여 거의촉구 활동을 펼치게 했던 사실을 감안하면, 박충보는 서울의 고종세력이 함경도로 파견한 밀사였던 것으로 보인다.

평안도 성천의 소농출신 의병장 채응언의 사례는 고종세력과 평민의병장간의 느슨한 연대관계를 보여준다. 일반적으로 고종세력과 연대한 의병장들의 창의양상은 대략 2가지로 구분된다. 하나는 고종세력이나 그들의 밀사들로부터 밀지나 당부를 직접 전달받고 향촌에서 창의하는 경우이다. 다른 하나는 고종세력으로부터 밀지나 당부를 받고 창의한 연합의병장들의 소모활동에 응하여 연합의진에 투신했다가 연합의병장들이 전사·피체된 다음 그들의 권위를 승습하여 창의하는 경우이다. 이때 한말 최초의 항일의병장으로 잠정 분류되는 문석봉은 전자의 전형에 해당하는 인물이며, 한말 최후의 의병장인 채응언은 후자에 속하는 인물이다. 이를테면 채응언은 1907년 봄 고종의 밀지를 받고 창의한 유인석에게서 의병장의 권위와 문부를 하사받고 의병장에 오른 徐泰順이 황해도 곡산군에서 순국한 다음

---

21) 『한국독립운동사자료집 : 洪範道篇』(한국정신문화연구원, 1995) 「리인섭의 편지」, 36쪽.
22) 『독립운동사자료집 별집 1』(독립운동사편찬위원회, 1974), 1083쪽 ; 『統監府文書』 5(국사편찬위원회, 1999) 「淸國에 擧事協助 要請 書翰」, 199쪽.

에 서태순의 뒤를 이어 의병장에 올랐다. 그는 서태순이 유인석에게 받은 모든 권위를 이어받아 1909년에 의병장에 올라 활동하다가 1915년에 피체되었다.[23]

둘째, 한말 의병운동 당시 평민세력과 양반세력의 갈등문제이다. 금성교과서는 전기의병기에 "유생의병장과 달리 일반 농민들은 반봉건을 지향하고 있었기 때문에 (양자는) 크고 작은 갈등을 빚었다"고 하였다. 그리고 이러한 갈등이 양반층의 봉건성에서 기인하는 것으로 보았다. 그러나 전후기 의병운동기에 의진내에서 자주 벌어진 갈등은 계급간의 신분문제 때문이 아니라 의병장간에 혹은 의병지도부간에 권력투쟁 때문에 발생한 것이다. 이따금 의병지도부가 군사들을 처형한 사례들은 신분갈등 때문이 아니라 화적출신의 군사들이 군령을 어기고 민인에 대해 침학행위를 범한 것을 징치하기 위해서였다. 금성교과서는 을미의병운동 당시 제천의 화서학파 유림들과 평민장수 김백선간의 갈등관계와 그로 인한 유인석의 김백선처형사건을 양반과 평민간의 대표적인 갈등관계로 파악하고 있다. 그러나 이 사건도 양반과 평민간에 극심한 신분갈등에서 빚어진 것이 아니라 의진내 권력다툼의 와중에 일어난 사건이었다. 척사파인 유인석은 동도서기파인 고종세력을 추종하는 김백선이 병권을 장악하고 의진을 이탈할 것을 우려하였기 때문에 김백선을 전격적으로 처형했던 것이다.

금성·대한 교과서는 13도창의군의 서울진공작전을 설명하면서 신돌석·홍범도·김수민 등 평민출신 의병장들을 신분이 낮다고 하여 제외한 것은 계급적 한계를 드러낸 것이라고 하였다. 나아가 금성교과서는 양반의 병장 주도로 13도연합군이 결성되었고, 서울진공전이 실패하자 양반의병장들이 의병대열에서 점차 떠나갔다고 하였다. 그러나 13도창의군은 이인영의 관동창의군을 모태로 경기·강원·황해지역의 일부 의병부대를 규합한 연합부대였다. 그렇기 때문에 전라·경상·함경도 지역의 의병이 13도

23) 『독립운동사자료집 별집 1』, 224~225쪽.

창의군에 참여하기가 힘들었다. 게다가 13도창의군에는 금성교과서의 기술과 달리 평민의병장들이 여럿 가담하고 있었다. 그리고 경상도의 정용기와 전라도의 안규홍이 속히 군사를 몰아 상경하라 중앙의 전갈을 받았음에도 불구하고 상경하지 못했던 것처럼, 충청도의 이강년과 신돌석은 일본군 수비대와 전투를 치르느라 중부지방으로의 진출이 어려웠다. 따라서 13도 창의군의 지도부가 양반의병장들로 구성되어 있다거나, 의병지도부가 신돌석같은 평민의병장을 의도적으로 배제했다는 근현대사 교과서들의 주장은 사실과 다르다.

셋째, 한말 의병운동에 참여한 민중층의 의병참여 동기 문제이다. 한말 다양한 의병세력들은 외세배격이 선결과제라는 민족적 위기의식에 공감하여 연대관계를 맺었다. 이때 다양한 의병세력을 대표하는 고종세력과 유림집단과 평민세력은 그들의 사회경제적 배경의 차이에 따라, 그리고 개인적 이해관계에 따라 각기 다른 지향성을 보였다. 즉, 충군애국을 대의명분으로 내세운 그들의 궁극적 참여동기가 신분별·계층별로 반드시 일치하지는 않았던 것이다. 대체로 고종세력에게는 친일세력을 축출하고 전제황권을 회복하려는 정치적 동기가, 유림층과 해산군관에게는 강렬한 의리심과 애국심에 따라 일본세력을 물리치려는 사상적 동기가, 평민층에게는 의병에 참여하여 급료를 받으려는 경제적 동기가 보다 강하게 작용하였다. 따라서 저명한 항일의병장, 일부 척사·혁신 유림, 전직 군관 등 비교적 사상성과 애국성이 투철했던 우국지사들을 제외할 경우, 상당수 의병세력들은 다소간 생존권 확보차원에서 거의활동에 동참했을 가능성이 크다.[24]

한말 의병운동 당시 평민세력의 거의 대다수를 점한 군사층과 농민층은 일정한 의식의 정향이 없이 경제적 보수에 따라 행동하는 용병적 성향

---

24) 이러한 문제인식에 처음 착목한 연구로는, 오영섭,『화서학파의 보수적 민족주의 연구-그들의 위정척사론과 의병운동을 중심으로-』(한림대 박사학위논문, 1997) ; 이상찬,「갑오개혁과 1896년 의병의 관계」『역사연구』5(역사학연구소, 1997).

을 드러냈다. 물론 고종세력과 유림의병장의 애국정신에 감화를 받았거나 혹은 일제의 대한침략에 분개해 마지않는 일부 포군이나 해산군인들이 보수에 상관없이 자발적으로 의진에 가담하여 활동한 경우도 많았다. 그러나 대체로 병사층과 농민층의 의병참여는 자발적인 것이라기보다는 의병지도부의 강제 소모와 징발에 의한 경우가 많았으며, 그렇지 않으면 다액의 급료를 받기 위해서 자의로 의병진에 투신하였다. 따라서 엄밀히 말해 이른바 의병정신이란 평민병사층의 민중성이나 반제의식을 가리키는 것이라기보다는 전사·옥사한 항일의병장들과 척사·혁신유림 및 해산군관들의 충군애국론에 기반한 의리심을 가리키는 것으로 이해해야 한다.

의병운동 과정에서 평민병사층이 자신들의 무장활동의 대가로 일정한 급료를 받았던 사실은 일반적 현상이었다. 전기의병기에 연합의진의 병사층은 개화파 정부가 의병운동 직전과 직후에 防盜를 위해 지방 요해처와 관아에 설치한 별포군들보다 적어도 3~4배 정도나 높은 급료로 받았다. 아울러 의병진 내에서 민방위부대에 해당하는 농민출신의 민군들도 별포군들과 거의 같은 급여를 받았다. 후기의병기에 병사층은 해당 의진의 자금사정에 따라 대략 한 달에 12~40냥 정도를 받았다. 근대식 무기로 무장한 해산군인들은 이들보다 많은 급료를 받았을 것이다. 이와 관련해 영국 기자 맥켄지(Frederick A. McKenzie)는 자신이 원주에서 만난 6명의 의병 중에 3명은 고용병인 '품팔이꾼'이었으며, 의병장은 각지의 부호가 희사한 군수전으로 병사들을 모은다고 하였다.[25]

병사층의 급료와 군수비 마련 문제는 한말 의병운동 당시 수많은 군소 부대들이 어찌하여 친일적 관군과 일본군에 대한 공격보다도 지방관아 및 친일파·요호가·벌열가에 난입하여 그들로부터 군수전을 탈취하는데 주력했는가 하는 의문에 대한 해답을 제시해 준다. 이처럼 군자금이 있어야만 병사를 모아 의병부대를 결성할 수 있는 메카니즘이 작용하고 있었기

---

25) F. A. 맥켄지/이광린 역, 『韓國의 獨立運動』(일조각, 1969), 116~117쪽.

때문에 향촌사회에서 인적·물적 자원을 동원할 수 있는 고종세력이 의병운동에 깊숙히 영향을 미칠 수밖에 없었던 것이다. 한 마디로 병사층에 들어가는 막대한 액수의 급료와 운용비를 먼저 확보해야만 의진의 운영과 활동이 원활하게 수행되는 고비용체제는 한말 의병운동의 민중적 내지 반봉건적 성격문제와 불가분의 관계를 맺고 있었다.

VI. 맺음말

현행 근현대사 교과서의 의병서술의 두드러진 특징은 의병운동을 한국사의 내재적 발전론과 민족주의와 민중사관에 입각하여 기술했다는 점이다. 이러한 서술경향은 크게 보아 1969년 한우근·이기백·이우성·김용섭 등 4인이 국사교육에 대한 국사학계의 의견을 문교부에 제시하기 위해 작성한 「중고등학교 국사교육개선을 위한 기본방향」과 맥락을 같이하고 있다. 당시 「기본방향」의 내용은, ① 민족의 주체성을 살리고, ② 세계사의 시각에서 제시하고, ③ 한국사의 내재적 발전을 강조하고, ④ 인간중심으로 생동하는 역사를 서술하고, ⑤ 민중의 활동과 참여를 부각시킨다는 것이었다. 이중에서 "세계사의 시각에서 제시한다"는 구절을 제외할 경우 의병운동 서술경향은 「기본방향」의 취지를 그대로 따르고 있는 셈이다. 그러나 현행 근현대사 교과서의 민족중심적이며 민중주의적인 역사서술은 자국민에게 민족적·국가적 자긍심을 심어주는 것이 국사교육의 본연의 사명임을 감안하더라도 사실기술과 역사해석의 두 가지 측면에서 다소 문제가 있을 수 있다는 비판에서 자유롭지 못하다고 생각한다.

현행 근현대사 교과서들은 의병운동이 평민세력의 주체적 활동에 의해 발전적·계기적인 변화를 보였다고 기술하고 있다. 교과서들은 한국사의 내재적 발전양상이 의병운동에도 그대로 나타나고 있음을 입증해 보이려 노력하고 있는 듯이 보인다. 다시 말해 교과서들은 의병운동의 주체세력이 봉건적 양반세력에서 반봉건적 평민세력으로, 의병운동의 성격이 의병운동에서 의병전쟁으로, 의병운동에서 독립운동으로 발전해 나간 점을 매우 중시하고 있다. 이러한 서술양상은, 첫째 전후기 의병운동기를 대표하는 수많은 의병장들이 여전히 유교사상의 충군애국론을 신봉하던 인사들이었으며, 둘째 신돌석의 출현이후에도 실질적으로 의병운동을 이끌어나간 의병장들은 유림세력이 대부분이었으며, 셋째 의병운동의 퇴조기에 대거 출현한 군소부대의 부대장들은 사실 항일의병장이라기보다는 화적계열 부대장에 가까운 인물들이며, 넷째 의병운동 당시 평민세력의 주축을 이룬 농민과 포군 및 일부 해산군인들은 충군애국론에 따라 의병에 참여했다기 보다는 생계마련을 위한 경제적 동기에서 의병에 참여하고 있으며, 다섯째, 실제로 의병세력이 해외로 이주하여 독립군으로 전환한 사례는 그리 많은 편이 아니었다는 등의 여러 사실들을 간과하고 있다. 이상의 문제점들을 감안하면 교과서들의 의병운동 서술양상은 다소 과장된 것이거나 역사적 사실과 다르다는 것을 알 수 있을 것이다.

현행 근현대사 교과서의 의병서술에는 의병운동의 발발과 전개 과정에서 중요한 역할을 수행한 고종세력의 활약상에 대한 설명이 완전히 빠져있다. 그러나 40년 동안 국가를 다스리며 국가의 인적·물적 자원을 거머쥔 전제군주와 그의 측근들이 자신들과 왕조의 명운을 위협하는 외침에 대항하여 다각도로 구국운동을 벌였을 것이라는 점은 상식에 속한다. 게다가 고종퇴위 후 서구의 계몽사상이 본격적인 영향을 미치지 전까지는 유교의 충군애국론이 한국 신민들의 사고를 지배하였다. 아울러 1908년경까지는 전제군주제의 정점에 위치한 고종이 측근의 많은 신하들을 통해 여전히 재야에 막강한 영향력을 행사하고 있었다. 이로 말미암아 1910년대 중반 이후 민족주의와 사회주의 등의 근대사상이 한민족의 민족운동의 기본이념으로 정착하기 전까지 의병운동과 복벽운동을 비롯한 한국근대 근왕적 민족운동의 여러 조류들은 고종 및 그 주변세력과 긴밀한 연계 하에 추진될 수밖에 없었다. 이것은 거시적 차원에서 한국사의 두드러진 특징 중에 하나인 장구한 중앙집권적 통치체제의 역사적 경험에서 파생된 문제이다. 이런 점에서 고종세력이 국가 위망기에 다양한 항일방략을 구사하는 가운데 재야세력과 연대하여 의병운동을 조직적으로 전개한 사실은 한말 의병운동의 특질 가운데 하나임을 주목할 필요가 있다.

현행 근현대사 교과서들은 의병운동의 주도권을 평민세력에게 부여하고 있다. 교과서들은 농민세력과 동학군 잔여세력의 을미의병 참여, 을미의병에 참여한 동학군 잔여세력과 일부 농민들의 활빈당운동, 활빈당계 평민들의 을사조약 이전의 재봉기, 평민의병장 신돌석의 등장, 군대해산 후 평민의병장의 대거출현과 의병운동 선도 등의 서술을 통해 평민세력의 활동에 많은 분량을 할애하였다. 이러한 서술방식은 의병운동의 양대 주도세력인 고종세력과 유림세력의 역할을 완전히 빼버리거나 혹은 부정적으로 파악한 것이다. 특히, 금성교과서는 유림세력이 평민세력과 달리 정부의 해산권유에 적극 따랐고, 평민의병장을 13도창의군에서 배제했으며, 평민세력과 신분적 갈등을 일으킨 사실 등을 크게 부각시켜 놓았다. 이처럼 유림세력의 활동을 부정일변도로 기술한 것은 한말 의병운동 당시 순국한 수많은 의병장들이 여전히 유교적 우국지사 내지는 지식인이었다는 사실을 간과한 것이다. 하여튼 현행 근현대사 교과서의 유림세력에 대한 부정적 서술내용은 유림세력의 신분적 한계성과 의병운동 주도세력으로서의 부적절성을 강조하려는 것이며, 동시에 의병운동의 정통성 내지 주도권을 유림세력이 아니라 평민세력에게 부여하려는 것이다.

한말 의병운동사에서 평민세력의 역할을 중시하는 역사인식은 궁극적으로 민중(평민)을 반봉건·반침략의 주역으로 강조함으로써 의병운동사를 민중사관에 입각하여 체계화하려는 것이다. 그러나 의병운동은 민중들만의 단순한 항일무장투쟁이 아니라 사상과 지향점과 이해관계가 각기 다른 다양한 세력이 참여한 복합적인 반일운동이있음을 고려해야 한다. 다시 말해 의병운동을 서술함에 있어서, 첫째 의병진의 결성과 의병운동의 전국적 확산에 기여한 고종세력의 역할, 둘째 의병운동의 민족운동사적 순수성을 극명히 대변한 유림세력의 충애심과 의리심, 셋째 대표적인 평민의병장으로 알려진 이들의 근왕적 측면 내지는 고종세력과의 긴밀한 관계, 넷째 활빈당계 의병부대를 의병세력으로 인정할 것인가의 문제, 다섯째 평민의병장의 대거출현설을 제기한 논저에 나타난 통계상의 허구성, 여섯째 평민세력의 주된 구성원인 농민층과 포군 및 일부 해산군인들의 용병적 성향 등등 한말 의병운동의 여러 중요 문제들을 종합적으로 고려할 때에 민중(평민)이 의병운동을 주도해 나갔다고 보는 것은 논리적 근거가 결여된 주장임을 알 수 있을 것이다.

『한국 근·현대사』 교과서의 "3·1운동과 국내 독립운동" 서술과 쟁점

윤 선 자(전남대 사학과 교수)

1. 머리말

2002년 7월 30일 금성출판사·대한교과서·두산동아·중앙교육진흥연구소, 그리고 그해 12월 12일 법문사와 천재교육에서 6종의 검정교과서 『고등학교 한국 근·현대사』를 발행하였다. 정치적 이해관계에서 자유롭기 어려운 국정교과서의 폐단을 극복하기 위한 방법의 하나로 채택된 『한국 근·현대사』 검정교과서 편찬은 오랜 동안의 논의를 거쳐 1997년 12월 30일 고시된 제7차 교육과정에서 결정되었다. 그러나 검정교과서는 당시 교육부장관이 고시한 「교육과정」과 「집필상의 유의점」에 따라 집필해야 하고, 기왕의 국정교과서와도 연계하여 서술할 것을 요구받았기 때문에 많은 한계를 지녔다. 그리하여 제7차 교육과정이 고시된 이후, 그리고 6종의 검정교과서『고등학교 한국 근·현대사』가 발행된 이후 검정제도의 문제점은 물론 발행된 6종 검정교과서를 분석·비판하고 보다 바람직한 교과서 편찬을 위한 의견을 제시한 많은 논문들이 발표되었다.[1]

한편 검정교과서에 수록된 민족대표 33인·제암리사건·유관순 토막 시체설·김상옥사건·청년운동 등 사실상의 오류 검토,[2] 3·1운동 당시 조선인이 입은 피해에 대한 통계, 서울광화문의 3·1만세시위에 호응하는 사진, 규슈탄광 노동자들이 썼다는 낙서 등 근거 자료에 대한 문제 제기는[3] 역사교과서의 가장 중요한 토대는 역사적 사실을 정확하게 기술하는데 있음을 입증하고 강조하였다. 또한 검정교과서의 특징 중 하나가 사회주의운동을 언급한 것인데 상당히 부정적인 시각에서 그리고 민족주의운동과의 대립선상에서 기술하는 한계를 보였다는 지적은[4] 분단체제하에서 집필되는 교과서는 검정일지라도 이데올로기에서 자유로울 수 없다는 것을 보여주었다.

---

1) 지수걸, 「제7차 교육과정 '한국 근현대사' 준거안의 문제점 — 근대('개항' ~ '해방'까지)사 관련 부분을 중심으로 — 」『역사교육』79(2001.9) ; 유승렬, 「국사교과서 편찬과 자유발행제『21세기 국사교육의 새로운 모색』」『한국사론』31(국사편찬위원회, 2001) ; 이병희, 「중·고등학교 국사교육 편제와 내용의 계열화」같은 책 ; 도면회, 「한국 근대사 서술에서의 민족, 국가문제」『역사비평』58(2002) ; 고영진, 「포스트모던시대의 근대전환기 인식과 근현대사 교과서의 역사서술」『한국사교과서의 희망을 찾아서』(역사비평사, 2003) ; 최규진, 「노동의 관점에서 본 한국 근현대사 교과서」, 같은 책 ; 신주백, 「저항, 그리고 형성화와 교육과정」, 같은 책 ; 주진오, 「『한국 근현대사』교과서의 집필기준과 검정시스템」『역사교육』92(2004.12) ; 우인수, 「고등학교 국사교과서 내용분석」같은 논문집.
2) 한규무, 「『(검정) 한국 근·현대사』교과서에 보이는 몇 가지 문제」『전남사학』20(2003.6).
3) 신주백, 「저항, 그리고 형성화와 교육과정」『한국사교과서의 희망을 찾아서』.
4) 신주백, 「저항, 그리고 형성화와 교육과정」; 최규진, 「노동의 관점에서 본 한국 근현대사 교과서」, 같은 책.

역사서술은 연구결과를 다른 사람에게 전달하기 위해 표현하는 것이다. 따라서 역사적 사건을 '사실에 맞게' 보여주어야 하고, 해당 시대의 像을 제시해야 할 의무가 있다. 역사서술은 과거에 일어났던 일을 그대로 묘사하거나 재생산하는 것은 아니다. 역사서술에는 서술대상이 되는 사건에 대한 시각이 내포되어 있으며, 역사에 대한 문제의식이 반영되어 있다.[5] 역사교과서도 예외일 수 없다.

역사서술에는 다양한 방법이 있다. 역사교과서에 계기적 서술과 설명적 서술이 많은 것은 사건들 간에 인과관계를 파악하는 것이 역사인식의 기본이라는 생각 때문이다. 가치판단적 서술은 계기적·설명적 서술에 비해 적은데, 국사교과서는 역사적 사실을 객관적으로 서술해야 한다는 성격이 강하기 때문이다. 다만 우리 민족의 역사에 긍정적 인식을 심어주어야 한다는 관점이 깔려 있기에 대외관계사의 경우에는 이러한 서술도 일부 나타난다. 해석적 서술도 많지는 않은데 민족운동의 주요 사건에 '~의의' 제목을 붙여 해당 사건이 가지는 의미를 해석하는 등 민족운동을 서술할 때는 이 서술 형태(방법)가 활용되곤 한다. 인과적 서술은 학생들의 이해를 전제로 해야 하고, 실제로는 학생들의 이해를 촉진시키기 보다는 단순히 인과관계를 기억하게끔 하는 경우가 많은 아쉬움이 있다.[6] 6종의 검정교과서를 분석해보면 이 모든 서술 형태가 사용되고 있는데, 그것이 잘 사용되고 있는지, 올바른 서술인가 의문이 제기된다.

한국근대사의 과제는 반봉건 근대화와 반제국주의 자주독립으로 정리된다. 이들 단어보다 한국근대사를 더 정확하게, 포괄적으로 표현하는 단어는 없다. 두 명제는 다양한 계층의 사람들에 의해 다양한 방법으로 오랜 시간 동안 추구되었다. 물론 독립의 과제를 달성하기 위해 갈등과 대립이 없지 않았고, 선후와 경중의 문제도 있었지만 독립의 목표를 달성하기 위

5) 김한종, 「역사의 표현형식과 국사교과서 기술」『한국사론』31(국사편찬위원회, 2001.6), 222~223쪽.
6) 김한종, 「역사의 표현형식과 국사교과서 기술」, 214~244쪽.

한 명제를 떠나지 않았다. 근대화의 과제도 마찬가지였다. 또한 두 명제는 각각 다른 하나를 무시하고서가 아니라 함께 가치를 부여받고 의미를 지니는 것이었다. 그런데 검정교과서에서는 민족운동을 민족주의계열과 사회주의계열로 나누어 대립개념으로 서술함으로써 많은 아쉬움과 문제점을 노정하고 있다. 또한 근대화와 자주독립의 명제도 자주독립에 상대적으로 높은 가치를 부여함으로써 근대화에는 상대적으로 낮은 가치가 주어지는 결과를 초래하고 있다. 이러한 시각은 한국독립운동사 전공자들에게는 일반적이지만, 일부 타분야 연구자들이 굴곡된 시각을 갖는 빌미가 되기도 한다. 한편 독립운동사 내지 민족운동사는 '민족' 내지 '독립'의 명제로 접근해야 하는데, 민족(국가)주의적 시각이 갖는 한계성이 드러나 '민족'주의적 시각에 비판적인 이들에게 빌미가 제공된다. 이에 본고는 이상과 같은 세 가지 점에서 3·1운동과 국내독립운동에 대한 6종 검정교과서의 서술상의 문제와 쟁점들을 분석하려 한다.

6종의 『한국 근·현대사』는 모두가 4개 단원으로 구성되어 있는데, "1. 한국 근·현대사의 이해, 2. 근대사회의 전개, 3. 민족독립운동의 전개, 5. 현대사회의 발전"이다. 본고가 분석 대상으로 하는 3·1운동과 국내독립운동에 대해서는 단원1의 "한국 근·현대사의 이해"와 단원3의 "민족독립운동의 전개"가 해당된다.

2. 민족운동사 서술시각

민족(독립)운동사는 '민족'의 관점에서 서술된다. 3종의 검정교과서 머리말에서 민족사적인 서술시각을 살필 수 있다. "한국 근·현대사 과목을 통해 민족사에 대한 긍지를 지니는 한편, 올바른 역사의식을 가지고 우리 사회가 당면한 역사적 과제를 해결하는데 능동적으로 참여하는데 기여"(법문사), "한국 근·현대사의 전개과정 속에서 우리 민족이 걸어온 시련의 극복과정과 그들의 구체적인 삶의 모습을 있는 그대로 전달하는데 주안점을 두고"(천재교육), "한국 근·현대사에서 우리 민족이 걸어온 구체적인 삶의 모습을 접하고, 숨결을 느낄 수 있도록 하는데 주안점"(금성출판사)이라 하였다. 다른 3종의 교과서도 머리말에서 언급하지는 않았지만 내용전개에서 민족사적인 시각을 확인할 수 있다.

그런데 이러한 민족사적인 서술에 일부 연구자들은 우려를 표하는데, 민족의 신성성을 강조하는 다른 한 측면에서는 한국근대사의 온갖 부정적 현상의 책임을 일제에 전가하고 있다는 것이다.[7] 또한 한국사 교과서에서는 민족 서술이 일국사적 관점에서 벗어나 비교사적 관점에서, 그리고 다른 공동체(경계)와의 관계 속에서 서술되고 있지 않다는 점을 지적한다.[8]

일국사적 관점에서 서술하고 있는 대표적인 내용이 3·1운동의 세계사적인 영향이다. 교육부가 제시한 주제별 학습내용을 보면, '3·1운동과 대한민국임시정부'에서는 제1차 세계대전 직후에는 거족적인 민족독립운동인 3·1운동이 전개되어 민족의 독립의지를 널리 천명하고, 중국을 비롯한 다른 나라의 민족운동에도 영향을 끼쳤음을 파악한다고 제시되어 있다.[9]. 따라서 6종 검정교과서 모두가 예외 없이, 3·1운동은 중국의 5·4운동, 인도의 비폭력·불복종운동, 베트남·이집트·필리핀의 민족운동에 영향을 주었거나 혹은 이 운동에 선구적인 역할을 하였다고 서술하였다.[10] 그런데 중국의 5·4운동과 관련한 자료를 제시한 교과서는 6종 중 하나도 없다.[11] 중국의 5·4운동은 신문화운동이라는 중국사회 내부의 흐름, 그리고 민족

---

7) 도면회, 「한국 근대사 서술에서의 민족, 국가문제」, 168쪽.
8) 임지현, 「'전지구적 근대성'과 민족주의」『역사문제연구』4(2000).
9) 제7차 교육과정 고등학교『국사』, 344쪽.
10) 금성출판사, 174쪽 ; 대한교과서, 161쪽 ; 두산, 171쪽 ; 법문사, 168쪽 ; 중앙교육진흥연구소, 187쪽 ; 천재교육, 184쪽.
11) 김창규, 「제7차 교육과정 역사교과서의 아시아민족운동 서술과 역사교육」『역사학연구』26(호남사학회, 2006.3), 153쪽.

자결 의식의 고조라는 세계사적 흐름을 그 배경으로 삼아 발생하였다는 연구가[12] 설득력을 갖는다. 네루의 편지를 보더라도 3·1운동을 높이 살 만하지만, 3·1운동의 영향을 받아 인도에서 비폭력·불복종운동이 일어났다는 내용은 확인할 수 없다. 타고르의 '동방의 등불'을 "3·1운동 10주년 기념시"라고 한 교과서(금성)도 있다. 그러나 이 시는 타고르가 일본을 방문하였을 때 동아일보 기자로부터 한국 방문을 요청받고 응하지 못함을 미안하게 여겨 써준 작품이다. 1929년 3월 28일 타고르가 쓴 영시를 주요한이 번역하여 『동아일보』 4월 2일자에 수록하였는데, 시의 내용 중 어디에도 3·1운동을 기념한다거나 한국의 민족운동을 찬양한 구절이 없다.[13]

이러한 서술은 지극히 자국사 중심의 역사서술이고, 자국사 중심 역사서술의 한계를 드러내는 것이다. 즉 교과서에 따를 경우 아시아 각 국의 민족운동은 3·1운동을 전후로 한 시기로 한정시키는 결과를 낳는다.[14] 중국 국사교과서에 3·1운동은 언급되어 있지만 5·4운동을 3·1운동과 연관하여 서술하고 있지는 않다. 검정교과서의 서술시각이 일국사적 시각이 아니라면, 중국 국사교과서에 5·4운동이 3·1운동과 연관된 사건으로 서술될 수도 있을 것이다. 굳이 세계사적인 영향을 크게 강조하지 않더라도 3·1운동의 가치와 의미가 줄어드는 것은 아니다. 과도한 민족 자긍심의 발로라고 할 수 있는 이러한 서술은 일국사적인 시각이라고 하지 않을 수 없다.

---

12) 김창규, 「제7차 교육과정 역사교과서의 아시아민족운동 서술과 역사교육」, 166쪽.

13) "일찍이 아시아의 황금시기에/빛나던 등촉의 하나인 코리아/그 등불 다시 한 번 켜지는 날에/너는 동방의 밝은 빛이 되리라/마음엔 두려움이 없고/머리는 높이 쳐들린 곳/지식인 자유스럽고/좁다란 담벽으로 세계가 조각조각 갈라지지 않은 곳/진실의 깊은 속에서 말씀이 솟아나는 곳/끊임없이 노력이 완성을 향해 팔을 벌리는 곳/지성의 맑은 흐름이/굳어진 습관의 모래벌판에 길 잃지 않은 곳/무한히 퍼져나가는 생각과 행동으로 우리들의 마음이 인도되는 곳/그러한 자유의 천당으로/나의 마음의 조국 코리아여 깨어나소서."

14) 김창규, 「제7차 교육과정 역사교과서의 아시아민족운동 서술과 역사교육」, 169쪽.

　그러나 이러한 문제점이 있다고 하여 민족의 관점에서 민족운동사가
서술되지 않아야 한다는 것은 아니다. 한국사학에서 '민족(주의)사학'은 세
계 각 민족의 서로 다른 가치와 그 문화의 다양성을 인정하는 가운데 민족
사와 세계사를 일관하는 하나의 논리로써 이해하고, 각 민족의 공영과 평
화를 실현하는 방향에서 설정되어 온 것이었다.[15] 민족주의가 더 이상 우
리의 대안일 수 없다는 생각은 성급하다.[16]

　한민족은 근·현대사 전개과정 속에서 지속적으로 민족주의를 하나의
사관으로 체계화하기 위해 노력해왔다. 1910년 일제에 국권을 상실당한
이유는 첫째로 급변하는 세계질서의 변화에 능동적으로 대응하지 못하였
기에, 둘째로 외국의 근대문물과 사상을 받아들이는데 있어 민족적인 자기
정체성 의식이 박약했기 때문이었다. 그런데 현재 세계화는 첫째의 원인만
을 지나치게 부각하여 인식한 위에서 추진되고 있다. 민족적인 자기의식의
중요성을 경시하는 까닭에 국사의 의의를 부정하고 그 교육목표를 곡해하
는 것이다.[17]

　민족 중심으로 이루어진 한국근대사의 문제점으로 과거 인간의 행위를
반국가(민족)적 행위와 애국(애족)적 행위로 양분하고 그 사이의 중간적 행
위를 인정하지 않는다는 점도 지적된다.[18] 조국과 민족에게 무조건 충성하
고 복종할 것이며 화합과 단결이 무엇보다 필요하다는 식으로, 애국주의와
민족주의를 선동하고 있다는 것이다.[19] 또한 이러한 시각은 개항부터 일제

---

15) 徐毅植,,「한국사 인식과 국사교육의 목표『21세기 국사교육의 새로운 모색』」
　　『한국사론』31(국사편찬위원회, 2001), 85쪽.
16) 梁秉祐,「民族主義史學의 諸類型」『韓國史市民講座』1(一潮閣, 1987) ;
　　吉玄謨,「民族主義史學의 問題」『韓國史市民講座』1(一潮閣, 1987) ; 임
　　지현,「한국사학계의 '민족' 이해에 대한 비판적 검토」『역사비평』26(1994년
　　가을호).
17) 徐毅植,,「한국사 인식과 국사교육의 목표」, 103쪽.
18) 도면회,「한국 근대사 서술에서의 민족, 국가문제」.
19) 지수걸,「제7차 교육과정 '한국 근현대사' 준거안의 문제점 - 근대('개항' ~ '해
　　방'까지)사 관련 부분을 중심으로 - 」, 19쪽.

강점기까지의 여러 운동을 '구국민족운동'과 '사회경제적 민족운동' 틀로
설명하라고 요구한 사실에서도 드러난다고 한다.[20]

국제화·세계화는 불가피한 추세이지만 세계화의 진전과 더불어 제국
가와 제민족의 대립·갈등이 증폭되는 양상을 보이고 있는 것이 현실이다.
그 원인은 세계화시대를 주도하며 국가와 민족의 벽을 허물 것을 요구하는
강대세력이 사실은 국가주의를 강화하고 있다는 점이다.[21] 민족은 한 인간
이 존재하는 공동체, 즉 경계의 하나이며, 민족은 역사와 문화에 기반한 정
체성을 가지고 있는 한 없어지지 않는다.[22]

포스트모던 역사학은 민족이나 국가란 실체가 없는 공동체에 불과하며
서양 근대국민국가의 형성과정에서도 볼 수 있듯이 해방의 담론보다는 억
압의 담론으로 기능해왔기 때문에 민족 중심의 역사서술은 폐기해야 한다
고 주장한다.[23] 그러나 포스트모던 역사학은 민족의 억압적인 측면만 주목
하고 그것이 지니는 해방의 측면은 간과하고 있으며, 나아가 신자유주의와
같은 보다 더 강고한 지배이데올로기를 묵인할 가능성이 있다는 것이다.[24]

오늘날 세계 모든 나라의 역사교육은 자국사를 중심으로 이루어지고
있고, 그 기본 이념은 nationalism이다.[25] 그런데 우리나라에서는 근대화·
세계화의 논리 속에서 그 의의가 점차 축소되고 부인되어 왔다. 국사가 통
합사회과의 명목 아래 완전히 해소되어 있는 지금, 국사교육의 궁극적인
목표는 모호하며 내용은 절충과 망라에 불과한 실정이다.[26] 국사교육은 건
전한 민족의식을 함양하고 민족의 일체감을 형성하고 세계사의 발전과정

20) 최규진, 「노동의 관점에서 본 한국 근현대사 교과서」, 391쪽.
21) 徐毅植,, 「한국사 인식과 국사교육의 목표」, 101쪽.
22) 고영진, 「포스트모던시대의 근대전환기 인식과 근현대사 교과서의 역사서술」,
    208쪽.
23) 임지현, 「한국사학계의 '민족'이해에 대한 비판적 검토」.
24) 유용태, 「거시역사와 미시분업:분업과 협업」『역사비평』58(2002).
25) 尹世哲, 「自國史, 그 當爲와 實際」『역사교육』69(1999.3).
26) 徐毅植,, 「한국사 인식과 국사교육의 목표」, 86~87쪽.

속에 한국사의 위치를 올바르게 이해하며 자신의 문제를 바르게 이해하고 나아가 그 문제점을 해결할 수 있는 능력을 함양하는 교육과정이다.[27] 국사교과는 시장의 수요와 상관없이 국가와 민족의 생존을 위하여 필수불가결하게 연구하고 교육해야 할 분야이다. 그것은 민족문화의 계통과 발전, 나라의 흥망과 民人대중의 정서를 일관된 발전논리로 체계화하고, 그 원리와 특징을 익힘으로써 조국와 民人에 대한 애정을 갖게 하는 유력한 방도이기 때문이다.[28]

민족의 관점과 더불어 민족운동사 서술에서 지적되는 또 하나의 문제점은 6차 교육과정 국사교과서와 마찬가지로 '침략과 저항'이라는 틀 속에서 일제강점기를 바라본다는 것이다. '민족독립운동의 전개'의 경우 전체 10개 항목 가운데 1개만이 침략과 관련한 항목(민족의 수난)이며, 나머지 9개는 민족운동 관련 항목으로 채워져 있다.

6종의 검정교과서는 "한국 근·현대사의 이해"라는 똑같은 제목으로 역사의 주요 흐름을 서술하였다. 총론에 해당하는 이 장은 집필과정에서 가장 신경 쓰는 곳이며 검정에도 크게 영향을 미쳤을 것이다. 총론은 책 전체를 요약하고 있으며, 역사인식이 분명하게 드러나기 때문이다.[29]

단원1의 "한국 근·현대사의 이해"를 보면 일제강점기는 독립운동의 흐름을 뼈대로 이해하고 있다. 중단원의 제목이 민족의 수난과 독립운동(두산동아), 민족의 수난/항일독립운동의 전개(천재교육), 민족사의 수난과 독립운동(금성), 민족의 수난/민족의 독립운동(법문사), 민족의 수난/민족독립운동의 전개(중앙교육진흥연구소)라는 "수난과 독립운동"이라는 시각을 지니고 있다. 대한교과서만이 "독립을 향한 줄기찬 노력"이라는 제목이다.

27) 이배용, 「고등학교 역사교육의 과제와 전망」『역사교육, 무엇을 어떻게 가르칠 것인가』(川花, 2000), 108쪽.
28) 徐毅植,, 「한국사 인식과 국사교육의 목표」, 67쪽.
29) 최규진, 「노동의 관점에서 본 한국 근현대사 교과서」, 382쪽.

금성출판사	1. 자주적 근대화와 반외세 민족운동의 전개 2. 민족사의 수난과 독립운동
대한교과서	1. 민족 자주의 근대국가를 향하여 2. 독립을 향한 줄기찬 노력
두산동아	1. 근대화의 노력 2. 반침략 민족운동의 전개 3. 민족의 수난과 독립운동
법문사	1. 자주적 근대화를 위한 노력 2. 열강의 침략과 민족운동의 전개 3. 일제의 강점과 민족의 수난 4. 민족의 독립운동
중앙교육진흥 연구소	1. 자주적 근대화의 노력 2. 열강의 침략과 민족운동의 전개 3. 일제식민통치와 민족의 수난 4. 민족독립운동의 전개
천재교육	1. 자주적 근대화를 위한 노력 2. 반외세 민족운동의 전개 3. 일제의 식민통치와 민족의 수난 4. 항일독립운동의 전개

단원3 "민족독립운동의 전개"를 보면 중단원 1을, 금성출판사·대한교
과서·천재교육은 "일제식민통치와 민족의 수난", 두산동아·법문사·중
앙교육진흥연구소는 "일제의 침략과 민족의 수난"이라 제목하였다. 일제식
민통치이든 일제의 침략이든 침략과 식민통치는 밀접한 연관선상에 있기
는 하지만 '침략'과 '통치' 용어에서 필자들의 서술 방향에 작은 차이가 느
껴진다. 이러한 구도는 중단원 1의 소단원 명에서도 계속된다. 금성만이
"식민통치체제의 구축과 전개"라고 하였지 5종 교과서는 모두가 "민족의
수난"을 소단원3의 제목으로 하였다.

그런데 침략과 저항, 혹은 반민족과 민족의 서사구조를 지나치게 도식
적으로 적용하는 경우, 근대사의 전개과정에서 형성된 다양한 '근대주체',
특히 역사로부터 소외된(?) 민중들의 삶과 투쟁의 실재가 다르게 묘사될 가

능성이 크다는 지적이다.[30] 반민족과 민족의 대립구도로, 나아가 반민족을 惡으로까지 설정하게 되는 서술은 지양해야 한다. 그러나 주권을 강탈당한 일제강점하의 상황에서, 즉 침략과 수탈의 조건에서 가장 중요한 명제는 독립, 그것도 자주독립임은 너무나 자명한 일이다. 다양한 '근대주체'들이 있었겠지만, 식민통치라는 상황에서 '근대화'라는 단어는 오히려 민족의 삶과 발전에 부정적인 방향으로 작용하는 것들도 있었다. 그런데 그러한 것들을 일부에서는 '식민지 근대화'라는 이름으로, 새로운 시각이라며, 한국독립운동사학계의 '식민지수탈론'에 이의를 제기하고 반론을 제기하는 요소로 이용한다. 국수주의 내지 다른 나라(민족)를 침략하는 수단으로 전용·악용된 민족주의와, 자민족을 보존하고 살리고 발전시키는 올바른 민족주의를 같은 단어로서 범주화해서 빚어지는 오류일 뿐이다.

한편 침략 내지 수탈의 시각과 관련하여 지적해야 할 내용이 소작쟁의에 대한 서술이다. 일제강점기 소작쟁의의 원인을 "실제로 소작인들이 지불하는 소작료는 전체 수확물의 60~80%에 달하였다"(중앙교육진흥연구소, 233)며 과도한 소작료 때문이었다고 기술하고 있다. 그러나 조선시대에도 병작반수 원칙에 따라 50%의 소작료였다. 조선시대에는 소작료가 그다지 높지 않았다는 오해를 부를 수 있다. 또한 지주집의 관혼상제나 대사에 身役을 제공하였으며, 인격적으로도 지주에게 예속되었다. 조선시대에는 굉장히 낮은 소작료였는데 일제강점기에 엄청나게 증가하였다는 오해를 불러올 수 있는 서술이다. 가혹한 일제의 수탈을 표현하고 싶을지라도 사실에 토대하여 서술해야 한다. 일제강점기에는 세금, 비료대 등 조선시대에는 지주가 부담하는 비용도 소작인이 부담해야 하는 등 소작인의 부담이 보다 심하였다고 해야 할 것이다. 그러한 서술이어야 일제강점기를 반드시 부정적으로만 보아서는 안된다는 일부 의견에 보다 실증적인 자료로

---

30) 지수걸, 「제7차 교육과정 '한국 근현대사' 준거안의 문제점 ─ 근대('개항' ~ '해방'까지)사 관련 부분을 중심으로 ─」, 178쪽.

입증 반박할 수 있다. 수탈을 강조하고 싶을지라도 역사적 사실에 토대한 합리적인 서술이 이루어지지 않는다면 일제강점기를 바라보는 수탈의 시각에 문제가 있다는 지적은 계속될 것이다.

3. 민족주의계열과 사회주의계열의 이분법

검정교과서이기에 제6차 국사에서 언급할 수 없었던 내용으로 사회주의사상이 『한국 근·현대사』에 언급되었다. 그러나 균형있는 시각으로 1920년대 이후의 민족운동사를 이해하기에는 많은 문제점이 드러난다. 교육과정에는 "3·1운동 이후 국내에 사회주의운동이 유입되어 사회·경제적 민족운동이 활성화되기도 하였으나, 한편으로는 민족주의운동과의 대립으로 민족운동의 전개에 혼선이 일어났음을 이해한다"[31]로 되어 있다. 또한 2000년 2월 교육부에서 마련한 <국사교육 내용의 준거안>에 의하면, "1920년대에 사회주의사상이 유입되어 사회운동의 활성화에 기여하였으나, 민족독립운동의 전개에 혼선을 일으키기도 하였음을 이해시킨다"고 되어 있다. 따라서 이에 토대한 검정교과서들의 서술에 문제들이 많은 것은 당연할 것이다.

우선 민족주의(운동)와 사회주의(운동)가 무엇인지 애매하다. 민족주의계열에 대해서는 중앙교육진흥연구소가 "국권피탈 이전부터 민족의 독립과 자립을 추구해온 독립운동의 계통을 말한다"고 정의하였을 뿐이다. 그런데 이러한 정의가 올바른지 우선 문제를 제기해야 할 것이다. 왜냐하면 사회주의계열은 시기적으로는 3·1운동 이후부터이겠지만, 그 목적은 민족의 독립과 자립이라는 점에서 민족주의계열과 같기 때문이다.

사회주의계열운동과 민족주의계열운동을 대비(대조)하는 것이 적절한

---

31) 교육부, 「교육부고시 제1997-제15호(1997.12.30) 개정고시」, 694쪽.

서술인지도 의문이다. 일제강점기에 언론매체들에서 그러한 시각으로 언급하였고, 오늘날 학계에서도 은연 그러한 시각으로 연구들을 진행하고 있다. 그러나 필자는 민족운동의 주체세력을 사회주의계열과 민족주의계열로 나누는 것은 그리고 대비(대조)의 시각으로 인식·서술하는 것은 문제가 있다고 생각한다. 첫째로 민족주의와 사회주의가 대구가 되는지, 둘째로 사회주의계열의 운동은 민족주의를 취하지 않았다는 것인지가 문제이기 때문이다. 서술상의 내용으로 볼 때 민족주의계열이라 지칭한 것은 부르주아 내지 자본주의계열을 의미한다. 따라서 이러한 용어 선정과 분류는 상당한 오해를 불러일으킬 수 있다. 사회주의계열은 민족주의와 무관 내지 대치된다는 식으로 서술이 이루어지고 있는 것은 이 때문이다. 이에 대해서는 학계의 심도있는 논의가 있어야 할 것이다.

이 논문에서는 이러한 문제점을 지적하면서 검정교과서에 민족주의운동과 사회주의운동이 어떻게 서술되었는지 검토하려 한다. 다음은 어느 한쪽에 치우치지 않은 균형잡힌 서술이며 두 진영이 자주독립의 과제를 이루기 위해 노력하고 협력하였다는 시각이다.

"1920년대에는 국내의 민족운동이 민족주의계열과 사회주의계열로 나뉘어 다양하게 전개되었으나 이념적 차이로 분열, 대립하는 양상을 보이기도 하였다. 그러나 이러한 대립 속에서도 두 진영 모두 민족의 당면과제인 자주독립을 이루기 위하여 끊임없이 노력하였다."(법문사, 단원3)

"사회주의자들 역시 민족의 독립을 우리 민족의 가장 중요한 과제라고 생각하였다. 동시에 그들은 …불평등한 사회로부터 해방되는 과제를 동시에 해결하려고 하였다."(중앙교육진흥연구소, 197~198쪽)

"3·1운동 이후 국내에서는 민족의 실력을 길러 독립을 준비하려는 실력양성운동이 각 분야에서 전개되었다. 그러나 사회주의세력의 등장과 독립운동의 방법에 대한 노선 차이로 민족운동의 내부에 갈등이 일어나자 비타협적 노선의 민족주의세력과 사회주의세력의 협동체인 신간회가 성립"(천재교육, 단원1)

그러나 다음과 같은 대조의 시각, 부정적인 시각도 보인다.

"민족주의운동은 일본민족의 지배에서 벗어나 독립을 이루는 것을 목표로 삼았다. 반면 사회주의운동은 경제적으로 지배하는 계급(지주, 기업인)과 지배받는 무산계급(노동자, 농민)의 대립이 있어왔다고 보고, 무산계급을 해방시키는 일이 가장 시급하다고 주장하였다. 사회주의진영에서 보면 일본제국주의뿐만 아니라 우리나라의 지주와 기업인도 결국 타도해야 할 대상인 것이다."(대한교과서, 197쪽)

"사회주의사상이 유입되고 그 세력이 급속히 확산되면서 독립운동계는 민족해방을 부르짖는 민족주의계열과 계급해방을 목표로 하는 사회주의세력으로 양분되었다."(두산동아, 단원3)

"1920년대에 사회주의사상이 유입되면서 독립운동의 방법을 둘러싸고 갈등이 일어났다. 민족 전체의 이익을 내세우는 민족주의계열과 노동자・농민 등 계급의 이익을 우선시하는 사회주의계열 …"(법문사, 단원1)

"1920년대에 사회주의사상과 민족주의의 대립 속에서 다양한 민족운동이 전개되었다 … 1920년대 초에 유입된 사회주의사상은 민족주의운동과 대립하여 민족역량을 분산시키기도 하였으나, 사회・경제적 운동을 활성화시키기도 하였다 … 사회주의계열은 일본 제국주의뿐 아니라 우리나라의 지주와 기업인들까지 타도의 대상으로 간주하여 소작쟁의와 노동쟁의를 지원하였다. 따라서 민족의 단결과 실력양성운동을 추진하던 민족주의계열과 대립할 수밖에 없었다."(법문사, 단원3)

사회주의계열은 민족의 단결에 저해를 하였다는 식의 서술로 문제가 있다. 노동쟁의와 소작쟁의는 일본인인가 한국인인가의 문제가 아니라 노동권과 소작권을 지켜내기 위한 것이었다. 따라서 그가 무도한 지주이고 기업인일지라도 한국인이라면 노동쟁의와 소작쟁의를 한 것이 잘못이었다는 인식까지 갈 수 있는 위험성이 있다.

또한 1920년대 사회주의운동이 '무산계급'의 '해방'을 '가장 시급'한 과제로 제시했는지는 입증하기 어렵다. 특히 민족운동을 분열시키고 항일역량을 약화시킨 책임의 측면에서 접근하게 되면 역으로 친일파나 민족개량주의 등의 언행을 학생들에게 비판적으로 전달할 수 있는 여지가 훨씬 줄어든다.[32] 민족운동 분열을 사회주의운동에서 찾으려는 대한교과서와 두산의 평가는 신간회 해소, 물산장려운동의 실패 이유에서도 마찬가지이다.[33] 반면 금성과 중앙교육진흥연구소는 신간회 해소 이유로 민족주의운동세력의 우경화도 원인으로 들고 있으며, 물산장려운동이 실패한 이유도 가뭄과 수해를 들고 있다.[34]

> "사회주의운동은 그 노선에 따라 이념과 이해를 달리하는 무정부주의, 공산주의, 사회주의 등으로 나누어져 있어 마찰과 갈등이 심화되어갔고, 더욱이 민족주의계열과는 사상적인 이념과 노선의 차이로 인해 대립이 격화되어 독립운동 자체에 커다란 차질을 초래하였다.…정책노선을 변경한 코민테른의 지시를 받은 사회주의계열이 민족주의자와의 협동전선을 포기함으로써 신간회와 근우회는 해체되고 말았다."(두산동아, p.203, 208)

민족주의계열의 운동도 분화하였는데 사회주의계열운동의 분화만 언급하여 사회주의운동의 분파성을 강조하는 결과를 낳았고, 민족주의계열과 사회주의계열의 분화 책임을 사회주의에 묻는 듯한 서술이다. 게다가 코민테른의 지시를 받아 사회주의계열이 민족주의자와의 협동전선을 포기하였다고 하지만, 사회주의자들 중에도 민족주의계열과의 협동에 보다 더 가치를 부여하고 남아 있고자 한 이들이 적지 않았다. 그리고 그동안 주도권을 놓쳤던 민족주의계열에서 이 기회를 이용하려 하였다는 점에서, 쌍방의 책임이 있음을 서술해야 할 것이다.

즉 6종의 검정교과서는 "1920년대 사회주의사상이 유입되어 사회운동의 활성화에 기여하였으나, 민족독립운동의 전개에 혼선을 일으키기도 하였음을 이해시킬 것"이라는 준거안의 방침을 그대로 적용하였다. 그리하여

---

32) 신주백,「저항, 그리고 형성화와 교육과정」, 243쪽.
33) 두산동아, 208·211쪽 ; 대한교과서, 203·206쪽.
34) 금성출판사, 210·204쪽 ; 중앙교육진흥연구소, 227·230쪽.

사회주의운동세력이 나타나면서 "민족운동세력은 분열 대립하는 양상을 띠었으며,"35) "민족운동전선에 혼선이 초래되기도 하였다"36)고 하였다. 나아가 사회주의운동이 "독립운동 자체에 커다란 차질을 주었다"37)고 평가하기도 하였다. 또한 두산동아는 레닌의 민족자결주의를 "볼셰비키의 세계적화의 한 수단"으로 정의내린 후, 식민지 한국의 "사회주의운동은 그 노선에 따라 이념과 노선을 달리하는 무정부주의, 공산주의, 사회주의 등으로 나뉘어져 마찰과 갈등이 심화되었다"38)는 새로운 학설을 주장하였다. 사회주의 계열운동 안에 무정부주의운동이 있었던 것은 사실이지만, 공산주의운동과 사회주의운동이 나누어져 서로 대립하였다는 것은 새로운 학설이다. 또 일부 교과서는 사회주의계열이 민족해방보다는 계급해방을 목표로 삼았다고 주장한다.39) 그러나 일제강점기에 사회주의운동가들이 민족해방운동을 목표로 삼지 않았다는 주장은 편견에 따른 의식적인 오해이다.40)

  물론 반대로 사회주의에 너무 긍정적인 시각을 보인 서술도 있다. "제국주의열강들이 식민지 경영과 수탈에 여념이 없었던 데 반해, 새로운 사회주의국가인 소련은 식민지·반식민지 민족의 해방운동을 지원하였다"(금성, 단원1)는 서술이나 대한교과서에 인용한 레닌의 말, "지금 한국에는 무산계급의 사회혁명이 필요한 것이 아니라 오직 민족해방운동, 즉 독립운동만이 필요한 것이다. 한국의 독립운동을 모든 힘을 다하여 원조하겠다"는 서술은 레닌 내지 사회주의가 매우 긍정적으로 인식될 수 있다. 뿐만 아니라 사회주의운동이 민족해방운동에 최고의 가치, 우선적인 가치 내지 목표를 둔 것으로 인식하는 결과를 낳는 편중된 시각도 있다. 이러한 시각은 사회주의운동에 대한 부정적인 시각과 마찬가지로 올바르게 수정되어

35) 금성출판사, 208쪽 ; 대한교과서, 168·196쪽.
36) 중앙교육진흥연구소, 218~219쪽.
37) 두산동아, 203쪽.
38) 두산동아, 206쪽 ; 대한교과서, 197쪽.
39) 두산동아, 206쪽 ; 대한교과서, 197쪽.
40) 최규진, 「노동의 관점에서 본 한국 근현대사 교과서」, 388쪽.

야 한다.

한편 <준거안>은 6차 국사교과서와 마찬가지로 3·1운동과 임시정부운동, 무장독립전쟁과 의열투쟁, 6·10만세운동과 광주학생운동 등은 '민족독립운동'(교육과정, 170~173쪽)으로 범주화하고, 나머지의 모든 운동 특히 사회주의자와 민중들의 민족해방운동은 '사회경제적 민족운동'(교육과정, 173~174쪽)으로 그 의미를 평가절하하고 있는데 이 또한 역사왜곡이 아닐 수 없다. 준거안은 조선공산당운동이나 신간회운동도 '사회적 민족운동'으로 그 의미를 폄하하고 있으나(교육과정, 173쪽) 일제강점하의 사회주의운동은 단순한 일상적(사회적, 경제적) 권리투쟁이 아니라 새로운 국가와 사회를 모색하기 위한 일종의 권력투쟁, 즉 민족해방운동이었다.[41] 그러나 각 교과서들에서는 사회경제적 민족운동이 그 차원에서 머문 것이 아니라 결국에는 민족해방운동으로 발전하였다는 서술을 하여, 반드시 준거안에 모든 책임을 돌릴 수는 없지 않는가 하는 생각이다.

4. 근대화운동에 대한 서술

한국근대사의 과제 중 하나인 근대화는, 일제강점하에서도 탈각되지 않았다. 독립의 명제가 보다 더 중요한 가치로 부각되었을 뿐 조선후기부터 추구되었던 근대화의 명제가 사라진 것은 아니었다. 그런데 독립의 명제를 강조하다 보니 상대적으로 근대화의 과제는 덜 중요하다고 인식될 가능성이 있는 서술들이 상당히 많다. 여러 가지 모순과 한계를 가지고 있기는 하지만, 근대화운동도 민족운동의 범주에 포함시키고, 독립운동을 강조하기 위하여 근대화운동의 가치를 폄하해서는 안될 것이다. 그럼에도 필자는 일제강점기 독립과 근대화 중 어느 것이 보다 중요한가 라는 질문을 받

---

41) 우인수, 「고등학교 국사교과서 내용분석」, 184쪽.

는다면 독립이라고 답할 것이다. 식민통치를 당하고 있다는 상황 때문에 근대화 역시 근대화 자체로는 의미가 무산 내지 상당히 축소될 수밖에 없고, 독립운동에 기여하는 방향으로의 근대화라는 측면에서 민족운동의 범주에 포함시킬 수 있기 때문이다.

교육과정에서 한국의 역사교과서는 임시정부와 독립전쟁론을 중심으로 일본이 강점한 시기에 다양한 민족운동을 서술하도록 되어 있다. 일제강점기 한국인의 자주적인 역사는 항일운동 속에서 표출되었으며, 그것이 한국현대사의 원동력으로 작용했다고 보기 때문이다.[42] 이런 것들이 검정교과서에서는 '사회·경제적 민족운동'이라는 제목 아래 중단원으로 편재되어 있다. 이 중단원의 소단원을 6종의 검정교과서는 다음과 같이 제목하였다.

	소 단 원 명
금성 출판사	1. 민족실력양성운동(민족실력양성론의 대두/조선사람 조선 것으로, 물산장려운동/ 우리 힘으로 대학을/아는 것이 힘, 배워야 산다) 2. 민족협동전선운동(사회주의운동세력의 대두와 민족협동론/신간회의 창립과 활동/신간회의 해소) 3. 노동운동과 농민운동(노동자와 농민의 조직화/노동운동의 성장과 발전/농민운동의 성장과 발전) 4. 사회 각계층의 자각(청년운동과 소년운동/여성운동의 사회적 성장/저울처럼 평등한 사회를 만들려는 형평운동) 5. 국외 이주동포의 활동과 시련(생활의 터전을 찾아 만주로/연해주에서 중앙아시아로/일본이주, 노동착취에 민족차별까지/미주이주동포와 민족운동) 역사찾기: 일제강점기 우리사회의 달라진 것들
대한 교과서	1. 이념과 노선의 차이를 넘어(사회주의사상의 수용과 사회운동의 활성화/민족유일당운동의 전개) 2. 실력을 길러 독립을

---

42) 신주백, 「3국 식민지 인식:개발인가, 수탈인가 ─ 역사교과서를 중심으로 ─」『동아시아 역사인식, 무엇이 문제인가?』(고구려연구재단 창립1주년 기념 제3차 국제학술회의 발표집), 2005.3.4, 139쪽.

대한 교과서	3. 농민과 노동자들이 일어서다(농민운동의 전개/노동운동의 전개) 소설로 보는 역사:암태도 4. 국외 이주동포의 활동 사건으로보는 역사
두산	1. 사회적 민족운동의 전개(사회주의사상의 유입/청년운동과 소년운동/여성운동/형평운동/민족유일당운동/신간회와 근우회의 활동) 2. 민족실력양성운동의 추진(민족기업의 성장/물산장려운동/민립대학설립운동/한글보급운동) 3. 농민운동과 노동운동의 전개(농민운동/노동운동/일제강점기의 생활 모습) 4. 국외 이주동포의 활동(만주이민동포/연해주이주동포/일본이주동포/미주이주동포)
천재 교육	1. 사회적 민족운동의 전개(사회주의사상의 유입/청년운동/소년운동/여성운동/형평운동/민족유일당운동과 신간회) 2. 민족실력양성운동의 추진(민족실력양성운동과 민족자본의 형성/물산장려운동/일제식민지교육과 민족교육/민립대학설립운동과 문맹퇴치운동/문맹퇴치운동) 3. 농민운동과 노동운동의 전개(농민운동/노동운동) 4. 국외 이주동포의 생활(만주와 간도이주 동포/연해주동포의 강제이주/미주이민동포/일본이주동포)
법문사	1. 사회적 민족운동의 전개(민족주의계열과 사회주의계열의 갈등/다양한 사회운동의 전개/민족유일당운동의 전개/신간회와 근우회) 2. 민족실력양성운동의 추진(민족기업의 설립/물산장려운동/민립대학설립운동/문맹퇴치운동/문자보급운동과 브나로드운동) 3. 농민운동과 노동운동의 전개(농민운동의 전개/노동운동의 전개) 4. 국외 이주동포의 활동(동포들의 국외이주－만주이주/연해주이주동포/일본이주동포/미주이주동포)
중앙 교육 진흥 연구소	1. 사회적 민족운동의 전개(사회주의운동의 전개/청년운동/여성운동/소년운동/형평운동의 전개/민족유일당운동/신간회의 활동) 2. 민족실력양성운동의 추진(민족기업의 성장/물산장려운동/민립대학설립운동/문맹퇴치운동) 3. 농민운동과 노동운동의 전개(1920년대 농민운동/농민운동의 변화/노동운동) 4. 국외이주동포의 활동(만주이주동포/연해주이주동포/일본이주동포/미주이주동포)

두산동아·천재교육·법문사·중앙교육진흥연구소의 소단원명은 같다. 이들 4종 교과서가 '사회적 민족운동'으로 편재한 것을 금성은 '사회 각 계층의 자각'과 '민족협동전선'이라는 소단원으로 분리 편성하였다. 그리고 대한교과서는 소단원명을 풀어썼는데, 어떻든 6종의 검정교과서에서 소단원 구성은 차이가 보이지 않는다.

2000년 2월 교육부에서 마련한 <국사교육 내용의 준거안>에 의하면, "여성운동, 형평운동 등은 전근대적인 차별과 불평등을 해소하려는 운동이었음을 설명한다"이다. 그런데 검정교과서는 이들 운동이 근대화를 추구한 운동이었지만 최종적으로는 민족의 자주독립에 관련된 민족운동이었다고 하였다. 근대화운동 자체만으로는 그 의미를 찾기 어렵다는 인식이 영향을 미친 것이 아닌가 생각된다. 또한 근대화운동을 독립운동보다는 가치가 하위인 것으로 보는 시각을 은연중 보여주는 것은 아닌가 여겨진다. 그러나 일제강점하의 독립운동은 근대화운동과 무관하지 않으며, 근대화운동도 민족의 독립운동에 무관하지 않다. 다만 근대화운동을 추진하였던 개인이나 단체가 종종 민족의 생존과 발전보다는 일제의 식민통치에 협력하는 방향으로 선회하거나 방향을 바꾸었기에 근대화운동 자체를 민족운동의 범주에 포함시키는데 주저하는 시각이 있다. 그러나 근대화운동도 그 원래의 목적하는 바는 민족의 근대화였고, 그 근대화는 민족의 생존과 발전을 위한 것이기에, 민족운동으로 수렴된다고 할 수 있다. 따라서 근대화운동 자체로도 민족의 독립을 위한 운동으로서의 서술을 해야 할 필요성이 있다. 그동안 근대화운동을 민족운동의 범주에서 배제하려는 시각과, 독립운동사 위주로 일제강점기의 역사를 연구해온 한국사학계의 풍토에서 이러한 인식과 서술이 기인한다고 하겠다.

그런데 근대화운동에 민족운동으로서의 의미를 부여하는 과정에서 근대화운동에 긍정적인 시각과 서술이 갖는 문제점들이 제기되기도 한다. 일제강점기 식민지 한국에서 식민지화만이 있었던 것이 아니며, 자주적 근대

(화)와 식민지적 근대(화)는 동일한 역사과정의 소산이며, 기존의 역사교과
서는 이를 간과하였다는 의견이 있다.[43] 그러나 '자주적 근대화'와 '식민
지적 근대화'가 동일한 역사과정의 소산이라고 할 수 있는지에 필자는 동
의하기 어렵다. 가치 지향의 인문학인 역사학에서 이러한 시각은 많은 문
제를 야기할 수 있다. 식민통치하에서 식민지적 근대화가 자주독립에 긍정
적인 측면으로 작용하였다고 할 수 있는지, 자주독립과 무관하게 진행된
근대화를 자주독립과 연관하여 이해하는 근대화의 범주에 포함시킬 수 있
는지 의문이다. 수치로 증가하는 것들을 식민지적 근대화의 증거라고 주장
하는 이들이 있는데, 일제강점하의 시대조건과 상황조건을 이해한다면 그
러한 주장에는 근원적인 문제성이 있다.

　이러한 오해가 물산장려운동과 관련하여 언급되고 있는 '민족자본' '민
족기업' '민족산업'에서 확인된다. 무엇이 민족자본·민족기업·민족산업
이라는 것인지 애매하다. 문맥상 한국인이 소유한 자본이 민족자본, 한국
인이 설립 경영하는 기업이 민족기업(민족산업)이라 이해되는데 한국인이
소유주, 혹은 경영자이면 무조건 민족기업(민족산업)이라는 시각은 곤란하
다. 민족자본은 민족산업을 위해 쓰일 때 진정한 민족자본이라 할 수 있고,
민족산업이란 민족의 삶과 발전에 기여할 때 민족산업이라 할 수 있을 것
이기 때문이다. 한국인이 소유주이거나 경영자일지라도 일제의 식민통치에
기여하는 기업이었다면 민족기업이라 할 수 없다.

　또한 "민족실력양성운동은 주로 민족주의계가 주도하였다. 이들은 민
족산업을 육성하고 교육을 진흥시키려는 운동을 활발히 전개"(대한교과서)
라고 하였는데, 교육과 산업진흥만이 민족실력양성이라는 범주화와 서술은
문제가 있다. 노동자와 농민의 생존권 보장 및 권익신장을 일차적인 목적
으로 하였던 농민운동과 노동운동도 민족실력양성의 범주에 속한다고 해
야 할 것이다. 그 노동자와 농민은 한국인이었고, 한국인의 권익신장은 한

---

43) 지수걸, 「'민족'과 '근대'의 이중주」『기억과 역사의 투쟁』(삼인, 2002).

국민족실력양성으로 보아야 하기 때문이다.

한편 교육운동으로 "심오한 지식과 학문은 고등교육이 아니면 불가하며 … 우리의 생존을 유지하려면 대학의 설립이 아니고는 다른 방도가 없도다"는 민립대학설립취지서를 검정교과서들은 제시하였는데 이 운동이 어느 정도 호응을 받았을지 의문이 간다. 당시 대부분의 한국인에게는 해당 사항이 없었고 상층 내지 지식인층에만 설득력이 있었으리라 여겨진다. 그렇다면 이 운동에 대한 서술과 평가도 다시 생각해보아야 할 것이다. 문맹퇴치운동에 대한 서술에도 문제점이 있다. 일제의 식민통치 때문에 한국인들이 교육의 기회를 얻지 못하였다고만 하면 문제가 있다. 일제의 식민통치가 시작되기 전에 한국의 문맹률이 얼마나 되었는지를 먼저 설명하고, 근대화 과정에서 문맹률을 감소하는 것이 어떤 의미를 갖는지, 그리고 근대라는 것이 보다 많은 사람들에게 교육의 기회를 제공하는데 교육을 통하여 실력양성을 반대하던 일제의 식민통치로 인하여 그러한 기회를 박탈당한 것이라 서술해야 할 것이다.

검정교과서는 다양한 계층의 다양한 운동을 거론하였다. 그런데 민족운동의 시각에서 긍정적인 역할을 한 이들에 대한 설명은 상당히 자세한 반면, 민족의 생존 및 국가의 회복과 배치되는 삶을 살았던 친일파(개인), 친일세력(계급, 계층, 사회적 범주)에 대한 설명은 빠져 있다. 금성출판사의 대단원3 "민족독립운동의 전개" 중 중단원1 "일제식민통치와 민족의 수난"에서 "역사찾기:어두운 시대의 변절자, 친일의 길"이라는 제목으로 언급되어 있을 뿐이다. 민족과 반민족의 시각이 갖는 위험성과 문제점이 있지만, 민족운동과 상당한 거리를 두었던 아니 민족운동에 방해·역행하였던 친일문제에 대해서도 서술하는 것이 민족운동사에 대한 균형잡힌 시각과 서술을 입증하는 것이 될 것이다.

5. 맺음말

민족을 관점으로 민족운동사를 서술할 때 나타나는 한계들이 있지만, 민족을 살리고 발전시키고자 하였던 민족운동사는 민족을 중심으로 서술되는 것이 가장 바람직한 자세이다. 근대 서구에서 제국주의의 형태로 강대국이 약소국을 침략하면서 악용되었던 민족 내지 민족주의의 개념을 일제식민통치하에서 전개되었던 한민족사에 그대로 적용한다는 것이 문제이다. 우리의 민족 관점은 우리 민족의 생존과 자주독립을 위한, 그리고 세계와 힘을 다투는 경쟁과 침략의 차원에서가 아니라 함께 발전하는 것이다. 민족을 관점으로 하였을 때 다양한 '근대주체'가 무시된다고도 하지만, 일제강점하를 살았던 이들은 누구라도, 그가 의식하지 않았을지라도, 자주독립의 과제에서 예외일 수 없었다. 또한 그가 경험한 또는 노력한 근대화는 결국에는 자주독립을 목표로 하였던 민족사에 무관할 수 없었다. 민족과 반민족의 대립 내지 이분법적인 구조와 서술이 문제들을 발생시킬 수도 있지만, 그 문제들도 우리 민족이 고민하고 해결해야 할 과제들이다. 곤혹스럽다고 하여 그 과제들을 회피한다면 또 다시 역사의 교훈성을 무시함으로써 고통을 감내해야 하는 상황이 벌어질 수도 있다. 이러한 생각이 민족운동에 높은 가치를 부여하면서도 반민족적인 행위(자)에 대한 서술을 하지 않는 결과를 초래하였다.

민족운동사 서술에서 지적되는 또 하나의 문제는 사회주의계열운동과 민족주의계열운동을 대비하는 것이다. 일제강점기에 언론매체들에서 그러한 시각으로 언급하였고, 오늘날 학계에서도 은연 그러한 시각으로 연구들을 진행하고 있지만, 민족운동의 주체세력을 사회주의계열과 민족주의계열로 나누는 것은 그리고 대비의 시각으로 인식·서술하는 것은 문제가 있다. 일제강점하에서는 사회주의운동도 민족주의운동의 범주에 속하기 때문이다. 서술상의 내용으로 볼 때 민족주의계열이라 지칭한 것은 부르주아 내지 자본주의계열을 의미한다. 따라서 이러한 용어 선정과 분류는 상당한 오해를 불러일으킬 수 있다.

검정교과서의 민족운동사 서술상의 또 다른 문제는 근대화운동에 대한 시각과 서술이다. 민족운동으로서의 의미를 부여하는 과정에서 근대화운동에 긍정적인 시각과 서술이 갖는 문제점들이 제기되는 것이다. 검정교과서는 근대화를 추구한 운동이었지만 최종적으로는 민족의 자주독립에 관련된 민족운동이었다는 서술이다. 근대화운동 자체만으로는 의미를 찾기 어렵다는 인식이 영향을 미친 것이고, 근대화운동을 독립운동보다는 가치가 하위인 것으로 보는 시각에서 비롯된 것이라 할 수 있다. 그러나 일제강점하의 독립운동은 근대화운동과 무관하지 않으며, 근대화운동도 민족의 독립운동에 무관하지 않다. 근대화운동도 그 원래의 목적하는 바는 한민족의 근대화이고, 그 근대화는 민족의 생존과 발전을 위한 것이기에, 결국에는 민족운동으로 수렴된다. 따라서 근대화운동 자체로도 민족의 독립을 위한 운동으로서의 서술을 해야 할 필요성이 있다.

일제강점기 민족문화운동의 전개

강 영 철(전 국사편찬위원회 편사부장)

Ⅰ. 머리말

우리나라에서 일제강점기에 대한 연구는 두 가지 형태의 과제를 가지고 있다. 하나는 식민지지배 상황과 식민지인과의 관계를 밝혀내는 것이고 하나는 식민지해방운동 즉 독립운동에 관한 연구이다.[1] 이 시기에 대한 연구의 목표는 일본제국주의 정책의 본질과 그 실상을 구명하는 것이고 일제의 침략에 대응하여 이 민족의 억압을 극복하려는 한민족의 줄기찬 노력을 확인하는 일이다.

제 7차 교육과정을 적용하면서 한국사 교과서는 두 가지 형태로 발행되고 있다. 즉 8, 9학년과 10학년에서 사용하는 '국사'는 국정으로 발행되

---

1) 조동걸, 『현대 한국 사학사』(서울, 나남출판, 1998), 486쪽.

고, 11, 12학년에서 사용하는 심화과정용 '한국 근·현대사' 교과서는 검정으로 발행된다. 같은 한국사 교과목이면서 발행제는 이원화되고 있다.

본 학술회의는 한국 근현대사 교과서에 나타나는 독립운동에 대한 서술 내용에 대하여 다각적인 연구를 시도하는 것으로, 자연히 현행 제 7차 교육과정 중 사회과 선택과목의 하나인 '한국 근·현대사' 교과서를 중심으로 논의될 것이고 본고도 그러한 취지에 맞게 고등학교 교과서 중 국정교과서 '국사'와 '한국 근·현대사'(2004년판 6종)를 주 대상으로 하여 일제강점기의 민족문화운동의 전개에 대하여 몇 가지 문제를 검토하고자 한다.

우리나라의 교과서 정책은 개화기와 미군정초에 자유발행제가 잠시 실시된 적이 있으나 그 이후로는 주로 국정과 검인정제를 근간으로 하되 시대에 따라 그 비중이 변화되어 왔다. 1973년 당시 문교부가 초·중·고등학교의 국사교과서의 발행을 검정제에서 국정제로 전환한다는 발표를 한 이후 1974년부터 각급 학교에서 국정 국사교과서가 본격적으로 사용되기 시작하였다. 그러나 국사학계에서는 즉각적으로 문제점을 신랄하게 비판하였고[2] 국정화에 대해 반대하는 주장이 꾸준히 전개되었다. 국정화된 교과서는 그 이전의 교과서에 비하여 짜임새가 있고 연구 성과를 적절히 반영하였다고 일부 학자들의 긍정적 평가를 받기도 하였으나 부정적인 평가가 더 많았다. 현재 고등학교 한국 근·현대사 발행이 비록 선택과목으로나마 검정제로 시행되는 등 국가가 직접 교과서 개발에 관여하는 국정 교과서의 비중은 점차 줄어들고 민간출판사들이 개발하여 검정을 받는 교과서의 비중이 높아지고 있다. 그러나 그 어느 경우든 교과서 개발에 있어서는 '교육과정'의 준수가 가장 중요한 지침으로 작용하고 있으며 여기에다 엄격한 검정지침을 두고 있는데 교과서 개발에 참여하는 사람들은 검정에 합격하기 위하여 이러한 지침을 따를 수밖에 없다. 검정지침에 보면 독창적인 교

---

2) 강만길·김정배·이우성·이성무·송찬식, 「국사 교과서의 문제점」『창작과 비평』(1974, 여름호).

과서 개발을 장려하는 것으로 되어 있지만 실제로 검정을 통과해서 나온 교과서들간에 큰 차이가 없는 것은 바로 이러한 이유 때문이다. 이것은 바로 교과서 개발에 정부의 통제가 아직도 상당한 정도로 작용하고 있음을 보여주는 사례라고 할 수 있다.[3] 앞으로 이러한 제약을 슬기롭게 풀어가기 위한 학계의 공동노력이 필요하다.

Ⅱ. 국정 교과서『국사』의 근현대사 부분

교육부는 1997년 12월 제 7차 교육과정을 고시하고 이를 뒷받침하기 위하여 1998년 10월에 '교육비전 2002 : 새학교 문화창조'라는 정책방안을 제시하였다. 이러한 상황에서 제 7차 교육과정에서 역사과 분야를 개발하는데 참여한 사람들의 논의 결과 중등학교의 역사과 교육과정은 중학교에서 주제 중심의 정치사를 완전하게 구현하고 고등학교에서는 분류사 체제를 명확하게 구축하되, 한국 근현대사라는 선택과목을 고려하여 10학년 국사에서는 선사시대부터 개항 이전까지를 다루기로 결정하였다. 다만 교육부의 심의과정에서 정치사와 경제사 부분에만 근현대사를 매우 간략하게 언급하는 것으로 결정하였다.[4]

현행 고등학교『국사』교과서는 국사편찬위원회에서 2000년 5월에 편찬계획을 수립하면서 제작이 시작되었다. 집필자를 선정하는데 종전에는 대학교수 중심으로 짜여졌던 집필진이 이번에는 대학교수와 중등학교 교사가 긴밀하게 협조하면서 교과서를 집필하는 것이 바람직하다고 생각되어 단원별로 교수와 교사가 짝을 이루어 구성되었다. 교과서의 집필이 완

---

3) 이찬희,「국정 교과서 발행제도의 보완」,『국사 교과서 발행제도 개선 연구 학술 세미나 발표문』(과천, 국사편찬위원회, 2003), 34쪽.
4) 최상훈,「국사 교과서의 특징과 편찬 과정」,『고등학교 국정 국사교과서 교원 연수 교재』(과천, 국사편찬위원회, 2006), 168쪽.

료되고 원고본-개고본-1종도서 편찬위원회(1·2차)-수정·보완-검토본-현장 검토-수정본-1종도서 편찬위원회(3차)의 절차를 거쳐 2001년 11월에 인쇄에 들어갈 예정이었다.

그런데 그해 일본의 역사교과서 왜곡문제가 제기되면서 고등학교 국사교과서에 근현대사가 누락되어 학생들이 필수과정에서 한국 근현대사를 학습하지 않는다는 점이 문제점으로 지적되고 비판이 들끓었다. 이에 교육부 편수관은 근현대사 부분을 교과서 전체 분량의 20% 정도를 교과서에 포함시키라는 요구를 집필자들에게 하였고 그에 따라 근현대사 부분을 현장 교사 네 사람이 부랴부랴 집필하였고 집필 후 검토과정도 교사 중심으로 이루어져서 이 부분에서는 교수와 교사의 공동 집필이라는 당초의 방침이 지켜지지 않았다. 그러한 과정에서 교육과정에도 없는 근현대사 부분을 어떻게 단원으로 구성할 것인가 하는 문제가 몇 차례 논의되었다. 각 분류사 뒷부분에 포함시키자는 주장도 있었지만 별도의 단원으로 묶는 것이 교과서 전체의 체제로는 낫겠다는 의견에 따라 '근현대사의 흐름'으로 대단원을 추가하기로 결정되었다. 이후 2002년 1월말까지 집필과 수정 및 보완작업이 급박하게 진행되어, 3월초에 가까스로 교과서가 학교 현장에 배부되었다. 마무리 작업이 충분치 않았기 때문에 여러 군데에서 내용상 오류가 발견되었으나[5] 그 후 여러 차례 수정 보완을 거쳐 현재에 이르고 있다.[6]

2006년판 고등학교 『국사』에서는 체제를 바꾸어 각 분류사의 말미에 근현대 부분을 각각 추가하였으며 일제강점기의 민족문화운동 부분은 민족문화의 발달(대단원)중 5. 근·현대의 문화(중단원)의 2. 일제식민지 문화정책과 국학운동의 전개(소단원)으로 구성되었으며, 그 내용은 6쪽(322~327쪽)을 할애하여 소략하게 기술하고 있다.

---

5) 앞 글, 171쪽.

6) 장득진, 「국사 교과서의 편찬 과정과 전자 교과서 활용」앞 책, 179쪽. 고등학교 국사 교과서는 종래의 2권을 1권으로 하였으며 판형도 커졌다.심화 교육과정이 첨가되었으며, 세계사와의 관련성이 강조되었다.

현행 고등학교 한국사 교과서의 근현대사 부분을 검토하려면 제 6차 고등학교 『국사』(하)의 내용과 연관하여 살펴보는 것이 필요하다. 제 6차 교육과정의 1996년판 고등학교 『국사』(하)의 Ⅲ. 민족의 독립운동 중에서 5. 민족문화 수호운동은 14쪽(171～184쪽)으로 구성되어 있다. 그 목차는 다음과 같다.

  5. 민족문화 수호운동
     개요
 (1) 식민지 문화 정책
     우민화교육과 언론 정책
     한국사 왜곡과 종교 탄압
 (2) 국학운동의 전개
     한글 보급 운동
     한국사의 연구
 (3) 교육운동과 종교 활동
     조선교육회
     민립대학 설립 운동
     문맹퇴치 운동
     과학 대중화 운동
     종교 활동
 (4) 문예 운동
     문학 활동
     민족 예술

이는 국사교과서가 국정으로 된 초기의 내용보다는 진일보한 것이었다. 1976년판 인문계 고등학교 『국사』를 보면, Ⅳ. 근대사회 2. 민족의 독립운동과 민족문화의 계승 (3) 민족운동의 성장 중에서 '민족문화의 수호'라는 소항목을 설정하고 그 서술 내용은 단지 4쪽을 배정하고 있을 뿐이었다.

위의 제 6차 교육과정의 민족문화 수호운동의 목차는 제 7차 교육과정의 검정본 근·현대사 교과서에 거의 그대로 채용되고 있다. 그 이유는 교육과정의 차수 변경에 따라 시행 시기는 바뀌었으나[7) 그 '교육과정'의 내용은 변경되지 않았기 때문이다.

Ⅲ. 검정 교과서의 등장

교과서 검정제는 민간에서 만든 도서가 교과서로 사용하기 적합한가를 일정한 심사 절차를 거쳐 검정하여 이를 통과한 도서를 교과서로 사용할 수 있게 하는 제도이다. 즉 검정제 교과서의 편찬은 교과서 내용을 기술하는 집필자와 도서를 간행하는 출판사와 이를 검정하는 국가 기구가 함께 참여하고 그 결과를 수요자인 교사와 학생이 채택하여 사용하는 것이다.

현행 한국 근현대사 교과서 발행 경위를 살펴보자. 교육부에서는 제 7차 교육과정에서 추구하는 인간상과 교육 목표를 달성하는데 적합한 질 높은 교과용 도서를 편찬하는데 목적을 두고 1교과 다(多)교과서, 실생활 사례·경험 등을 중시하는 내용 구성 그리고 책임 있는 집필을 위한 '집필자 실명제' 도입을 기본 방향으로 하여 한국 근현대사 발행 사업을 추진하였다.

앞에서 본대로 7차 교육과정에서 한국사 과목의 개편이 있었다. 종전에는 고등학교 국사는 국정으로 1종(상·하) 2권의 교과서를 발행하였으나 7차 교육과정에서 고등학교 국사는 고교 1학년(10학년)을 대상으로 하는 1종의 교과서 『국사』(1권)를 분류사 중심으로 발행하고 2,3학년 대상으로는 선택과목으로 다종의 교과서를 검정 간행하게 되었다.

교육부는 한국 근·현대사 과목의 개설로 "당대사 학습을 통하여 역사를 자신의 생활 속에서 체험함으로써 역사에 대한 관심과 문제 해결 능력

---

7) 제 6차 교육과정의 사회과목은 중학교는 1995년부터 2000년까지, 고등학교는 1996년부터 2001년까지 적용되었으며, 제 7차 교육과정은 중학교는 2001년부터, 고등학교는 2002년부터 적용되고 있다.

을 제고하고자 한다"고 그 취지를 밝혔다. 이로써 기존의 '국사' 외에 '한국 근·현대사'가 교과서로 등장하게 되었다. 따라서 국사교과서가 오랫동안 국정 단일본으로 발행됨에 따라 단일 교과서로만 제공되어 풍부한 역사적 사고력 함양에 걸림돌이 되고 있다는 문제점의 개선을 기대하였다. 그리고 다양한 교과서 개발을 위하여 검정본 교과서의 검정 업무를 한국교육과정평가원에 위탁하여 사업을 추진하게 하였다.

> 업무의 위탁 내용은
> -검정 심사 및 의견 접수
> -검정 및 인정 신청에 대한 합격 결정
> -검정 도서의 합격 공고
> -검정 불합격 결정의 내용 및 이유 통지
> -검정 수수료 금액의 결정·공고 및 수납 등

따라서 교육과정평가원에서는 이상의 절차를 거쳐 2003년부터 시행되는 고등학교 2·3학년이 사용하는 한국 근·현대사 교과서를 검정하는 업무를 주관하게 되었다.

한국 근·현대사 교과서 원고는 2001년 9월경에 집필이 완료되어 편집·제본을 거쳐 9종이 검정 심사본 형태로 제출되었다. 교육과정평가원은 검정제도의 실효성을 보장하기 위하여 검정위원회를 구성하고 검정위원회의 독자성과 자율성을 보장하였다. 2001년 12월 근·현대사 전공 역사학자 5인, 고교 역사교사 및 역사교육 전공자 5인 등 10명으로 검정위원회가 구성되었다. 검정 절차는 기초 조사(2001. 12. 19～12. 24) → 1차 심사(2002. 1. 11～ 1. 20) → 2차 심사(2002. 2. 20～2. 24)로 실시되었는데 교육부 편수담당자가 행정 지원과 교육과정 및 검정 기준을 설명하기 위하여 간사로 참여하였다. 검정기준은 검정실시공고 때 공포하도록 되어 있으며 공통기준과 교과기준으로 구성되었다. 공통기준은 모든 교과용 도서에 적용되는 보편적인 필수기준으로 헌법정신의 위배 여부, 교육 기본법 및 교육과정의 위배 여부, 저작권 위배 여부, 내용의 보편 타당성 여부 등 4개의 심사영역으로 되어 있으며 그 중 한 항목이라도 위배되는 것이 있으면 부적격으로 판정된다. 교과기준(한국 근·현대사)은 교육과정 준수, 내용 선정 및 조직, 교수·학습방법의 평가, 표현과 표기, 편집 및 외형체제, 독창성의 6개의 영역으로 구성되어 있으며 독창성이 높은 교과서가 좋은 평가를 받도록 하였다.

1차 심사의 평가는 A, B, C 3등급으로 하였으며 위원회 전체 평정 결과 C가 2개 이상 있으면 부적격으로 판정하였다. 2차 심사에서는 수정 상태를 수·우·미로 평정하되 모두 우 이상인 도서는 적격, 하나라도 미 이하로 판정된 항목이 있으면 판정을 보류하고 재수정 보완심사로 넘겼다. 판정을 보류한 심사본은 재수정하여 심사를 받도록 하고, 수정항목이 모두 우 이상이면 적격, 미 이하가 하나라도 있으면 부적격으로 판정했다.[8] 검정심사는 외부와 격리되고 통제된 상황에서 심사위원들에 의하여 독자적으로 시행되었다. 교육부에서는 교육과정, 검정 기준, 집필상의 유의점, 준거안 등을 심사 기준으로 제시하였는데 교과서에 수록하는 세부 사항이나 기술 내용에 대하여 특정한 지침을 제시하지는 않았다. 그리고 검정 심사의 공정성과 판정의 자율성을 보장하고 검정 발표 이후 적부 판정시비로 인한 사생활 및 인격권을 보호하기 위하여 검정위원의 인적 사항은 비공개로 하였다. 그 결과 2002년 7월 26일 4종의 도서가 적격 판정 판정을 받았다.[9]

한편 부적격 판정을 받은 도서에 대하여 재검정을 받을 수 있는 기회를 제공하였다. 2002년 8월에 재검정 신청도서를 접수하여 그 해 12월에 2종의 도서가 적격 판정을 받아 총 6종의 한국 근·현대사 교과서가 발행

---

8) 안병우, 「국사 교과서 검정제에 관한 검토」 위의『국사 교과서 발행제도 개선 연구 학술 세미나 발표문』 48~49쪽.
9) 제 232회 국회(임시회)교육위원회 보고자료,『한국 근·현대사 고교 교과서 검정 관련 보고』(서울, 교육인적자원부, 2002.7.31) 2~4쪽.

보급되기에 이르렀다. 재검정 제도는 교과용 도서에 관한 규정이 개정되면서 폐지되었다.

검정 결과가 발표되자 한국 근·현대사의 일부 교과서가 김영삼 정부까지는 그 공과를 실으면서 김대중 정부에 대해서는 치적 일변도로 기술했음에도 검정에 합격 판정을 받았다고 하여 일부 언론과 정치권에서 문제를 제기하여 파장이 일었다. 심지어 교과서의 기술 내용을 교육부에서 주도하였다는 의심을 받기도 하였다. 그 후에도 한국 근현대사 교과서의 기술내용에 대하여 이념적으로 첨예한 문제 제기가 다양하게 잇따르고 있기도 하다.

Ⅳ. 검정 고등학교 『한국 근·현대사』의 내용

앞에서 본 바와 같이 일제강점기의 민족문화운동에 대한 서술은 6종의 검정본 근·현대사[10]의 내용을 살펴보면 각각 민족독립운동의 전개(대단원) 중에서 다섯 번째 순서로 민족문화 수호 운동(중단원)을 설정하고 있다. 6종 교과서의 중단원명은 모두 같다. 그리고 소단원명도 1. 일제의 식민지 문화정책, 2. 국학운동의 전개, 3. 교육과 종교 활동, 4. 문학과 예술 활동으로 모두 같다. 다만 「금성」은 일제의 식민지 교육·문화 정책으로 「대한」은 문학과 예술에 담긴 민족혼으로 표기하였다.

이 항목에 근·현대 교과서들은 『금성』이 18쪽, 「대한」이 14쪽, 『두산』이 20쪽, 「법문」이 17쪽, 「중앙」이 17쪽 그리고 『천재』가 14쪽을 할애하여 서술하였다.

---

10) 이후 6종의 교과서 발행 출판사에 대한 표기는 (주)금성출판사는 『금성』으로, 대한교과서(주)는 『대한』으로, (주)두산은 『두산』으로, 법문사는 『법문』으로, (주)중앙교육진흥연구소는 『중앙』으로, (주)천재교육은 『천재』로 한다.

1. 일제의 식민지 문화정책

일제의 식민지 문화정책을 '동화'와 '차별'이라는 이중 구조를 지니고 있었다. 일제는 정치·사회적 억압, 경제적 수탈뿐만 아니라 식민 통치를 합리화하고 원활하게 수행하기 위하여 우리 민족의 언어·역사·종교 그리고 문학과 예술 등의 문화를 왜곡 내지 말살하려고 하였고 식민지 한국인에 대한 우민화 교육을 통하여 식민지 교육의 기본 정책인 한국 식민화의 길을 다져 나갔다.

6종의 교과서는 대체로 일제의 식민지 문화정책의 문제점을 골고루 제기하고 있는 듯이 보인다.

그 중에서 역시 역사교과서라서 그런지 일제에 의한 한국사 왜곡 부분 서술이 단연 두드러진다. "특히 민족사의 근원이 되는 고대사 부문의 왜곡이 가장 심하여 단군 조선이 부정되었으며 한국사의 주체성과 독자성을 부정하는 타율성론으로 식민지 지배를 정당화하였고, 한국 역사가 일본사, 세계사의 발전 단계에 비추어 뒤져 있다는 정체성론이 강조되어 민족사의 자율성과 독창성이 무시되었다. 그 외에도 조선 시대의 당쟁 등을 왜곡되게 부각시킴으로써 부정적인 역사 인식을 심어주었다."[11] "일제의 한국사에 대한 역사적 결론은 정체성·타율성·사대성·반도성·당파성·일선동조론 등이었다."[12] 그리고 조선사 편수회와 「조선사」 편찬, 청구학회 등도 언급되었다.

한편 일제가 우리 말과 우리 역사의 교육을 금지시킨 시기에 대하여 「중앙」은 제3차 조선교육령이 발표된 시기(1938년), 「법문」은 중·일 전쟁(1937) 이후, 「금성」과 「두산」은 제2차 세계대전(태평양 전쟁)에 뛰어든 시기(1941)로 각각 다르게 서술하였다.[13]

---

11) 『천재』, 243쪽.
12) 『두산』, 227쪽.

【「중앙」 245쪽】

일제는 1938년 제3차 조선교육령을 발표하여 학생들에게 황국 식민의 서사를 암송하게 하였다. 이와 더불어 교육 내용에서 우리 말과 우리 역사를 완전히 없애 버림으로써 황국 식민화 교육을 더욱 강화하였다.

【「법문」 216쪽】

중일전쟁 이후에 일제는(중략) … 이에 학교에서는 한국어 사용과 한국사 교육을 금지하고 일본어와 일본 역사만을 가르쳤다.

【「금성」 228쪽】

일제는 제2차 세계대전에 뛰어들면서 민족 말살정책에 따라 내선 일체를 강조하고 조선어 사용을 금지하였다. 초·중등 교육에서 조선어 과목과 조선사 교육을 아예 없애 버렸다.

【「두산」 223~224쪽】

1940년대에 태평양 전쟁을 일으킨 일제는 (중략) 황국 식민화 교육을 더욱 강화하여 한국어·한국사·한국지리 등 한국에 관한 교육을 폐지시켰다.

종교 정책에 대해서는 6종 교과서 중 유일하게 「법문」은 일제의 유교계에 대한 정책을 서술하였고, 「두산」에서는 "(신사 참배를) 거부하다가 수많은 종교 지도자가 투옥·살해되었으며, 기독교 계통 학교들이 다수 폐교되기도 하였다. 뿐만 아니라 패전을 앞두고 일제는 한국의 기독교를 일본의 기독교에 강제 통합시키기도 하였다."[14] 「금성」은 다른 교과서와는 달리 일제의 종교 탄압에 대해서는 서술하지 않았다. 그러나 일제의 문화정책의 본질과 그 영향에 대해서 다음과 같이 서술하였다.

"우리는 우리 스스로 옛 문화를 고치고 새 문화를 받아들여야하는 시대적 전환기에 강제적으로 일본 문화의 이식을 받게 된 것이다. 일본의 문화는 서양의 문화를 섭취하여 만든 문화였다. 게다가 이 문화는 천황주의적인

---

13) 허동현 외, 『한국 근·현대사 교과서 6종 비교·분석 연구』(과천, 국사편찬위원회, 2004) 119쪽. 이후 『6종 비교·분석』으로 표기함.
14) 『두산』, 229쪽.

제국주의 문화였다. 그 결과 일본 문화나 서구 문화를 높이 평가하는 반면에 우리 문화에 대한 모멸 의식이 사회 저변에 확장되기도 하였다. 그리고 그 폐해는 광복 이후에도 오랫동안 가시지 않았다."[15]

2. 국학운동의 전개

일제 강점기의 국학운동은 민족 문화를 수호하고 민족의식을 함양하기 위한 민족운동의 하나로 항일 독립 운동과 표리 관계를 이루면서 꾸준히 추진되었다.[16]

먼저 국어 연구를 살펴보면 「금성」은 국어 연구와 한글의 보급, 「두산」은 조선어 학회 활동, 『법문』은 한글의 연구와 보급, 「중앙」은 우리말 살리기 운동, 「천재」는 국어 수호 운동으로 각각 표현하였다.

대부분의 검정교과서에서는 조선어 연구회 설립, 한글 보급, 가갸날 제정, '한글' 창간, 조선어 학회 설립, 맞춤법 통일안과 표준어 제정, 우리말 큰사전 편찬, 그리고 조선어학회 사건을 빠짐없이 나열하고 있다. 그러나 내용을 검토하여 보면 사실 관계가 불분명하거나 잘못된 점이 발견된다. 조선어연구회와 조선어학회에 대한 각 교과서의 내용이 거의 비슷하다.

【「금성」, 230~231쪽】
3·1운동 이후 이윤재, 최현배 등은 국문연구소의 전통을 이은 조선어연구회를 조직하여 국어 연구에 활력을 불어 넣었다. … 한글이라는 잡지를 간행하여 … 자료 1,한글을 처음 내면서(1927) …

【「두산」, 230쪽】
1921년 장지연(장지영의 오기), 이윤재, 최현배 등에 의하여 조선어 연구회가 창립됨으로써 … 그리고 한글이라는 잡지를 간행하여 한글 연구를 심화시켰다.

---

15) 『금성』, 229쪽.
16) 『두산』, 230쪽.

【「법문」, 220쪽】

3·1운동 이후 주시경의 제자인 이윤재, 최현배 등이 중심이 되어 국문 연구소를 계승한 조선어 연구회를 조직하였다. … 또한 한글이라는 잡지를 간행하여 …

【「천재」, 247쪽】

국문 연구소의 전통은 3·1운동 이후 … 조선어 연구회로 계승, 발전하였다. 조선어 연구회는 연구 발표회, 강습회, 강연회 등을 통하여 한글 보급에 노력하였으며, 한글날을 제정하고 기관지로 한글을 창간하여 … 이후 조선어 연구회는 이윤재, 이극로, 최현배 등에 의하여 조선어 학회로 개편되면서 ….

이어서 역사자료실(도움글)에서 '조선어 연구회의 기관지인 한글 창간사(이윤재, 1932)'라는 제목으로 내용의 일부를 소개하였다.

【『중앙』 249쪽】

조선어 연구회는 … 연구 기관지인 한글을 창간하였다.

그런데 제6차 고등학교 교과서『국사』에서는 이윤재, 최현배 등이 조선어 연구회를 조직하였다하였고, 제7차 2006년판『국사』에서는 3·1운동 이후 임경재, 장지영 등의 주도로 조선어 연구회가 창립(1921)되면서 국어 연구가 본격화되었다고 종전과 다르게 서술하였다.

조선어 연구회는 1921년 12월 3일 휘문의숙에서 임경재, 최두선, 이규방, 권덕규, 장지영, 이승규, 신명균 등이 발기하여[17) 조직되어 활동하다가 1931년 1월 10일 조선어 학회로 발전하였고 광복 후인 1949년 9월 5일 한글 학회로 명칭이 변경되었다.

그런데 대부분의 한국 근·현대사 교과서에서는 조선어 연구회가 '3·1

---

17) 『한글 학회 50년사』(서울,한글 학회,1971), 5쪽 ; 박병채, 「국어학」,『한국 현대문화사 대계』(서울, 고려대 민족문화연구소,1976), 47쪽에는 이병기, 김윤경, 이상춘, 박순룡, 최현배가 추가되었고, 최기영, 「국어학」『한국사』51(과천, 국사편찬위원회, 2001), 100쪽에는 이병기, 김윤경, 이상춘이 추가되었고 최현배는 빠져있다.

운동 이후' 혹은 '1921'년에 이윤재, 최현배 등을 중심으로 하여 조직되었
다고 기술하고 있다. 이윤재는 1919년 3·1운동에 가담하여 옥고를 치루고
1921년 중국 북경대학 사학과에 유학하고 1924년 귀국하여 활동하므로
1921년 12월에는 국내에 없었다. 최현배도 1920년부터 1921년 연말까지
부산 동래 보통학교 교원으로 근무하다가 1922년 1월부터 1925년까지 일
본 유학을 하므로 조선어 연구회 창립에 직접 참여하였다고 보기는 주저된
다.18) 물론 이들은 귀국한 후 조선어 연구회와 조선어 학회의 사업에 적극
참여하여 하는 등 일제 강점기에 국어학운동에 크게 공헌한 것은 잘 알려
진 사실이다.

　『한글』에 대한 서술에 또한 문제가 있다. 1927년 2월 8일자로 창간된
『한글』은 1928년 10월까지 9호가 간행되었는데 동인지 성격을 띠었다. 한
편 조선어 학회 기관지『한글』은 1932년 5월 1일자로 창간되어 1942년 5
월까지 속간되었는데, 이윤재가 '한글을 처음 내면서'라는 창간사를 게재
하였다. 위에서 본 바와 같이 대부분의 검정 교과서에서는 조선어 연구회
시기의『한글』과 조선어 학회의 기관지『한글』을 제대로 구분하지 못하고
있다. 심지어『천재』는 '조선어 연구회 기관지인 '한글' 창간사(이윤재,
1932)'라하여 그 내용의 일부를 인용하였고,『금성』에서는 이윤재의 한글
창간호의 글 '한글을 처음 내면서'가 1932년이 아니라 1927년에 쓰여진
것으로 사실과 어긋나게 기술하였다.

　한국사의 연구 부분은 대체로 잘 정리되었다. "우리나라의 역사학은
근대적 역사학 방법론에 토대를 두고 식민사관의 한국사 왜곡에 맞서면서
성장해 왔다. 그 과정에서 민족주의 사학, 사회 경제 사학, 실증 사학이라
는 근대 역사학의 전통이 확립되었다."19) 대부분의 검정교과서에서는 거
의 같은 맥락의 서술 태도를 보이며, 민족주의 사학에 대하여 민족 독립의

---

18) 「환산 이윤재 선생 해적이」『나라사랑』13(서울, 외솔회, 1973), 15쪽 ;「외솔
　　최현배 박사 해적이」『나라사랑』1(1971), 22~23쪽.
19)『금성』, 232쪽.

정신적 기반을 마련하고자 하였다고 적극적으로 평가하였다.

그리고 1930년대의 조선학 운동을 우리 민족의 고유성을 발전적으로 이해하고 학문적으로 체계화 하고자 하였다고 하였다. 읽기 자료에서도 민족주의 사학에 관한 기사가 압도적으로 많았다.

제 6차 교육과정까지『국사』에서는 사회 경제 사학은 다루어지지 않았으나 제 7차 교육과정에서 비로소 등장하였다. 한국사를 세계사적 보편성에 맞추어 체계화하려고 하였다고 평가하기도 하고 문제점도 지적하였다.

실증사학은 우리 역사학을 근대적인 학술 영역으로 끌어 올리는데 일정한 기여를 하였으나 태생적인 한계로 인하여 상대적으로 과소 평가되고 있는 듯하다. 이는 그 시기의 시대적 특수성과 일부 연구 인력의 전력이나 성분에서 기인되는 것으로 보이나 이제는 그 실체와 공과가 학술적으로 연구 평가되어야 할 것이다. 「대한」에서는 자료로 제공한 도움글에서는 "이들은 역사에 무슨 일반적인 법칙이 있다고 가정하에 사실을 이론에 끼워 맞추기 보다는 객관적인 사실을 정확하게 인식함으로써 한국사를 깊이 이해할 수 있다고 주장하였다. 실증사학은 한국 역사학을 독립된 학문으로 정립시키는데 공헌하였다."고 지적하였다.[20]

3. 교육과 종교 활동

일제의 식민지 지배 하에서도 민족 교육 활동은 다양한 방식으로 지속되었다. 검정교과서 6종의 내용은 대체로 다음과 같은 논조로 일제 강점기의 교육을 서술하고 있다. 3·1운동 이후 일제는 소위 문화 통치를 표방하면서 1면 1교의 원칙을 내세워 교육 시설을 확장하였으나 이는 일본인을 위한 것이며 한국인을 위한 것은 아니었다. 또한 정규 학교에서 실시하는 교육 역시 한국인을 일제의 식민 지배에 순응하도록 만드는 데에 치중하였다.

---

20)『대한』, 223쪽.

이에 우리 사회 각계에서는 식민지 동화 교육에 반대하는 민족 교육 진흥 운동이 일어나 교육 단체를 조직하고 '조선인 본위의 교육'을 주장하였다. 그리고 민족 지도자들은 한국인을 위한 교육을 실시하기 위하여 사립 학교, 종교 계통의 학교, 개량 서당, 강습소, 야학 등을 설립하였다. 이들 민족 교육 기관은 시설면이나 교육의 질에서는 많이 부족하지만 민족 의식을 고양하는 데 이바지 하였다.[21] 그리고 여러 종교 단체가 민족 운동과 사회 운동에 공헌하였고 많은 민족 교육 기관이 설립되어 민족 의식 고취에 기여하였으나 일제의 탄압과 감시를 받았다고 하였다. 그러나 『금성』은 "일제 말기에 이르러 많은 종교 단체와 종교 지도자들이 친일 활동에 적극적으로 나서고, 전시 동원 체제에 참여하였다. 이들은 일제 식민지 정책을 홍보하는 일은 물론이고 신사참배에 앞장서고, 일본군을 위문하거나 위문금 모금 행사를 벌이기도 하였다"고 지적하였다.[22]

한편 이 단원에서 『금성』은 '과학 대중화 운동', 『중앙』은 '과학의 대중화'라 하여 본문으로 서술하였고 『두산』은 '일제 치하의 과학 기술과 과학의 대중화'를 도움글의 형식으로 서술하였다.[23] 안창남의 고국 방문비행을 다루면서 "꺾여진 민족의 자존심을 일으켜 세웠으며"(『중앙』 254쪽), "국민들의 민족적 자긍심을 고취시켰다. 당시 민족적 울분을 달래 줄 수 있는 정신적 지주 역할을 하였다."(『금성』 236쪽)고 기술하여 조금은 과장되고 감상적인 표현을 하기도 하였다.

4. 문학과 예술 활동

일제 강점기의 문학과 예술 활동은 다양하게 기술되었다. 다수의 검정 교과서는 문학 활동을 1910년대, 1920년대, 1930년대로 나누어 문학의 새

---

21) 앞의 『6종 비교·분석』 126쪽.
22) 『금성』, 232쪽.
23) 주 21).

로운 경향을 소개하고 있다. 1910년대에 우리 문학계는 최남선, 이광수의
활약이 두드러졌다. 시와 소설에서 근대 문학의 선구적 역할을 하였던 이
들의 작품은 계몽주의적인 성향을 띠고 있었다.

1920년대에 들어서 다양한 사조가 유입되어 더러는 퇴폐적이고 탐미
적인 경향이 있었는가 하면 현실을 충실히 묘사한 사실주의적인 요소도 있
었다. 한편 1920년대 후반에는 신경향파 문학이 대두하기도 하였다. 이러
한 흐름은 카프의 결성을 계기로 프로문학으로 진전되어 식민지 현실을 고
발하고 계급 의식을 고취하는 것을 문학의 중요한 역할로 인식하였다. 이
에 민족주의 계열에서도 국민문학 운동을 일으켜 계급주의에 반대하고, 문
학을 통해 민족주의 이념을 강조하려 하였다.[24]

1930년대에 문학의 분야가 소설, 평론, 희곡, 수필 등으로 다양화되었
다. 그러나 중·일 전쟁 이후에 일제는 문학 작품에서도 군국주의를 찬양
하는 친일 문학을 강요하였다. 그러자 작품 활동을 중단하거나 현실을 외
면하는 문인들이 있는가 하면 최남선, 이광수 같이 일제에 협력하는 문인
들도 나타났다. 그러나 한용운, 이육사, 윤동주 처럼 끝까지 민족적 지조를
지키며 일제에 항거하는 문인들도 있었다고 분석된다.[25]

『대한』은 저항이냐, 친일이냐?라는 다소 자극적인 소제목[26]을 내걸고,
문인과 예술가들을 일제에 저항하면서 민족 의식을 고취하는 부류, 순수한
문학과 예술 활동을 내세워 식민지 현실을 외면하는 부류, 친일적 활동 강
요에 굴복하여 친일적 문예 활동에 앞장 서는 부류로 구분하였다.

다른 문화 예술 분야에서도 마찬가지였다. 제 2차 세계 대전이 일어난
후 일제는 모든 문화·예술에 대한 통제를 강화하여 조선 문인 협회, 조선

---

24) 『천재』 252쪽. "이 운동은 민족의식과 민족애의 고취, 민족혼을 통한 민족 단
　　일 사상의 확립, 국학 진흥 운동의 전개 등을 주요 내용으로 하였다"(『두산』,
　　237쪽)고 하였다.
25) 앞의 『6종 비교·분석』, 128쪽.
26) 『대한』, 228쪽.

음악가 협회, 조선 연극 협회 등을 조직하고, 모든 활동을 침략 전쟁과 일
제의 식민통치를 찬양하도록 강요하여 친일 행위를 하든가, 예술 활동을
포기하든가 두 가지 중 하나를 선택하도록 하는 대대적인 탄압을 가하였
다.[27]

일제 강점기를 서술할 때 으레 '친일'에 대한 논의가 뒤 따른다. 그러
자면 자연히 '친일 행위를 한 자'를 지목하여 거론되기 마련이다. 그런데
대개의 경우 정치인, 관리, 군인, 경제인들보다 종교인, 교육자, 학자 그리
고 특히 문화·예술인들이 더 많이 거론된다. 6종의 검정 교과서의 친일
행위에 대한 서술에 있어서도 그러한 현상이 두드러진다.[28] 과연 그들이
다른 부류의 사람들 보다 더 '친일적'이었을까?

교과서에서 인물을 수록하는 데 있어서 그 대상 인물을 선정하는 일은
매우 신중을 요한다. 검정 6종 교과서에서는 '문학과 예술 활동'에서 여러
영역에서 다양한 인물(문학가, 음악가, 미술가, 연극인, 영화인)들이 수록되
었다.[29]

- 6종 교과서에서 모두 거론된 인물 : 나운규, 홍난파
- 5종 교과서에서 거론된 인물 : 최남선, 이광수, 김소월, 한용운, 심훈, 윤
  동주, 이육사, 안익태
- 4종 교과서에서 거론된 인물 : 이상화, 이중섭, 윤극영, 현제명
- 3종 교과서에서 거론된 인물 : 염상섭, 안중식, 고희동
- 2종 교과서에서 거론된 인물 : 현진건, 김동인, 이기영, 최서해, 김관호
- 1종 교과서에서 거론된 인물 : 박영희, 임화, 이상범, 변관식, 박생광, 이
  응노, 나혜석, 김복진(『금성』), 서정주, 박목월, 김기창, 이난영(『대한』),
  채동선, 유치진, 윤백남(『두산』), 김은호, 김인승(『중앙』), 홍명희, 이태
  준, 정지용(『천재』)

---

27) 『천재』, 255쪽.
28) 앞의 『6종 비교·분석』, 129~133쪽.
29) 앞의 책, 135쪽.

위에서 거론된 44명 중에서 문학가가 20명으로 다수를 차지하고 상대적으로 다른 분야는 소홀한 느낌을 준다. 이는 문화·예술 영역 각 부분의 연구 성과가 질과 양적인 면에서 많은 차이가 있고 집필자들이 이를 종합하여 정리하는 능력에도 한계가 있음을 드러내는 것이다.

V. 남는 말

지금까지 한국 근·현대사 교과서 내용 중에서 일제 강점기의 민족문화운동에 초점을 맞추어 제 7차 교육과정에 의해 현재 사용되고 있는 6종의 검정 교과서를 중심으로 그 내용을 검토하였다. 1974년 이후 28년만에 학계의 숙원(?)이던 검정제가 제한적으로나마 시행되게 되어 안팎의 기대가 자못 컸다. 국정이 아닌 검정제에 의한 한국 근현대사의 발행은 날로 다원화되는 세계에서 역사를 다양하게 서술하고 교육할 수 있다는 점에서 매우 바람직하고 발전적인 일임에 틀림없다. 넉넉하지 않은 기간에 좋은 교과서를 만들기 위하여 열심히 노력한 제작진의 노력이 돋보인다. 그러나 국정제가 풀리면 교과서에 야기되는 적체된 문제점이 일거에 해결될 것이라고 믿었다면 그 결과는 마냥 성공적이라고는 할 수 없겠다. 그러나 첫술에 배부를 수 없듯이 앞으로 부족한 점을 시정하여 나가면 좀 더 좋은 교과서가 나올 수 있는 가능성은 충분히 보여 주었다. 앞으로 보다 나은 검정교과서를 편찬하기 위한 몇가지를 제언하고자 한다.

교과서 발행체제의 조정이 필요하다.

검정제로 전환되면서 6종의 교과서는 저자들의 역사를 보는 관점에 따라서 서술 내용이나 편제에 많은 변화와 눈에 띠는 차이가 있는 것도 사실이지만 기본적으로 교육법 제 155조 1항에 의거하여 교육부 장관이 고시하는 교육과정과 함께 별도 지침인 국사 교육 내용 전개의 준거안 에 제시된 지침을 따르지 않을 수 없었다. 따라서 얼핏 보면 많은 변화와 다양성이 있어 보이지만 기본적인 차이점이 크게 찾아지지 않는다. 현행 「교육과정」과 「준거안」내용은 이론의 소지가 많고 이미 낡은 학설에 의거한 부분이 많이 있다.30)

앞으로 검정제의 발전을 위해서는 국정제 시행 과정에서 정해진 교육과정과 준거안을 현실에 맞게 개선해야 할 것이다. 그리고 교과서 검정 절차에 대한 근본적인 개선이 필요하다.

종전의 국정제 『국사』의 내용을 벗어나는 노력이 필요하다.

이러한 흐름은 기존의 교육과정이나 준거안의 영향도 크지만 6종의 검정교과서를 살펴보면 목차의 구성에서부터 내용 서술에 있어서 종전의 교과서 내용을 타성적으로 답습하려는 모습이 곳곳에서 산견되고 있다. 한 예로 미술 분야의 이중섭을 들 수 있다. 1976년판 인문계 고등학교 교과서 「국사」에서 일제 강점기의 미술 분야에 유일하게 이중섭을 그의 소 그림과 함께 거명하였고, 1982년판에는 서양화부분에서 이중섭만을 거론하였고, 1996년판 고등학교 『국사』(하)에서는 "서양화에서 고희동 이래 이중섭 등의 화가가 배출되었다."고 기술하였고, 6종의 근·현대교과서에서는 『금성』을 제외한 5종의 교과서에서 이중섭을 수록하였다. 특히 『중앙』에서는 "미술계에서 이중섭을 개인의 불우하였던 삶을 한폭에 담았는데, 이러한 그의 작품들은 일제의 지배 아래 신음하던 우리민족의 정서와 맞닿았다. 개인의 고통을 시대의 아픔으로 승화시켰던 이중섭의 작품은 커다란 생명력을 얻게 되었다."고 서술하고 있다.31) 1916년생인 이중섭은 1940년대부

---

30) 앞의 책, 196쪽.

터 새로운 형태의 미술 활동을 하였으나, 오히려 광복 이후의 행적이 그의 특이한 인생 역정과 더불어 더욱 세인의 관심을 끌었고 미술계에서도 크게 주목을 받았다. 특정 시기의 인물을 거론할 때엔 그 시기의 그 인물의 활동이 해당 시기에 끼친 영향을 감안하여 평가하는 것이 상식이다. 따라서 일제 시기의 그에 대한 교과서적인 평가는 재고할 만하다. 2006년판 고등학교 『국사』나 『금성』에서 그의 이름이 거론되지 않은 것도 이런 의미가 있는 듯하다. 그 밖에 각 부문의 전통 문화에 대한 관심이 적었고, 과학의 대중화 항목도 종전의 교과서를 답습하는 정도의 서술이 고작인 경우가 많았다.

각 분야에 대한 균형있는 서술에 유의해야

국학운동의 전개에 있어서 국어와 국사 연구에 대한 기술에서도 형평을 이루었다고 보기 어렵다. 역사교과서이므로 당연히 역사의 비중이 커야 한다고 생각할지 모르나 각 분야별로 서술할 때에는 균형을 맞출 필요가 있다. 우선 국사에 관해서 6종의 교과서에서는 '일제의 식민지 정책'에서 일제의 한국사 왜곡 또는 식민사관을 별도로 빠짐없이 소개하였다. 국사와 국어를 예로 들면 '국학 운동'에 있어서는 『금성』과 『법문』이 대등한 지면을 배정하는 정도였고 나머지는 2 : 1 정도로 국사에 관한 지면이 국어에 대한 그것보다 더 많다. 게다가 앞에서 본 바와 같이 '조선어 연구회'나 '한글'에 대한 기술에서 부주의 내지 오류가 발견된다. 이 시기의 국어학 운동을 수행한 이들은 일관되게 우리말 수호 운동에 진력하였을 뿐 아니라 이후의 우리의 언어 생활에 지대한 공헌을 하였으므로 역사학 부문 못지 않게 아니 그 보다 더 비중있게 교과서에 반영할 필요가 있다.

---

31) 『중앙』, 257쪽. 그러나 그는 일제시기에는 체계적인 미술교육을 받았고 일본 유학을 하고, 파리 유학을 열망할 정도로 유복한 처지였다.

그 밖의 다른 분야에 대한 기존의 연구가 많이 이루어지고 있으나, 그 질과 양에 있어서 아직도 많은 차이가 있다. 그리고 이들의 분류사적 연구 성과는 일정한 한계가 있으므로 교과서 집필자들은 이를 감안하여 성실한 자세로 타 분야의 연구 성과를 이해하고 종합 정리하는데 힘을 기울여야 할 것이다.

유구한 우리의 역사 중에서 일제 강점기는 사상 유례가 없는 독특한 시기이다. 이민족에 의하여 국권이 상실되었던 시기이기 때문이다. 서두에서 거론하였듯이 지금까지 이 시기의 연구는 일제의 식민지 지배 상황이나 식민 정책에 관한 사항과 이를 극복하려는 노력 즉 독립운동에 관한 사항으로 양분된다. 그리고 자연히 이들 상반된 상황에 대하여 연구를 진행하다보니 이 시기에 대한 다각적이고 중층적인 연구가 광범위하게 이루어지고 있음에도 불구하고 일부 연구자나 국민의 관심은, 일제의 침탈에 대하여 순응 내지 적극적으로 협력하거나 반대로 이를 부정하거나 철저하게 타개하려던 행위에 초점이 맞춰져왔다. 그러다 보니 이러한 구도의 한 자락에는 '친일'과 '애국'이라는 명제가 광복 후 반세기가 훨씬 지나도 국민들의 의식 가운데 역사의 이름으로 착종되어 자리하고 있어, 정작 그 시대에 이 땅에서 살아 온 민족 다수의 삶의 실체와 본질에 대해서 이해하는 데에는 소홀했는지도 모른다.

이미 우리 학계는 이 시기에 대한 시야와 지평을 넓혀 다양한 연구 성과를 이루어 왔다. 앞으로 이 시기에 대한 심층적인 연구를 통하여 열악한 식민지 상황을 묵묵히 감내하면서 역사의 발전에 밑거름이 된 우리 민족의 저력을 밝혀내고, 종래의 인식을 뛰어 넘는 폭 넓은 역사 연구를 진행시켜 그 성과가 충실하게 교과서에 반영되기를 기대한다.

민족국가의 건설과 독립운동의 계승

한 상 도(건국대 사학과 교수)

Ⅰ. 머리말

참여정부에 들어 뜨겁게 표출된 보수와 진보의 갈등은 현재의 시점에서 과거를 평가하려는 각기 다른 관점의 차이를 반영한다. 이같은 현재적 관점의 차이에서 독립운동시기와 해방정국기에 대한 평가도 엇갈리고 있다.

『고등학교 한국근현대사』교과서 서술내용을 둘러싼 근년의 논쟁은 현재의 관점에서 과거로 거슬러 올라가, 현재의 입장을 통해 과거의 사실을 되짚어 보는 양상을 띠고 있다. 따라서 또 하나의 과거사 정리 공방의 차원에서 다루어지고 있는 듯한 느낌을 지울 수 없다.

이는 현재적이고 다분히 주관적인, 약간은 의도된 논리의 틀 안에서 과거의 사실을 들여다 보게 될 소지와 우려를 낳는다. '현재의' 그리고 '나'의 입장에서, 과거의 사실을 되짚어 보는 태도를 경계하고, 인과관계에 바탕한 접근과 이해의 중요성이 지적되어야 한다.

일반적으로 독립운동기 내지는 식민지시기에 잉태되었던 사실들은 해방정국기에 이르러 그 귀결로써 모습을 드러내기에 이르렀다고 할 수 있다. 따라서 독립운동 과정에서 발생하였던 사실의 결과(또는 결실)로서 해방 이후의 사실을 파악하려는 접근이 필요할 것이다.

이 글에서는 일제 패망 후 독립운동이 종료되고,[1] 새롭게 민족국가 건설운동 단계로 나아가는 해방정국기(혹은 미군정기)에 시도되었던 '민족국가 건설'을 위한 노력과, 이후 한국현대사의 전개 과정에서, 정치적 굴곡과 정통성 시비의 와중에서 제기되고 표방되었던 '독립운동의 계승'이라는 다소 관념적인 의미에 대해 살펴보기로 하겠다.

Ⅱ. 민족국가의 건설

1. 교과서의 관련 서술내용[2]

여기에서는 광복과 해방 이후에 시도되었던 '민족국가 건설'의 노력과 그 과정을 알아 보기 위해, 첫째, 광복에서 분단에 이르는 과정에 대한 총론적인 설명, 둘째, 일제 패망기부터 본격화된 민족국가 건설 구상의 내용, 셋째, 민족국가 건설의 계기를 마련한 광복에 대한 평가, 넷째, 외세 개입에 반대한 자주국가 건설운동으로서의 신탁통치 반대, 다섯째, 냉전체제를 극복하고, 통일된 민족국가를 건설하기 위한 노력으로서 좌우합작운동, 여섯째, 국제환경에의 순응을 거부하고 민족국가 건설을 위한 마지막 시도로

---

1) 물론 일제의 패망과 민족의 해방을 '독립운동의 종료'라고 단정할 수 있는가? 하는 문제는 또 다른 논의를 필요로 할 것이다.
2) 이 글의 주제와 관련하여, 검토의 범위는 '4단원 현대사회의 발전' '1장 대한민국의 수립' '3. 5·10 총선거와 대한민국의 수립'으로 한정하였다.

써 남북협상, 일곱째, 통일민족국가 수립의 좌절에 대해 각 교과서의 관련 서술내용을 살펴보기로 하겠다.

1) 광복에서 분단까지에 대한 총론적인 설명

'민족국가 건설 시기'라고도 할 수 있는 광복에서 분단체제 성립에 이르는 과정에 대한 총론적인 설명을 살펴 보면, 공통적으로 광복 이후 세계질서를 '냉전체제'로 평가하였다.[금성출판사(금성출판사 간행의 『고등학교 한국근현대사』, 2006년판의 약칭, 이하 다른 출판사에서 간행한 책도 같은 방식으로 표기함), 26쪽 ; 대한교과서, 18쪽 ; 두산, 21쪽 ; 법문사, 237쪽 ; 천재교육, 36쪽]

그리하여 미·소의 대립, 자유민주주의와 공산주의 간의 체제 대결[법문사, 237쪽]의 시대를 배경으로, 한국사회는 미·소 양국 군대의 진주, 혹은 미·소 양국에 의한 38도선 분할 이라는 냉전체제의 영향 하에, 좌·우익의 대립[금성출판사, 26쪽], 민족 내부의 이념적 대립[두산, 21쪽 ; 천재교육, 36쪽] 등 내부적 제약요인이 맞물려, '통일민족국가'[금성출판사, 26쪽 ; 두산, 24쪽] '통일된 자주국가'[법문사, 237쪽] '독립국가'[중앙교육진흥연구소, 264쪽] '통일된 민족국가'[천재교육, 36쪽]의 건설이 좌절되고, 남북에 별개의 정부가 세워짐으로써, 분단체제가 시작되었다는 요지이다.

좀더 구체적으로 살펴 보면, 분단의 계기로는 미국과 소련의 합의(또는 의사)에 따라[두산, 18·259쪽] "우리민족의 의지와는 상관없이"[천재교육, 270쪽] , "38도선으로"[대한교과서, 248쪽 ; 두산, 18쪽 ; 법문사, 19쪽] 또는 "미국과 소련이라는 강대국의 등장과 냉전체제로 말미암아", "미·소 양국 군대의 주둔과 군정의 실시"[중앙교육진흥연구소, 275쪽]로부터 비롯되었다는 것이다.

더불어 "한반도가 지니는 지정학적 위치의 중요성과 더불어 일제의 식민지 지배가 간접적으로 원인이"[중앙교육진흥연구소, 273쪽] 되었던 것이며, "분할 점령에 편승"한 남북의 일부 정치세력의 책임[천재교육, 37쪽]도 함께 지적되었다.

요컨대, 냉전체제와 미·소의 대립이라는 외부요인과 민족사회 내부의 이념적 대립이라는 내부요인으로 인해, 통일되고 자주적인 형태의 민족국가 건설 노력이 실패로 끝났다는 것이다.

2) 건국 구상과 준비

주요 독립운동세력 및 해방정국기의 정치세력은 대체로 '민주공화국'[두산, 255쪽 ; 법문사, 243쪽 ; 중앙교육진흥연구소, 270쪽]을 수립하고, "민주주의와 사회주의제도를 혼합한 사회경제체제"[두산, 255쪽], 달리 말하면, "민주주의를 바탕으로 사회주의를 혼합한 사회경제체제"[법문사, 243쪽]를 골간으로 한 민족국가를 건설하려 하였다는 요지이다.3)

그런데 건국 구상과 준비의 주체로는 대한민국임시정부(이하 임정)·조선독립동맹·조선건국동맹이 예시되었는데, 이는 친일세력의 건국 참여 자격을 박탈하고, 독립운동세력의 대표성 등을 감안한 결과인 듯하다. 하지만 이로 인해 미국에서 '독립운동의 상징적 존재'로서 활동하였던[천재교육, 271쪽] 이승만을 비롯하여 여타 독립운동세력의 건국 주체로서의 자

---

3) 이에 대해 한 사회학 연구자는 "많은 근현대사 교과서들이 탈식민지 한국사회의 예정된 코스로서 '민주주의와 사회주의의 혼합' 혹은 '자주적 민족국가와 자립적 민족경제의 건설'을 제시하면서, 마치 이것이 당시 사회 전체의 묵시적 합의였던 것처럼 서술하고 있다." "현행 역사교과서는 자본주의 시장경제가 결코 바람직한 사회체제가 아니라는 메시지를 줄곧 던지고 있으며, 국제주의나 세계화보다는 민족의 자주와 자립 그리고 주체에 훨씬 더큰 가치를 부여하고 있다"고 지적하였다(전상인, 「광복과 대한민국 건국 과정」, 교과서포럼 편,『한국현대사의 허구와 진실: 고등학교 근·현대사 교과서를 비판한다』, 두레시대, 2005, 44~45쪽). 임정을 비롯한 독립운동세력의 국가건설 구상에 대해서는 후술하겠다.

격을 배제해 버린 셈[4]이라는 지적도 받고 있다. 또 여운형과 건국준비위원회에 대한 평가가 상대적으로 높은 [금성출판사, 255쪽 ; 법문사, 247쪽 ; 천재교육, 270쪽] 경향 등도 논란의 여지가 있다.

3) 광복의 의미와 평가

광복은 일제의 식민지로부터 벗어날 수 있는 계기였고, 또 광복은 연합군이 승리한 결과인 동시에, 독립운동의 결실이라는 양면적인 평가를 내리고 있다.

민족국가 건설이라는 측면에서, 광복은 "연합군이 승리한 결과"로 이루어진 것이기에, "우리민족 스스로 원하는 방향으로 새로운 국가를 건설하는 데 장애가 되었고"[금성출판사, 253쪽], "자주독립을 위한 시련의 출발점"[금성출판사, 256쪽]이 되었으며, "민족독립국가의 수립이라는 과제를 안겨준 날"[중앙교육진흥연구소, 22쪽]로 평가되었다.

4) 반외세 자주국가 건설운동: 신탁통치 반대

모스크바 3국 외상회의에서 결정된 신탁통치 실시는 미국과 소련이 "더 이상 한반도에서 타협에 의해 통일정부를 만들 의사를 보이지 않"은 [금성출판사, 258쪽] 반증이었다. 그리고 신탁통치 반대의 배경으로는, 한반도에서 미·소 양국이 "자신들에게 우호적인 정부를 세우려 하였고"[금성출판사, 258쪽], 우리민족이 신탁통치를 "독립할 능력이 없는 나라를 강대국이 일정기간 통치하는 것"[대한교과서, 250쪽]으로 이해하였던 사실, 대다수의 민중이 신탁통치를 "식민지 상태로 다시 돌아가는 것"[중앙교육진흥연구소, 277쪽]으로 받아들였던 사실, 신탁통치를 '민족적 모독'[중앙교육진흥연구소, 277쪽]으로 생각하였던 사실 등을 들었다.

신탁통치를 둘러싸고 찬성과 반대 여론으로 갈라졌고, 그 결과 "국내

---

4) 전상인, 위의 글, 38·44쪽.

의 정치세력은 급속히 좌우익 진영으로 양분되어"[중앙교육진흥연구소, 278쪽], "좌우익 대립은 더욱 심화"[법문사, 248쪽]되었다. 결과적으로 미·소의 한반도 정책의 타협 및 절충점을 도출하였던 모스크바 3국 외상회의는 미·소의 합의와 양해를 배경으로 하는 민족국가의 건설이 물 건너갔음을 알려 주었다.

5) 반외세 자주적인 민족국가 건설을 위한 노력: 좌우합작운동

통일민족국가 건설운동의 선상에서 파악되고 있는 좌우합작운동에 대한 서술을 살펴 보면, 먼저 배경으로는 대체로 좌익과 우익의 대립이 심해지는 상황에서, 미군정청의 기반 강화를 위해[대한교과서, 254쪽], 또 미소공동위원회의 결렬[두산, 263쪽 ; 법문사, 251쪽]과, 남한만의 단독정부 수립의 개연성이 제기됨에 따라서[대한교과서, 255쪽 ; 두산, 263쪽 ; 법문사, 251쪽] 추진된 것으로 설명되었다.

목적은 "좌우의 대립을 극복하고, 통일정부를 수립하기 위해"[대한교과서, 254쪽], '중도정부'[두산, 263쪽] 내지는 '중도적 통일정부'[중앙교육진흥연구소, 281쪽]를 수립하는 데 있었던 것으로 서술하였다.

실패 원인으로는 "좌우의 대립이 극심해"진[두산, 263쪽] 사실과, "소련과의 냉전이 본격화되어" "미국이 좌우합작운동에 대한 지원을 철회하고, 우익세력을 옹호"한[법문사, 251쪽] 사실을 지적하였다. 또 "실질적인 힘을 가지고 있었던 김구 및 이승만세력과 조선공산당이 참여하지 않았던"[중앙교육진흥연구소, 281쪽] 사실을 거론하기도 하였다.

끝으로 좌우합작운동의 의의로는 "통일 민족국가 수립운동의 출발점이 되었다"[대한교과서, 255쪽]는 점, "민족의 단결에 의하여 통일정부를 수립하려"[법문사, 251쪽] 하였던 점, "좌우 대결을 피하고, 민족이 단결하여 통일임시정부를 수립하려고 하였던"[중앙교육진흥연구소, 281쪽] 점을 들었다.

6) 통일된 민족국가 건설을 위한 대반전: 남북협상

김구와 김규식을 중심으로 한 남한만의 단독선거에 반대하는 정치세력은 한걸음 더 현실로 다가온 분단체제의 개연성을 타파하기 위해 북행 길에 올랐는데, 남북협상에 관한 서술은 "좌우익 사이에서 중도적 입장을 취하던 정치세력"5)[금성출판사, 262쪽], 즉 김구와 김규식 등이 "북한과 협상을 통해 남북 분단을 막으려고"[금성출판사, 262쪽], "통일정부 수립을 위한 (마지막) 노력으로"써[두산, 266쪽 ; 법문사, 252쪽 ; 천재교육, 38쪽] 남북협상이 추진되었다고 설명하였다.

그리고 북한이 "이미 정권 수립을 위한 준비를 마쳤으나, 이를 정치적으로 이용하기 위하여"[법문사, 252쪽] 김구·김규식의 제안을 수용하였다고 설명하였다.

그러나 "통일정부의 방향에 대한 민족주의자들과 공산주의자들의 생각에도 커다란 차이가 있은"[금성출판사, 262쪽]데 덧붙여, 미·소 냉전체제의 심화로 인해[대한교과서, 254쪽 ; 법문사, 252쪽 ; 천재교육, 38쪽] 실패하고 말았다는 것이다.

7) 통일민족국가 수립의 좌절

통일된 민족국가 건설이 좌절되는 데 대한 서술 내용은 대체로 다음과 같다. 배경으로는, "남북의 정치지도자들은 통일적으로 대처하지 못하였다"[금성출판사, 261쪽]는 지적이 있기는 하지만, 미국과 소련의 한반도에서의 충돌[금성출판사, 261쪽 ; 두산, 19쪽]과, 이에서 비롯된 정부수립 문제의 유엔 이관[대한교과서, 252쪽]을 주요하게 꼽았다.

그리하여 대한민국정부의 수립과 유엔소총회의 승인이 "통일민족국가의 수립이 실패로 돌아갔음을 뜻"[금성출판사, 264쪽]하는 것으로 서술하였다.

---

5) 김구를 '중도적 입장'의 범주에 포함시키는 것은 무리한 설명이다.

그리고 구체적인 분단의 모습으로 드러난 남북한 정부의 수립에 대한 설명을 보면, 유엔의 결의에 의해 "대한민국이 한반도의 유일 합법정부로서 인정받게 되었다"[두산, 19쪽 ; 법문사, 253쪽]는 요지가 주류를 이루고 있다. 북한주민의 상당수가 월남함으로써, 남한정부가 남북한 전체에 대한 정통성을 갖는다는[두산, 265쪽] 논리와, 5·10 총선거가 "전체적으로 보면, 비교적 순조롭게 진행"[두산, 267쪽]되었다는 평가 등이 그러하다.

하지만 "남한에서 정부가 세워진다면, 이는 북한정부의 수립으로 이어질 것이 확실하였다"[금성출판사, 261쪽]는 다소 뉘앙스를 달리하는 표현도 있다. 대한민국정부의 수립이 빌미를 제공함으로써, 북한정권이 수립되기에 이르렀다는 뜻으로 해석될 소지를 경계해야 할 것이다.

2. 서술 내용의 보완과 방향

여기에서는 향후 서술 방향 및 내용에 대한 필자의 견해를 적어 보도록 하겠다. 첫째, '광복에서 분단까지에 대한 총론적인 설명' 부분에서는, 민족국가 건설이 좌절되고 분단체제로 귀결되는 주요 배경으로써, 미·소에 의한 38선 획정, 미·소 양군의 진주와 군정 실시 등, 미국과 소련의 각축과 냉전체제를 비판적으로 지적하고 있다.

이왕의 서술에서는 '현대'의 시작이기도 하였던 냉전체제에서 책임을 찾는 듯한 여운을 느끼게 된다. '남의 탓'을 되새기기보다 강대국의 한반도 정책에 속수무책일 수 밖에 없었던 약소민족의 객관적인 조건을 인식할 수 있는 서술이 되어야 할 것이다.

둘째, '건국 구상과 준비'에서는 해방정국기 건국 구상의 내용과 의미를 이전 독립운동기의 상황과 연관지워 설명하는 것이 바람직하다. 건국 이후 자유민주주의체제와 자본주의체제를 골간으로 하는 현대 한국사회의 체제와 독립운동시기에 구상되었던 민족국가 건설론의 차이를 초래할 수

밖에 없었던 역사조건을 설명해 주어야 할 것이다.

셋째, '광복의 의미와 평가'에 관한 서술에는 연합군의 승리에 의한 광복, 즉 국제질서의 변화에 의해 '주어진' 광복이라는 견해에 무게 중심이 실려 있다. 이는 연합군이 승리한 결과라기 보다는 '독립운동의 결실'로서 광복을 파악하던 문민정부 출범 이전의 평가와 대조를 이룬다.

또 광복에 대한 양면적인 해석과 수용이 당시 국제정세에 대한 이해와 연관이 있음을 지적해야 할 것이다. '쟁취한' 광복과 '주어진' 광복에는 독립운동에 대한 평가뿐 만아니라, 임정을 비롯한 독립운동세력의 광복 후 국가건설 과정에서의 정체성 확보 및 주도권 경쟁 등과도 관련이 있음도 염두에 두어야 하겠다.

넷째, '반외세 자주국가 건설운동: 신탁통치 반대'에서 유념해야 할 사실 중의 하나는, 국제정치적 측면에서 신탁통치가 갖는 의미와 더불어, 신탁통치에 대한 감성적인 반응과 이를 정략적으로 이용하려 한 기도 및 제 정치세력 간의 각축의 측면에서도 설명이 있어야 할 것이다.

다섯째, '반외세 자주적인 민족국가 건설을 위한 노력: 좌우합작운동'에서는 해방정국기의 좌우합작운동을 독립운동 과정에서 시도되었던 협동전선운동의 연장선 위에서 파악할 필요가 있고, 일제하 협동전선운동의 결실로써 도출되었던 민주사회주의 이념에 기반한 국가건설론과도 이념적 맥락을 같이하고 있음도 설명되어야 할 것이다.

아울러 민주사회주의 이념으로 합의점을 이끌어 낼 수 있었던 시대적 배경으로써 1930·40년대 국제 반파시즘 통일전선시기라는 국제정치 상황과, 제2차 세계대전 종료 이후의 변화한 국제환경에 대한 비교 설명이 필요할 것이다. 그리하여 민주사회주의 노선에 입각한 국가건설론과 그 실천 노력으로써 좌우합작운동이 해방정국기의 새로운 국제질서 속에서 효용가치를 상실해 갔음이 상기되어야 한다.

아쉬움도 많고 미련도 남지만, 미·소 분할 점령체제라는 한반도의 새로운 정치환경 하에서 미국식 자유민주주의·자본주의체제와 소련식 사회공산주의체제 중 하나를 선택해야 하였던 사실도 지적되어야 할 것이다.

여섯째, '통일된 민족국가 건설을 위한 대반전: 남북협상'에서는 남북협상에 참여하였던 정치세력의 국가건설론이나 정치노선을 설명함에 있어서, 특히 김구의 입장과 그것이 갖는 의미에 대한 해설이 뒤따라야 할 것이다.

즉 일제하 독립운동 및 해방정국기 국가건설운동 과정에서 '반공 우파 민족주의' 노선의 대표적인 인물이었던 김구가 북행길에 올랐다는 사실은 일견 모순으로 비칠 수 있다. 따라서 이데올로기의 굴레마저 벗어던지고 통일이라는 절대가치를 실현코자 하였던 김구와 ―그와 비슷한 사고를 가졌던― 충칭 임정그룹의 '純正' 민족주의에 대한 설명이 필요할 것이다.

자주독립과 민족통일이라는 이상을 달성하는 데 자신을 던졌던 '혁명가·이상주의자'에서 미·소 군정체제와 냉전체제라는 현실을 받아들여야 하는 '정치가·현실주의자'로의 변신을 거부하였던 사실이 갖는 한계와 의미에 대한 설명 또한 뒤따라야 할 것이다.

일곱째, '통일민족국가 수립의 좌절'에서는 요컨대 분단체제 성립의 일차적인 책임이 '대한민국정부 수립'에 있었다는 여운을 남기는 식의 서술은 지양되어야 한다. 유엔의 결의와 국제사회의 인정 하에 '건국'의 절차를 거친 대한민국정부와, 유엔의 결의를 무시하고 국제사회의 여망을 외면한 채 폐쇄적인 정권수립 과정을 거친 북한정권의 차이점을 적시해야 할 것이다.

다음으로 모든 교과서에서 공통적으로 눈에 띠는 사실로써, 남북한에 단독정부가 수립됨으로써 민족국가 건설이 좌절되는 배경 내지 원인의 하나로써, 냉전체제 즉 미·소간의 체제 대결을 설명하고 있다. 특히 미국의 책임을 상대적으로 무겁게 지적하는 듯하다.[6]

---

6) 미군정이 "우리민족의 역량이나 민족적 염원을 무시하고, 친미적 우익정부 수립을 후원"하였다[중앙교육진흥연구소, 275쪽]는 표현이나, 미군정의 정책적 과오와 북한의 이른바 '민주개혁'에 대한 대비적인 설명[금성출판사, 260·265쪽] 등을 예로 들 수 있다.

이는 1980년대 이후 한국사회의 '민주화' 및 '자주화' 경향을 대변한다고 하겠다. 교과서 집필자의 대부분이 1970 · 80년대에 고등교육을 받은 세대로서, 이들의 역사의식에는 자신이 성장하고 경험한 시대에 대한 비판적인 성찰과 반성의 의지가 자리잡고 있었다.

하지만 냉전체제가 해체되고, 이데올로기의 시대가 종료된, 이른바 '세계화' 시대의 국제질서를 배경으로 해서는 이성적인 눈길로 되돌아 볼 수 있는 여유를 가져야 한다.

역설적으로 "민주주의 · 자본주의 나라인 미국과, 전체주의 · 사회주의 나라였던 소련이 '제국주의'라는 외적 기준에 의해 동일시 내지 동격화하는 오류가 모든 교과서에서 공히 나타나고 있다"[7]는 평가 또한, 냉전시대가 해체된 현재의 시점에서, 남한정부의 대북 화해정책과 북한정권의 오만에 대한 보수적 입장의 우려와 비판을 대변하는 듯하다. 현재의 관점에서 해방정국기의 상황을 평가하고 있는 것이다.

또 다른 견해에 따르면, 당시 한국인 중에도 미국을 '해방자', 소련을 '침략자'로 보는 이들이 있는가 하면, 또 다른 일부에서는 미국을 '침략자', 소련을 '해방자'로 보기도 하였다. 이는 현재의 논란이 객관적 사실에 입각한 해석이라기 보다는, 이데올로기에 경도된 편파적인 해석일 개연성이 있음을 지적하고 있다. 미국과 소련이 제2차 세계대전 중에는 같은 연합국이었던 사실을 간과하고, 후일의 냉전적 시각에서 덧씌운 것이라는 지적[8]을 유념할 필요가 있다.

이렇듯 자주적인 민족국가 건설의 실패를 해방정국기 한국사 전개에 결정적인 영향력을 행사하였던 국제규정력의 차원에서 찾고 있음은 약소

---

7) 전상인, 앞의 글, 41쪽.
8) 정일준, 「지구시대 한미관계와 한국민족주의: 성찰적 민족주의를 위하여」『역사교육』 94(2005), 243~244쪽. 당시의 국제정치적 상식에서 볼 때, 미국과 소련이 38선을 경계로 각각 남북한을 분할 점령한 후, 자국에 우호적인 정부를 수립하고자 노력한 것은 '당연한 일'(정일준, 같은 글)이었을지도 모른다.

민족의 넋두리에 불과할런지도 모른다. 광복의 의미를 논함에 있어서, 제2
차 세계대전을 승리로 이끈 연합국의 역할을 적극적으로 평가할 경우, 이
는 미국과 소련의 역할 나아가 냉전체제의 영향력이 강조될 것이다.

반면에 독립운동의 역량이 지나치게 강조될 경우, '자기도취' '과대포
장'이라는 냉소적인 반응에 직면할 수 밖에 없을 것이고, 자기나라 역사를
지나치게 미화한다는 지적에도 직면하게 될 것이다.

과거의 잘못되었고, 아쉬움을 남기는 사실을 비판적 · 반성적으로 이해
하고 받아들임으로써, 반면교사로 삼아야 할 것이다. 그리하여 과거의 잘
못을 되풀이하지 않는 현재를 살고, 미래를 준비할 수 있는 지혜와 슬기를
갖출 수 있게 하는 데에, 역사교육의 목표가 설정되어야 하겠다.

마땅히 과잉된 민족주의의 틀 안에서 정파적 이해관계의 수준을 벗어
나지 못하였던 건국 주체들의 세계관과 국제정치관에 대한 반성적 비판도
제기되어야 할 것이다.

요컨대, 냉전시대라고 하는 새로운 국제질서에 대한 미숙한 이해, 자주
와 민족의 길로 나아갈 수 있는 역량의 미비, 미 · 소의 영향력에 대응할
수 있는 전민족적 합의 도출 실패 등에 대해서도 반성적으로 반추하여야
한다는 뜻이다.

실패한 과거의 사실이 올바른 오늘과 내일을 위한 반성의 거울로서 역
할할 수 있다면, 그것은 한국현대사의 진화하는 모습이 될 수 있을 것이다.
지나치게 오른쪽으로 기울어졌던 시계추는 그만큼 왼쪽으로 기울고자 하
는 관성을 가졌지만, 과거에 대한 과도한 반추는 콤플렉스의 또 다른 표현
일 수도 있다.

3. 일제하 독립운동세력의 국가건설론

여기에서는 일제침략기 독립운동세력이 구상하고 준비하였던 민족국

가 건설론의 내용과 성격을 살핌으로써, 독립운동이 저항적 민족주의 차원에 국한 된 것이 아니고, 근대민족국가 건설운동 과정이었음을 살펴보고자한다.

한국독립당·민족혁명당·한국국민당·신한독립당 등의 존재에서 알수 있듯이, 1930년 이후 중국관내지역에서 활동한 대다수 독립운동단체는 '政黨' 명칭을 사용하였다. 이는 중국국민당과 중국공산당의 경쟁관계를 동력으로 삼아 전개되던 중국현대사의 영향과 함께, 정당의 정치적 이념에 대한 국민의 지지에 따라, 정권의 향방이 결정되는 근대민주정치 원리가 반영된 결과라고 하겠다. 때문에 독립운동정당은 항일민족운동의 토대인 동시에, 근대민족국가 건설을 위한 정치활동의 기반으로서 역할하였다.

또 독립운동세력들이 서로 소속감 및 연대의식을 갖고 있던 단체의 명칭으로 '당'을 사용한 사실은 이들의 정체성과도 관련이 있다. 즉 정당 명칭의 사용과 그 구성원으로서 독립운동세력은 항일운동가·독립운동가·혁명가·투쟁가로서의 세계관 및 혁명관에서 한 걸음 나아가, 권력과 정권을 차지하여 자신이 지배주류가 되고자 하는 정치가로서 민족국가 건설과 집권의 의지를 갖고 있었고, 또 그것을 향해 전진하는 정치세력으로서의 정체성이 강화되는 것을 의미한다.

다음으로 독립운동정당의 이념적 지향을 살펴보면, 다음과 같은 특징을 발견할 수 있다. 진보적 좌파 민족주의노선을 지향하였던 조선민족전선연맹 소속의 조선민족혁명당·조선혁명자연맹·조선민족해방동맹 뿐 아니라, 보수적 우파노선을 견지하였던 한국광복운동단체연합회의 한국국민당·'재건'한국독립당·조선혁명당의 정강·정책 및 국가건설론 역시 우파적인 성격의 것으로는 평가되지 않는다. 또 임정의 건국강령이나 임시헌법 그리고 화북조선독립동맹의 정강·정책 등에도, '토지의 국유화'와 '대기업의 국유화'가 명시되어 있다.

먼저 광복 후 민족국가의 체제로는, 혁명적 방법이 아닌 국가의 적극적인 개입을 통한, 계급과 계층의 차이를 극복하는 정치 · 경제 · 교육의 기회가 균등한 사회체제, 보통선거를 통한 의회주의제도 등을 중시하였다. 이러한 정치적 이념은 '상해'한국독립당을 필두로 조선민족혁명당 · 한국국민당 · '중경'한국독립당에 이르기까지, 독립운동정당의 대다수가 黨義나 黨綱에서 명문화하였다.

먼저 '상해' 韓國獨立黨의 당의에서는 혁명적 수단을 통한 국토와 주권의 광복, 정치 · 경제 · 교육의 균등을 기초로 한 新民主國家 건설, 균등사회의 실현과 민족과 민족 · 국가와 국가의 평등 실현을 통한 '世界─家' 건설을 지향하였다. 당강에서는 토지 및 대생산기관의 국유화, 의무교육의 시행 등을 규정하였다.[9]

한국독립당이 표방한 정치이념은 三均主義였다. 삼균주의에 입각한 '新民主國家'라 함은 "민중을 우롱하는 자본주의 데모크라시도 아니며, 무산자독재를 표방하는 사회주의 데모크라시도 아닌, 凡韓民族을 지반으로 하고 凡韓國國民을 단위로 한 전민적 데모크라시"로 설명된다.[10]

한국독립당의 정치이념과 독립운동노선은 조선민족혁명당 · 한국국민당 · '통합'한국독립당 등의 이념으로 계승되었고, 1941년 11월 발표된 「대한민국 건국강령」으로 귀결되었다.

만주사변 후 만주지역에서 관내지역으로 이동해 온 朝鮮革命黨도 대체로 민주공화국의 건설과 民主集權制의 채택, 토지의 국유화 및 농민분배, 대규모 생산기관의 국유화 등을 지향하였을 것으로 판단된다.[11]

---

9) 당강에서는, ─ 普選制를 실시하여 국민의 참정권을 평등하게 하고, 기본권리를 보장할 것. ─ 토지 및 대생산기관을 국유로 하여 국민의 생활권을 평등히할 것. ─ 생활상 기본지식과 필요기능을 修得케 하기 위해 충분한 의무교육을 公費로써 실시하여, 국민의 受學權을 평등하게 할 것 등을 명문화하였다.

10) 삼균학회 편, 『素昻先生文集』 上(횃불사, 1979), 216쪽.

11) 재만 조선혁명당에서는 1932년에 개정한 黨義에서, "진정한 民主共和國을 건설하여 국민전체 생활의 평등을 확보하며, 나아가 세계인류의 평등과 행복을 촉진한다"고 하였다. 또 黨綱에서는 ─ 봉건세력 및 일체 반혁명세력을 숙

중일전쟁 후 발표한 「조선혁명당 선언」에서는 "안으로는 모든 국민생활의 평등 존영을 확보하고, 밖으로는 우리국가에 평등한 민족과 공동분투하여 인류공영에 협조 병진한다"고 선언하였다. 또 정강에서는 '人民同權'의 민주공화국 건설을 표방하였다.[12]

1934년 2월 한국혁명당과 재만 한국독립당의 합당을 통해 남경에서 창당된 新韓獨立黨은 중앙집권제의 민주공화국 건설을 표방하며, 토지와 대생산기관의 국유화 등을 당강으로 채택하였다.[13]

朝鮮民族革命黨은 당의에서 "정치·경제·교육평등에 기초한 민주공화국의 건설" 등을 제시하였고, 당강에서는 기본권 보장, 대규모 생산기

정하고 民主集權制의 정권을 수립한다. - 소수인이 다수인을 삭탈하는 경제제도를 삭멸하고, 국민생활의 一群을 단위로 하는 地方自治制를 실시한다. - 토지는 國有로 하고, 농민에 분급한다. - 대규모 생산기관과 독점적 기업은 國營으로 한다. - 국민의 모든 경제적 활동은 國家의 計劃 하에 통제한다. - 勞農運動의 자유를 보장한다. - 누진율의 교육과 직업교육은 국가의 경비로 실시한다. - 양로·육영·구제 등 공공기관을 설립한다고 명문화하였다(「朝鮮革命軍ノ狀況ニ關スル件」).

12) 정강은 - 정치적으로는 진정한 人民同權의 민주정치 즉 국민각개가 일률 평등하게 선거권과 피선거권을 갖고, 民主集權制에 의해 국가정치 제반의 제도를 건립하여 일체의 국무를 담당하는 民主共和政治를 실현하며, 국민전체가 정치적으로 평등한 권리를 향유하고 平等福榮을 도모한다. - 경제적 평등제도를 확립하여 국민의 生活平等을 실현한다. - 국민의 기본교육과 國計民生에 수요되는 정치·경제·군사·직업 등 일체의 교육을 國營으로 하고, 전체경비를 국가에서 부담한다는 내용이 전한다(內務省警報局保安課,『特高外事月報』 1937년 8월분, 127~128쪽).

13) 黨綱의 주요내용은 - 中央集權制의 民主共和國을 건설한다. - 단체대표의 一院制를 설립한다. - 토지와 대생산기구를 國有로 하고, 국가경영의 대작업을 실시한다. - 국민의 생산소비 등 일체의 경제적 활동을 통제하고, 재산의 私有를 한정하여 生活의 平衡을 확보한다. - 민족적 固有文化를 발양하고 국민의 기본교육과 인재양성은 국가부담으로 한다. - 국민의 노동·학습·혼인·언론·집회·파업 등에 관한 자유권을 보장하고, 병역·조세·수학·공작 등에 관한 절대의무를 이행한다는 것 등이었다(대한민국국회도서관 편,『韓國民族運動史料: 中國篇』, 1976, 876~877쪽).

관과 독점적 기업의 국유화 및 농민분배 등을 통한 민주집권제를 도입하였다.14) 민주집권제라 함은 당내 민주주의와 중앙집권제로의 통일을 의미하였다.

1930년대 중·후반기 김구의 세력기반이었던 韓國國民黨도 당의에서 삼균주의에 입각한 '新民主共和國'의 건설을 기본이념으로 설정하였고,15) 민중적 반항과 무력적 파괴를 독립운동의 주요방법으로 제시하였다. 광복후 국가건설론으로는 토지와 대생산기관의 국유화 및 국민의 평등생활권 보장 등을 지향하였다.

'재건' 한국독립당 또한 삼균주의를 기본이념으로 채택하였고, 광복후 민족국가의 모습으로 '신민주국가'를 제시하였다. 이들이 표방한 신민주국가의 이념적 기반은 新民主主義였다. 이들은 '신민주주의'를 "프랑스·미국 등의 자본주의적 智富階級으로 구성된 부르조아지독재도 반대하지만, 러시아의 소비에트 無產獨裁도 반대하는" '自治機能에 충실한' 독립정부 수립을 위한 정치적 이념으로 설정하였다.16) 또 "민중을 우롱하는 자본주

---

14) 당의에서는, "정치·경제·교육의 평등에 기초를 둔 진정한 民主共和國을 건설하여, 국민전체의 生活平等을 확보하고, 나아가 세계인류의 평등과 행복을 촉진한다"고 제시하였다. 당강의 내용은, - 소수인이 다수인을 삭탈하는 경제제도를 소멸하고, 국민생활상 평등의 제도를 확립한다. - 토지는 國有로 하여 농민에게 분급한다. - 대규모의 생산기관 및 독점적 기업을 國營으로 한다. - 국민일체의 경제적 활동은 국가의 계획 하에 통제한다. - 노농운동의 자유를 보장한다. - 누진율의 세칙을 실시한다. - 의무교육과 직업교육은 국가의 경비로써 실시한다. - 양로·육영·구제 등 공공기관을 설립한다는 것 등이었다.

15) 당의의 내용은, "정치·경제 및 교육의 균등을 기초로 하는 신민주공화국을 건설하여, 안으로는 국민 각자의 균등생활을 확보하고, 밖으로는 민족 대 민족, 국가 대 국가의 평등을 실현하고, 세계일가의 진로를 향해 나아간다"는 것 등이었다.

16) 여기에서 말하는 신민주주의는, "삼균제도의 건국으로써 歐美派의 舊民主主義의 결함을 補救하고 獨裁를 부인하는 것으로써, 독재제도의 맹아를 뽑아내고 러시아의 민주주의 결점을 보구하려는 것이기 때문에, 우리민족 대다수의 행복을 소중히 하기 위하여, 우리민족의 소원대로 우리민족 대다수의 집체적

의 데모크라시도 아니며, 무산자독재를 표방하는 사회주의 데모크라시도
아닌 범한민족을 지반으로 하고 범한국민을 단위로 한 데모크라시"로 정
의하였다.[17]

이외 일제말기 중국 陝西省 중국공산당 항일근거지에서 결성된 朝鮮
獨立同盟은 전국민의 보통선거에 의한 민주정권 수립, 일본제국주의자의
모든 재산과 토지를 몰수, 일제와 밀접한 관련이 있는 대기업의 국영화, 토
지분배, 국비 의무교육제도 등을 강령으로 채택하였다.[18]

같은 시기 국내에서 일제패망 후를 준비하고 있던 朝鮮建國同盟도 노
동자를 위한 稅制 개혁, 토지의 농민소유, 중요 생산·교통·통신기관과
중요기업 및 상업기관의 국유화, "근로자를 중심으로 한 기업관리 실시"
등을 강령에서 밝혔다.[19]

위에서 살폈듯이, 일제말기 임정에 참여한 세력을 포함한 중국관내지
역 독립운동세력은 '봉건세력 및 일제 식민잔재의 청산' '선거권 및 피선
거권의 보장' '남녀평등' '지방자치제의 실시' '전세계 피압박민족과의 연
대' '언론·출판·결사·집회의 자유 등 국민기본권 보장' '국민의 수학권
인정'을 기본으로 한 민주집권제의 민주공화국 건설을 공통적으로 표방하

총기관을 설립하려고 하는 것이다. 소수가 다수를 통치하는 착취기계인 國家
또는 政府를 근본적으로 부인하고, 다수 자신이 다수 자신을 옹호하는 自治
기능의 임무를 충실히 실천하지 않을 수 없는 獨立政府를 수립하려는 것"이
었다(社會問題資料研究會 편, 『思想情勢視察報告集』 2, 京都: 東洋文化
社, 1976, 169쪽).

17) 『소앙선생문집』 상, 218쪽.
18) 『晉察冀日報』 1942년 8월 25일자, 국가보훈처 편, 『해외의 한국독립운동사료』
   5, 1992, 250쪽.
19) 이외에 실습·양로·疾癈保險 등 각종 사회보험의 실시, 공영탁아소·유치
   원·양로원·임산부保養所의 설립 확충, 교육기관의 대확장·근로자교육 실
   시와 그 교육비의 국가 보조 또는 부담, 진료기관의 공유화와 사회위생시설의
   확충, 공영주택·공영식당의 증설 등의 내용이 포함되었다(편집부 편, 『강
   령·정책: 한국의 주요 정당·사회단체』, 시인사, 1988, 315~316쪽).

였다.

특히 '평등의 정의'를 실현할 수 있는 경제제도로서 토지 및 대생산기관의 국유를 경제정책의 핵심내용으로 꼽고 있는 사실은 독립운동 세력이 구상한 민족국가의 모습을 암시한다.

즉 생산수단의 국유화를 기반으로 하여, 생산과 분배의 불균형에서 야기되는 사회적 갈등의 극복을 위해 '공공이익이 사적이윤에 우선하는 체제'를 건설해야 하며, 이를 위해서는 생산이 국민전체의 이익을 위해 계획되어야 하는 것이었다. 그리고 이러한 계획은 소수에 의한 경제력 집중을 제도적으로 막아야 하며, 이는 국유를 통한 관리를 통해 가능하다는 점에서, 民主社會主義[20]적인 지향으로 평가될 수 있을 것이다.

아울러 국비 의무교육('상해' 한국독립당·조선혁명당), 생계·문화의 독립(신한독립당), 양로·육영·구제를 위한 공공기관 설립(조선민족혁명당) 등의 명문화는 '복지'에 대한 개념을 인식하였음을 암시한다. 그리고 제도의 실현 방법으로 의회주의와 보통선거제를 염두에 두고 있는 점 또한 민주사회주의적인 성격을 뒷받침한다.

일부 정당은 '무산대중의 일상이익 투쟁을 지지한다'(신한독립당). '토지는 국유로 하며 농민에게 분급한다' '노농운동의 자유를 보장한다'(조선민족혁명당). '소수가 다수를 통치하는 착취기계인 국가 또는 정부를 근본적으로 부인'하는('재건'한국독립당) 내용을 채택하는 등, 이념적으로 계급적 성향을 강조하였지만, 중국관내지역에는 현실적인 계급토대가 존재할 수 없었기 때문에, 엄격한 의미의 계급정당은 존재하지 않았다고 할 수 있다.

---

20) 여기에서 말하는 민주사회주의라 함은 사회주의체제에 기반을 두고, '민주' 즉 자유민주주의체제의 가치를 보완적으로 수용하려는 정치노선을 뜻한다. 흔히 사회민주주의와 통용되지만, 사회민주주의는 민주주의(즉 자유민주주의, 자본주의, 경쟁)의 가치를 본체로 삼고, 사회주의적 요소(예컨대, 평등, 분배 등)를 수용·가미하여, 민주주의체제의 제약을 보완·극복하려는 정치이념으로 이해할 수 있다. 이런 관점에서 본다면, 독립운동정당이 지향한 정치체제의 형태는 '사회민주주의'보다 '민주사회주의'에 가까웠던 것으로 판단된다.

　그렇다면 독립운동정당의 국가건설론이 민주사회주의적인 지향을 띠게 된 배경은 무엇일까? 이는 '파시즘과 반파시즘의 대결'로 정의되는 1930·40년대 세계정세의 영향, 즉 '자유민주주의와 공산주의의 제휴' 또는 '자본주의와 사회주의의 타협'으로 설명될 수 있는 '반파시즘 국제통일전선'의 일원으로서 자아 인식 등을 배경으로 하여, 독립운동세력의 정치·경제적 관점도 자본주의와 공산주의의 접합점으로서 민주사회주의적인 경향을 띠기에 이르렀으리라는 설명이 가능할 것이다.

　우선 일제 식민지잔재 청산과 민족국가 건설을 위한 전제조건으로써 식민지 대지주·대자본가 소유체제를 해소시켜야 하는 과제를 해결하기 위해서는 반민족적 자본을 무상몰수해야 하고, 이는 사유제의 부정과 국유제 관철을 필요로 하였을 것이다.

　다음으로 국제정치적 환경에 대한 객관적인 안목과 관련이 있을 것이다. 이 시기 독립운동단체의 기관지 등에서 쉽게 확인되듯이, 독립운동세력은 일본제국주의의 침략을 가능케 한 원동력이 자본주의 생산력에서 도출되었음을 잘 알고 있었다. 또 일제의 지속적인 발달과 팽창이 가능하기 위해서는 일본자본주의 발달을 뒷받침해 줄 수 있는 시장 및 자원과 노동력의 공급지를 확보하는 일이 관건이 될 것이라는 인식에 이르렀다. 따라서 자본주의 생산의 지속을 위해 끊임없는 일제의 침략이 불가피하리라는 이해에 도달하였다.

　미국에 대한 인식 또한 같은 맥락에서 형성되었던 것같다. '태프트-카스라 밀약'이래 일본의 한반도 침략을 뒷받침한 국제정치 환경의 한 축에는 미국의 용인과 암묵적 양해가 존재하였음을 이해하고 있었을 것이다.

　물론 태평양전쟁의 발발로 미국과 일본이 전쟁상태로 돌입하면서, 미국에 대한 인식에도 변화가 일어났다. 반일·반파시즘전쟁의 주역으로서 미국은 일제의 패망과 한국의 독립을 가져다 준 절대적인 힘 그 자체로 인식되었다. 일제패망기 임정을 비롯한 독립운동세력의 미국에 대한 입장이 우호적이고 의존적인 모습으로 강화되어 갔던 사실이 이를 말해준다.

아울러 독립운동세력은 인도·월남·이집트·이디오피아 등에 대한 유럽 자본주의국가의 제국주의 침략 사실을 인지하고 있었으며, 또 자본주의 사회·경제체제 내에서 필연적으로 초래되는 경제력의 집중, 분배의 불공정으로 인한 계급의 분화와 계급 간의 갈등 등을 우려하고 있었다.

때문에 자본주의 생산력을 제국주의 침략의 동력으로 평가하는 동시에, 이에서 파생될 민족모순 및 계급갈등을 자주적인 민족국가 건설의 최대 장애요인으로 지목하였다. 그리하여 반제국주의·반침략·반일 독립운동을 통해 되찾아 건설할 민족국가는 자본주의의 제약성을 극복·보완할 수 있는 대안적 형태가 되어야 하리라는 인식이었다. 그 결과 미국식 자본주의도 소련식 사회주의도 아닌 굳이 말하자면, 민주사회주의적인 체제로 공감대가 형성되었다고 유추할 수 있겠다.

이같은 지향과 공감의 표현이 종합된 것이 임정의 국가건설론이라 할 수 있는 「대한민국 건국강령」이었다. 총론에서는, 우리나라의 고유한 역사성과 건국정신이 三均制度에 있음을 지적하였다.

사회·경제 부문에 관한 내용[21]을 살펴 보면, 토지와 대생산기관의 국유화는 물론, 독점될 기업과 기간산업까지도 국유화할 것을 규정하고 있다. 반면에 중소기업은 私營으로 둔다고 명시하였다. 그리고 일본인 소유의 모든 토지와 자본뿐 만아니라, 친일파와 민족반역자의 소유도 몰수하여 국유로 할 것을 내세웠다.

토지의 매매와 상속 등을 금지하고, 두레농장·국영농장 등을 조직 확대할 것을 규정함으로써, 경제 부문 특히 농업 부문에서의 사회주의적 정책을 구체적으로 제시하였다. 또 "토지는 자력 경작인에게 분급함을 원칙으로 하되, 원래의 고용농·자작농·소지주·농중·지주농 등 農人의 지위를 보아, 저급으로부터 우선권을 줌"이라 하여, 토지는 경작인에게 분급

---

21) 『소앙선생문집』 상, 152~153쪽.

할 것을 내세우고 있으나, 경작하지 않는 지주의 토지를 어떤 형태로 환수
할 것인가에 대한 입장은 유보하였다.

한편 "老工・幼工・女工의 야간노동과 연령・地帶・시간의 불합리
한 노동을 금지함." "공인과 농인의 免費醫療를 普施하며, 질병 소멸과
건강 보장을 勵行함"이라 하여, 불합리한 노동을 금지하고 있을 뿐 만아니
라, 노동조건의 개선을 규정하고 있다.[22]

한편 임정과 그 기반으로서 독립운동단체의 이념적・정치적 지향은 일
제 패망 후 미・소의 한반도 정책과도 연관지워 살펴 볼 수 있다. 즉 "8・15
해방 후 美國이 임시정부의 환국을 거부한 속셈에는 미국자본주의 안목에
서는 임시정부의 이념이 석연치 않았다는 점도 고려되었을 가능성을 배제
할 수 없었을 것이다." "그러니까 (관내지역 한인세력들은) 극우의 미국이
나, 극좌의 소련으로부터 함께 외면 또는 배척당하고, 분단정부가 수립될
때, 남이나 북에서 각기 美國과 蘇聯이 믿을 수 있는 정권 수립이 추진되
었다고 하겠다." "따라서 중국에서 전개된 독립운동은 外地的終結로 끝나
야 했던 것이다"라는 평가[23]가 그러한 개연성을 제기하고 있다.

어쨌든 독립운동이라는 틀 안에 국한한다면, 독립운동세력의 민주사회
주의적 지향은 '復國' 후 '建國'과정에서 필연적으로 제기될 민족국가 건
설을 향한 '마지막' 협동전선을 성사시킬 수도 있는 최대공약수 역할을 할
수 있었을런지 모를 일이다.

그러나 독립운동세력의 민주사회주의적 지향의 국가건설론은 냉전체
제의 도래, 미・소 군대의 진주라는 한반도의 국제정치환경 변화에 직면하
여, 결과적으로 좌절과 파탄의 길로 들어서고 만다.

김규식을 비롯하여 박건웅 등 임정 출신의 이른바 '중간파' 정치세력

---

22) 노경채, 『한국독립당 연구』(신서원, 1996), 124~125쪽 참조.
23) 조동걸, 「中國關內地方에서 전개된 한국독립운동」『한국독립운동의 지역적
특성』(한국독립운동사연구소 제7회 학술심포지움 주제발표문, 1993년 8월 13
일), 67쪽.

에 의한 좌우합작운동과 민주사회주의적인 사회개혁론 및 국가건설론은 독립운동기 임정의 「대한민국 건국강령」과 일제 말기 충칭을 무대로 좌우합작에 성공하였던 독립운동그룹의 공통된 국가건설론을 계승한 것이었다.

중간파의 정치사상은 식민잔재 청산, 좌우합작론, 미·소의 영향력을 배제한 자주적인 민족국가 건설론으로 요약된다. 그리고 국가건설운동의 주력으로는 중소기업가·자영농민·상인·소시민 등의 애국적 자산계급과 무산계급을 꼽았다. 이들이 중심이 된 좌우합작을 통해 자주독립국가의 건설이 이루어져야 한다는 믿음을 가졌으며, 스스로 좌우합작의 견인세력을 자임하였다. 또 모스크바 삼상회의 결정에 기반한 임시정부의 수립을 통해 주체적인 정치공간을 확충한 정치환경 하에서, 신탁통치 문제도 해결될 수 있으리라는 기대감을 가졌던 것으로 드러난다. 신탁통치에 대한 찬성과 미·소 양군의 철수 주장이라는 이율배반적인 공존이 이같은 구상을 뒷받침한다.

이들의 '親美親蘇' 혹은 '非美非蘇'의 국제관은 민족의 이익을 우선 가치로 삼는 전제 위에서 호혜적인 국제관계의 설정을 추구한 것으로 해석될 수 있다. 이같은 국제인식은 자주독립을 밑받침할 민족역량의 결집이 불가능한 상황에서의 불가피한 선택이었다. 이러한 논리 위에서, 미군정체제 참여를 통한 중간파의 자주국가 건설 모색은 자기모순이 아닌 현실적·실용적 방안으로서 이해될 수 있는 것이다.

일반적으로 중간파의 정치사상과 국가건설론은 외세 규정력에 의해 파편화되는 남북한의 정치세력을 하나로 묶는 통일국가의 수립을 지향하며, 사회경제 구조로는 사회민주주의체제를 염두에 둔 것으로 평가된다. 그리하여 유상몰수·유상분배의 토지개혁, 대기업과 대생산기관의 국유화 및 중소기업의 사유화라는 상호보완적 제도의 구축을 통해 민족의 동질성이 유지되는 민족사회의 건설이 가능하리라고 전망하였던 것이다.

하지만, 이상과 희망은 현실과 힘에 의해 압도되었다. 일제하 독립운동세력을 기준으로 해서 보면, 해방정국기의 민족국가 건설운동은 그들의 입장과 역량이 약화되고, 소외되어 가는 국면으로 진전되었다고 할 수 있다.

미·소의 대립이라는 새로운 국제질서에 봉착하면서, '반파시즘 국제통일전선'이라는 ―자유민주주의와 공산주의의 연대를 골간으로 하였던― 1930·40년대 세계사를 배경으로 하였던 독립운동세력의 국가건설론은 그 소임을 다하기에 이르렀던 것이다. 냉전체제와 분단체제의 벽에 부딪혀, 독립운동세력이 구상하였던 민족국가의 건설도 좌절되었다.

Ⅲ. 독립운동의 계승: 헌법 전문에 반영된 계승 의식

현행『고등학교 한국근현대사』교과서의 광복 후 한국현대사를 서술한 내용 가운데에서, '독립운동 계승'에 대해 명시적으로 서술한 부분은 눈에 띠지 않는다. 여기에서는 대한민국헌법 前文의 내용을 대상으로 역대 정부의 '독립운동 계승' 의지가 표현되어 있는 부분을 살펴 보겠다.

ⓐ … 우리들 大韓國民은 己未 三一運動으로 大韓民國을 건립하여, 세계에 선포한 위대한 독립정신을 계승하여, 이제 民主獨立國家를 재건함에 있어서 … 정치·경제·사회·문화의 모든 영역에 있어서 各人의 기회를 균등히 하고 … 안으로는 국민생활의 균등한 향상을 기하고, 밖으로는 항구적인 국제평화의 유지에 노력하여 …[(1차, 제정, 1948. 7. 17), (2차, 일부 개정, 1952. 7. 7), (3차, 일부 개정, 1954. 11. 29), (4차, 일부 개정, 1960. 6. 15), (5차, 일부 개정, 1960. 11. 29)]

ⓑ … 우리 大韓國民은 3·1運動의 숭고한 독립정신을 계승하고, 4·19의거와 5·16혁명의 이념에 입각하여 새로운 民主共和國을 건설함에 있어서 … 정치·경제·사회·문화의 모든 영역에 있어서 各人의 기회를 균등히 하고 … 안으로는 국민생활의 균등한 향상을 기하고, 밖으로는 항구적인 세계평화와 인류공영에 이바지함으로써 …[(6차, 전문 개정, 1962. 12. 26), (7차, 일부 개정, 1969. 10. 21)]

ⓒ … 우리 大韓國民은 3·1運動의 숭고한 독립정신과 4·19의거 및 5·16
혁명의 이념을 계승하고, 조국의 평화적 통일의 역사적 사명에 입각하여
자유민주적 기본질서를 더욱 공고히 하는 새로운 民主共和國을 건설함
에 있어서, 정치·경제·사회·문화의 모든 영역에 있어서 各人의 기회
를 균등히 하고 … 안으로는 국민생활의 균등한 향상을 기하고, 밖으로
는 항구적인 세계평화와 인류공영에 이바지함으로써 … [8차, 전문 개정,
1972. 12. 27]

ⓓ … 우리 大韓國民은 3·1運動의 숭고한 독립정신을 계승하고, 조국의
평화적 통일과 민족중흥의 역사적 사명에 입각한 제5공화국의 출발에 즈
음하여 … 정치·경제·사회·문화의 모든 영역에 있어서 各人의 기회
를 균등히 하고 … 안으로는 국민생활의 균등한 향상을 기하고, 밖으로
는 항구적인 세계평화와 인류공영에 이바지함으로써 …[9차, 전문 개정,
1980. 10. 27]

ⓔ … 우리 大韓國民은 3·1運動으로 건립된 대한민국임시정부의 법통과
불의에 항거한 4·19민주이념을 계승하고, 조국의 민주개혁과 평화적 통
일의 사명에 입각하여 … 정치·경제·사회·문화의 모든 영역에 있어
서 各人의 기회를 균등히 하고 … 안으로는 국민생활의 균등한 향상을
기하고, 밖으로는 항구적인 세계평화와 인류공영에 이바지함으로써 …
[10차, 전문 개정, 1987. 10. 29]

위의 헌법 전문의 내용으로 미루어 보면, 역대 정부는 동일하지 않은
정치환경과 정권 출범의 정치상황을 배경으로 하면서도, 3·1운동에서 표
현된 독립정신을 대한민국의 기본이념으로 설정하였다.

그런데 "정치·경제·사회·문화의 모든 영역에 있어서 各人의 기회
를 균등히 하고," "안으로는 국민생활의 균등한 향상을 기"한다는 내용은
삼균주의 이념과 상통한다. 헌법 제정 단계부터 「대한민국 건국강령」의 기
본 이념인 삼균주의가 헌법정신의 요체로서 반영되었고, 이후에도 계승적
으로 확인되었던 것이다. 그럼에도 불구하고, 임정의 법통을 계승한다는
의지는 1987년의 제10차 헌법에 이르러서야 비로소 명문화되었다.

이에는 한국현대사의 아이러니가 깔려 있다고 하겠다. 임정 주석 김구

와 부주석 김규식이 남한만의 단독정부 수립에 반대하여 남북협상 길에 오르고, 대한민국정부 수립을 위한 5·10 총선거에 불참한 상황에서 수립된 대한민국이 임정의 정치적 계승 관계를 표방하기에는 어색한 상황이었을 것이다.

제정 헌법에서 "3·1운동으로 대한민국을 건립"하였다고 표현함으로써 '임정'을 건너뛸 수 밖에 없었던 데에는, 해방정국기 민족국가 건설 과정에서의 곤혹스러움이 배어 있었던 것이다.

물론 대한민국정부의 초대 대통령에 선출된 이승만은 일찍이 임정의 초대 대통령이었고, 임정 구미외교위원부 위원장 자격으로서, 임정을 대표하여 외교활동을 펼친 경력의 소지자였다. 따라서 이승만 대통령이나 제1공화국 정부가 적극적으로 임정의 계승을 표방하였더라도 논리적으로 틀렸다고 할 수 없을 것이다.

그런데 왜? 이승만 대통령이나 제1공화국 정부는 임정 법통론에 소극적 내지는 부정적이었을까? 여러 정치상황과 연관지워 깊은 검토가 요구되지만, 아마도 이승만 대통령은 김구의 이미지와 겹치는 임정과의 단절을 확실히 함으로써, 자신이 그려 온 새로운 '자신의 조국'을 건설하고자 하였을 것이다. 또 정치가 이승만 대통령의 현실적이고 잠재적인 경쟁자가 될 가능성이 높은 김구와 김규식을 견제·봉쇄하려는 의도도 함축되어 있을 개연성을 생각해 볼 수 있다.[24]

1987년의 이른바 '6·10항쟁'과 '6·29선언'으로 이어지는 민주화운동의 열기가 반영된 결과로 이해될 수 있는 제10차 헌법의 전문에 자리잡은 '임정법통론'은 '독립운동 계승'이라는 다소 관념적인 가치가 구체적으로 그 모습을 갖추었음을 의미하였다.

---

24) 독립운동 시기 이승만은 임정의 최고 지도자로서 위상을 유지하였고, 스스로도 최고지위를 자임·자칭하였다. 또 임정의 주석인 김구로부터도 깍듯한 예우를 받았다. 그럼에도 불구하고, 그는 임정요인들의 세계관이나 독립운동관 그리고 차후의 국가경영 능력에 대해 냉소적이었고, 그들을 경원시하였다.

임정이 3·1운동의 결실로서 자리매김된 것은 임정에 독립운동의 최고 가치를 부여한 셈이다. 이후 '문민정부' '국민의 정부' '참여정부'로 내려오면서, 임정법통론은 적극적으로 강조되고 확인되었다. 매년 맞이하는 3·1운동 기념식과 광복절 기념식에서는 임정의 가치에 대한 의미 부여가 강화되고, 그 해석의 외연이 확장되었다.

군사독재체제와의 결별, 역사 바로세우기, 남북한 화해와 통일에의 전망 제시, 과거사 정리 등으로 대변되는 '개성적인' 국정지표는 독립운동의 계승을 표방함으로써 논리의 정당성을 확보하고, 대국민 설득력을 강화하고자 하는 ― 궁극적으로 정권 기반 강화와 국민의 지지 확보를 위한 ― 정치적 목적과도 무관하지 않았던 것이다.

Ⅳ. 맺음말

이상에서는 현행『고등학교 한국근현대사』교과서 내용 가운데에서, 광복 후 민족국가 건설과 독립운동의 계승에 관한 서술 부분을 살펴 보았다.

먼저 '민족국가의 건설'에 관한 서술에서는 1980년대 이후 한국사회의 변화와 미국에 대한 인식의 전환 사실이 반영되어 있음을 발견할 수 있었다. 이는 집필자의 상당수가 한국전쟁 후 세대로서 전체주의적인 체제하에서 청소년기를 보냈고, 1980년대 '민주화' 과정에서 대학 또는 대학원 과정을 보낸 개인적인 성장경험 등과도 연관이 있을 듯하다. 이들은 미국의 대한반도정책과 역대 군사정권에 대한 입장에 의구심을 품고 있는 세대이다.

해방정국기의 자주적인 민족국가 건설 노력이 좌절되는 원인을 냉전체제 즉 미·소의 한반도 분할점령의 탓으로만 돌리는 듯한 서술을 지양해야 한다. 과거의 과오와 부족함을 되비쳐 봄으로써 똑같은 잘못과 착오를 범하지 않는 교훈과 지혜를 깨닫게 하는 데 역사교육의 궁극적인 뜻이 있는 것이라면, 당시 우리의 역량의 한계와 착오 등에 대한 적극적이고 비판적인 지적이 함께 제시될 때, 비로소 피해의식으로부터도 자유로워질 수 있을 것이다.

'건국 구상과 준비'에 관한 서술에 있어서는, 제2차 세계대전의 종료→반파시즘 국제연대 하의 자유민주주의와 공산주의세력의 협력체제 붕괴→미·소의 체제경쟁 시작→냉전체제의 도래 등으로 이어지는 국제환경의 변화를 배경으로, '통합 임정' 체제로 대변되던 중국지역 독립운동세력의 좌우합작체제에도 균열이 생겼고, 그 여파로 민주사회주의 이념에 입각한 민족국가 건설론도 그 효용성을 상실하였다.

그 대신 미·소의 대립→냉전체제→이데올로기 시대로의 이행에 따른 새로운 국가건설론이 요구되었다. 변화한 국제질서에 조응할 수 국가건설론이 요구되었고, 국가건설운동의 주도권 경쟁구도도 재편되기에 이르렀던 것이다.

독립운동 과정의 '민주사회주의적인' 지향이 광복 후 바뀐 국제정치 환경에서도 여전히 유효할 수는 없었다. 냉전시대와 이데올로기시대에 적응할 수 있는 대안적인 가치체계가 요구되었던 사실을 지적해야 할 것이다.

다음으로 현행 교과서에서 '독립운동의 계승'에 관한 서술은 명시적으로 설명되고 있지는 않은 것으로 드러난다. 제헌헌법이래 현재의 헌법에 이르기까지, 前文에서는 모두 3·1운동의 역사적 가치를 계승의 본보기로 자리매김하고 있다. 그러나 '3·1운동의 소산'으로 수립된 것으로 평가되는 대한민국임시정부에 대한 계승적 의지는 1987년 '6·10항쟁'의 결과가 반영된 10차 헌법에 이르러 공식적으로 표현되었다. 이는 역설적으로 그 이전 시기의 정권들이 정통성의 취약성 및 체제의 모순을 안고 있었음을 반증한다고 하겠다.

덧붙여, 10차 헌법 이후 역대 정부의 대한민국임시정부에 관한 과열된 관심과 애정 또한 제자리를 찾아야 할 것이다. '김구와 대한민국임시정부'

의 역사성이 '통일'이라는 명제의 볼모가 된 듯한 모습 또한 그다지 아름답지는 않을 것이다.

끝으로『고등학교 한국근현대사』교과서 역시 청소년의 역사관과 세계관 형성에도 영향을 미치리라는 사실을 유념해야 한다. 모든 사실을 다 서술하려는 과잉된 의욕이 자칫 읽기에 부담스럽고 모두 알기에는 너무 벅찬 교과서라는 이미지를 낳게 된다면, 이는 역사교육의 위기를 알리는 경고음이 될 것이다.

제3부

국외 독립운동과 교과서 서술

검인정 『한국 근·현대사』 교과서의 국제정세와 해외 독립운동 서술 검토

장 세 윤(동북아역사재단 연구위원)

Ⅰ. 머리말 – 역사교과서의 '정치성'과 다양한 논의

최근 한국에서 시행되고있는 7차 교육과정에서의 한국사 교육 및 교과서의 문제점에 대한 학계의 논의와 연구성과가 축적되고 있다.[1] 지난 2002년 11월 한국사연구회 주최로 '제7차 교육과정 『국사』교과서의 서술내용과

---

[1] 대표적으로 신병철,「국정 국사교과서 개발과정과 국정교과서 제도의 문제점」『역사교육』79(2001) ; 지수걸,「제7차 교육과정 '한국 근현대사' 준거안의 문제점」, 위의 책 ; 서중석,「현행 중·고교 국사교과서 현대사 부문 분석과 개선방향」, 위의 책 ; 李昌成,「고등학교 제7차 교육과정 『한국근·현대사』교과서 분석」(경희대학교 교육대학원 석사학위 논문, 2003) 등 참조.

개선방안'을 주제로 한 학술대회도 개최되었다. 한편 새로 출간된 검인정 『한국 근·현대사』 교과서에 대한 학술회의가 2002년 11월 열렸고, 그 성과를 종합한 비평 단행본도 간행되어 상당한 논의가 이루어졌다.[2]

한편 『역사비평』 56호(2001)는 한국 역사교육에서의 민족주의와 그 대안으로서 포스트모던 역사이론에 대한 특집과 토론을 싣기도 했다.[3] 여기에서는 지금까지의 역사교육이 지나치게 국가·민족단위의 정체성만을 중시해왔다는 비판이 나왔고(지수걸, 103쪽), 동아시아 특히 한국의 저항적 민족주의는 더욱 진지한 연구가 필요하다는 주장과 아울러 역사교육을 지나치게 역사지식 교육에 치중해온 경향이 있었기 때문에 이제 올바른 '역사의식'이나 '역사인식' 교육에 노력해야 한다는 목소리도 나왔다(김희교, 104·143쪽). 특히 지수걸에 따르면 1930년대 혁명적 농민운동에 참여한 농민들은 노동자·농민이 주인인 세상을 만들자고 했다고 한다. 그런데 『한국 근·현대사』 교과서는 일제하의 민중운동을 모두 '사회경제적 민족운동'으로 단순화시키는 오류를 범하고 있다고 한다(지수걸, 124~125쪽). 교육과정이나 교과서보다는 교사와 교재, 교과서에 동원되는 자료가 문제라는 지적도 있었다(송상헌, 145쪽)

이러한 경향을 반영하여 과거 국정 『국사』 교과서의 문제점을 보완하기 위해 교사들이 나서서 보조교재를 출판하기도 했다.[4] 또 2004년 3월

---

2) 일본교과서바로잡기운동본부·역사문제연구소·전국역사교사모임·한국역사연구회는 공동으로 2002년 11월 '21세기 한국사 교과서와 역사교육의 방향 − 제7차 교육과정을 중심으로'라는 주제의 심포지움을 개최했다. 이를 토대로 이들 단체들은 『한국사 교과서의 희망을 찾아서 − 21세기 한국사교과서와 역사교육의 방향』(서울, 역사비평사, 2003)을 발간하였다. 여기에는 지수걸, 「21세기 '국사'교육의 방향과 제7차 교육과정 − 문제는 '소통'이다」; 고영진, 「포스트모던시대의 근대 전환기 인식과 근현대사 교과서의 역사서술」; 신주백, 「저항, 그리고 형상화와 교육과정」 등 관련 논문이 실렸다.

3) 서의식, 「민족중심의 역사서술과 역사교육」; 김기봉, 「포스트모던 역사이론 : '무기의 비판'인가, '비판의 무기'인가」 등.

4) 전국역사교사모임, 『살아있는 한국사 교과서』 1·2(서울, 휴머니스트, 2002). 필

출범한 고구려연구재단에서도 한·중·일 3국의 근대사인식과 역사교육
에 관한 학술대회를 개최하고 관련 단행본을 발간하였다.5) 이밖에 일본에
서도 한국의 고교『국사』와『한국 근·현대사』교과서를 검토하였다.6) 또
7차 敎育課程下의 역사교육과정에 대해 金星出版社 교과서의 집필자이
기도 한 金漢鍾은 공동저서를 통해 한국 근현대사 교육론을 제기하였고,
전문가들의 역사교육 학술지 기고 논문도 증가하고 있는 실정이다.7)

2004년 10월 4일 국회 국정감사 현장에서 한나라당의 권철현 의원은
"교과서의 편향성 문제"를 제기하였는데, 몇몇 언론에서 이 문제를 針小
棒大하듯 보도하여 큰 반향을 불러일으켰다. 이에 同年 10월 14일 역사교
육연구회·한국사연구회·한국역사연구회 공동주최의 연합 심포지움 "한
국근현대사 고등학교 검정교과서 편향성시비를 따진다 — 집필에서부터 교
육현장까지"가 열렸다. 그 내용은 역사교육연구회의 기관지『역사교육』
92집(2004년 12월)에 실렸다.8) 이러한 일련의 움직임은 고등학교 역사교

자가 이 책을 검토해 봤는데, 일정한 한계가 없지 않았다.
5) 2005년 3월 "동아시아 역사인식, 무엇이 문제인가?"라는 주제로 학술회의가
  열렸고, 그 결과를 김한종 외,『한·중·일 3국의 근대사 인식과 역사교육』
  (서울, 고구려연구재단, 2005)으로 출판하였다. 여기에는 김한종,「한·중·일
  3국의 역사교육과 역사인식 공유방안」; 신주백,「3국의 식민지 인식 : 개발인
  가, 수탈인가 — 역사교과서 및 관련 지침을 중심으로」; 김정인,「3국의 민족운
  동 관련 역사인식 분석」; 마쓰모도 다케노리,「고등학교『한국 근·현대사』
  교과서 근대의 '일상생활' 서술분석」; 롱웨이무,「중국 항일전쟁사 연구의 이
  론과 수치통계」등의 논문이 수록되었다.
6) 靑野正明,「韓國「國史」敎科書に見る近代日本」『日本史研究』497(京都,
  日本史研究會, 2004.1) ; 辛珠柏(水野直樹譯),「韓國の新しい歷史敎科書「韓
  國近·現代史」の特徵と問題點」위의 책 수록.
7) 김한종 외,『한국근현대사 교육론』(서울, 선인, 2005) ; 陳在管,「2005년 中等
  歷史科 공통교육과정 개정의 방향과 내용체계」『역사교육』98(서울, 역사교
  육연구회, 2006) 등 참조.
8) 뒷부분에「역사교과서 편향성 문제 관련자료」로 게재되었는데, '『한국근현대
  사』(금성출판사) 집필자들의 의견'; 주진오,「한국근현대사 교과서의 집필기준
  과 검정시스템」; 박태균,「한국근현대사 교과서의 내용에 대한 분석」; 김용

과서가 고유의 역사교육 기능을 수행하는 것을 목적으로 편찬되었음에도 불구하고, 현재 한국사회가 당면하고 있는 이데올로기 문제와 관련하여 특정세력에 의해 논쟁거리로 이용될 수 있음을 보여주고 있다. 역사교육의 '정치성'이 새롭게 부각되고 있는 것이다. 한 예를 들면 최근 한 보수언론 에는 특정 검인정 교과서를 대한민국의 정통성을 부정하는 '좌편향' 교과 서로 지목하고, '내가 살아갈 나라'에 대한 자부심 고취와 '민중사관'·'자학사관'의 불식을 주장하는 칼럼이 실려 저간의 분위기를 전해주고 있다.9)

최근 '뉴라이트 사상 이론지'를 표방하며 재창간된 계간잡지『時代精神』(2006년 6월 1일 발행)은 대담으로 "民衆運動史에서 大韓民國史로", 그리고 "『韓國近·現代史』새 교과서, 이렇게 만들자"라는 제목의 특집 을 꾸며 보수언론의 주목을 끌었다. 이 잡지는 개항기부터 현대에 이르기 까지의 검인정 교과서 내용을 분석·비판한 4편의 논문과 3편의 보론을 게재하였다.10)

한편 자칭 '뉴라이트' 그룹의 이러한 동향에 역사학계에서는 별다른 반응이 없었으나, 2006년 5월 20일 세종문화회관에서 "교과서 논쟁, 이렇게 하자"라는 제목의 심포지움을 개최하였다. 이 심포지움은 아시아평화와 역사교육연대·역사문제연구소·역사학연구소·전국역사교사모임·한국역사교육학회·한국역사연구회 등의 시민단체와 민간연구소, 역사관련 학회 등이 공동주최하였다. 여기에서는 중앙교육진흥연구소 발행『고등학교 한국근현대사』공저자의 한사람인 주진오(상명대) 교수가 「교과서 포럼의 실

석, 「역사교과서와 학생, 그리고 역사교사」등의 논문, 그리고 「한국근현대사 교과서 편향성 시비에 대한 역사연구 단체들의 의견서」등이 게재되었다.

9) 한기홍, 「대입 수험생이 덮어버린 역사교과서」『동아일보』2006.6.27자.
10) <논문> 김재호, 「개항과 근대국가의 태동」; 이영훈, 「일제의 조선지배와 조선사회의 구조적 변화」; 전상인, 「해방과 근대국가의 건설」; 김세중, 「권위주의 체제와 경제발전」. <보론> 김영호, 「통일지상주의적 역사인식 비판」; 김용직, 「민중민주주의사관 비판」; 안병직, 「캐치-업 과정으로서의 한국 경제 성장사」등이다.

체와 의도」, 신주백(서울대 사회발전연구소) 책임연구원이 「역사교과서 서
술과 역사인식」, 양정현(부산대) 교수가 「근현대사 교과서 논쟁과 역사교
육의 미래」 등의 논문을 발표하였다. 이들 논문의 취지는 소위 '뉴라이트'
그룹의 주장에 대한 비판적 문제제기라고 보아도 좋을 것이다.

　그런데 교과서 집필자의 한사람인 김한종 자신이 최근에 쓴 논문에서
나름대로 다양한 개선방안을 논의했으므로, 일부 논자들이 제기한 문제점
은 일정한 기준에 따라 점차 수정·보완될 것으로 믿는다. 그는 "국가나
민족의 이해관계 대신에 보편적 인간으로서 함께 공유해야 할 보편적 가치
나 정체성에 따라 역사를 재구성해야 한다. 예컨대 평화, 인권, 자유와 같
은 가치에 토대를 두고 역사적 사실을 인식하고, 피식민지 민중, 여성, 노
동자 등을 새롭게 역사의 무대에 등장시킬 수 도 있다."11)라고 말하고 있
는 것이다.

　현재 출판된 6종의 검인정 교과서 가운데 보수언론 등 세간의 일방적
매도와는 달리 금성출판사의 것이 약 50%에 달하는 최대의 점유율을 차지
하고 있다고 한다.12) 그 이유는 여러 가지가 있지만, 우선 교수-학습의
활용도면에서 다른 교과서보다 높은 점수를 받았고, 중립적 입장에서 학생
들 스스로 결론을 도출할 수 있도록 배려한 점, 그리고 학생들 스스로 가
치를 내면화할 수 있도록 기회를 제공한 점이 비교적 좋은 평가를 받았다
고 한다.13)

　이 소론에서는 가장 높은 채택율을 보이고 있는 금성출판사의 『한국근

---

11) 김한종, 「한·중·일 3국의 근대사 인식 비교의 의의」『한·중·일 3국의 근
　　대사 인식과 역사교육』(서울, 고구려연구재단, 2005), 21쪽.
12) 『국민일보』 2005.11.24. 22쪽. 4종이 통과된 2004년 초부터 금성출판사의 『한
　　국근·현대사』 교과서가 거의 절반 가량을 차지했다고 한다(김용석, 「역사교
　　과서와 학생, 그리고 역사교사」『역사교육』 92, 286쪽). 2004년 4종의 검인정
　　교과서만 출판되었을 때 이 교과서의 점유율이 46%에 달했다고 한다(「의심한
　　다, 우리의 교과서를」『성대신문』, 2005.11.14자, 7쪽)
13) 김용석, 앞의 글, 286~288쪽.

현대사』교과서를 중심으로 하여 교육부의 7차 교육과정에서 검인정 통과
된 6종의 한국 근현대사 교과서를 간략히 검토코자 한다.

Ⅱ. 『한국 근·현대사』 단원구성 체계와 문제점

　교육부의 교육과정에서는『한국근현대사』단원구성을 제1단원의 총론
으로 하고, 2단원부터 4단원까지는 근대, 일제통치기, 현대라는 시대순으
로 구성하고 있다. 그리고 각 1단원을 제외한 2·3·4단원은 각 대단원 안에
서 정치·경제·사회·문화를 분야별로 구분하는 分類史的 접근 방식을
취하고 있다. 교육과정에서 제시하고 있는『한국 근·현대사』의 중단원을
분야별로 구분하여 보면 다음의 <표 1>과 같다.

　시대별로 대단원을 구분하고, 각 대단원 안에서 분류사별로 중단원을
구분하는 단원 구성 방법은 제6차 교육과정 고등학교『국사』에서도 사용되
었던 것으로, 이미 기존의 교사들에게 익숙한 서술체계이다. 그러나 이러한
『한국 근·현대사』의 단원 구성 방법에는 몇가지 문제점이 제기되고 있다.

　우선 분류사적 시각으로 접근하였다고는 하지만, 정치사가 절반 이상
을 차지하고 있는 반면, 경제·사회·문화사는 상대적으로 비중이 적다.
각 대단원별로 정치사는 3개 단원인 반면, 나머지 경제·사회·문화 단원
은 합쳐서 1~2개 단원에 지나지 않는다. 이는 한국 근·현대사의 성격상
어느 정도 불가피하다고 할 수 있다. 그러나 최근 사회사나 문화사, 특히
생활사에 대한 관심이 높아지고 있으며, 학생들의 흥미를 고려한다면『한
국 근·현대사』에서도 이러한 분야의 내용을 보완할 필요가 있다.[14]

---

14) 김한종, 「'현대사회의 발전' 단원의 성격과 현대사 수업」『고등학교 검인정 국
　　사교과서 교원연수 교재』(과천, 국사편찬위원회, 2004), 73쪽.

〈표 1〉 검인정『한국 근·현대사』의 대단원·중단원 내용 체계

대단원 영역	한국 근·현 대사의 이해	근대 사회의 전개	민족 독립운동의 전개	현대사회의 발전
정치	1. 근대사회의 태동 2. 근대 사회의 특성 3. 현대 사회의 바른 이해	1. 외세의 침략적 접근과 개항 2. 개화운동과 근대적 개혁의 추진 3. 구국민족운동의 전개	1. 일제의 침략과 민족의 수난(금성 : 일제 식민통치와 민족의 수난) 2. 3·1운동과 대한민국임시정부 3. 무장 독립전쟁의 전개	1. 대한민국의 수립 (금성 : 광복과 대한 민국의 수립) 2. 민주주의의 시련과 발전 3. 통일정책과 평화통일의 과제(금성 : 북한의 변화와 평화통일의 과제)
경제 사회		4. 개항 이후의 경제와 사회	4. 사회·경제적 민족운동	4. 경제의 발전과 사회·문화의 변화
문화		5. 근대 문물의 수용과 근대 문화의 형성	5. 민족문화 수호운동	

*자료 : 김한종,「'현대사회의 발전' 단원의 성격과 현대사 수업」『고등학교 검인정 국사교과서 교원연수 교재』(국사편찬위원회, 2004), 73쪽 및 6개 검인정 교과서를 참고하여 작성.

또한 분류별로 중단원을 기계적으로 분류함에 따라, 단원에서 다루는 내용과 분야가 제대로 들어맞지 않거나 역사적 사건을 자연스런 맥락으로 파악하는데 무리가 따르는 경우가 많다.[15] 예를 들어 일제통치기의 경우, 사회·경제사에 해당하는 것은 중단원 '4. 사회·경제적 민족운동'이고, 문화사에 해당하는 것은 '5. 민족문화 수호운동'이다. 이들 단원은 '사회·경제적', '민족문화'라는 용어가 있지만, 민족운동을 다루고 있기 때문에 크게 보면 정치사 단원이라고 할 수 있다. 그런데 이를 정치적 성격을 띠

---

15) 이 점은 대단원을 분야별로 구분한 고등학교 1학년『국사』(2006년판)도 마찬가지이다. 예를 들면 동학농민운동의 경우, 농민군이 집강소 활동을 전개한 사실은 정치사 분야인 "근·현대의 정치" 대단원의 '개화와 주권수호운동(110쪽)'에서, 집강소에서 추진했던 신분폐지 관련내용은 사회사 단원(개항 이후의 사회변화, 233쪽)에서 다루고 있는 것을 볼 수 있다.

는 민족운동과 굳이 구분함으로써 민족운동의 흐름이나 성격을 이해하기
어렵게 만들고 있다. 예를 들어 교육부의 교육과정에 따르면 사회주의 운
동이나 신간회는 '4. 사회·경제적 민족운동'에서 다룰 수밖에 없는데, 신
간회를 정치 단체와 구분하여 '사회·경제적 민족운동'으로만 분류하여 서
술하기는 곤란한 실정이다. 또한 이들 운동은 3·1운동 이후 국내 민족운동
의 흐름 속에서 이해하는 것이 자연스러운데, 교육과정의 단원 구성은 별
개의 중단원에서 분리하여 다루도록 되어있다.16) 이처럼 분류사적 서술체
계는 상당한 장점에도 불구하고 중복서술이나, 흐름의 단절, 학생들의 혼
란 등을 초래할 가능성도 있다.

　教育部案에 따른 分類史的 서술체계로 인해 역사적 사건이나 흐름의
繼起的 把握을 어렵게 하는 경우도 있다. 예를 들면 실질적인 일제 식민
지 지배정책의 출발을 1910년의 '韓日倂合條約'이 아닌 1905년의 을사5
조약으로 보는 것이 일반적 견해이다. 그런데 현 교과서 체제에서는 을사5
조약 이후 본격화한 의병전쟁이 을사5조약보다 먼저 서술되도록 구성되어
있다. 실제로 금성출판사 교과서는 을사5조약 이후의 의병항쟁을 '항일 의
병전쟁의 전개' 小節의 91쪽에서, 을사5조약 관련내용이 있는 '일제의 침
략과 국권피탈' 소절은 146~147쪽에 배치하고 있다. 물론 이러한 구성이
구성상 불가능한 것은 아니지만, 사건의 선후관계를 고려하여 학생들이 사
건과 흐름의 전모를 연속적이며 인과적으로 이해하는 방안이 마련되어야
하겠다.

　최근 국내외에서 근현대 한국의 日常史와 관련된 책이 나오고 있어17)
역사교육 분야에서도 이러한 연구성과를 나름대로 쉽게 정리하여 역사교

---

16) 주 14)와 같음.
17) 공제욱·정근식 편, 『식민지의 일상 지배와 균열』(서울, 문화과학사, 2006) ;
　　小林英夫·張志强 共編, 『檢閲された手紙が語る滿洲國の實態』(東京, 小
　　學館, 2006) ; 이상록 외, 『일상사로 보는 한국근현대사』(서울, 책과함께,
　　2006).

육 과정에 반영할 필요가 있다고 본다.

III. 6종 검인정 교과서의 체제와 내용의 구성

검인정 교과서라고는 하지만, 6종 교과서의 목차를 비교해 보았을 때 거의 차이가 없다는 사실을 확인할 수 있다(뒷면의 <표 2> 참조). 물론 이는 교육부의 교과서 집필지침에 따른 결과이다. 특히 검인정교과서가 나오기 전의 6차 교육과정에 따른 국정 중·고교『국사』교과서의 차례 및 서술내용과도 거의 大同小異한 것이다.[18] 세간에 화제를 모았던 금성출판사의 교과서 역시 적어도 차례만 보았을 때는 다른 교과서와 별다른 차이를 느낄 수 없다.

그러나 한국의 국사(한국사) 교과서 분석과 관련하여 두가지를 유념할 필요가 있다는 의견이 있다. 즉 일부 일본 극우파의 책동을 경계해야 하며, 중·고교 국사교과서에 대한 책임은 해당 교과서의 집필자가 져야한다기 보다는 정부(교육부, 국사편찬위원회)가 져야한다는 주장이 바로 그것이다.[19]

---

18) 중학교『국사』교과서(1999년판)의 차례와 주요 서술내용을 보면 다음과 같다.
  VI. 민족의 독립운동
  1. 민족의 수난: 국권의 침탈, 헌병경찰 통치, 토지의 침탈, 산업의 침탈, 도움글 ― 일제의 산업침탈
  2. 3·1운동: 항일독립운동의 추진, 3·1운동의 배경, 3·1운동의 태동, 3·1운동의 전개, 도움글 ― 일제의 3·1운동 탄압.
  3. 대한민국임시정부: 대한민국임시정부의 수립과 활동, 독립운동 기지의 건설, 독립군의 항전, 한국광복군의 대일전쟁, 애국지사들의 독립투쟁, 도움글 ― 서일 북로군정서 총재의 보고.
  4. 국내의 독립운동: 식민통치 정책의 변화, 민족실력양성운동, 6·10만세운동과 광주학생항일운동, 신간회의 활동, 도움글 ― 민립대학 설립운동.
  5. 민족문화수호운동: 일제의 민족말살정책, 한글의 연구, 국사의 연구, 언론활동, 종교와 교육활동, 문예활동, 도움글 ― 징용되어 끌려간 노동자의 체험담.

한국 근현대사 검정기준 가운데 '내용선정 및 조직' 심사영역에는 "한국 근·현대사의 학습내용이 세계사와 관련성 속에서 이해할 수 있도록 서술하였는가?"하는 심사관점이 들어있다.[20] 또 '공통검정기준'에는 '헌법정신과의 일치' 심사영역 가운데 "대한민국의 국가체제를 부정하거나 비방하는 내용이 있는가?"하는 심사관점과 '내용의 보편타당성' 심사영역 가운데는 "학문상의 오류나 정설화되지 아니한 저작자의 개인적 편견이 포함되어 있는가?"하는 심사관점이 있다.[21] 때문에 교과서 집필자들은 이러한 검정기준에 통과하기 위하여 매우 신경을 쓰지 않을 수 없다. 기본적으로 검인정 통과 교과서는 이처럼 교육부의 요구를 충실히 반영한 것이다. 검인정을 통과하지 못한 몇 종의 교과서를 상기해보라.

7차 교육과정에 따른 검인정 교과서의 출판 이후 국정 중·고교『국사』교과서의 서술내용과 체제도 적지 않은 변화가 초래되었다. 내용서술도 개선되고 편집과 디자인, 화보 등도 크게 개선된 것이다. 특히 검인정 교과서의 서술내용에 영향을 받아 일부 서술내용을 보완하기도 한 것이다. 2006년에 나온 고교 국사 교과서의 차례와 주요관련내용을 뒤의 <표 4>로 정리해 보았다. 특히 이 표의 밑줄친 부분 "1930년대에 들어 중국공산당군과 연합한 항일유격대인 동북항일연군의 활동도 계속되었다."는 새롭게 추가된 것이다.

중학교의 경우 기본적으로 고등학교 교과서에 나오고 있는 조선독립동맹이나 조선의용대, 조선의용군의 활동, 1930년대 중국공산당계 항일유격대나 동북항일연군의 활동에 대해서 전혀 서술하고 있지 않은 사실은 문제라고 본다. 국정 고교『국사』교과서의 경우 다음의 <표 3> '한국광복군

---

19) 서중석, 「국사교과서 현대사 서술, 문제 많다」『역사비평』56(역사비평사, 2001), 149~150쪽.
20) 주진오, 「한국근현대사 교과서의 집필기준과 검정시스템」『역사교육』92(서울, 역사교육연구회, 2004), 272쪽.
21) 위의 글, 272~273쪽.

의 창설' 서술에서 볼 수 있듯이 2005년판까지는 부수적으로 "한국광복군
에 합류하지 않고 중국공산당과 함께 옌안을 중심으로 활동을 전개하고 있
던 조선독립동맹 계열의 조선의용군은 화북지역에서 항일투쟁을 전개하였
다."라는 단 한 문장으로 서술했을 뿐이다. 특히 북한에서 그렇게 큰 비중
을 두고 서술하고 있는 김일성을 비롯한 항일유격대나 동북항일연군의 활
동은 단 한줄도 서술되지 않고 있다.22) 또한 중·고교 교과서 모두 한국광
복군에 대한 서술분량이 과도하게 많은 것으로 판단된다.23)

〈표 2〉 검인정 6종 고등학교 『한국 근·현대사』 교과서 목차 비교

김한종 외, 금성출판사(2005.3 발행)	주진오 외, 중앙교육진흥연구소(2005.3)
3 민족독립운동의 전개	Ⅲ 민족독립운동의 전개
2장 3·1운동과 대한민국임시정부	2. 3·1운동과 대한민국임시정부
주제 1 3·1운동 이전의 민족운동	(1) 3·1운동 이전의 민족운동
2 3·1운동의 전개	(2) 3·1운동의 전개
3 대한민국임시정부의 수립과 활동	(3) 대한민국임시정부의 수립
3장 무장독립전쟁의 전개	3. 무장독립전쟁의 전개
주제 1 국내 항일민족운동	(1) 국내 항일민족운동
2 의열단과 한인애국단의 활동	(2) 의열단과 한인애국단의 활동
3 1920년대 만주지역 독립군의 활동	(3) 1920년대의 무장독립전쟁
4 1930년대 무장독립전쟁	(4) 1930년대의 무장독립전쟁
5 대한민국임시정부와 한국광복군	(5) 대한민국임시정부와 한국광복군의 활동
<역사찾기>해외 무장독립군의 전적	4. 사회·경제적 민족운동

22) 이와 대조적으로 한 일본의 교과서는 한국의 교과서에는 생소한 김일성의 항
일무장투쟁 사실을 서술하여 주목된다. 즉 尾藤正英 外,『日本史 B』(東京書
籍株式會社, 1998)는 308쪽의 脚註에서 "金日成을 중심으로 하는 소위 朝
鮮人民革命軍이 만주에 사는 조선인을 조직하여 항일무력투쟁을 전개하고,
해외에서는 아메리카의 지원을 받는 李承晩이 독립운동을 일으켰다. …"라고
서술하였던 것이다.

23) 이러한 문제점에 대해서는 이미 상당수의 연구자들이 지적하였다. 이에 대해
서는 박찬승,「한국근대 민족해방운동사 연구의 동향과 '국사' 교과서의 서술」
『歷史敎育』47(1990) 및 정태헌,「고등학교 국사교과서의 근현대사 내용 분
석」『史叢』45(서울, 고려사학회, 1996) ; 박찬승,「독립운동사를 어떻게 가르
칠 것인가?」『우리역사 바로알기와 평화교육(교원직무연수 교재)』(천안, 독립
기념관, 2003) 등 참조.

지를 찾아서 4장 사회·경제적 민족운동 주제 5 국외 이주동포의 활동과 시련 <역사찾기>일제강점기, 우리 사회의 달라진 것들	(5) 국외 이주동포의 활동
한철호 외, 대한교과서(주), 2005.3	김광남 외, (주)두산, 2005.3
Ⅲ 민족독립운동의 전개 Ⅲ-2. 3·1운동과 대한민국임시정부 1. 3·1운동 이전의 국내 민족운동 2. 우리민족의 독립의지를 전세계에 알린 3·1운동 3. 민족의 염원을 모아 임시정부를 세우다 Ⅲ-3. 무장독립전쟁의 전개 1. 지칠줄 모르는 항일의 물결, 앞장서는 학생들 2. 한목숨바쳐 독립을 이룰수 있다면 3. 무장독립전쟁을 준비하다 4. 독립전쟁의 불길은 치솟고 5. 고난과 역경을 뚫고 나가다 6. 하나로 뭉쳐 광복의 길로! <인물로 보는 역사> 카자흐사막에 묻힌 독립전쟁의 영웅 홍범도 Ⅲ-4. 사회·경제적 민족운동 4. 국외 移住同胞의 활동 <사건으로 보는 역사> 間島慘變과 關東大地震 때의 韓國人 虐殺	Ⅲ 민족독립운동의 전개 2 3·1운동과 대한민국임시정부 1. 3·1운동 이전의 민족운동 2. 3·1운동의 전개 3. 대한민국임시정부의 수립 3 무장독립전쟁의 전개 1. 국내 항일민족운동 2. 의열단과 한인애국단의 활동 3. 1920년대의 무장독립전쟁 4. 1930년대의 무장독립전쟁 5. 대한민국임시정부와 한국광복군의 활동 4 사회·경제적 민족운동 4. 국외 이주동포의 활동
김종수 외, 법문사, 2005.3 (2차 통과)	김흥수 외, (주)천재교육, 2005.3 (2차 통과)
Ⅲ 민족독립운동의 전개 2 3·1운동과 대한민국임시정부 1. 3·1운동 이전의 민족운동 2. 3·1운동의 전개 3. 대한민국임시정부의 수립 3 무장독립전쟁의 전개 1. 국내 항일민족운동 2. 의열단과 한인애국단의 활동 3. 1920년대의 무장독립전쟁 4. 1930년대의 무장독립전쟁 5. 대한민국임시정부와 한국광복군의 활동 4 사회·경제적 민족운동 4. 국외 이주동포의 활동	Ⅲ 민족독립운동의 전개 2. 3·1운동과 대한민국임시정부 01. 3·1운동 이전의 민족운동 02. 3·1운동의 전개 03. 대한민국임시정부의 수립 3. 무장독립전쟁의 전개 01. 국내 항일민족운동 02. 의열단과 한인애국단의 활동 03. 1920년대의 무장독립전쟁 04. 1930년대의 무장독립전쟁 05. 대한민국임시정부와 한국광복군의 활동 4 사회·경제적 민족운동 04. 국외 이주동포의 생활

〈표 3〉6차 교육과정 고등학교『국사』교과서 차례와 주요 서술내용(2001년판)

차 례 (주요 내용)	서술 내용
Ⅲ. 민족의 독립운동 1. 민족운동의 동향 　(1) 세계의 민족운동 : 약소민족의 시련, 아시아 각국의 민족운동 　(2) 한국의 민족운동 : 민족운동의 특수성, 항일운동의 전개 2. 민족의 시련 　(1) 국권의 피탈과 민족의 수난 : 국권의 피탈, 조선총독부, 헌병경찰 통치, 식민지 지배정책의 변화, 민족말살통치 　(2) 경제약탈 : 토지의 약탈, 산업의 침탈, 식량의 수탈, 대륙침략과 총동원령 3. 독립운동의 전개 　(1) 3·1운동 : 비밀결사의 조직과 활동, 3·1운동의 태동, 3·1독립선언, 3·1운동의 확산, 3·1운동의 의의 　(2) 대한민국 임시정부의 수립과 활동 : 임시정부의 수립, 임시정부의 통합, 임시정부의 활동, 한인애국단의 활약 　(3) 학생항일운동 : 6·10만세운동, 광주학생항일운동 　(4) 항일독립전쟁 : 독립운동 기지의 건설, 국내 무장항일투쟁, 애국지사들의 항일 의거, 독립군의 항일전쟁, 봉오동·청산리전투, 독립전쟁의 시련, 한국광복군의 창설, 대일 선전포고와 한국광복군의 활약 4. 사회·경제적 민족운동 　(1) 사회적 민족운동의 전개 : 사회주의 사상의 유입, 청년운동, 여성운동, 소년운동, 민족유일당운동 　(2) 경제적 저항운동의 전개 : 민족기업의 육성, 물산장려운동, 농민운동, 노동운동 　(3) 국외 이주동포의 활동과 시련 : 만주 이주동포, 연해주 이주동포, 일본 이주동포, 미주 이주동포	(4) 항일독립전쟁 ** 봉오동·청산리전투 　1920년대에 들어와 만주와 연해주에는 수많은 독립군 부대가 활동하고 있었다. 이들은 일본 군경과 전투를 전개하면서 군자금 모금, 밀정 처단, 친일파 숙청 등의 활동을 벌였다. 이 가운데 가장 눈부신 전과를 올린 것은 홍범도가 이끈 대한독립군이 거둔 봉오동전투와 김좌진이 이끈 북로군정서군 등이 거둔 청산리 대첩이었다. 대한독립군은 최진동의 군무도독부군, 안무의 국민회 독립군과 연합하여 봉오동을 기습해 온 일본군 1개 대대병력을 포위, 공격하여 대승리를 거두었다. 이것이 봉오동 전투였다(1920). 　일본군은 독립군에게 뜻밖에 참패를 당하자, 한반도에 주둔하고 있던 부대와 관동 지방에 주둔중인 부대 및 시베리아에 출병중인 부대를 동원하여 세방향에서 독립군을 포위, 공격하여 왔다. 　이에 북로군정서군, 대한독립군, 국민회 독립군 등 여러 독립군의 연합부대는 일본군 대부대를 맞아 6일간 10여 차례의 전투에서 일본군을 대파하는 빛나는 전과를 올렸다. 이것이 청산리대첩이었다(1920). 큰 타격을 받은 일제는 독립군의 항전을 자기들의 식민통치에 대한 위협이라 판단하고, 이 기회에 만주에 있는 한국 독립운동의 근거지를 소탕하기로 하였다. 그리하여 일제는 독립군은 물론 만주에 사는 한국인을 무차별 학살하고 마을을 초토화시킨 간도참변(경신참변)을 일으켰다.(이상 155~156쪽) ** 독립전쟁의 시련 　(중략) 특히, 우리 독립군은 일제의 만주침략으로 항일의식이 고조된 중국군과 연합하여 항일전을 전개함으로써 이 난국을 타개하려 하였다. 먼저 지청천이 인솔하는 한국독립군은 중국의 호로군과 한·중연합군을 편성하고 쌍성보전투, 사도하자전투, 동경성전투에서 일·만 연합부대를 크게 격파하였으며, 특히 대전자령

5. 민족문화수호운동 　(1) 식민지 문화정책 : 우민화교육과 언론정 　　책, 한국사의 왜곡과 종교탄압 　(2) 국학운동의 전개 : 한글보급운동, 한국사 　　의 연구 　(3) 교육운동과 종교활동 : 조선교육회, 민립 　　대학 설립운동, 문맹퇴치운동, 과학 대중 　　화운동, 종교활동, 　(4) 문예운동 : 문학활동, 민족예술	전투에서는 4시간의 격전 끝에 승리하여 막대 한 전리품을 획득하였다 한편, 양세봉이 지휘 하는 조선혁명군도 중국의용군과 연합해서 흥 경성전투, 영릉가전투에서 일본군과 격전을 벌 여 대승을 거두었다. 1930년대 중반까지 계속 된 한·중 연합작전은 그후 일본군의 대토벌작 전, 중국군의 사기 저하, 한·중 양군의 의견대 립으로 더 이상 계속되지 못하였다. 또 <u>임시정 부가 직할군단 편성을 위하여 만주에 있는 독 립군의 이동을 요청하자, 대부분의 독립군은 중국 본토로 이동하여 한국광복군 창설에 참여 하였다.</u>(158쪽; 밑줄은 필자, 이하 同) ** 한국광복군의 창설 　그후 임시정부의 김구, 지청천 등은 만주와 시베리아에서 항전하던 신흥무관학교 출신의 독립군과 중국 대륙에 산재하여 독립운동에 참 여하던 수많은 청년들을 모아 마침내 충칭에서 한국광복군을 창설하였다(1940). (중략) 이에 한국광복군은 조선의용대를 흡수하여 군사력을 증강하였고, 중국 국민당정부와의 적극적인 협 력하에 연합군의 일원으로서 대일전쟁에 참전 하기 위해 노력하였다. 한편, <u>한국광복군에 합 류하지 않고 중국공산당과 함께 옌안을 중심으 로 활동을 전개하고 있던 조선독립동맹 계열의 조선의용군은 화북지역에서 항일투쟁을 전개하 였다.</u>(159쪽) ** 대일 선전포고와 한국광복군의 활약 　한국광복군은 중국과 동남아 일대에서 연합 군과 같이 대일전에 참가하면서, 다른 한편으 로는 조국의 광복을 우리의 손으로 쟁취하기 위하여 직접 국내로 진입하여 일본군과의 전면 전을 전개할 것을 계획하였다. (중략) 그러나 1945년 8월 15일, 일본이 무조건 항복함으로써 한국광복군은 그해 9월에 실행하려고 준비중이 던 국내 진입계획을 실현하지 못한 채 광복을 맞게 되었다.(160쪽)

〈표 4〉 7차교육과정 고등학교 『국사』 차례와 주요 서술내용 (2006년판)

차 례 (주요 내용)	서술 내용

Ⅲ. 통치구조와 정치활동
 	
 5. 근·현대의 정치
 1. 근현대의 세계
 2. 개화와 주권수호운동
 3. 민족의 수난과 항일민족운동
   일제의 식민정책, 3·1운동, 대한민국임시
   정부, 국내외 항일민족운동
 4. 대한민국의 성립과 발전
 	
 Ⅳ 경제구조와 경제생활
 5. 근현대의 경제
 1. 외세의 경제침략과 국민경제의 모색
 2. 일제의 경제침탈과 민족경제운동
   식민지 수탈정책, 농민과 노동자에 대한
   수탈, 일제의 병참기지화정책과 군수공업
   화, 민족경제운동, 전시총동원 체제와 식
   민지 경제의 파탄
 3. 현대의 경제성장과 자본주의의 발달
 	
 Ⅴ 사회구조와 사회생활
 5. 근현대의 사회
 1. 개항 이후의 사회변화
   사회제도와 의식의 변화, 의식주 생활의
   변화, 동포들의 국외 이주
 2. 일제 강점기의 사회변화
   독립운동 세력의 분화, 신간회, 농민 운동
   과 노동운동, 청년운동·여성운동·형평운
   동, 인구의 증가와 도시의 변화, 의식주
   생활의 변화
 3. 현대사회의 발전
 	
 Ⅵ 민족문화의 발달
 5. 근·현대의 문화
 1. 근대문물의 수용과 발전
 2. 일제의 식민지 문화정책과 국학운동의 전
   개
   일제의 민족말살정책, 국어연구와 한글의
	** 국내외 항일민족운동
	   3·1운동 이후 만주와 연해주 일대에서 많은 독립군 부대가 조직되었다. 이들은 압록강과 두만강을 건너 국내의 일제 식민통치 기관을 습격, 파괴하고 일본 군경과 치열한 전투를 벌였다. 1920년에는 홍범도의 대한독립군과 김좌진의 북로군정서군 등이 봉오동과 청산리에서 일본군과 전투를 벌여 큰 승리를 거두었다.
	   일본군은 이에 대한 보복으로 간도참변을 일으켜 우리 동포를 학살하고, 독립군을 토벌하려 하였다. 이에 독립군 부대들은 연해주의 자유시로 옮겨 갔으나, 적색군에 의해 무장해제를 당하였다(자유시참변). 이후 독립군은 다시 만주로 이동하여 각 단체의 통합운동을 추진하여, 참의부, 정의부, 신민부의 3부를 조직하였다. 이 가운데 참의부는 임시정부가 직할하였다.
	   1930년대 만주에서 활동하던 다수의 독립군은 한국독립군과 조선혁명군으로 통합되었다. 이들 부대는 일제의 만주침략 이후에는 중국군과 연합하여 많은 전투에서 승리하였다.
	   또 항일무장투쟁을 전개하는 과정에서 의거를 일으켜 민족의 독립의지를 고취하고 일제의 침략을 저지하려 한 사람들도 있었다. 이들은 개별적으로 활동하거나, 김원봉의 의열단, 김구의 한인애국단에서 활동하면서 식민통치 기관을 파괴하거나 일본인 고관, 친일인사들을 처단하였다. 그 가운데 대표적 인물은 이봉창과 윤봉길이었다.
	   한편, 1937년에 일제가 중·일전쟁을 일으켜 중국 본토를 위협하자, 대한민국임시정부에서는 만주지역의 독립군과 각처에 흩어져있던 무장투쟁 세력을 모아 충칭에서 한국광복군을 창설하였다(1940). 임시정부가 일본에 선전포고를 한 후 한국광복군은 연합군과 공동으로 인도와 미얀마 전선에 참전하였다. 또 미국과 협조하여 국내 진공작전을 준비하였으나, 일제의 패망으로 실현하지 못하였다.
	   그밖에 만주지역에서는 <u>1930년대에 들어 중</u>

보급, 한국사 연구의 발전, 민족교육진흥 운동, 종교활동, 문학과 예술활동 3. 현대문화의 성장과 발전	국공산당군과 연합한 항일유격대인 동북항일연 군의 활동도 계속되었다. 그리고 김원봉을 중 심으로 한 의열단 계통인사들은 중국 국민당정 부의 협조를 얻어 조선의용대를 조직, 활동하 였으며, 조선의용대에서 분화된 화북지방의 조 선독립동맹 계열은 조선의용군을 결성하고 중 국공산당군과 연합하여 항일투쟁을 전개하였 다.(이상 121~122쪽) ** 그밖에도 중국의 화북지방에서 중국공산당 군과 연계하여 독립운동을 추진하던 사회주의 세력은 화북조선독립동맹을 결성하고, 그 산하 에 조선의용군을 조직하여 항일전을 전개하였 다(2005년판, 348쪽)

검인정 고등학교『한국 근·현대사』의 경우[24] 2002년부터 시행되고
있는 7차 교육과정에 따라 2002년에 4개종의 검인정 교과서가 검정심사에
합격하여 2003년부터 학교에서 사용되었고, 2종의 교과서가 2002년 7월
再檢定을 통과하여 2004년부터 학교현장에서 사용되고 있다.[25] 이들 검

---

24) 고등학교 2학년 또는 3학년의 '深化 選擇科目'의 하나이다. 한국 근·현대사
   는 2학년 또는 3학년때 선택할 수 있으나, 3학년때 선택하는 학교가 많다고 한
   다(등촌고등학교 李桓炳 교사의 증언). 1주일에 3~4시간 수강한다. 한철호
   외 5인 지음, 고등학교『한국 근·현대사』, 대한교과서(주), 2005년 3월 발행,
   327쪽. 이 책은 기존 국정교과서의 틀을 깨고 다른 출판사의 책과 편집형식을
   완전히 달리한 교과서로 평가되고 있다. 목차의 제목을 서술형으로 하고 본문
   의 자체서술 내용은 적은 반면, 그 주제에 관한 사료의 제시를 통한 자료읽기
   나 도움글을 제시하여 학생들의 사고력을 배양하는 방식을 취하고 있다.
25) 2003년에 출판되어 현재 학교에서 쓰이고 있는『한국근현대사』교과서 4종은
   다음과 같다. 김광남 외 4명, (주) 두산 ; 김한종 외 5명, (주) 금성출판사 ; 주
   진오 외 4명, (주) 중앙교육진흥연구소 ; 한철호 외 5명, 대한교과서(주). 한편
   재검정 통과된 수정본 교과서는 김종수 외 3명, 법문사 ; 김흥수 외 5명, (주)
   천재교육. 현재 금성출판사와 중앙교육진흥연구소, 대한교과서(주)에서 발행한
   교과서가 비교적 많이 쓰이고 있다(등촌고 이환병 교사의 증언). 검인정 교과
   서 채택의 초기단계라 여러종 교과서의 학교 보급실태를 정확히 파악하기는
   어려운 실정이다.

정교과서들도 국정과 마찬가지로 교육부의 準據案과 교육과정에 따라 서술해야하기 때문에 각 교과서의 체제는 거의 같으며, 서술방식과 내용에 있어 약간의 차이가 있을 뿐이다.[26] 한국의 교사들도 한국 근현대사의 강의에 어려움을 느끼는 경우가 많다고 한다.[27]

이들 검인정 교과서류는 풍부한 사진과 그림, 지도, 도표 등 보조자료를 활용하고 있다

위의 <표 2>를 통해 6개 검인정 교과서의 목차를 대조해볼 수 있다. 새 교과서 체제의 문제점은 정치·경제·사회·문화사 분류체제의 어색함이다. 즉 3장 무장독립전쟁의 전개 중단원 아래에 '국내 항일민족운동' 항목이 있는데, 여기에서 6·10만세운동과 광주학생항일운동을 서술하고 있는 것이다. 그러나 이들 국내 민족운동은 '무장독립운동'과는 별 상관이 없는 것이다. 이같은 어색한 목차구성은 사회·경제적 민족운동 중단원 아래 '민족협동전선운동'이 편제되는 것을 통해 볼 수 있다. '신간회'는 정치적 민족운동이면서 사회운동이기도 했던 것이다. 5절의 '국외 이주동포의 시련과 활동' 역시 마찬가지이다. 이들은 정치적 목적과 동기에서 국외로 망명하거나 쫓겨갔던 것이다.

위의 <표 4> 고교 『국사』 교과서 가운데 밑줄친 '동북항일연군' 관련 서술내용은 2006년판 교과서에 처음으로 추가된 부분이다. 이는 검인정 『한국 근·현대사』 교과서에 '동북항일연군'의 활동이 수록된 결과를 국정교과서에 반영한 것으로 풀이된다.

그러나 『고등학교 국사 교사용지도서』에는 사회주의 계열의 독립운동이나 민족운동 관련 내용은 거의 排除되어있는 실정이다.[28] 국정 교과서

---

26) 이창성, 앞의 논문, 11쪽.
27) 김종훈, 「한국 현대사 어떻게 가르칠까? - 해방 8년사를 중심으로」 『한국사 교과서의 희망을 찾아서』, 256쪽.
28) 국사편찬위원회 국정도서편찬위원회, 『고등학교 국사 교사용지도서』(교육인적 자원부, 2005), 446~449쪽 및 중학교 국사 교사용지도서(교육인적자원부,

인 고등학교『국사』는 深化選擇科目인『한국근현대사』를 의식하여 근현
대사 부분을 매우 소략하게 정리하고 있다. 이 때문에 전반적으로 독립운
동 내용도 소략한 실정이다. 그러나 적어도 고등학교 교사라면 사회주의계
열의 독립(민족)운동 내용도 상당부분 알 필요가 있다고 본다. 한편『중학
교 국사 교사용 지도서』는 6·10만세운동시 사회주의자들의 활동을 약간
서술하고 있을 뿐이다. 그러나 '민족주의 진영과 사회주의 진영의 독립운
동 방략' 항목에서는 "우리민족은 이러한 독립운동의 노선차이는 일본 식
민당국만 이롭게 하는 적전분열밖에 되지 않았다."라고 하여 사회주의 사
상의 유입과 사회주의 진영의 활동에 대해 부정적으로 평가하였다.29) 이는
학생들은 물론 교사들에게까지 일제하 독립운동 과정에서 사회주의 계열
은 부정적 역할만 수행하고 오로지 민족주의 계열만 주동한 것으로 사실을
왜곡할 우려가 있는 것이다.

중학교에서 '국사'는 社會科로 통합되어 있으나, 실제로는 국사과목으
로 독립되어 필수과목으로 운영되고 있다.30) 고등학교의 경우 한국은 前
近代史가 필수로, 近現代史가 선택으로 되어있다. 한국도 중국처럼 근현
대사를 必須로 하는 것이 바람직하다고 생각한다. 2002년부터 시행되고
있는 제7차 교육과정에서는 고교 1학년때 '국사' 과목을 매주 2시간씩, 연
간 4단위 68시간(사회 10단위 170시간에 포함) 학습한다. 또 2학년 또는
3학년 때는 심화선택 과목인 '한국 근·현대사' 과목을 연간 6내지 8단위
(매주 3~4시간)를 학습하고 있다.31)

2005).

29) 위의『중학교 국사 교사용지도서』, 445~447쪽 참조.

30) 교육부에 따르면 1학년부터 10학년까지의 10년 동안에는 국민 공통기본 교육
과정을 편성·운영하게 되어있다. 이에 따라 중학교 사회과의 국사 영역은 별
도의 교과용 도서가 편찬되고 교원도 배치하도록 규정되었다(교육부,『초·중
등학교 교육과정-교육과정의 편성과 운영』(교육부 고시 제1997-15호), 2000,
22·29쪽).

31) 교육부, 위의 책, 17쪽. 한국 고 3학생들의 2004년 3월 수능과목(모의고사) 선

고등학교『국사』교과서는 '머리말'에서 일부 단원의 앞부분에서 한국사를 세계사와 상호관련하여 파악할 수 있도록 세계사의 흐름을 간략히 언급한다고 밝혔다. 또 민족사에 대한 긍지를 가지는 한편, 건전한 역사의식과 세계시민 의식을 함께 높이기를 기대한다고 하여 特殊性과 普遍性의 조화를 강조하였다.32) 이 책은 중국·일본 등 주변국의 역사왜곡 사태에 대응하여 근현대사 교육을 강화하라는 요청에 따라 새로 발간되었다고 한다. 특히 대한민국임시정부와 민족주의운동 위주의 서술이 더욱 강화되었다. 그러나 적지 않은 문제점이 지적되고 있다.33)

이 책은 2005년까지는 근현대사 부분은 큰 흐름만 따로 분류하여 간단히 정리하였다. 근현대사 부분은 심화 선택과목으로 구분되어 따로 상세히 공부하기 때문이다. 그러나 2006년판부터 근현대사 서술내용이 각 분류사 끝부분에 보강되고 분량도 늘어났다. 上海 '대한민국 임시정부'와 중국 동북지역의 '항일 독립전쟁' 등 국내외 민족운동에 대해서도 서술하였다. 그리고 '사회구조와 사회생활' 부문에서 韓人의 國外移住 등을 간단히 서술하였다.

그러나 앞으로『국사』의 편찬주체인 국사편찬위원회는 교과서의 명칭을『韓國史』로 바꾸는 것이 좋다고 본다. 그것이 세계적 추세에 부응하는 길이고 國粹主義的 認識을 극복하는 한 방편이 될 수 있기 때문이다.34)

택비율은 국사 49.4%, 한국 근현대사 56.8%였다(『중앙일보』 2004.4.12, 10쪽).

32) 필수과목이며 國定이다. 국사편찬위원회 편찬, 교육인적자원부, 2006년 3월 발행, 4×6倍判. 총 433쪽. 정치·경제·사회·문화사 등 분류사적 서술형태를 취하고 있고, 고등학교 1학년 필수과목으로 1주일에 2교시씩 공부하게 되어있다.

33) 왕현종, 「'수정판' 고등학교 국사교과서의 개편내용과 근대사 서술 비판」『역사교육』99(2006), 30·54쪽.

34) 역사교육에서 '국가'와 '민족' 이데올로기가 갖는 위험을 비판하는 포스트 모더니즘적 역사인식론이 제기되고 있다. 따라서 이러한 문제제기를 일부 수용할 필요가 있다. 국정교과서에 대한 비판도 거세다. 이에 대한 논의는『한국사 교과서의 희망을 찾아서』, 57~164쪽 참조.

Ⅳ. 교과서 세부 내용의 검토
－금성출판사 교과서를 중심으로－

1. 間島, 滿洲, 沿海州의 개념과 범위

금성본 교과서는 "주제 2 대한제국과 독립협회의 활동"에서 '간도와 독도' 문제를 서술하고 있다. 이 책의 간도문제 서술을 보면 다른 교과서와 마찬가지로 '간도와 독도(88쪽)' 항목에서 일제의 침략과 영토상실을 강조하고 있다. 현실적으로 間島問題를 강조하여 우리땅으로 회복할 가능성은 거의 없고 학생들에게 '국수주의적 인식'을 심어줄 가능성도 있다. 따라서 현재 다수가 거주하고 있는 조선족 동포와의 인적교류와 경제·문화·정보 교류의 활성화를 통한 "경제·문화영토"로서의 기능을 강화하는 방안을 학생들이 논의해보도록 하는 지도방안이 필요하다.

○ 99쪽 "間島 韓國人村" 사진 설명 → 구체적으로 어느 곳인지 불명확함. 중국 행정구역을 구체적으로 명시해야 할 것임. '韓國人'보다는 '朝鮮人' 또는 '韓人'이 더 적합함.
○ 북간도·서간도의 지역적 구분과 범위, 현재의 지리적 명칭 등 설명 필요.
* 만주 → 중국 동북지방, 길림성·요녕성·흑룡강성 등 동북 3성 지역을 지칭함.

● 주제 3의 <1920년대 만주지역 독립군의 활동> 도입부분에서
1) 滿洲 → '中國 東北地方' 用語 代替의 必要性
만주라는 말은 우리에게 너무나 익숙한 단어이다. 그러나 '滿洲'라는

용어는 주로 山海關 동북쪽의 遼寧省·吉林省·黑龍江省 등 중국동북
의 3성 지역을 가리킨다. 만주라는 말에는 이곳이 중국 본토와는 다른 별
개의 지역이라는 認識과 歷史地理的 개념이 溶解되어 있다고 생각한다.
때문에 우리는 별다른 의식없이 자연스럽게 '만주'라는 말을 쓰고있는 것
이다. 그러나 현재 중국인들은 '만주'라는 용어를 거의 쓰지 않고 있는 실
정이다. '만주' 하면 과거 일제의 괴뢰국인 '만주국'의 이미지를 연상하게
되므로 거부감을 갖고 있고, 이미 중국의 영토로 편입되어 확실하게 중국
의 주권이 관철되는 지역이라고 인식하기 때문이다. 따라서 그들은 주로
'동북'이란 말을 쓰며, '東3省'이란 용어를 쓰기도 한다.

1931년 9월 18일 일본군의 '만주' 침략 결과 1932년 3월 1일 일본의
괴뢰국인 '만주국'이 성립된 배경을 이해할 필요가 있는 것이다.

2) 190~191쪽 : 지리적 개념과 용어의 문제

"동북 만주(북간도)" : '東北滿洲'라는 개념은 매우 생소한 것이며,
'동북만주' 지역을 '북간도'로 간주하는 것 역시 무리한 서술이라고 할 수
있다. 차라리 "中國 延邊地域(北間島)", 혹은 "東滿洲(北間島)"로 바꾸
는 것이 바람직하다고 본다.

* 만주(중국동북) 지명 표기의 문제 : 어떤 부분에서는 중국식 발음대
로 표기하면서, 다른 부분에서는 우리식 발음대로 표기. 따라서 일정한 원
칙이 있어야 하겠다.

<보기> 지린성 왕칭현(190쪽) : 만주 삼둔자, 화룡현 봉오동지역(191쪽)

3) "3 민족독립운동의 전개"중 1장 '일제 식민통치와 민족의 수난'의
맨 앞 도입부분의 설명에서(142쪽) "일본제국주의는 1931년에 만주사변을
일으켜 대륙침략의 발판을 마련하였다."라고 서술하였다.

*'滿洲事變' → "1931년에 소위 '만주사변(중국에서는 9·18事變이라

함)'을 일으켜 대륙침략의 발판을 마련하였다."라고 수정되어야 할 것
이다.

2. 한철호 외 5인 지음, 고등학교 『한국 근·현대사』 (대한교과서, 2005년 3월 발행) 교과서의 국제관계 서술

'辛亥革命 이후의 중국' 항목에서 제국주의 열강의 중국침략 풍자 그
림, 軍閥의 항쟁, 민중운동으로 확대된 5·4운동, 국민당의 북벌과 국·공
합작 등을 서술하였다(134~135쪽). 그러나 서양인이 그린 풍자그림을 인
용한 결과 중국인은 우스운 모습으로 보인다. 이는 학생들에게 중국인을
비하하고 서양 우월감을 줄 우려가 있기 때문에 신중한 선정이 필요하다고
본다. 인명과 지명에 漢字를 병기할 필요도 있다.

또한 "중국의 5·4운동이나 인도의 간디가 전개한 反英運動은 모두 3·1
운동의 영향을 받았다(161쪽)."고 서술하였다. 이는 愼鏞廈 교수의 학설을
수용한 것인데, 다소 과장된 서술로 판단된다.35) 3·1운동의 5·4운동이나
다른 약소민족의 민족운동에 대한 영향의 강조는 국정 『국사』 교과서는
물론 6종의 검인정 『한국근현대사』 교과서 모두 공통적이다. 그러나 이는
다소 과장된 서술이라고 할 수 있다.

최근 입수한 중국 역사교과서를 보면 한국 역사교과서의 서술과는 다
른 내용을 찾아볼 수 있다. 즉 중국의 人民教育出版社本 『世界近代現代

---

35) 3·1운동이 5·4운동에 일정한 영향을 준 것은 사실인듯 하다. 일본인 학자들도
   이를 주목하고 있다(小島晋治, 「三一運動と五四運動－その連關性」 『朝鮮
   史研究會論文集』 17(東京, 朝鮮史研究會, 1980) 및 小野信爾, 「三一運動
   と五四運動」 『朝鮮史叢』 5·6합집(東京, 靑丘文庫, 1982) 등. 그러나 인도·
   베트남·필리핀·이집트 민족운동까지 언급하고 있는 신용하 교수의 글은 다
   소 과장된 측면이 있는 것으로 보인다(신용하, 「3·1독립운동의 사회사」 『한국
   민족 독립운동사 연구』, 서울, 을유문화사, 1985, 367~384쪽).

史』 교과서 하권은 제1장의 2절 '아시아, 아프리카의 민족해방운동'에서 '조선의 3·1운동' 항목을 설정하고 큰 비중으로 취급하였다. 3·1운동에 대한 서술은 대체로 정확하고 우호적인 내용이다. 그런데 주목되는 사실은 이 책이 "조선인민들의 투쟁은 중국인민들의 지지와 성원을 받았다."고 하며 오히려 중국 인민의 성원을 강조하고 있다는 점이다.[36]

大韓敎科書(株) 발행본은 3장 3절 '무장독립전쟁의 전개'에서 중국 동북지방 및 관내지역에서 전개된 무장투쟁과 임시정부 등의 독립운동 내용을 상세히 서술하였다(167~194쪽). 1932년 윤봉길의 상하이(上海) 홍커우공원(虹口公園) 의거에 대해서도 사진 2장을 게재하는 등 상세히 서술하였다(175쪽). 금성출판사 교과서와 달리 중국의 蔣介石과 국민당정부, 중국인들의 독립운동 지원사실도 서술하였다.[37]

이 책은 民族唯一黨運動의 추진배경으로 중국의 제1차 國共合作(1924)이 민중의 열렬한 지지를 받았다고 서술하였다(201쪽). 이밖에 만주(중국 동북지방) 등 국외 이주 동포의 활동과 중국공산당의 대륙지배를 한 면에 걸쳐 상세히 서술하였다(214~215쪽, 245쪽). 과거 국정교과서와는

---

36) "조선인민의 투쟁은 중국인민의 지지와 성원을 받았다. "3·1'운동이 폭발한 후 李大釗가 주관하는 ≪新青年≫ 등 간행물에서는 수십편의 보도기사와 글을 발표하여 조선에서의 일본의 식민통치를 규탄하였고, 조선인민들의 반일투쟁을 지지하였다. 어떤 사람들은 파리평화회의에 출석한 중국대표에게 전보를 보냈는데, 그들에게 조선독립을 승인해달라는 요구를 제기할 것을 촉구하였다."라고 서술하였다(全日制普通高級中學敎科書,『世界近代現代史』(選修) 下, 北京, 人民敎育出版社, 2005, 8~9쪽). 이 책은 고급중학교 2학년 2학기에 사용하는데, 1주일에 2교시씩 모두 25교시용으로 구성되었다.

37) '중국의 장제스는 尹奉吉의 의거를 두고 "중국의 100만 大軍도 해내지 못한 일을 한국용사가 단행하였다."라고 높이 평가하였다. 그 후, 중국 국민당정부는 중국 軍官學校에 한국인 특별반을 설치하여 軍 幹部를 양성할 수 있도록 허용하였다. 또, 중국 영토 내에서 우리민족이 무장독립투쟁을 전개할 수 있도록 승인하였는데, 이는 나중에 임시정부가 한국광복군을 조직하는 데 큰 도움을 주었다. (중략) 그리고 중국 국민당정부와 중국인들도 우리나라의 독립운동을 적극 지원하게 되었다(175쪽).'

다른 객관적 서술이라 할 수 있다. 그러나 중국군벌이나 官憲의 동포 탄압 혹은 지원, 중국인 대중들의 배척이나 지원양상 등에 대해서 간단히 언급할 필요가 있다. 기본적으로 중국 관민들의 지원없이는 생존과 민족운동이 불가능했기 때문이다.

3. 주제 3 '대한민국임시정부의 수립과 활동' 부분의 검토

金星出版社本은 다른 교과서보다 서술비중이 작은 편인데, 단 4쪽(176~179쪽), 本文敍述은 3쪽에 불과하다(총 368쪽). 부정적으로 서술한 부분도 상당하다. 물론 임시정부의 한계를 지적할 필요도 있다. 그러나 어려운 조건 속에서 독립운동의 상징과 구심점이 되며 오랜기간 존속한 성과와 임시정부의 외교활동 등으로 1943년 카이로 선언과 1945년 포츠담 선언에서 '적절한 시기에' 한국의 독립이 확약된 사실을 명기할 필요도 있을 것이다. 기존의 국정 『국사』 교과서와 차이가 나는 서술이라고 볼 수도 있다. 아쉬운 점은 임시정부를 '외교론'적 시각으로 평가하는 점이다. 성립 초기에 한인사회당과 연해주 민족운동세력의 대표격으로 국무총리에 취임한 李東輝의 만주지역 독립전쟁 세력과의 연계 및 적극적 무장투쟁론을 간단히 서술할 필요도 있다고 본다.

참고로 다른 교과서의 '임시정부 수립과 활동' 서술분량을 검토해 보자. (주)천재교육 교과서는 7쪽(186~192쪽, 총 367쪽), (주)두산 교과서는 6쪽(172~177쪽, 총 384쪽), 대한교과서본 4쪽(162~165쪽, 총 327쪽), 중앙교육진흥연구소본 5쪽(189~193쪽, 총399쪽), 법문사본 4쪽(169~172쪽, 총351쪽)이다.

① 상해 임시정부에 李東輝 등의 韓人社會黨 멤버가 참여한 사실을 왜 明記하지 않는가? 임시정부는 단순한 민족주의자들의 집합체가 아니었

다. 잘 알려진 것처럼 러시아령 연해주 블라디보스톡에서 결성된 文昌範 등의 '大韓國民議會' 세력도 참여하였던 것이다. 이동휘와 한인사회당의 上海 臨時政府 참여는 독립운동 중앙기관으로서의 영향력을 제대로 발휘하지 못하고 있던 臨時政府의 對內外的 權威와 대표성을 강화하는데 크게 寄與하였다.[38]

② 182쪽 '3 무장독립전쟁의 전개' 도입부분에서 "특히, 의열단과 한인애국단의 항일 테러활동은 우리민족의 독립의지를 국제사회에 알리는데 큰 역할을 하였다."라고 서술하였다. 그러나 의열단과 한인애국단의 활동을 "항일 테러활동"이라고 서술한 부분은 많은 논란의 여지가 있다. 테러(terror)는 소수의 특정 정치세력이 개별적 차원에서 불특정 다수를 대상으로 한 무차별적 폭력 및 응징행위를 지칭한다고 할 수 있다.[39] 그러나 일제 강점기 의열단과 한인애국단의 활동은 일제 침략세력과 그 하수인, 식민지 통치 및 착취기관, 부일배, 특정 침략기구와 관련 세력 등에 대한 의도적 폭력투쟁 행위였다고 정의할 수 있다. 따라서 "항일 테러활동"이란 용어는 "항일 의열투쟁"으로 바꾸는 것이 좋다고 생각한다.

이러한 용어는 '주제 2 의열단과 한인애국단의 활동' 서술부분에서도 마찬가지이다. 186쪽 본문 중간부분에서 "테러활동만으로는 민족해방을 쟁취하기가 어렵다고 판단한 의열단은 계획적인 혁명훈련과 간부 조직에 착수하였다."라고 서술하고 있는 것이다.

역시 '한인애국단의 활약'(188쪽)에서 "이에 임시정부의 김구는 한인애

---

38) 반병률, 「한인사회당」『한국독립운동사사전』7(천안, 독립기념관, 2004), 439쪽.

39) 사전의 '테러'에 대한 정의를 살펴보면 다음과 같다. 테러 : 폭력을 사용하여 상대를 위협하거나 공포에 빠뜨리는 짓. 테러리스트: 폭력으로 사람을 협박하거나 살상하여 목적을 달성하려는 자. 테러리즘: 정치적 목적을 달성하기 위해 암살, 납치 등의 폭력을 사용하는 태도나 방식. 테러범: 폭력으로 사람을 협박하거나 살상하여 목적을 달성하려는 범죄자 등으로 정의되고 있다(연세대 언어정보개발연구원 편, 『연세 한국어사전』, 서울, 두산동아, 1998, 1902쪽).

국단을 조직하고 적극적인 테러투쟁을 벌임으로써 임시정부에 활기를 불어넣었다."라고 서술하고 있다. 김구 등 한인애국단의 활동을 '테러투쟁'으로 표현하고 있는데, 이는 심각한 용어와 개념의 오도이며, 집필자 자신은 물론 많은 학생들에게 잘못된 관념과 오해를 불러일으킬 소지가 있다. '테러활동'이란 용어는 의열단과 한인애국단의 무력투쟁을 폄하하는 의미가 있는 것이다. 김광남 외, (주)천재교육 간행 교과서는 199~202쪽에서 '테러활동'이란 용어 대신에 '의열투쟁'이란 용어를 쓰고있는 사실을 상기할 필요가 있다 하겠다. '의열투쟁' 용어는 다른 검인정 교과서에서도 마찬가지로 쓰이고 있다.[40]

그런데 이러한 '항일테러' 용어는 교육부 준거안에서 연원할 지도 모른다. 왜냐하면 '고등학교 국사'의 교사용 지도서조차 '항일테러'라는 용어를 쓰고있기 때문이다.[41] 북한의 경우 의열단이나 한인애국단의 활동을 '테러활동'으로 규정하고 부정적으로 평가하고 있는 사실을 상기할 필요가 있다. 한편 국사편찬위원회 간행 중학교『국사』교과서(2005년판)의 경우 의열단이나 한인애국단의 활동 서술내용에서 '테러' 등의 용어는 일체 쓰이지 않고 있다(276~277쪽).

③ 한편 같은 주제 지면(186쪽)의 왼쪽 사진에는 중국어 발음대로 '황푸군관학교(육군군관학교)'로 서술하고 있으면서, 본문에서는 '황포군관학교'로 우리식 발음대로 표기하여 용어를 통일할 필요성이 있다. 의열단의 결성장소를 "만주 지린성"으로 표기하였으나(186쪽), "만주(중국동북) 지린성 지린(吉林)시"로 표기하여 정확한 결성장소를 밝혀주는 것이 좋다고 본

---

40) 김종수 외, 법문사본(180~181쪽) ; 김광남 외, (주)두산본(182~185쪽); 주진오 외, 중앙교육진흥연구소본(202~204쪽) ; 한철호 외, 대한교과서(주)(172~175쪽) 등 다른 교과서에서는 '테러활동'이란 용어는 쓰이지 않고 있다. 대신 항일투쟁과 항일의거란 용어를 쓰고 있다.
41) 이 책은 "한편 대한민국 임시정부는 1930년대에 들어와 김구의 지도 아래 한인애국단을 조직하고 적극적인 테러투쟁을 전개하였다."라고 서술하고 있다 (449쪽).

다. 지린성(길림성)은 18만 평방km에 달하는 매우 넓은 지역이기 때문이다.

④ 186·188쪽의 '滿洲事變'과 '상하이사변' 역시 日本식 用語이므로 우리 현실에 맞는 용어로 수정하는 것이 바람직하다고 본다. '9·18사변' 혹은 '상해침략' 등의 용어로 수정하는 방법을 생각해볼 수 있다.

⑤ 또 본문에서 韓人愛國團의 尹奉吉 의거를 계기로 "朝鮮의 獨立 運動에 냉담하던 中國人들에게 큰 感銘을 주어 大韓民國臨時政府에 대한 援助가 잇달았다. 이러한 활동은 중국국민당정부가 대한민국임시정부를 인정하는 계기가 되었고, 한국광복군이 탄생하는 바탕이 되었다 (188쪽)."라고 서술하였다. 이 부분은 학생들에게 오해를 불러일으킬 소지가 있다. 즉 중국국민당정부가 임시정부를 '承認'한 것으로 오해할 우려가 있는 것이다. 따라서 이 부분은 "임시정부를 후원(또는 지원)하는 계기가 되었고"로 수정이 바람직하다. 한편 이때의 후원은 김구 개인에게 집중되는 경향이 있었던 것이 사실이다. 그의 이름이 널리 알려졌기 때문이다.

⑥ 188쪽 '한인애국단의 활약'에서 "그 첫 번째 거사가 한인애국단원 이봉창이 도쿄에서 히로히토 日本 國王을 저격한 사건이었다(1932). 이 의거는 비록 실패로 끝났지만, 日本 國王을 직접 겨냥했다는 점에서 일제에 큰 충격을 주었다. 상하이사변으로 중국 침략의 새 기지를 확보한 일제가 상하이 홍커우공원에서 天皇 탄생 축하행사 겸 전승축하식을 거행하였다."라고 서술하고 있다. 그러나 같은 지면에서 日本 國王과 天皇이 同時에 敍述되고 있어 학생들에게 혼란을 야기할 우려가 있다.

* 189쪽 '義士·烈士들의 抗日活動 일지' 부분에서도 '1932년 1월, 이봉창 도쿄에서 히로히토 일본국왕 폭살 기도', "李奉昌의사의 폭탄은 일왕에게까지 미치지는 못하였지만", "김지섭의 재판광경 : 1924년 日王이 기거하는 王宮 앞의 二重橋에" 등과 같이 '日王'으로 서술하고 있는데, 이는 다른 교과서류도 마찬가지이다. 일본에서 쓰고있는 '天皇'이란 용어를 그대로 써야할 지, 아니면 '國王'으로 우리식 표현대로 해야할 지 고민해봐

야 할 문제라고 본다. 그러나 일본에서 '天皇'이란 용어를 쓰고 있기 때문
에 그러한 慣例를 존중하여 그대로 써줄 필요도 있다고 생각된다.

⑦ 189쪽 '현장에서 잡혀가는 윤봉길' 사진 설명문의 문제. "현장에서
체포된 윤봉길은 오사카로 끌려가 며칠 뒤 사형을 당하였다."라고 서술하
였다. 그러나 사실 윤봉길은 거사 6개월 반 뒤인 1932년 12월 19일 일본
의 미고우시(三小牛) 공병작업장에서 순국하였다.

⑧ "日帝"라는 용어의 모호함과 개념의 문제 : 6종 검인정 교과서 모
두 '日帝'라는 용어를 매우 많이 사용하고 있으나, 문단이나 문맥에 적합
한 정확한 실체를 구체적으로 밝혀주어야 한다고 본다. '일제'라는 용어의
개념과 그 의미, 용례를 분명히 해야하는 것이다.[42] 서술당시의 상황에 맞
게 정확한 주체와 개념을 명시할 필요가 있다.

---

42) 일본인에 의해 이 문제가 제기되기도 했다. 송병권, 「고등학교 국사교과서 근
현대사 서술에 보이는 일본의 이미지」, 『고등학교 역사교과서에 나타난 한국과
일본의 상호인식』, 한국학중앙연구원 주최 한일교과서 세미나 발표논문집
(2006년 7월 24일), 57~62쪽. 송병권의 발표에 대한 후지나가 다케시(藤永壯)
의 비평문, 99~101쪽.

경우에 따라 조선총독부, 조선총독부 경무당국, 일본군, 조선군(식민지 조선 주둔 일본군), 일본경찰, 일본 정부 당국, 일본 내각이나 외무성, 일본 영사관, 관동군, 만주국, 만주국 군경, 동양척식회사 같은 식민지 통치 및 지원기관, 일제 수뇌 등 정확한 실체를 구분하여 표기해야 한다고 본다. 일본인들에 의해 한국 중·고교 國定 『국사』 교과서 제도와 '국사'라는 용어에 대한 문제제기도 있었다. 이제 우리도 '국사'라는 용어와 국정 역사교과서 체제에 대해 심각하게 재검토할 때가 되었다고 생각한다.[43] 역시 주제 5 '국외 이주동포의 활동과 시련'(220쪽)에서 '일제' 용어의 적확한 개념구분의 필요성이 있다. 일본·일본군·일본정부·조선총독부 경무당국 등 구분서술이 필요하다.

4. 주제 3 '1920년대 만주지역 독립군의 활동' 부분 검토

1) '북로군정서군' 서술(190쪽)

"그뒤 군자금의 모금과 무기구입에 주력하여 커다란 항일군단으로 발전하여 군정회 군정부라 칭하였다가, 1919년 12월 북로군정서로 개칭하였다." → "대한군정회 대한군정부라 칭하였다가, 1919년 12월 '대한군정서'로 개칭하였다. 대한군정서는 일명 '북로군정서'라 했다."로 수정 요망. "1920년에는 소속 병력이 1600여명" → 1920년에는 "소속병력이 최대 1600여명(사관연성소 생도 포함)"으로 수정하는 것이 바람직하다고 본다.

실제로 일제의 정보자료에는 대한군정서 독립군의 병력을 1,600명이라고 보고한 것도 있다.[44] 대한군정서 독립군의 총병력에 대해서는 여러가지

---

43) 오즈 겐고(大圖建吾), 「한국 고교 국사교과서에 보이는 '일본'의 이미지」 『고등학교 역사교과서에 나타난 한국과 일본의 상호인식』, 79쪽.

44) "군정서는 汪淸縣 春明鄉 西大坡에 근거를 有하고 … 주되는 役員을 擧한다면 총재 徐一, 부총재 玄天默, 사령관 金佐鎭, 참모장 羅仲昭 등으로서, 대원 약 1,600명, 군총 약 1,300정, 권총 약 150정, 기관총 7문 및 수류탄 80을

기록이 나오는데, 한 정보 보고서에는 西大坡 근거지에서 무장된 군정서 군인은 약 600명, 사관연성소 생도 약 300명, 기타 약 200명 이었으며, 근거지 이동 당시에는 선발대가 약 500명(사관연성소 졸업생 300명과 경비대 약 200명)이었고 본대가 약 600명이었다 한다.[45] 따라서 대한군정서 독립군의 西大坡 근거지 총병력은 약 1,100명이었다고 볼 수 있다.

금성출판사 교과서는 '청산리전투'란 용어로 서술하였다. 그러나 현재 한국에서 사용중인 국정 중·고교『국사』교과서와 대부분의 검인정『고등학교 한국 근·현대사』는 '봉오동전투'와 '청산리대첩', '간도참변'과 '자유시참변'으로 거의 통일된 용어를 사용하고 있는 실정이다.[46] 한편 2002년까지 국정체제였던 고등학교 국사교과서(하)는 '청산리전투'라는 소단원 제목을 붙였지만, 본문에서는 '청산리대첩'이란 용어도 사용하였다 (2001년본, 155~156쪽). 그리고 이를 '독립전쟁'의 개념으로 서술하고 있기는 하지만, 명확하지 않다.

6종의 교과서는 모두 봉오동·청산리전투만 서술하고 있다. 그러나 청산리지역 이외의 전투도 간단히 언급할 필요가 있다. 즉 10월 말에서 11월

갖고 있다." - 「北間島地方의 抗日團體狀況」(高警第34318호, 1920.10.28 일자)『한국독립운동사』제3권(자료편), 국사편찬위원회 편(1967), 630쪽.

45) 「軍政署二拘禁セラレ居リタル朝鮮人ノ談話二關スル件」『現代史資料』 27(朝鮮 3)(東京, みすず書房, 1972), 239쪽.

46) ① 국사편찬위원회,『고등학교 국사』(교육인적자원부, 2006): 봉오동전투·청산리대첩·간도참변·자유시참변 ② 국사편찬위원회,『중학교 국사』(2005): 봉오동전투·청산리대첩 ③ 금성출판사『고교 한국근현대사』(2005): 봉오동전투·청산리전투·간도참변(경신참변)·자유시참변 ④ 법문사(2005): 봉오동전투·청산리대첩·간도참변·자유시참변 ⑤ 중앙교육진흥연구소(2005): 봉오동전투·청산리대첩(청산리전투)·간도참변(경신참변)·자유시참변 ⑥ (주)두산(2005): 봉오동전투·청산리대첩(청산리전투)·경신참변(간도참변)·자유시참변 ⑦ 대한교과서(주)(2005): 봉오동전투·청산리대첩(청산리전투)·간도참변·자유시참변 ⑧ (주)천재교육(2005): 봉오동전투·청산리대첩(청산리전투)·간도참변·자유시참변 등.

초에 걸쳐 청산리의 반대방향인 왕청·혼춘현 등 동부지역에서도 琿春韓
民會나 羅子溝議事會 소속 독립군 등의 소규모 전투가 여러차례 있었던
것이다.

2) 봉오동전투와 청산리대첩의 서술(191쪽)

① '만주 삼둔자' → '북간도(현재의 연변)', 또는 '두만강 건너편'으로
수정하는 것이 좋겠다.

② 봉오동전투의 전과에 대하여 : "상하이 임시정부의 군무부는 이때
의 전황을 일본군은 전사자 157명, 중상 200명, 경상 100여명의 피해를 입
은 반면, 독립군은 전사 4명, 중상 2명의 가벼운 피해에 그쳤다고 발표하
였다.(191쪽)"라고 서술했다.[47]

끝에 "다만 이 전과는 대승사실을 국내외에 널리 홍보하여 한국인들의
사기를 드높이고 독립운동을 더욱 고취하려는 목적에서 다소 과장된 것으
로 판단된다."식의 보완 서술이 필요하다고 본다. 왜냐하면 봉오동전투 당
시 출동한 일본군은 1개 대대 규모로 300~400여명 규모였기 때문이다.

봉오동전투 이후 그 소식을 보고받은 임시정부측은 후일 내부자료에서
봉오동전투로 일본군 120명이 피살된 것으로 파악하였으며, 청산리전투에
서는 일본군 600여 명이 피살된 것으로 파악하였다.[48] 물론 이러한 기록도
그 신빙성을 정밀하게 따져 보아야 하겠지만, 내부자료이기 때문에 비교적
신빙성이 높다고 볼 수 있다.

실제로 봉오동전투 직후 그 소식을 가장 먼저 들은 북간도의 재야 사
학자인 金鼎奎는 그의 일기『野史』에서 다소 다른 내용을 기록하였다. 김

---

47) 김광남 외,『고교 한국근·현대사』, (주)두산(2005) 교과서는 "4시간의 전투 끝
   에 독립군은 수백 명의 일본군을 살상하는 전과를 거두었다. 이것이 봉오동전
   투의 승리이다.(1920.6)"라고 서술(188쪽).
48)「朝鮮民族運動年鑑」『朝鮮獨立運動』2, 金正明 編(東京, 原書房, 1967),
   239·246쪽.

정규는 구한말 함경도와 연해주를 왕래하며 의병활동에 투신했던 인물인데,『野史』에 봉오동전투 직후 最初의 見聞事實을 다음과 같이 수록하고 있는 것이다.[49]

"아침에 온 서신에 따르면 일병 400명이 돌연 왕청현 봉오동지방에 와서 우리 군과 수시간 동안 싸워 사상자가 심히 많았다."(朝據來信則 日兵 四百名 突來汪淸縣鳳梧洞地方 與吾軍相戰數時 死傷甚多, 권 16, 1920년 4월 23일자, 陰曆; 陽曆 6월 9일. 전투 이틀 뒤)[50]

"봉오동의 소식에 따르면 日兵 死者가 100여 명이고 우리 군의 死者도 3인이며, 洞民 사상자가 십수명이라 한다."(據吾洞的報則 日兵死者百餘名 吾軍死者三人 洞民死傷者十數名(권 16, 1920년 4월 26일자, 음력; 양력 6월 12일. 전투 5일 뒤)[51]

이를 종합해보면 봉오동전투에서 일본군 100여 명이 살상된 것으로 추정된다. 왜냐하면 김정규는 최진동(최명록)·홍범도 등 봉오동전투 지휘자들과 잘 아는 처지였기 때문에 가장 정확한 정보를 전투 직후에 전달받았을 것으로 판단되기 때문이다.

③ 한편 청산리전투(청산리대첩)에 대해서는 <독립전쟁 최대의 승리, 청산리전투>라는 소 항목에서 "우리측 발표에 따르면, 독립군은 이 전투에서 일본군을 1,200여 명이나 사살한 데 비해, 피해는 전사 60명, 부상 90명에 지나지 않는 큰 승리를 거두었다. 청산리전투의 승리로 독립군은 일제의 공격을 저지하고 주력을 보존할 수 있었다."라고 서술하였다(192쪽).[52]

---

49) 김정규의 생애와『野史』에 대해서는 윤병석, 「龍淵 金鼎奎의 생애와 '野史'」,『한국독립운동사연구』5, 한국독립운동사연구소, 1991, 113~141쪽 참조. 한편 봉오동전투 직후 독립운동 세력은 이 전투를 "독립전쟁의 제1회전"으로 자임하고 "독립전쟁의 개시"를 대대적으로 홍보·선전하였다.
50)『龍淵 金鼎奎日記』下(천안, 독립기념관 한국독립운동사연구소, 1994년 영인), 630쪽.
51) 위의 책, 631쪽.
52) (주)두산 교과서는 본문 옆의 보충설명란 <청산리대첩에서 일본군의 피해>에

"그러나 이 기록은 다소 과장된 것으로 보인다."라고 보완할 필요가 있다. 학생들의 이해를 돕기 위한 보충설명을 추가해야 한다고 본다.

혹은 "다만 일본측 자료에는 자신들의 피해가 경미한 것으로 축소되어 있다."라는 내용을 본문 옆이나 보충란을 통해 병기하면 좋지 않을까 한다. 상대방 자료로 증명되면 좋겠지만, 아직까지 그러한 자료는 별로 찾지 못했기 때문에 이러한 사실을 병기하면 오히려 신뢰도를 높일 수 있다고 생각한다.

자신들의 피해를 경미하게 기록한 일본 측의 자료를 토대로 일본의 관변 연구자 사사키 하루류(佐佐木春隆)는 출동 당시 일본군의 전보보고서를 종합한 결과 청산리 전투 전체를 통틀어 일본군은 전사자 11명, 부상자 24명, 말 10필의 희생을 치렀을 뿐이라고 주장하기도 하였다. 더구나 장교 희생자는 한국 측의 주장과는 달리 전혀 없었다고 한다.[53] 그러나 위와 같은 일본군의 내부보고서나 일부 관변 연구자의 주장은 신빙성이 별로 없다고 할 수 있다. 왜냐하면 독립군 당사자나 임시정부는 물론, 중국·러시아 관계 당국 역시 독립군이 대승한 것으로 파악하고 있기 때문이다. 또한 어랑촌 일대의 蜂蜜溝에서만 일본군 74명의 사상자가 난 것을 밝히고 있는 일본측 자료와 연구성과도 있다.[54] 청산리전투는 그 전과가 어찌되었건 일본군이 참패한 것은 분명한 사실이다. 실제로 일본의 간도주재 사카이(堺)

서 "임시정부의 발표에 의하면 사망 1,200여 명, 부상 2,100여 명이라 하고 있으며, 또 이범석은 그의 회고록『우둥불』에서 일본군 사상자를 3,300여 명이라고 기록하고 있다."라고 서술했다 (189쪽).

53) 『朝鮮戰爭前史としての韓國獨立運動の研究』(東京, 國書刊行會, 1985), 509~514쪽. 연변대학 김춘선 교수는 1920년 10월 27일 이후에도 중국 측 문서에 일본군 가노(加納) 연대장의 활동기록이 나타나는 것으로 보아 그가 청산리전투 당시 별다른 피해를 입지 않은 것 같다고 밝혔다(「발로 쓴 청산리전쟁의 역사적 진실」,『역사비평』, 2000년 가을호, 277쪽).

54) 原暉之,「日本の極東ロシア軍事干渉の諸問題」『歷史學研究』 478호(東京, 靑木書店, 1980), 歷史學研究會 編, 6쪽.

총영사 대리는 1920년 11월 22일 일본 우치다(內田) 외무대신에 보낸 암호전보에서 실패를 시인하고 있는 사실을 파악할 수 있다.[55] 적어도 일본군 500~600여명이 살상되지 않았을까 한다.

④ 191쪽 "봉오동전투 현장" 사진 : 중국 길림성 圖們市에 있는 '봉오저수지' 사진을 실었다. 그러나 2005년판 중학교 『국사』 교과서 275쪽에 실려있는 사진처럼 저수지 사진이 아닌, 전투가 벌어진 저수지 상류의 계곡사진으로 교체하는 것이 바람직하다.

⑤ 191쪽 "수위신분으로 연극 '홍범도'를 관람한 홍범도" 설명 부분 : "1910년 간도로 건너가 차도선, 조맹선 등과 함께 독립군 양성에 주력하였다. (중략) 일제의 공격을 피해 소련령으로 옮긴 독립군은 …" → 홍범도는 1910년대 초 러시아의 연해주(블라디보스톡 일대)와 지금의 黑龍江省 密山縣 등 북만주 및 북간도 지방에서 독립군을 양성하였다. 따라서 밑줄친 부분은 "1908년 말 북간도를 거쳐 러시아의 연해주로 건너가 이동휘 등과 함께"와 "일본군의 공격을 피해 러시아령으로(혹은 노령으로)"로 수정되어야 하겠다. 소련(소비에트 러시아 연방공화국)은 1924년 정식으로 성립한다. 당시 이 지역은 러시아혁명의 와중에서 수립된 '원동공화국(Far Eastern Republic, 수도는 치타)'의 관할지역이었다.[56] 194쪽의 대한독립군단이 '소련령 자유시'로 이동하였다고 하는 부분도 마찬가지이다.

192쪽의 <봉오동·청산리전투 지도> : 삼둔자 및 봉오동의 위치 표시가 잘못되어 있다. 삼둔자는 두만강변으로 내려와야 하고 봉오동은 두만강과 가야하(嘎呀河)가 합류하는 도문시 위쪽으로 옮겨야 한다.

---

55) "일본군 담당구역 안에서의 不逞鮮人 討伐은 이미 각 부대 모두 일단락을 고하였다. 그 효과는 일찍이 조선군이 2개 연대의 병력으로 2개월 간에 소탕할 수 있다고 믿은 기대에 반하여 성적이 의외라고 해야 할 만큼 다소 실패로 끝났다는 비난을 면하기 어렵다."(『現代史資料』28(朝鮮 4), 304쪽).
56) 반병률, 『임시정부의 초대 국무총리 성재 이동휘 일대기』(서울, 범우사, 1998), 299~300쪽.

⑥ 교과서에 '청산리대첩' 당시의 국제정세와 국제 지원세력의 동향을 간단히 서술할 필요가 있다. 특히 1920년대 초의 해외 민족운동을 올바로 이해하기 위해서는 국내 민족운동의 흐름은 물론, 국제정세와 국제 지원세력의 영향과 후원을 주목해야 한다. 지금까지 한국학계는 주목하지 못했으나, 청산리전투 당시 러시아혁명의 주도세력이던 赤衛派(볼세비키, 레닌정부) 및 코민테른, 한인사회당 등 관련 한인들의 지원은 우리가 보통 생각하는 것보다 더 컸고, 그에 따른 파급효과도 적지 않았다는 사실을 재인식해야 할 것이다. 청산리대첩 당시 단위부대로서는 가장 규모가 컸고, 또한 잘 무장되었던 북로군정서조차 러시아 혁명세력의 무기공급과 후원을 받았던 사실은 제대로 밝혀지지 않은 실정이다. 또한 저명한 독립군 사령관 홍범도가 북간도 지역에서 활동할 때 후원을 받았던 기독교계열의 간도 대한국민회 역시 러시아 혁명세력과 밀접히 연계되어 있었다.[57]

물론 이러한 사실은 아직 학계의 '정설'로 자리잡지 못했을지도 모른다. 그러나 봉오동·청산리전투에서 독립군부대가 막강한 일본군을 격파할 수 있었던 배경에는 러시아에서 구입한 무기와 장비가 큰 몫을 했다는 사실을 학생들에게 이해시켜야 할 것이다. 학생들은 어쩌면 이러한 사실을 궁금해 할지도 모른다.

1918년 8월 일본군이 러시아 10月革命을 탄압하기 위해 沿海州 地方에 침입한 뒤 韓人 民族運動 勢力이 자연스럽게 볼세비키 정권을 後援하던 적위파 혁명세력과 공동보조를 취하게 되었다. 더욱이 러시아革命派는 1919년 3월 연해주의 올가에 '빨치산 諸部隊 臨時革命本部'를 設置하였고, 여기에 '民族部'를 두어 한인 등 무장세력의 활동을 원조하였던 것이다.[58] 또 최근 공개된 러시아측 文書를 보면 1920년 7·8월경에 이

---

57) 「露國過激派と間島不逞鮮人團との關係」 『朝鮮統治史料』 8(東京, 韓國史料研究所). 金正柱 編, 228~233쪽 및 「十月七日日本軍隊間島出動」 『現代史資料』 28(朝鮮 4), 397쪽.

58) 原暉之, 「ロシア革命, シベリア戰爭と朝鮮獨立運動」 『ロシア革命論』,

미 코민테른과 李東輝의 韓人社會黨 등은 만주와 연해주 지역에 산재한
韓人 獨立軍 및 義勇軍(빨치산) 부대들을 統合指揮할 계획을 수립한 사
실을 확인할 수 있다.[59] 따라서 청산리전투 이후에 여러 독립군 부대들이
시베리아지방으로 이동하는 배경도 이같은 맥락에서 자연스럽게 이해할
수 있다. 그러나 이러한 실상은 국내학자들의 연구업적에서 별로 언급된
적이 없다. 청산리전투(대첩)은 당연히 민족주의계열 무장투쟁의 정화요
최고봉으로 높이 평가하면서도 이러한 배경과 실상이 무시되었던 것이다.

⑦ 일본군이 독립군 '토벌'을 구실로 저지른 만행인 '간도참변'에 대한
보다 구체적인 서술이 있어야 한다고 보는데, 이에 대한 서술은 뒷장의
'사회·경제적 민족운동'의 '국외 이주동포의 활동과 시련' 항목에서 이루
어지고 있다(220쪽). 이는 분류사 체계에 따른 불가피한 서술로 보이는데,
교육부 준거안의 개정이 필요하다고 본다.[60]

일본군은 1920년 11월 20일을 기해 간도지역에서 독립군 부대를 공격
하는 제1단계 작전을 끝내고, 이듬해 4월 경까지 각 지역에 잠적한 독립군
을 찾아낸다는 명목으로 제2단계 작전을 자행하였다. 이 기간동안 그 악명
높은 '간도참변'이 자행되었다. 이 사태 직후 중국 당국이 조사한 자료를
보면 일본군은 독립군과 무관한 양민 350여 명을 학살하고, 학교와 교회
등을 비롯한 가옥 1,300여동을 불태웠으며, 125만여 원에 이르는 막대한
재산피해를 입혔다고 한다.[61] 하지만 韓人들이 입은 피해는 이보다 훨씬

194~195쪽.

59) 이창주 편, 『조선공산당사(비록)』(서울, 명지대출판부, 1996), 540~543쪽.

60) 고등학교 『국사』 교과서(2006년판)는 '간도참변'에 대해 옆면의 보충설명란에
    서 "독립군에 패한 일본군이 간도 일대에서 동포 1만여 명을 학살하고, 民家
    2500여 채와 學校 30여개 所를 불태운 사건"이라고 밝혀 학생들의 이해를 돕
    고 있다(121쪽).

61) 『現代史資料』 28, 589~592·520~570쪽. 일본군의 '간도학살' 사태에 대해서
    는 조동걸, 「1920년 간도참변의 실상」 『역사비평』 1988년 겨울호, 47~57쪽
    참조. 1921년 5월 5일 중국 지방장관인 延吉道尹이 중국 외교총장에 보고한
    문서에 따르면 연길·혼춘·화룡·왕청·동녕현의 5개현에서 942명이 피살

컸다. 그러나 우리 교과서에는 '간도참변'에 대한 용어가 독립운동 서술부
분에서 나오지만, 그에대한 설명은 뒤의 '이주동포' 부분에서 나온다. 즉
금성출판사본은 192쪽에 처음 이 용어가 나오지만 상세한 설명은 220쪽에
서 하고 있다. 주진오 외 중앙교육진흥연구소본(207, 239~240쪽)과 대한
교과서본(182·217쪽), 법문사본(183·212쪽), 두산본(190·218쪽), 천재교육
본(208·238쪽) 등 다른 교과서 역시 마찬가지이다.

간도참변(경신참변) 사태의 발단은 청산리전투(청산리대첩) 이후의 사
태설명시 서술했으나, 정작 간도참변에 대한 구체적인 보충설명은 4장 '사
회·경제적 민족운동'의 '국외 이주동포의 활동과 시련' 부분에서 하고 있
다. 따라서 학생들에게 생소한 용어는 앞부분인 3장 '무장독립전쟁의 전
개'에서 나오고, 그에 대한 상세한 보충설명은 장을 달리하여 뒷부분인 '사
회·경제적 민족운동' 부분에서 나오는 모순된 체제구성을 보이고 있다.
이는 중학교 『국사』가 시대별 흐름을 망라한 통사 체제로 되어있기 때문
에 이와 체제를 달리하기 위하여 고교 역사교육 과정에서 '분류사' 체제를
취한 교과과정 상의 문제라고 생각된다.

3) '자유시참변'과 〈역사의 현장〉 서술 부분

① <194쪽> '3부의 성립과 독립군의 재편' 항목에서 '자유시사변'과
<역사의 현장> 문제

되었다고 한다. 반면 일본군 스스로 550여 명에 달하는 피살 한인들의 명단과
주소 등을 파악하고 있다. 한편 임시정부 간도통신원이 10월 9일부터 11월 30
일까지 집계한 피해상황은 피살 3,469명, 피검 170명, 피강간 71명, 민가
3,209호·학교 36개소·교회 14개소 全燒, 양곡 손실 5만 4,045석이라는 엄
청난 것이었다(『독립신문』 1920년 12월 18일자 2쪽). 따라서 1921년 4월경까
지 자행된 일본군의 만행을 추가한다면 훨씬 더 많은 한국인들이 여러 가지
형태의 피해를 입었을 것으로 추정된다. 姜德相 등 일부 논자들은 피살자가
1만 또는 3만에 달했다고 보기도 한다(『日本近現代史辭典』, 東京, 東洋經濟
新報社, 1978, 122쪽).

* 자유시사변은 일명 '黑河事變'이라고도 한다. 따라서 교과서에도 이 사실을 명기할 필요가 있다고 본다. 또 같은 페이지의 <역사의 현장> '독립군 최대의 비극, 자유시참변' 설명코너는 상당부분 오류를 범하고 있다.

이 책은 "소련정부는 독립군에게 무장을 해제하고 소련군의 지휘아래 들어올 것을 요구하였다. 독립군이 이를 거부하자 소련군과 이르쿠츠크파 공산당 소속 무장대대는 독립군의 무장을 강제로 해산시키는 데 나섰다." 라고 서술하였다. 그러나 이때는 소련군이 아니라 '러시아 적군'이 정식편 제였다고 보아야 한다. 그리고 '자유시참변'을 야기한 주요원인은 독립군과 소련정부·소련군의 대립에 있었던 것이 아니라, 통합 항일부대의 군통수권을 둘러싼 이르쿠츠크파·상해파 고려공산당 사이의 대립에 있었다고 할 수 있다. 여기에 코민테른 동양비서부와 러시아공산당 중앙위원회 遠東部, 그리고 이르쿠츠크파 고려공산당 계열의 상해파 계열 독립군부대와 박일리아 등 연해주 빨치산 의용군에 대한 무리한 통합요구가 사태의 발단이었던 것이다.

따라서 이 교과서처럼 '자유시참변'의 원인을 소련군과 독립군의 좌·우 대결구도처럼 서술해서는 안되는 것이다. 더구나 홍범도가 이끄는 440여명의 독립군부대는 이르쿠츠크파가 참가하여 결성한 '고려혁명군정의회' 진영으로 넘어와 무장해제에 합류했기 때문에 별다른 피해가 없었다. 때문에 '자유시참변'으로 수백명의 독립군이 사살되었다는 서술은 명백히 오류라고 할 수 있다. 이 군정의회측에서 제기한 자료에는 사망·부상 및 행방불명자 90여명, 포로 900여명이었다고 한다.[62] 따라서 이러한 자료와 주장도 병기할 필요가 있다. 현재의 서술내용은 실상과 부합하지 않고, 과도하게 소련과 소련군에 대한 반감을 조성하고 있는 것이다.[63]

---

[62] 임경석, 『한국사회주의의 기원』(서울, 역사비평사, 2003), 409쪽.
[63] 한편 (주)두산 교과서는 자유시참변이 군사지휘권 분쟁에서 야기된 사실을 언급했으나, 단순히 '赤色軍'의 공격만을 밝히고 있다(191쪽). 중앙교육진흥연구소 교과서는 일본의 개입을 의식한 소련(적색군)의 독립군 공격으로 單純化하

* 나름대로 이 부분을 재검토, 修正提議해보면 다음과 같다.

"코민테른(동양비서부)과 러시아 원동정부는 집결한 만주 독립군과 연해주 한인 의용군을 赤軍체제로 개편하기 위해 1921년 3월 '고려혁명군정의회'를 조직하였다. 그리고 이르쿠츠크파 공산당에 반발하고 있던 상하이파 공산당 계열 한인의용군과 상당수 독립군 부대에게 군정의회로 가담할 것을 종용하였다. 그러나 이들이 이를 거부하자 러시아 적군과 吳夏默의 자유대대 등 군정의회측 무장세력은 박일리아 등 사할린의용대와 최진동 등 만주독립군 부대를 강제 해산시켰다. 이 과정에서 수십명의 사망자와 행방불명자가 발생하고 900여명이 포로가 되었다."

② 독립군의 노령으로의 이동 배경에 대해서도 간단히 설명해주어야 한다. 즉 러시아 혁명정부(레닌정권)나 볼셰비키당, 코민테른(國際共産黨) 동양(극동)비서부, 러시아 원동공화국(대통령겸 외무장관 크라스노체코프), 이동휘를 비롯한 한인사회당, 혹은 상해파 고려공산당 등의 후원이나 연계 과정을 간단하게나마 설명해야 한다는 것이다. 이들 세력은 나름대로의 계산에 따라 한인 민족운동 세력의 후원을 공언하고 실행하려 했던 것이다.[64] 즉 독립군의 이동에 러시아 후원세력과 관련된 국제관계적 배경이 있었음을 좀더 세밀하게 설명해주는 것이 좋다는 것이다.

4) 1920년대 만주의 독립운동 단체 계보(194쪽)

전민족유일당조직촉성회 - 혁신의회 - 한국독립당·한국독립군 → '혁신의회'를 '한족총연합회'로 교체해야 한다. 혁신의회는 '민족유일당'을 조직하기 위한 1년 期限의 한시기구였으며, 실제로는 반년 가량밖에 존속하지 못했다. 또 南滿洲(西間島)에서 활약한 國民府는 한인 교민의 영도기관이자 자치기관이었다. 따라서 1929년 7월부터 1930년 7월까지 북만주

고 있다는 점에서(207쪽) 기본적으로 금성출판사본과 거의 유사하다.
64) 이러한 내용에 대해서는 반병률, 앞의 책 및 임경석, 앞의 책 참조.

지방에서 존속한 일종의 僑民 자치기관인 '韓族總聯合會'로 바꾸어야 할 것이다. 이 시기는 독립운동 조직이 한인 교민의 생활안정과 자치, 역할분담의 필요성에 따라 黨·政·軍 체제를 갖추는 시기이다. 따라서 남만주의 국민부－조선혁명당－조선혁명군 체제에 대응하여 북만주 민족운동 세력도 한족총연합회(생육사)－한국독립당－한국독립군 체제로 대응하는 것이다. 이는 공산당 계열도 마찬가지이다. 근거지의 중국공산당 지부－소비에트정부－항일유격대 체제로 당·정·군 체제를 갖추는 것이다.

또 이 도표에는 국민부가 조선혁명당·조선혁명군을, 혁신의회가 한국독립당·한국독립군을 영도하는 것처럼 그려졌으나, 이는 사실과 다른 것이다. 당시 만주지역은 물론 중국 關內地域 민족운동 조직은 '민족유일당운동'의 여파로 소위 '以黨治國' 형태의 민족운동 형태를 구축하고 있었다. 따라서 국민부와 혁신의회(한족총연합회)가 먼저 결성되었지만, 주요 정책이나 이념의 제시와 집행 등 민족운동의 영도는 조선혁명당과 한국독립당이 주도하였다. 따라서 이 도표는 조선혁명당－국민부·조선혁명당, 한국독립당－한족총연합회·한국독립군의 형태로 도표화되어야 할 것이다.

또 194쪽의 本文 끝부분에 있는 서술도 수정되어야 한다. "북만주의 독립운동 세력은 김좌진, 김동삼, 지청천 등을 중심으로 혁신의회를 결성하였다가, 한국독립당과 한국독립군으로 개편하였다(194쪽 下端)." → "북만주의 독립운동 세력은 민족유일당을 결성키 위한 임시조직으로 혁신의회를 조직했다가 1929년 7월 김좌진, 김종진, 지청천, 정신 등이 중심이 되어 교민 자치기관적 성격을 띠는 한족총연합회를 조직하였다. 한족총연합회는 실업조직인 생육사 등을 바탕으로 한국독립당과 한국독립군을 조직하였다."로 수정하면 어떨까 한다.

5. 주제 4 '1930년대 무장 독립전쟁' 부분 검토

1) 한국독립군과 조선혁명군의 활동

1930년대 민족주의계 무장투쟁 세력으로 남만주에서는 조선혁명군, 북만주에서는 한국독립군 세력이 있었다. 조선혁명군은 1929년 12월부터 1938년 9월 경까지 거의 10여년간 존속하였고, 한국독립군은 1931년 11월부터 1933년 10월까지 활동하였다.[65]

조선혁명군의 활동에 대해 금성출판사 책은 "남만주의 조선혁명군은 양세봉의 지휘 아래 중국의용군과 힘을 합해 1932년 3월부터 4개월동안 영릉가에서 치열한 전투 끝에 일본군을 격파하였다. 이듬해에는 일본군과 만주군 연합군에 맞서 흥경성을 공격하여 점령하였다(195쪽)." 1932년 3월부터 4개월동안 '영릉가'에서 일본군과 전투한 것처럼 서술하였다. 그러나 이는 명백한 오류이다. 조선혁명군은 1932년 3월 11일 중국의용군인 '요녕농민자위단'과 연합하여 新賓縣(홍경현, 1929년 7월 신빈현으로 개칭) 永陵街를 점령하였는데, 이때 적은 일본군이 아닌 '新賓縣 公安隊(경찰)'였다. 4월까지 이곳을 비롯한 주변지역에서 일·만 군경과 치열한 전투를 치렀다. 1932년 5월부터 10월까지 조선혁명군은 遼寧民衆自衛軍 산하의 特務隊와 宣傳大隊로 편제되어 일본군과 만주국군, 만주국 경찰 등을 상대로 거의 200여 차례의 크고 작은 전투를 치렀다. 특히 조선혁명군이 신빈현 시가지를 점령한 시기는 1933년 8월이었다. 그런데 遼寧省 興京縣은 1929년 7월 29일 '신빈현'으로 개칭되었다가 다시 1933년 10월 '홍경현'으로 환원되었다.[66] 따라서 교과서의 설명중 '흥경성'의 정확한 명칭은

---

65) 양자의 활동에 대해서는 拙稿, 「조선혁명군연구」『한국독립운동사연구』 4 (1990) 및 「한국독립군의 항일무장투쟁 연구」『한국독립운동사연구』3(1989) ; 「만주지역 독립군의무장투쟁」『한국사』50(국사편찬위원회, 2001) ; 『중국동북지역 민족운동과 한국현대사』(서울, 명지사, 2005) 참조.

66) 房守志 主編, 『新賓滿族自治縣志』(瀋陽, 遼瀋書社, 1993), 15~16쪽.

'신빈현 읍내'라고 할 수 있다.

이러한 내용을 토대로 발표자 나름대로 수정 서술해보면 다음과 같다.

> "… 중국의용군과 힘을 합해 1932년 3월 신빈현 영릉가를 점령하고 4월까지 주변지역에서 일본군 및 만주국 군경과 치열한 공방전을 벌였다. 조선혁명군은 이듬해 8월에 중국의용군과 함께 싸워 일본군의 조종을 받던 만주국군을 격파하고 신빈현성(읍내)을 점령하는 큰 성과를 거두었다."

① "지청천이 이끄는 북만주의 한국독립군도 <u>중국군</u>과 연합하여 1932년 쌍성보전투, 이듬해 대전자령전투 등 여러 곳에서 <u>일본군</u>을 격파하고 커다란 전과를 거두었다."(195쪽 하단) → 중국군은 정규군이 아닌 '중국의용군'이었고, 투쟁의 대상은 일본군은 물론 만주국 군경·관헌 등이었다. 따라서 밑줄친 중국군은 '중국의용군', 또는 '중국항일의용군'으로, 일본군은 '일본군과 만주국군'으로 수정하는 것이 바람직하다고 생각된다.

'대한교과서' 간행 교과서처럼(184쪽) 한국독립군과 조선혁명군의 중국항일군과의 상당히 독자적인 합의내용을 간단히 보충설명했으면 더 훌륭한 교과서가 될 것이라고 생각한다.

② 한편 '천재교육' 교과서는 214쪽 하단의 '학습도움글'에서 '대전자령전투'에 대해 상세히 보충설명하였다. 그러나 한국독립군과 중국군이 공격한 일본군은 주력이 북간도 羅子溝에서 함경북도 회령으로 철수하는 수송부대였다는 사실을 밝힐 필요가 있다. 최근 중국 延邊學界(朴昌昱 교수)와 신주백에 의해 '大甸子嶺戰鬪'의 戰果나 그 經緯, 實相이 과장되거나 왜곡되었다는 주장이 제기되고 있다. 따라서 이같은 소수설에 대한 배려가 있어야 하겠다.

③ 이 책의 서술처럼(195쪽) 조선혁명군의 쇠퇴원인을 사령관 양세봉의 피살로만 돌릴 수는 없다. 이와 함께 日本·滿洲國 軍警의 탄압, 자체 역량의 消盡, 韓人 同胞社會의 어려움 등이 함께 지적되어야 할 것이다.

④ 현재 대부분의 교과서는 한국독립군의 關內 移動을 임시정부에 연계시키거나, 조직적이며 체계적인 이동으로 서술하고 있는 실정이다. 그러나 주지하듯이 1933년 말에서 이듬해 초에 걸쳐 이루어지는 한국독립군 세력의 관내 南下는 임시정부 차원에서 이루어졌다기 보다는 金元鳳과 金九·池靑天의 개인적 인맥, 그리고 중국 국민당정부나 중앙군관학교(黃埔軍官學校) 인맥의 지원과 연계를 주목해야 한다. 그리고 한국독립군의 해체 이후 그 구성원들의 關內移動은 집단적·조직적이었다기보다는 개별적이었고 분산적으로 이루어졌다. 왜냐하면 上海·南京지역으로의 이동은 수천km나 떨어진 원거리였고, 도중에 겹겹이 깔린 일제의 감시망을 피해야 했기 때문이다.

따라서 법문사본 교과서에서 "대한민국임시정부가 정부 직할의 군대를 편성하기 위하여 만주에 있던 독립군에게 중국 본토로 이동할 것을 요청하자 대부분의 독립군은 중국 본토로 이동하여 뒷날 한국광복군 창설에 참여하게 되었다."(186쪽)라고 서술한 것은 분명히 정확한 서술이 아니라고 할 수 있다. 이러한 경향의 서술은 다른 교과서류도 대체로 비슷하다.[67] 그러나 북만주의 한국독립군 출신 등 일부의 독립군 세력만이 이동했을 뿐만 아니라, 엄밀히 말하면 만주 독립군출신 인사들의 관내이동은 임시정부 차원이 아닌 김구와 김원봉 등 개인적 차원에서 연계된 것이기 때문이다. 1932년 후반기에서 1933년 무렵 임시정부는 杭州로 유랑하여 有名無實한 실정이었다. 특히 1932년 6월경 김구는 임시정부를 이탈하여 嘉興 등지에서 피난생활을 하고 있다가, 1933년 5월 朴贊翊을 통해 중국 국민정부의 영수 蔣介石을 만나 洛陽軍官學校(중앙군관학교 낙양분교) 韓人特別班 설치에 합의했던 것이다.[68] 또 한국광복군 주요 간부들 가운데 만주 독립군 출신 인사들이 상당수 있었지만, 대부분의 만주 독립군 인사들이

---

67) 중앙교육진흥연구소본 교과서, 210~211쪽 참조.
68) 도진순 주해, 『백범일지』(서울, 돌베개, 1998), 465쪽.

관내로 이동한 것은 아니었다.

　* 이 교과서의 이러한 서술은 교육부의 '臨時政府 正統論'안에 따른 무리한 서술로 분석된다. 의열단을 이끌던 김원봉은 1932년 10월 하순부터 1935년 9월까지 南京 부근에서 중국 국민정부의 후원으로 '조선혁명군사정치간부학교'를 운영하였다.[69] 물론 이 가운데는 만주출신 인재들도 있었지만, 入校生들 大部分은 義烈團系列이었다

　⑤ 금성출판서 교과서가 '朝鮮義勇隊와 朝鮮義勇軍' 항목을 설정하고 한면(196쪽)에 걸쳐 비교적 상세한 설명을 하고 있는 현상은 과거 국정교과서 체제보다 훨씬 진전된 것으로 평가하고 싶다. 금성출판사본 교과서는 과거의 국정교과서는 물론 다른 검인정 교과서보다 다소 많은 비중으로 조선의용대와 조선의용군, 만주지역의 항일유격대와 조국광복회(197쪽)에 대해 서술하여 차별성을 보이고 있다. 이는 한민족 독립운동의 범위를 확대하는 한편, 학생들의 역사인식의 폭을 넓힐 수 있다는 점에서 긍정적이라고 본다. 반면 김광남 외, (주)두산의 교과서는 이와 대조적으로 이들의 활동에 대해 비교적 간단히 서술하고 있는데, 조선의용군에 대해서는 한마디도 언급하지 않았다(194~195쪽).

　2) 2종 교과서에 새로 수록된 '보천보전투' 관련내용의 검토

　'보천보전투' 서술 교과서는 금성출판사본과 대한교과서 2종에 한정되고 있다. 그 내용을 간단히 정리해 보았다.

　① 김한종 외,『고등학교 한국 근・현대사』(금성출판사, 2005), 197쪽.
　<역사의 현장> 抗日遊擊隊의 普天堡 占領
　"1937년 6월 동북항일연군 소속의 조선인 유격대 대원들이 압록강을

---

69) 상세한 내용은 한상도,『한국독립운동과 중국군관학교』(서울, 문학과지성사, 1994), 255~270쪽 참조.

건너 함경남도 보천보를 점령하였다. 이들은 국내조직의 도움을 받아 경찰
주재소를 공격하고, 면사무소와 소방서 등 일제의 행정관청을 불태우고 철
수하였다. 돌아가던 중에는 추격해오던 일본군을 기습공격하여 피해를 입
혔다. 보천보 전투라고 알려진 이 사건은 당시 국내신문에도 크게 보도되
어 만주에서 항일투쟁이 계속되고 있음을 국내에 알리는 계기가 되었다.
이 사건에 놀란 일제는 조국광복회의 국내 조직 색출에 본격적으로 나서는
한편, 만주지역의 유격대에 대한 공세를 크게 강화하였다. <u>북한에서는 이
사건을 김일성이 주도한 대표적인 항일전쟁으로 선전하고 있다. 그러나 보
천보전투의 규모와 성과에 대해서는 여러 가지 의견이 엇갈리고 있다.</u>"

* 사진설명: 당시 신문 호외 기사.
보천보전투를 보도한 동아일보 1937년 6월 5일자 호외

그러나 밑줄 부분 뒤에 이어서 "<u>이 사건은 1935년 코민테른 7차대회에
따른 '抗日民族統一戰線' 형성의 방침과 중국공산당 만주지부 조직의 지
시와 관련이 깊다는 주장도 있다.</u>"라고 보완서술할 것을 제의한다.

② 한철호 외, 『고등학교 한국 근·현대사』(대한교과서(주), 2005). 187쪽

<도움글> 항일유격대의 계속된 투쟁

"1930년대 말 일제는 만주에서 활동하는 독립군이 모두 사라졌다고 장담하였다. 그러나 중국 본토로 이동하지 않고 만주에 남은 사회주의 계열의 무장 독립군은 중국공산당이 조직한 동북항일연군의 한 부대로 편성되어 항일유격전을 전개하였다. 1937년에는 동북항일연군의 한인유격대가 함경남도 갑산의 보천보로 들어와 경찰 주재소와 면사무소 등을 파괴하였다. 이 사건은 국내신문에 크게 보도되어 국민들에게 만주에서 항일투쟁이 계속되고 있음을 알려 주었다."

*사진설명: 한인 항일유격대의 활약을 보도한 신문 호외 기사(동아일보 1937년 6월 5일) - 위 사진과 같은 내용

* 보충 주 - 동북항일연군: 일제에 반대하는 사람은 사상이나 노선에 관계없이 단결하자는 주장에 따라 편성된 무장부대이다.

이러한 두 교과서의 서술내용은 당시 언론에 화제가 되기도 하였다.

③ 금성출판사 교과서는 '만주지역의 항일무장투쟁'(197쪽)에서 대중투쟁과 항일유격대의 결성과정을 처음으로 서술하였다. 1930년대 만주지역 '조선인' 공산주의자들의 활동을 항일운동의 차원에서 서술하는 것은 사실에 부합하는 것이지만, 일종의 '모험'일 수도 있다. 그래서 그런지 이 책의 서술내용은 매우 불충분한 실정이다. 1931년 '추수투쟁'과 '춘황투쟁'이 중국공산당 만주성위원회의 주도로 전개된 사실이 누락되어 있는데, 이 과정에서 많은 조선인(한인)들이 희생을 겪은 사실을 간단하게나마 밝힐 필요가 있다. 그리고 만주지역의 조선인들이 코민테른의 '일국일당 원칙'에 따라 '조선공산당 만주총국'을 해체하고 중국공산당 만주성위원회에 가입하는 과정에서 '간도 5·30봉기' 등 대중봉기가 전개되었고, 조선인들의 참가와 희생을 통해 중국공산당 만주지부 조직이 크게 발전했으며 李紅光 등 조선인 사회주의자들의 주도로 항일유격대가 조직되기 시작한 사실을 명시할 필요가 있다고 본다.

한편 이 교과서는 "독립적인 인민정부를 수립한다는 목적 아래 조국광

복회를 조직하였다.”라고 서술하였다(197쪽). 그런데 조국광복회 10대강령을 보면 ‘진정한 조선 인민정부’를 지향한다고 되어있다. 따라서 강령 원문대로 “독립적인 조선 인민정부를 수립한다는” 내용으로 수정되어야 하겠다. 그래야만 조선인들의 독자성이 인정되기 때문이다.

④ 매우 중요한 사실 한가지를 짚고 넘어가고자 한다. 일제의 패망직전 일부 한인들이 소련군과 함께 ‘조국해방전쟁’에 참전한 사실이 있는데, 이것을 새 교과서에 추가서술해야 한다는 것이다. 일본인 학자들이나 적지 않은 외국인들이 우리의 獨立運動을 폄하하며 결국 外勢의 힘으로 독립되지 않았느냐고 反問하곤 한다. 그러나 국내외 각지의 광범한 지역에서 지속적이며 끈질기게 투쟁한 결과 독립과 해방을 쟁취한 면도 없지 않다.

따라서 발표자는 일제의 패망직전 연해주 일대와 만주, 연변(북간도) 일대에서 훈련 및 정찰활동, 소규모 전투 등 실질적 전투활동을 벌이고 있었던 ‘동북항일연군 교도려(소련 적군 88독립보병여단)’ 안에 있었던 김일성 등 한인대원들의 활동내용을 새로운 교과서에 추가해야 한다고 주장하고 싶다.[70] 이들 가운데 일부, 즉 80여명의 한인 대원들은 1945년 8월 9일 소련군과 함께 두만강을 건너 일본 군경과 직접 전투를 벌인 것이 사실이다. 왜 이처럼 자랑스러운 사실을 군이 숨겨야 하는가?

상당수의 일본인 학자들과 일부 우익세력들은 ‘조선인’들이 무슨 ‘독립전쟁’을 벌였고, 구체적으로 어떤 무장투쟁을 벌였는가 하고 의문을 품거나 심지어 독립군의 활동내용을 부정하기까지 한다. 日帝의 敗亡直前 蘇聯軍과 함께 직접 豆滿江 하류의 咸鏡北道 일대에서 日帝 軍警과 直接 戰鬪를 벌인 사실을 분명히 명기하여 학생들에게 가르칠 필요가 있다고 본다.

특히 새 檢認定 교과서 체제에서도 1930년대 말에서 1940년대 초반의 만주지역 민족운동에 관한 최근의 새로운 연구성과와 조선의용대(조선의용

---

70) 이에 대해서는 기광서, 「1940년대 전반 소련군 88독립보병여단 내 김일성그룹의 동향」 『역사와현실』 28(서울, 한국역사연구회, 1998) 참조.

군), 중국공산당계 항일유격대·동북항일연군, 조국광복회 등 좌파계열 항
일투쟁 세력의 활동 서술이 미미한 현상은 시정되어야 할 것으로 본다.

실제로 1945년 8월 초 蘇聯의 對日宣戰布告로 蘇·日戰爭이 발발하
자 敎導旅의 一部 韓人들은 作戰에 參加했으나, 다수의 한인 대원들은
직접 독립전쟁(조국해방전쟁)에 참가할 기회를 갖지 못하고 그해 9월경 소
련군을 따라 귀국하였다. 그러나 동북항일연군 교도려 소속 일부 한국인들
의 참전 사실은 일본인의 다음과 같은 기록으로 증명되고 있다.

> "(1945년) 8월 8일 오후 11시 50분 조선인 一團 약 80명이 소련군과
> 함께 쾌속정을 타고 두만강을 건너 土里에 내습했다. 이곳은 소련 영토를
> 指呼之間으로 바라볼 수 있는 곳이다. 먼저 토리의 경찰관 주재소가 습격
> 받았다. 소련군은 토리주재소의 경찰관과 교전하여 경계중인 金澤巡査 외
> 에 경관 2명을 사살하고 …"[71]

이들의 活動實相은 아직까지 자세히 밝혀지지 않았지만, 소련군과 함
께 함경북도 일대의 해방전투에 참전한 사실은 분명하다고 하겠다. 따라서
이러한 사실을 고등학교 학생들에게 분명하게 가르쳐야할 필요가 있다. 비
록 이들이 소련군에 배속되고, 중국공산당 산하 단위부대에 편제되어 있었
다고는 하지만, 일본 제국주의 세력을 축출하는데 앞장선 '해방전투'에 참
전한 사실은 분명하다. 왜 이들의 활동을 숨겨야 하는가?

⑤ 東北抗日聯軍내 '朝鮮工作(團)委員會'의 구성과 활동에 대해서
도 사실대로 서술할 필요가 있다. 이 조직은 일제의 패망 직전인 1945년
7월 결성되었는데, 형식적으로는 중국공산당 소속이었지만 조선(한국) 독
립에 즈음하여 새로운 국가 건설에 대비키 위한 것이었다.[72]

---

71) 森田芳夫, 『朝鮮終戰の記錄』(東京, 巖南堂書店, 1964), 29쪽.
72) 와다 하루키 / 이종석 옮김, 『김일성과 만주항일전쟁』(서울, 창작과비평사,
    1992), 284~285쪽 및 『한국독립운동사사전』 4(2004), 292~293쪽.

한국사학계의 원로학자로 알려진 姜萬吉·韓永愚 교수의 근현대사 개설서나 한국사 전반 개설서에는 이러한 사실을 뒷받침하는 최근의 연구성과가 재정리되는 한편, 좌파계열의 투쟁은 물론 김일성의 활동도 서술되어있는 사실을 유념할 필요가 있다.[73] 특히 이들 원로학자들이 개설서를 간행한 시기는 이미 10여년도 넘은 1994년과 1997년이었다. 때문에 이들의 좌파계열 항일투쟁 사실 수용과 개설서 서술은 중요한 의미를 갖는 것으로 평가할 수 있다. 더구나 조국광복회의 김일성 주도설이 점차 인정받는 추세이기 때문에[74] 이 문제는 좀더 차분히 연구해야 할 것이다.

강만길 교수는 『고쳐쓴 한국현대사』(서울, 창작과비평사, 1994)에서 제 2장(민족해방운동의 전개) 6절을 '만주 유격투쟁과 조국광복회'로 설정하고 '동북인민혁명군과 조선인', '동북항일연군과 조선인', '재만한인 조국광복회' 등의 소제목을 붙여 8쪽에 걸쳐 상세히 서술하였다. 한국사 시대

---

73) 제7장 1930-40년대 초의 민족통일전선운동 4. 민족연합전선과 항일무장투쟁의 강화.

중국 남부지역 독립운동의 주체가 대한민국 임시정부였다면, 만주지역에서 활약하던 독립운동가들도 1930년대에 들어와 좌우통일전선 조직으로서 1936년 조국광복회를 결성하였다. 오성륜, 엄수명, 이상준이 중심이 된 이 단체는 10대강령을 발표하여 모든 계급이 일치단결하여 조국을 광복할 것을 선언하였으며, 중공군과 함께 '동북항일연군'에 가담하여 항일무장투쟁을 벌이던 김일성 부대와 연결하여 1937년 압록강 연안의 보천보 전투에서 대승을 거두기도 하였다. 그러나 그후 일본 관동군의 공세가 심해지자 김일성부대는 1941년 시베리아지방으로 이동하여 소련군과 합세하여 정탐활동을 전개하다가 8·15를 맞이하였다. 한편, 중국 화북지방에서 활약하던 독립운동가들은 1942년 민족통일전선으로서 '조선독립동맹'(속칭 연안파)을 결성하고 그 휘하에 약 5백명의 조선의용군을 거느리고 중공군과 연합하여 항일전쟁에 참가하였다(한영우, 『다시찾는 우리역사』 경세원, 1997, 536~537쪽).

74) 김일성이 2인의 공동대표로 활동했다는 증언이 실린 당시 출판물(『3·1월간』 창간호, 1936년 12월 발간)도 거론되고 있다(리웅필, 「우리 당 출판물의 혁명적 전통」 『력사과학』 1967년 4호, 43쪽). 물론 정밀한 史料批判의 여지가 있다. 그러나 최근 일본의 水野直樹 교수도 「滿洲抗日闘爭の轉換と金日成」 『思想』 2000年 6月號, 岩派書店, 149~150쪽에서 이러한 내용을 주장했다.

사류나 개설서류 가운데 가장 많은 비중을 두고 서술하고 있는 것으로 조
사된다.[75] 특히 김일성의 활동도 아무런 차별없이 서술하고 있다는 점에서
선구적 개설서라 할 수 있다고 본다. 또 2000년 9월에 간행한 『통일지향
우리 민족해방운동사』(역사비평사)에서도 별도의 장을 구분하여 서술하고
있다.[76]

6. 주제 5 '大韓民國臨時政府와 韓國光復軍' 부분 검토

1) '독립을 준비하는 대한민국임시정부'(198쪽)

"대한민국임시정부는 윤봉길의 상하이의거를 계기로 활기를 되찾았다.
(중략) 中·日戰爭이 일어나자 대한민국임시정부는 일본군을 피해 항저
우, 창사 등지로 근거지를 옮기면서 민족혁명당에서 탈당한 조선혁명당 및
한국독립당의 일부 세력과 연합하여 1937년 한국광복운동단체연합회를 결
성하였다(198쪽)." → 밑줄친 첫 문장의 문제점은 필자가 여러번 강조하였
다. 1940년 임시정부가 重慶에 자리잡기 전까지는 여러곳을 전전하며 매
우 어려운 시절을 보내야 했고, 결코 활기를 찾았다고 강조할 상황은 아니
라고 본다. 중일전쟁은 1937년 7월 7일 발발했는데, 임시정부는 윤봉길 의

---

75) "김일성이 師長인 제6사는 역시 조선인이 많은 제4사 등과 함께 유격전을 전
    개하면서 백두산지구로 들어가 유격구를 건설하기로 결정했다. 이후부터 백두
    산지역은 만주지역 조선인 항일투쟁의 중심지가 되어 … 재만한인조국광복회
    건설의 기초가 마련되고 또 국내진공작전의 근거지가 되었다. (중략) 소련의
    선전포고로 소·일전쟁이 발발하자(8. 9) 교도려의 조선인들은 작전에 참가하
    여 만주와 한반도로 진격하는 한편, 김일성이 인솔하는 조선인 본대는 대일전
    에 직접 참가할 기회를 얻지 못한 채 원산을 통해 귀국하여(9. 19) 북한정권
    건설의 핵심세력이 되었다."(『고쳐쓴 한국현대사』, 창작과비평사, 1994, 103·
    105쪽).
76) 「만주지역 항일무장투쟁의 강화와 조국광복회」라는 별도의 장이 설정되어 있
    다(백동현 집필, 244~260쪽).

거 이후 浙江省의 省都 杭州로 피난한 뒤 1935년 11월 말 鎭江으로 갔다가 중일전쟁 발발직후 다시 長沙(1937.12), 廣州(1938), 柳州(1938), 綦江(1939) 등을 거쳐 마침내 1940년 9월 국민정부를 따라 重慶으로 옮겨갔던 것이다.[77] 따라서 위에서 언급한 것처럼 중일전쟁 이후 항저우(杭州)로 갔다는 서술은 잘못된 것이다.

  * 임시정부의 이동상황을 지도로 나타낸 자료 3 '대한민국임시정부의 수립'(176쪽)을 보면 임시정부가 1937년에 난징(南京)으로 이동한 것으로 표기했는데, 이는 오류이다. 이러한 오류는 학생들에게 혼란을 조장할 우려가 있다. 임시정부 이동경로는 김흥수 외, (주)천재교육 교과서본이 가장 정확한 것으로 분석된다(192쪽).

2) '한국광복군의 창설과 활동'(199쪽)

  전체적으로 서술분량이 너무 적지 않은가 한다. 단 한페이지 분량으로 한국광복군을 서술하기에는 충분치 않을 것으로 판단된다. 다른 교과서의 경우 대한교과서본 188~191쪽, 법문사본 188~190쪽, 중앙교육진흥연구소본 213~216쪽, (주) 두산본 196~200쪽, (주)천재교육본 217~220쪽 등으로 3~5쪽 분량을 할애하고 있다. 이렇게 본다면 금성출판사 교과서는 임시정부와 한국광복군에 대한 서술비중이 가장 낮은 교재라고 할 수 있다. 이는 집필자들의 인식과 시각을 반영한 결과라고 하겠다.

3) 임시정부 건국강령과 조선독립동맹, 건국준비위원회 등의 건국구상과 강령·이념 등의 비교

  김광남 외, 두산출판사 교과서는 '현대사회의 발전' 대단원의 '대한민

---

77) 이연복, 『대한민국임시정부 30년사』(서울, 국학자료원, 1994), 5쪽 및 김희곤, 『대한민국임시정부사』(서울, 지식산업사, 2004), 131~132쪽 ; 장석흥, 『임시정부 버팀목 차리석평전』(서울, 역사공간, 2005), 259·263쪽.

국의 발전' 중단원 항목의 '8·15광복과 분단'에서 해외 및 국내 독립운동 세력의 건국 준비활동을 서술하였다. 즉 임시정부, 독립동맹, 조선건국동맹의 건국구상과 이념 등을 비교적 상세히 서술한 것이다(255~256쪽). 이러한 경향은 다른 검인정 교과서도 마찬가지이다.[78] 다만 연해주에 있었던 동북항일연군내 한인들의 동향은 일체 서술하지 않았다. 추후 교과서 보완 작업시 이들의 동향도 함께 병렬적으로 서술할 필요가 있다 하겠다.

그런데 금성출판사본 교과서는 이들 3대 세력의 건국을 위한 준비상황과 건국구상, 주요 강령과 이념, 이들의 연계 움직임 등에 대해 별다른 서술을 하지 않았다. 다만 趙素昻의 三均主義 이념에 바탕한 한국독립당의 '건국강령'을 서술하고 있을 뿐이다(198쪽).

다만 교과서 편제상 이러한 내용은 임시정부와 광복군 항목에서 서술하지 않고 해방 이후의 '8·15광복과 분단' 항목에서 서술하다 보니 유기적으로 연계되지 않고 맥락이 끊기는 느낌이 든다. 물론 이는 현대사를 설명하는 데는 장점이 될 수도 있을 것이다.

4) 1943년 이집트의 수도 카이로선언에서 한국의 독립 보장이 선언되었다. 이러한 결과가 나오기까지는 대한민국 임시정부를 비롯한 많은 독립운동 세력의 항일투쟁, 그리고 한국인들이 일본의 식민지통치에 철저히 항거하고 있다는 인식이 크게 영향을 미친 것이었다. 그런데 金星出版社本 敎科書는 이러한 事實을 뚜렷이 明示하지 않았다. 결국 우리민족의 독립은 결코 우연하게 열강에 의해 주어진 것이 아니라는 것을 학생들에게 분명히 주지시켜야 하는 것이다.

---

78) 중앙교육진흥연구소(270쪽), 천재교육(267~268쪽), 대한교과서(247쪽), 법문사(243·247쪽).

V. 사진 및 그림 등 보충자료의 검토

　청소년들에게 사진, 그림, 그래픽 등 영상자료와 도표가 미치는 영향은 매우 크다고 할 수 있다. 교과서도 시청각자료의 비중을 지속적으로 늘리지 않을 수 없는 추세인 것이다. 이제 역사교과서도 '읽는 교과서'에서 '보는 교과서'로 전환할 필요가 있다. 그런 점에서 금성출판사 교과서의 본문 서술과 함께 영상자료도 함께 검토해보기로 한다.

　필자는 독립기념관(한국독립운동사연구소)에서 15년여 동안 전시기획과 연구 등의 업무를 수행했고, 2004년 5월부터 현재까지 고구려연구재단·동북아역사재단에 근무하면서 비교적 자주 중국과 일본을 왕래하면서 자료수집과 학술교류, 독립운동 현장 조사와 촬영 등의 작업을 수행했다고 생각한다. 한국근대사와 독립운동 관련 자료나 사진 등의 영상자료를 비교적 많이 본 편이다. 필자의 의견이 오류일 수도 있지만, 나름대로 검토의견을 정리코자 한다. 일부 잘못된 사진의 수록과 해설은 저자들의 실수라기보다는 출판사의 편집자들이 워낙 많이 통용되어 널리 알려진 사진과 설명문을 그대로 옮겨오는 과정에서 발생하는 것으로 추정된다.

　1) 144쪽 좌측 하단 <한걸음 다가서기>그림 설명의 오류

　"러시아혁명 풍자화. 혁명을 세계로 확대하려는 소련의 의도를 풍자하고 있다."라고 서술. 그러나 실제의 그림 내용은 레닌으로 추정되는 인물이 황제와 왕족·귀족, 부자(부르주아계급), 성직자 등을 빗자루로 쓸어내는 장면이다. 이는 "혁명을 세계로 확대

하려는 소련의 의도"를 설명하는 내용이라기 보다는 사회주의 혁명으로 기
존의 구세력, 지배계급을 타도하고 있는 상황을 묘사한 것으로 해석된다.

2) "1922년에 중국공산당이 정식으로 창당되었다."(145쪽) → 중국공산
당은 1921년 7월 1일 上海에서 창립되었다. 때문에 중국은 2006년 7월 1일
중국공산당 창당 85주년 행사를 성대히 개최하였다(조선일보 2006.7.1자
참조). 중국공산당은 1921년 7월 상해에서 각지에서 파견된 대표들이 모여
제1차 전국대표대회를 개최하였다. 따라서 이 해 7월 중국공산당이 정식
성립된 것으로 볼 수 있다.[79]

3) "1장 일제 식민통치와 민족의 수난", <주제 1, 20세기 전반의 세
계> 부분의 맨 위 <생각열기>에서 중국 5·4운동 당시 '전체학생 천안문
선언'을 인용하며 3·1운동이 중국의 5·4운동에 영향을 준 사건으로 강조하
였다(143쪽). 그러나 145쪽 '중국 민족운동의 전개' 부분에서는 이와 달리
서술하였다. 즉 145쪽 중간의 우측에 중국의 5·4운동을 설명하는 사진과
해설을 실었는데, "1919년 파리강화회의에서 중국의 21개조 철폐요구가
묵살됨으로써 5·4운동이 일어났다.(145쪽)"라고 서술하였다.

한편 174쪽 '3·1운동의 역사적 의의' 부분에서는 "또, 제1차 세계대전
에서 승리한 국가의 식민지에서 일어난 최초의 반제국주의 민족운동으로
서 중국의 5·4운동과 아시아 여러민족의 해방운동에 영향을 끼쳤다."라고
서술하고 있는데, 이는 상호모순된 서술이라 할 수 있다.

---

79) 馬洪武·王德寶·孫其明 主編, 『中國革命史辭典』(北京, 檔案出版社,
    1988), 3쪽.

4) "주제 2 3·1운동의 전개" 부분(171쪽)의 '대한독립선언서' 사진은 선언서 원문이나 내용이 아닌 어떤 조약문 내용이 잘못 배치된 것으로 추정된다.

5) 172쪽 "1919년 3월 3일, 고종황제의 장례 행렬" 사진(다음의 사진 ①)은 1926년 6월 10일 처러진 순종황제의 장례행렬일 가능성이 크다고 본다. 이 사진은 김흥수 외, (주)천재교육 간행 검인정 교과서 180쪽에도 "고종의 장례식 행렬(1919.3.3)"이라고 실려있다. 그런데 이와 대조적으로 비슷한 사진이 김종수 외, 법문사판『한국근·현대사』교과서의 '국내 항일민족운동' 부분(177쪽)에는 "순종황제의 장례행렬"로 소개되고 있는 것을 볼 수 있다(사진 ②). 특히 한영우 교수의『다시찾는 우리역사』(서울, 경세원, 1998)의 515쪽에는 법문사판 교과서에 실린 것과 비슷한 사진이 "순종(융희황제)의 장례행렬(1926.6.10)"로 소개되고 있다.

필자가 국가기록영상관의 홈페이지(http://film.ktv.go.kr)에 실려있는 '순종황제 장례식' 동영상 자료를 확인한 바 고종황제 장례행렬로 소개한 사진은 1926년 6월의 '순종황제 정례식' 사진일 가능성이 크다. 따라서 3·1운동 부분에서 빼고, '6·10만세운동' 부분으로 옮겨야 할 것이다.

〈사진 ①〉

〈사진 ②〉

6) 183쪽 「주제 1 국내항일민족운동」에 있는 '6·10만세운동' 설명내용 중 "돈화문을 떠나는 순종의 인산행렬" 사진은 사진의 내용이 설명과 전혀 부합하지 않기 때문에 사진을 교체해야 하겠다. 교과서의 사진설명과는 달리 사진 내용은 종로의 전차사진과 운집한 군중들로 보인다. 다른 교과서 는 "6·10만세운동 때 서울 태평로거리를 메운 사람들"로 설명하고 있다.[80] 이는 3·1운동 설명 부분에서 순종황제의 장례행렬 사진을 잘못 사용하였 기 때문에 이처럼 엉뚱한 사진으로 설명하고 있는 것이다.

---

80) 중앙교육진흥연구소 교과서, 199쪽 및 (주)두산 교과서, 179쪽.

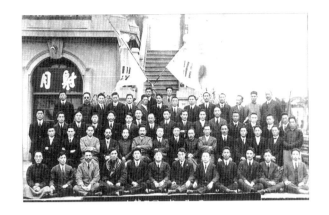

7) 177쪽 우측 하단의 사진설명 "대한민국임시정부 임시의정원 의원"
은 "대한민국임시정부 및 임시의정원 요인들"로 수정되어야 한다. 성립 초
기 김구(두번째줄 우측에서 첫 번째)는 임시의정원 의원으로 활동한 것이
아니라, 임시정부 내무부의 경무국장으로 활동했기 때문이다. 이 밖에도
이 사진에는 임시의정원 의원이 아니라, 임시정부 소속 요원으로 활동하고
있던 사람들이 많다(위 다른 임정 요인 사진 참조).

8) 192쪽 봉오동·청산리전투 설명 지도 : 삼둔자·봉오동전투 현장의
위치가 정확치 않다. 그 부근인 것은 맞지만, 삼둔자전투는 현재 표시지점
보다 아래인 두만강변으로 수정되어야 하며, 봉오동전투 지점은 현재 위치
보다 서북쪽으로 더 옮겨져야 한다.
  * 193쪽 청산리전투 요도(그림) : 화살표에서 '대한독립군 진로'라고
표기했는데, '홍범도 연합부대'라고 수정해야 할 것임.

9) 193쪽 북로군정서와 김좌진 장군을 설명하는 사진. "북로군정서. 청
산리전투에서 승리한 후 찍은 기념사진이다. 앞줄에 앉은 사람이 김좌진이
다."라고 서술하였다. 그러나 이 사진은 교과서는 물론 대부분의 교과서와

개설서, 한국사 관련 서적류
에서 거의 대부분 잘못 사용
하고 있는 사진이다.[81]

이 사진은 원래『독립신
문』에 실려있는 '참의부' 독
립군의 기념사진이라고 판단
된다. 그런데 언제부터, 어떤
책에서부터, 어떻게 된 연유인지는 모르지만, 이 사진이 청산리대첩 직후
승리한 독립군과 김좌진 사령관이 기념촬영한 사진으로 자의적으로 사용
되고 있다. 그러나 이 사진은 명백히 청산리대첩 직후에 촬영된 것이 아니
다. 당시 독립군은 사진기가 없었고, 한가로이 기념촬영할 만한 여력도 없
었다고 보아야 한다.

그리고 금성출판사 교과서에는 없지만, 주진오 외, 중앙교육진흥연구소
발간 교과서(206쪽) 등에는[82] "부상병을 실어 나르는 일본군"이란 설명이
붙은 사진이 실려있다(아래 사진).

청산리대첩시 패배한 일본군이 부상병을 실어나르는 모습을 보여 주기
위해 게재한 것으로 보인다.

그러나 이 사진은 아쉽게도 청산리대
첩시 사진이 아니고 1937년 중일전쟁 발발
이후 중국 관내의 어느 전장에서 일본군이
부상병을 담가에 매고 이동하는 사진으로
추정된다. 만약 필자의 기억이 틀리지 않
는다면, 이 사진은 일본에서 발행된『1億
人の昭和史』라는 사진집에 실려있는 것

▲ 부상병을 실어나르는 일본군

---

81) 한영우,『다시 찾는 우리역사』, 509쪽 및 거의 모든 교과서.
82) 천재교육 교과서(207쪽), 대한교과서본(180쪽) 등.

이 거의 틀림없다. 만약 일본 우익세력이 이 사실을 안다면 한국 역사교과
서의 신빙성문제를 물고 늘어질지도 모른다. 어떤 연유에서인지 모르겠지
만, 이 사진은 한국의 많은 서적과 교과서, 관련 서적에 청산리대첩 관련
사진으로 소개되고 있다.

　10) 195쪽 「1930년대 독립군의 대일항전과 독립운동 세력의 통합」지
도는 "1920년대 후반 독립운동 세력의 통합과 1930년대 독립군의 대일항
전"으로 바꿔야 한다. 참의부·정의부·신민부는 각각 1920년대 중·후
반 서간도와 남만주, 북만주 지방에서 여러 독립운동 단체들의 통합으로
성립한 통합조직이었기 때문이다. 1930년대로 한정한다면 서간도지역은
'國民府', 북만주지역은 '혁신의회·韓族總聯合會' 등으로 수정해야 할
것이다.

　11) 196쪽의 구호 「조선의용군 막사」→ 조선의용군 '숙사'로 수정 요
망. "활동 당시 적혀진 글을" → "조선의용군의 항전 구호를"로 수정해야
할 것이다. 이 글은 단순한 글이 아니라 조선의용군의 선전구호였다.

12) 200쪽 「양세봉 동상」→ "양세봉 흉
상", 혹은 "양세봉 석상"으로 교체되어야 할
것이다. 사진 설명문도 "양서봉으로 불린 양
세봉은" → "본명이 양서봉인 양세봉은"으
로 수정되어야 할 것이다. <u>"그의 유해는 평
양의 애국열사릉에 모셔져있어 우리에게는
잘 알려져있지 않다."</u> → <u>"그의 묘는 애국지
사로는 유일하게 평양의 애국열사릉과 한국
의 국립현충원(구 국립묘지) 양쪽에 모셔져
있다. 그만큼 존경을 받고 크게 명성을 떨쳤</u>

<u>기 때문이다."</u>로 바꿀 것을 제안한다. 그는 유일하게 남·북한 양쪽의 국
립묘지에 모셔져 있다.

13) 201쪽 "의열단의 자취가 남아있는 난징. 중국인 부호의 장원이 있
었던 화로강 호가화원 근처에는 조선혁명군 훈련장이 있었다."는 서술에서
"조선혁명군 훈련장" → <u>"중국군관학교의 한인 특별반인 조선혁명군사정
치간부학교를 졸업한 김원봉 계열 학생들과 민족혁명당 인사들이 거주하
던 곳"</u>으로 수정해야 한다. 김원봉 등 민족혁명당의 거점이었다.

14) 220쪽 "간도참변으로 폐허가 된 조선인농가 모습(좌)과 간도의 조선인들(우)" → 1920년 말의 경신참변 당시 사진이 아니라 일본군이 소련군과 벌인 전투(張鼓峰事件) 당시 피해를 입은 중국 혼춘현 防川 일대 한인 농가와 부녀자들의 모습으로 추정된다. 이 사실은 필자가 작년 9월 중국과 북한, 러시아의 국경지대인 방천일대를 답사하면서 중국의 민간인이 세운 '張鼓峰事件 기념 전시관'을 보면서 확인한 사실이다.[83] 물론 추후 엄밀한 검증이 필요하다고 보지만, 한국의 대부분 교과서와 관련 책자에 '경신참변' 당시 피해를 입은 한인 농가와 한인 부녀자들로 설명되고 있는 것은 잘못된 것이라고 판단하고 있다.

거슬러 올라가면 1980년대 초, 근래에는 2001년 이래 일본 후소샤(扶桑社) 발행 역사교과서를 둘러싸고 한·일 두나라 사이에 상당한 긴장이 고조되기도 했다. 그러나 우리도 학생들과 일반 대중에 큰 영향을 주고 있는 역사교과서와 개설서 등을 진지하게 재검토할 필요가 있다. 물론 교과서는 그 나라 학계의 수준과 현실을 반영할 수밖에 없지만, 우리 스스로의 한계와 문제점도 시정해 나가야 할 것이다.

---

83) 1938년 7월 두만강 하류 中·蘇 國境地帶인 防川부근의 나지막한 야산(높이 150m, 장고봉으로 부름)을 놓고 일본군과 소련군이 충돌한 사건. 일본의 패배와 타협으로 종료되었다.

VI. 대안의 모색

오늘날 일본의 독도영유권 주장과 역사교과서 문제에서 볼 수 있는 것처럼 일본의 右傾化와 自國 中心主義 추세가 드세지는 가운데 중국 역시 경제발전에 따라 역사교과서에서도 愛國主義와 '新中華主義的 視覺', 대외팽창주의적 시각을 반영하는 경향이 있다.[84] 그러나 이처럼 갈등요인도 잠재되어 있지만, 韓·中·日 동아시아 3國의 진정한 이해와 상호연대, 평화공존의 필요성은 그 어느 때보다 절실하다 할 수 있다.

이제 광복 61주년을 맞은 시점에서 우리가 처한 엄중한 현실을 직시하고 역사적 사실 그 자체보다는 올바르고 참된 역사의식을 길러줄 수 있는 의미있는 역사교과서가 되도록 우리 모두가 노력해야 하겠다. 한편 현재 남·북한(학계)에서 대단히 이질적인 개념과 용어로 사용되고 있는 독립운동이나 독립군 관련 용어, 개념도 나름대로 정리하여 체계적으로 서술할 당위성이 있다.[85] 비교적 많이 쓰이고 있는 2종의 검인정 교과서 목차와 내용을 참고하여 나름대로의 검토의견을 바탕으로 한 敎科書 構成案 槪要를 아래의 <표 5>로 구성해 보았다.

〈표 5〉 현행 2종 검인정 『한국 근·현대사』 교과서 목차 비교와 새 구성안

금성출판사(2005.3·1)	중앙교육진흥연구소 (2005.3·1)	검토(수정제의) 의견
3부 민족 독립운동의 전개	Ⅲ. 민족 독립운동의 전개	Ⅲ. 민족해방운동의 전개
		1장 1910년대 민족운동과 대

---

84) 상세한 내용은 윤휘탁, 『신중화주의-'중화민족 대가정' 만들기와 한반도』(서울, 푸른역사, 2006) 참조.

85) 최근 국사편찬위원회 등에서 역사용어를 조사·표준화하는 작업이 추진되고 있는 것은 다행스런일이라고 하겠다. 이에 대해서는 국사편찬위원회, 『남북 역사용어 및 영문표기 기초조사』, 2002 참조.

1장 일제 식민통치와 민족의 수난 1. 20세기 전반의 세계 2. 일제의 침략과 국권의 피탈 3. 식민 통치체제의 구축과 전개 4. 경제수탈과 민중의 생활 5. 전쟁동원과 군 위안부 징용	1. 일제의 침략과 민족의 수난 (1) 20세기 전반의 세계 (2) 일제의 침략과 국권의 피탈 (3) 민족의 수난 (4) 경제수탈의 심화	한민국 임시정부의 수립 1. 일제의 침략과 한국 강점 2. 소위 '무단통치'와 민족의 수난 3. 1910년대 민족운동과 거족적 3·1운동의 전개 4. 대한민국임시정부의 수립과 활동
2장 3·1운동과 대한민국 임시정부 1. 3·1운동 이전의 민족운동 2. 3·1운동의 전개 3. 대한민국임시정부의 수립과 활동	2. 3·1운동과 대한민국임시정부 (1) 3·1운동 이전의 민족운동 (2) 3·1운동의 전개 (3) 대한민국 임시정부의 수립	2장 1920년대 민족해방운동의 발전과 사회운동 1. 일제의 기만적 '문화정치'와 식량 수탈정책 2. '문화운동'과 '자치운동'의 대두 3. 사회주의의 수용과 조선공산당의 활동 4. 대중의 자각과 사회운동 (청년·노농·여성·형평운동) 5. 신간회운동과 민족유일당운동 6. 6·10만세운동과 광주 항일학생운동
3장 무장 독립전쟁의 전개 1. 국내 항일민족운동 2. 의열단과 한인애국단의 활동 3. 1920년대 만주지역 독립군의 활동 4. 1930년대 무장 독립전쟁 5. 대한민국 임시정부와 한국 광복군	3. 무장 독립전쟁의 전개 (1) 국내 항일민족운동 (2) 의열단과 한인애국단의 활동 (3) 1920년대의 무장 독립전쟁 (4) 1930년대의 무장 독립전쟁 (5) 대한민국임시정부와 한국광복군의 활동	3장 1930년대 초·중반 국내외 민족해방운동의 활성화 1. 일제의 조선 '병참기지화 정책' 2. 국내 민족해방운동과 혁신적 대중운동 3. 국외 민족해방운동의 발전과 한·중 연대의 강화
4장 사회·경제적 민족운동 1. 민족 실력양성운동 2. 민족협동전선운동	4. 사회·경제적 민족운동 (1) 사회적 민족운동의 전개 (2) 민족 실력양성운동의	4장 중일전쟁 이후 민족해방운동 세력의 활동과 건국구상 1. 일제의 중일전쟁 도발과

3. 노동운동과 농민운동 4. 사회 각 계층의 자각 5. 국외 이주동포의 활동과 시련	추진 (3) 농민운동과 노동운동의 전개 (4) 국외 이주 동포의 활동	전시 동원정책 강화 2. 국내외 민족해방운동 세 력의 활동과 건국구상 3. 친일세력의 형성·강화와 반민족적 행태 4. 해방 직전 국내외 민족 해방운동 세력의 동향과 열강
5장 민족문화 수호운동 1. 일제의 식민지 교육·문화 정책 2. 국학운동의 전개 3. 교육과 종교활동 4. 문학과 예술활동	5. 민족문화 수호운동 (1) 일제의 식민지 문화정책 (2) 국학운동의 전개 (3) 교육과 종교활동 (4) 문학과 예술활동	5장 민족문화 수호운동 1. 일제의 교육·문화정책 　- 차별과 '동화' 2. 교육운동 3. 국학(조선학) 운동과 종교운동 4. 문학·예술운동 5. 대중문화운동

*자료 : 위의 2종 교과서와 박찬승, 「독립운동사를 어떻게 가르칠 것인가?」『우리역사 바로알기와 평화교육』(독립기념관, 2003), 155~173쪽과 기타 개설서 등을 참고하여 작성.

　* 주요 논점: 현행 개설서와 교과서에서 농민·노동운동 등 사회운동과 조국광복회와 김일성의 활약, 대중의 생활상과 왜곡된 식민지 근대의 모습 등의 서술비중을 늘려야 할 것으로 본다. 물론 학술연구와 교과서 서술은 차이가 날 수 있다. 그러나 기본적으로 위의 구성과 내용으로 수정·보완되어야 할 것이다. 1937년 6월 5일에 있었던 보천보전투 이후 함경도와 남만주(장백현) 일대에서 소위 '혜산사건'으로 739명이 검거되었는데, 이는 3·1운동과 광주학생운동을 제외하면 단일사건으로는 가장 많은 사람이 검거된 사례이다. 왜 그러한 중요한 사건을 애써 무시해야 하는가?

　잘 아는 사실이지만, 8·15해방은 외세에 의한 것이기도 했지만, 동시에 우리민족의 끈질긴 노력의 결과로 쟁취한 것이기도 하다.

　독립운동사는 비인간적인 처지에 있던 식민지 민족(민중)이 인간답게 살기 위해 몸부림친, 피눈물나는 투쟁과 "피와 땀과 눈물"의 기록이라 할 수 있다. 미국에서 여유있게 지내며 外交論으로 일관한 李承晩류의 몇몇 영웅이 아닌 '수많은 보통 사람들'의 인간답게 살기위한 투쟁(혈투)의 기록인 것이다. 물론 역사에서는 영웅과 위인의 역할이 크다. 따라서 이것을 '민중사관'으로 평가절하할 수도 있겠지만, 한국 근현대사는 억업받던 민중의 자각과 발전, 해방투쟁의 기록이 아니고 무엇이었던가?

왜 독립운동사(민족해방운동사)를 가르쳐야하는가? 독립운동은 우리민족, 나아가 참다운 인간해방을 위한 험난한 도정이지만, 우리에게 상당한 역사적 교훈을 주기 때문일 것이다.[86] 국제관계나 국제적 배경에 대한 이해와 서술을 보강할 필요도 있다.

문제는 독립운동의 국내외적 배경 설명을 어떻게 압축적으로 간단명료하게 학생들에게 이해시킬 것인가 하는 점일 것이다. 이에 대해 적어도 다음과 같은 줄거리 교육이 기본적으로 필요하다고 본다.

① 20세기 전반 국제정세의 흐름 : 러시아혁명, 1차 세계대전, 미국의 부상, 세계대공황, 파시즘의 대두, 중일전쟁, 태평양전쟁, 2차세계대전 등

---

86) 독립운동사 교육의 필요성 : ① 제국주의에 대한 비판과 민족자결, 주체적 문제 인식의 중요성. ② 20세기 전반 '국가'가 없는 현실에서 우리 민족이 겪은 어려움과 곤란을 이해하기 위해 필요. '국가'와 '민족'의 해악도 있지만, 우리 민족은 식민지 치하에서 '근대적 민족국가' 수립의 필요성을 절감. ③ 개인과 공동체와의 관계에 대한 균형적 시각을 갖추기 위해서도 필요. ④ 분단된 민족의 현실을 직시하여 이를 극복하고 통일된 민족국가를 세워야 할 당위성. 남·북한 독립운동사 서술과 교육의 이질성 극복 노력이 절실한 실정. ⑤ 남·북 정권의 정통론적 시각의 비판과 극복이 필요. 다소 논란이 있으나, 민족의 통합을 지향하는 입장에서 정통론적 시각이 아닌 통합론적 시각에서 고찰하고 교육해야 할 것. 정통론적 시각은 다른 독립운동을 무시하고 사실과 의미의 해석을 크게 왜곡하고 있는 실정이다. 보기) 남한 ― 임시정부와 광복군, 북한 ― 김일성의 항일무장투쟁 등(앞의 박찬승, 「독립운동사를 어떻게 가르칠 것인가?」『우리역사 바로알기와 평화교육』, 155~173쪽과 필자의 강의안 등을 참고하여 작성).

② 일본 정계의 흐름 : 大正(다이쇼) 데모크라시, 국가주의의 대두, 군국주
의자들의 득세, 만주침략과 중일전쟁, 태평양전쟁의 도발 등 ③ 일제의 지
배정책 : 무단통치, 동화정책, 토지조사사업, 산미증식계획, 병참기지화정
책, 인적·물적 자원의 전쟁 총동원 등 ④ 중국과 러시아의 국내정세 및
동향 : 辛亥革命, 北伐戰爭, 國民政府의 樹立, 國共對立과 合作, 中日
戰爭, 러시아혁명과 사회주의운동의 高潮, 미국·일본·프랑스 등 국제열
강의 러시아혁명 탄압과 간섭전쟁, 1937년 스탈린의 韓人 强制移住,
蘇·獨전쟁과 蘇·日戰爭 등[87]

　　최근『한국 근·현대사』교과서에 대한 지대한 관심과 비판, 논의가
늘어나면서 다양한 방법론이 모색되고 있다.
　　단순한 사실의 암기보다는 독립운동의 전체적 흐름에 대한 설명, 그리
고 정통론적 시각(민족주의 계열과 임시정부 등에 대한 서술의 과다)이 아
닌 통합론적 시각에서의 교육, 농민·노동운동사와 사회주의 계열 및
1930~40년대 전반 만주 항일투쟁 세력 등에 대한 서술의 강화, 신간회와
민족유일당운동·1930년대 중국에서의 좌우합작운동·조국광복회, 1940
년대 임시정부로의 독립운동 세력의 결집 등 '민족협동전선운동'의 강조
등이 제기되고 있다.[88] 또한 몇몇 중요한 인물들이 아닌 다양한 계층의 민
중의 참여와 동향파악 즉 많은 보통사람들의 독립운동 참여에 대한 조명
및 대중운동과 사회운동, 노농운동 등에 참여한 사람들에 대한 검토가 필
요하다는 문제도 제기되었다. 한편 중앙·전국적 차원의 민족운동과 함께
자기가 살고있는 고장(지방·지역)의 민족운동과 주도인물에 대한 설명과
교육의 문제. 그리고 국제관계와 국제정세에 대한 인식과 학생들의 오픈
마인드, 열린 민족주의, 한·중·일 등 동북아의 협력, 나아가 세계의 협

---

87) 박찬승, 위의 글과 세계사 관련 연구성과 등 참조.
88) 각주 1~6의 연구성과 참조.

력과 발전에 기여할 수 있는 자세와 자각을 심어줄 필요성까지 논의되고 있다. 물론 세계사 교육을 강화하면 좋겠지만, 학생들의 학습부담을 줄여가는 보편적 세계추세에 비추어 다각적 방안이 있어야 하겠다.

Ⅶ. 결론 및 제언

현재 6종의 검인정교과서는 형식과 체제, 서술내용도 거의 유사한 양상을 보이고 있다. 그러나 특정 학설에 대한 입장 및 정보의 차이, 역사교육의 목적, 史觀과 역사 敎授·學習 방법론, 그리고 최근 연구성과의 반영 여부 등에서 다소간의 차이를 드러내고 있다. 이에 따라 다른 서술과 양상을 보이고 있는 부분도 있다.

물론 최근에 독립운동뿐만 아니라 식민지시기의 다양한 한국인의 생활상과 주체적이며 자발적인 적응양상 등을 서술할 필요가 있다는 의견도 제시되고 있다. 물론 이러한 견해에 동의하는 바이다. 그러나 이러한 경향은 자칫하면 일본의 일부 우익인사나 단체, 지식인들에게 큰 호소력을 갖는 '식민지통치 미화론'이나 '식민지 근대화 및 개발·발전론' 등으로 비화하여 일본인의 역사관을 더욱 왜곡할 우려도 있다. 실제로 2002년부터 2005년까지 3년간 존속한 제1기 '한일역사공동위원회'에서 개최한 세미나에서 발표된 한국인의 독립운동에 대한 논문에 대해 일본측 토론자는 이러한 주장을 개진한 바 있다.[89] 따라서 신중한 논의가 필요하다고 본다.

---

89) "일제강점기 중앙집권적 관료통치, 지방행정제도, 일본식 근대적 자본주의 등 식민지 통치가 도입한 다양한 제도 및 행동양식에 대해서는 전혀 언급이 없다. 독립운동은 왜 성공하지 못했을까? 한국은 왜 자력으로 민족해방을 이룰 수 없었는가? 또 식민지시기에 한국인이 독립운동만 한 것은 아니었다, '일본식 근대화'의 도입은 한국인 사이에 반발만 초래하였는가?" 하는 우려되는 비판을 제기하고 있는 것이다. 상세한 내용은 서중석, 「일제의 조선강점과 한국의

지금까지는 개별 연구자 나름의 시각으로 비평했을 뿐이고 교과서에
대한 많은 비판과 의견의 제시가 종합적으로 수렴되지 못하는 경향이 있
다. 따라서 한국 근현대사 연구의 학술적 성과를 근현대사 교육과 결합시
키는 방안을 검토해야 하겠다. 근현대사 교육이 근현대 사회에서 살아가는
인간의 생활모습을 보여주어야 한다고 하면서도, 사람들이 구체적으로 살
아온 모습을 교과서에 별로 반영하지 못했다고 한다. 그 이유는 이 분야에
대한 이해가 충분치 못하고, 연구성과나 참고서적이 별로 없기 때문이라고
한다.90)

일본 역사교과서 왜곡문제를 계기로 최근 '한·중·일 공동 역사부교
재'가 출판된 사실은 한·중·일 역사교과서의 서술과 사관의 차이를 극
복할 수 있는 모범적 사례라고 할 수 있다.91) 새로운 교과서 집필자들은
이 교재를 참고할 필요가 있다. 현재 교과서문제를 이데올로기화하고 있는
소위 '뉴라이트' 그룹과 금성출판사본 교과서 집필자들과의 시각차는 그리
간단한 문제가 아니라고 생각된다.92) 그러나 역사교과서 편찬 당사자와 주

독립운동」『한일역사 공동연구 보고서』(서울, 한일역사공동위원회, 2005)에
  대한 일본측 연구위원 모리야먀 시게노리(森山茂德)의 비평문(이 책의 87~88
  쪽) 참조.
90) 김한종 외,『한국근현대사 교육론』(선인, 2005)에 대한 박진동의 서평(『역사교
  육』96, 350쪽).
91) 2002년 3월 말 중국 南京에서 일본역사교과서 문제 관련 국제회의가 열렸다.
  이 때 참가자들 사이에서 한·중·일 3국의 공동 역사부교재 개발 문제가 합
  의되었다. 그후 몇차례의 회의를 거쳐 현재 '공동 역사부교재' 개발이 완료되
  었다. 그 경위에 대해서는 일본교과서바로잡기운동본부·역사문제연구소,『동
  아시아 역사공동체 한중일 3국의 역사인식의 공유를 위해』(국제학술회의 논문
  집, 2003·11), 137~140쪽 참조. 이러한 3국 공동의 역사부교재 개발사업의
  성과는 2005년 5월 '한중일3국공동역사편찬위원회'에서『미래를 여는 역사』
  (서울, 한겨레신문사)를 출간하는 것으로 구체화되었다.
92) 금년 11월 30일 소위 '뉴라이트' 계열 '교과서포럼'의 학술모임이 반대자들의
  행사장 점거로 무산된 사태는 '뉴라이트' 계열의 '(대안)한국근현대사 교과서'
  시안이 갖는 퇴행적 역사인식에 기인하는 바 크다고 본다. 소위 '대안교과서'

무당국, 학계와 교육계가 상호이해를 도모하면서 장기간에 걸쳐 허심탄회
하고도 진지하게 대화를 모색한다면 수많은 역사교육의 대상자들인 학생
들에게 진정 필요하고 바람직한, 현재 발간된 검인정 교과서의 보완 및 개
정작업은 그리 어려운 일이 아니라고 본다.

　　비판만이 能事는 아닐 것이다. 애정어린 비판과 함께 적절한 대안을
모색할 필요가 있다. 우리 모두 머리를 맞대고 지혜를 모아 21세기에 부응
하고 세계속의 한국인, 나아가 세계로 진출하는 한국인 2세에 적합한 역사
교육의 교과서와 교재를 개발해 나아가야 하겠다.

　　금성출판사본 교과서의 海外 獨立運動史 부분 서술내용을 검토한 결
과 그동안 일부 언론과 우익적 시각을 가진 論者들의 평가와는 반대로 매
우 保守的이고 민족주의적 시각으로 저술된 교과서라는 사실을 확인하였
다. 이는 敎育部 準據案과 檢定基準을 거의 준수한 결과 때문이 아닌가
한다. 오히려 進步學界의 입장에서 볼때는 여러 각도에서 비판과 반발, 혹
은 혹평이 가능하지 않을까 우려되기도 한다. 필자가 보기에 이 교과서는
다른 교과서보다 더 학습자와 교수자(교사)를 배려한 장점 때문에 많은 채
택비율을 보인 것이 아닌가 한다. 이 책은 비교적 무난한 서술체제와 내용
을 보이고 있지만, 추후 修正·補完되어야 할 부분이 적지 않다. 앞으로
7차 교육과정의 수정이나, 8차 교육과정이 어떻게 바뀔 지 예측키 어려운
실정이다. 그러나 이 책이 고등학교『한국근현대사』교과서의 '베스트 셀
러'라면 특정 시각과 입장을 강요하며 일방적으로 매도할 것이 아니라, 우
리 모두가 애정을 갖고 보다 진전되고 완성된 모습을 갖출 수 있도록 다각
도로 지원을 아끼지 말아야 할 것이다.

　　다양한 시각과 역사해석을 반영하는 여러 종류의 역사교과서가 필요하
다. 한국사의 특수성과 함께 세계사적 보편성의 조화, 한국사와 세계사의

　　가 일본 우익세력이 발간한 '후소샤' 교과서와 유사한 역사인식을 보이고 있는
　　점은 우려할 만한 일이다.

비교사적 시각의 보완, 내러티브(Narrative) 역사서술을 비롯한 다양한 문체의 구사, 그리하여 학생들이 흥미를 갖고 역사공부에 심취할 수 있는 새로운 역사교과서가 필요한 것이다.[93]

6종의 검인정『한국 근·현대사』교과서가 대체로 민족주의적 경향을 띠며, 특히 근대사의 경우 '침략과 저항' 위주의 단조로운 서술을 보이고 있다는 비판은 거의 공통적으로 제기되고 있는 실정이다. 그러나 지금까지 학계의 연구가 거의 정치사나 민족운동사 분야에 집중되었고, 생활사나 문화사, 미시사 분야의 연구는 매우 취약한 것이 현실이다. 따라서 교과서 서술내용은 일제 강점기 우리민족, 나아가 한국인 자신의 생활의 변화나 일상사, 사람이 살아가는 냄새가 나는, 즉 학생들이 쉽게 느낄 수 있는 이야기를 학생들이 쉽게 이해할 수 있도록 수정·보완할 필요성은 당연히 제기되는 것이라고 할 수 있다.[94]

그러나 최근 중국의 '東北工程'이나 '東北振興戰略'의 추진 및 중국 역사교과서의 애국주의와 '新中華主義的' 서술경향의 대두, 그리고 이웃 日本의 우경화 경향과 내셔널리즘 강화, 특히 新刊 日本 歷史敎科書의 한국근대사 서술내용의 축소나 中道右派的 방향으로의 선회 경향은 우리에게 심각한 警鐘을 울리는 것이다. 더구나 일본에서 많은 채택비율을 보이고 있는 東京書籍 刊行 신간 역사교과서에서 日本의 韓國 植民地支配와 韓國人의 民族運動에 관한 記述內容이 대폭 삭감된 것은 매우 우려할 만한 것이다.[95] 물론 그럼에도 불구하고 장기적으로는 韓·中·日 3국 등 東北亞 여러나라들은 밀접히 협력을 도모하고, 이웃 나라와 그 국

---

93) 왕현종, 「'수정판' 고등학교 국사교과서의 역사서술과 근대인식」『역사에서의 중앙과 지방』제49회 전국역사학대회 발표문(역사학회, 2006), 455쪽.
94) 이러한 포스트 모던 역사이론에 대해서는 키스 젠킨스(Keith Jenkins)/최용찬 옮김, 『누구를 위한 역사인가』(서울, 혜안, 2002) 참조.
95) 이에 대한 상세한 내용은 정재정, 「일본 중학교 역사교과서의 개편과 한국사 관련 서술의 변화-東京書籍 간행 新舊교과서의 對比를 중심으로」『사학연구』69(한국사학회, 2003), 202~219쪽 참조.

민들에 대한 올바른 이해를 도모할 필요가 있다.96) 역사교과서는 이러한
입장에서 학생들의 시각을 넓히는 한편, 다양한 문제의식과 자율적인 문제
해결 능력을 배양시킬 수 있는 좋은 교재가 되어야 한다.

　특히 최근 일본학계의 영향을 받은 일부 한국인 학자들이 제기하고 있
는 '植民地近代化論'이 갈수록 목소리를 높여가는 현실을 고려한다면 최
근 논란이되고 있는 검인정 『한국근현대사』의 한국근대사 서술은 그리 우
려할 만한 일이 아니라고 본다. 외세의 침략과 수탈, 불법과 인권유린에 저
항하는 反外勢·反封建·人權爭取 투쟁이 한국근대사 서술의 주류를
점하는 것은 당연한 일이 아닌가? 이러한 과정에서 발현된 민중의 거대한
에네르기야말로 한국 근현대사 발전의 원동력이며 특징이라 할 수 있을 것
이다. 그토록 짧은 시일 안에 산업화, 민주화, 정보화에 성공한 '성공모델'
한국의 밑바탕이 되었던 것이다.

　6종의 검인정 교과서를 대략 검토하고 본 논문의 주제 범위를 벗어나
고 恣意的이기는 하지만, 나름대로 수정·보완되어야 한다고 보는 전반적
교과서의 내용을 간단히 요약해 보았다.

　1. 한국정부의 正統性 問題와 관련하여 상당수 검인정 교과서에서 排
除되고있는 東北抗日聯軍과 그 안의 韓人(부대)의 활약상 등 좌파계열의
항일무장투쟁, '祖國光復會' 등 항일민족통일전선을 표방하며 조직된 대
중조직에 대한 서술이 필요하다. 해방 전후시기 국내외 독립운동 세력의
건국준비와 상호연대에 대한 서술도 보강이 필요한 것 같다.

　2. 분열과 대립의 민족운동사보다는 통합과 연대를 강조하기 위해 신

---

96) 최근 '아시아평화와 역사교육연대(아시아평화와 역사연구소)'가 전개하고 있는
　　일련의 동아시아 역사인식 공유를 위한 국제심포지엄('역사대화의 경험공유와
　　동아시아 협력모델 찾기', 11.25) 및 동아시아 평화포럼('전후역사와 평화적인
　　선택' 11.2～6, 교토) 등은 바람직한 시민·학술운동의 한 모델이 될 것으로
　　본다.

간회와 민족유일당운동, 1940년대 통합 임시정부, 조국광복회와 '조선민족
해방동맹' 등 동북항일연군과 김일성 관련 독립운동(민족운동) 관련 사실
의 추가와 보완설명이 필요하다. 또한 민족운동과 국제관계, 국제적 배경
에 대한 충분한 보완도 필요하다.

　3. 1930년대 광범한 농민과 노동자 대중이 참여했던 혁명적 농민조합
과 혁명적 노동조합운동의 서술도 간단하게나마 보완되어야 하겠다.

　4. 한국사회에서 대부분 노동자로 살아가야하는 한국 학생들의 현실을
반영하여 노동자들의 생활상과 노동운동사, 관련 자료의 서술과 보완이 있
어야 하겠다.

　5. 그동안 소외되었던 생활사나 문화사, 여성운동사, 여성들의 독립운
동, 여성 위인·단체·기관 등의 발굴, 지방사, 지방 인물 등에 대한 서술
의 강화.

　6. 한국학계에서 소위 '식민지근대화론'이 대두하고, 일본의 우경화동
향과 일본 중등학교 역사교과서의 '한국관련' 내용이 약화되는 상황에 대
처할 필요성. 日本(人)과의 友好協力은 增進되어야한다. 그러나 3·1운동
에 대한 일제의 탄압과 양민학살, 수원 제암리·화수리 만행, 1920년 북간
도·서간도의 '경신참변'시 일본군이 저지른 학살만행 등, 1920년 블라디
보스톡 신한촌에서 일본군이 저지른 4월참변, 일본군 731부대에서 희생된
한국인 희생자, 일본군 위안부, 징용·징병·근로정신대·학도지원병 등
의 실태와 일본 당국(일본인)의 동원정책 등에 대한 비판고발(자료 등), 서
술의 강화가 필수적이다.

　7. 집필자와 학계, 해당분야 전문가, 교육전문가의 지속적 대화 및 모
니터링 제도의 검토.

　8. 사진·그림·도표·그래픽 등 시각자료의 대폭적 수정과 보완.

'동양'에서 '서양'으로
- 폴란드 역사교과서의 민족운동 서사 구조 -

임 지 현(한양대 사학과 교수)

Ⅰ. '얄타에서 말타로'

'얄타(Yalta)에서 말타(Malta)로'. 이것은 1989년 겨울 바르샤바 카페에 모인 지식인들의 대화나 프라하의 벤체슬라스(Wenceslas) 광장에 모인 군중들에게서 심심치 않게 들을 수 있는 구호였다. 1989년 12월 2일 말타 정상회담에서 미국의 부시 대통령과 소련의 고르바쵸프 서기장은 동독을 포함한 동유럽의 장래는 그 국민들의 자율적인 결정에 맡긴다는 데 합의했다. 한마디로 그것은 전후 동유럽에 대한 소련의 지역적 헤게모니를 인정한 1945년 2월 얄타회담의 국제 질서를 뒤집어엎는 것이었다. '얄타에서 말타로'라는 이 짧은 구호는 이차대전 이후 동유럽의 길고도 복잡한 역사적 변화를 상징적으로 함축하는 것이었다.

역사서술의 맥락에서는, '얄타'가 당의 도그마적인 맑스주의 역사학을 상징한다면 '말타'는 당의 통제와 권력의 검열체제에서 벗어난 역사서술의 자유화를 의미하는 것이었다. 역사서술의 초점을 민족운동에 맞춘다면, 특히 폴란드의 경우 그것은 소련의 헤게모니를 정당화하는 왜곡된 프롤레타리아 국제주의로부터 러시아에 대항한 민족운동의 전통과 민족주의의 복원을 의미한다고 하겠다. 그러나 전후 폴란드 역사서술의 추이를 찬찬히 살펴보면, '얄타에서 말타로'라는 짧은 구호로 단순하게 요약되기는 어렵지 않은가 한다.

당의 이데올로기적 통제 아래 있던 공식적인 역사서술도 '얄타'의 원칙을 단선적으로 적용했다기보다는 1956년의 탈스탈린주의, 1968년의 반유대주의 캠페인, 1980년의 연대노조 운동이라는 굵직한 역사적 사건에 따라 굽이쳐 왔던 것이다.[1] 어찌 보면 그것은 '말타'가 '얄타'의 원칙을 침식하는 과정, 혹은 '얄타'와 '말타'의 타협과 담합 과정이라 할 수 있다. 국민교육과 사회주의 시민 교육의 중요한 기제로 작동하는 역사교육의 메커니즘을 고려할 때, 역사교과서 또한 당의 공식적 역사서술의 변화를 충실히 반영했다고 판단된다.

그러나 전후 폴란드 역사교과서에 나타난 역사서술의 변천과정을 살펴보는 것이 이 글의 목표는 아니다. 전후 폴란드에서 간행된 모든 역사 교과서들을 한국에서 구하는 것이 불가능할 뿐 아니라, 주최 측의 주문도 현행 폴란드 역사교과서의 민족운동사 서술을 살펴달라는 것이기 때문이다. 이 글의 목적은 현행 폴란드 역사 교과서에 나타난 민족운동에 대한 역사

---

1) 전후 폴란드 역사서술의 변천에 대해서는 임지현, 「폴란드 사회주의 운동사 연구의 반성과 전망」『역사비평』 32(1996, 봄), 230~251쪽 ; 임지현, 「폴란드에서의 역사 재평가 작업-민족주의에서 다시 민족주의로-」『한국사 시민강좌』 21(1997.8), 228~250쪽 ; Jie-Hyun Lim, "The Nationalist Message in Socialist Code: On Court Historiography in People's Poland and North Korea," in Solvi Sogner ed., *Making Sense of Global History* (Oslo, 2001), pp. 373-388 참조.

서술의 내용과 서사구조를 파악하는 데 있다. 특히 현실 사회주의의 붕괴, 정치적 민주주의와 시장경제의 도입, 유럽 연합의 가입 등 1990년대 이후 전개된 폴란드 현대사가 역사교과서에 미친 영향에 초점을 맞출 것이다. 세세한 역사적 사건과 사실들에 대한 구체적인 서술을 단순 소개하기보다는 그것들을 일관된 서사로 묶는 메타담론에 대한 분석이 이 글의 주된 목적인 것이다.

이 글에서는 2003년과 2004년 간행된 두 종의 인문계 고등학교 19/20세기사 교과서, 1989년과 2004년에 각각 간행된 두 종의 인문계 고등학교 19세기사 교과서, 1990년과 2004년에 간행된 중학교 역사교과서 등 모두 6종의 교과서를 분석의 대상으로 삼는다. 입수한 교과서로 미루어보건대, 폴란드의 역사교과서는 폴란드사와 외국사를 구분하여 별도의 교과서를 사용하기보다는 통합교과서 체제를 채택하고 있다. 폴란드사를 세계사의 흐름 속에서 파악하려는 시도라고 판단된다. 그러나 외국사의 경우 압도적으로 유럽사에 비중을 두고 있으며, 러시아사와 미국사가 비교적 비중있게 다루어지고 아시아나 기타 지역에 대한 서술은 소략한 편이다.

이 6종의 교과서를 토대로 전후 폴란드 역사교과서의 변천을 통시적으로 분석하는 것은 거의 불가능하다. 성급한 일반화의 위험성이 크기 때문이다. 그러나 적어도 현실 사회주의 말기(1989/1990)와 유럽연합의 가입을 전후한 시기(2003/2004) 교과서들의 역사서술을 비교/분석할 수 있는 기본적인 재료는 되리라 판단된다. 이 교과서들을 바탕으로 연속과 단절이라는 구도 위에서 현실 사회주의와 포스트 사회주의 역사교과서의 민족운동사 서술을 비교 분석하는 관점이 이 글의 출발점이다. 각종 교과서들이 폴란드 민족운동의 구체적인 역사적 전개과정이나 연대기적 사건을 어떻게 서술하고 있는가보다는 그 밑에 자리 잡고 있는 서사구조가 이와 같은 비교 분석의 대상이 된다.[2]

---

2) 폴란드 민족운동의 구체적 전개과정에 대해서는 임지현, 『그대들의 자유, 우

II. '서양'으로 위치 짓기

세계사의 전개 속에서 폴란드 역사, 특히 폴란드 민족운동사의 황금기
인 19세기사의 위치가 어떻게 규정되는가는 고등학교 교과서에서 잘 드러
난다.[3] 2004년 바르샤바에서 간행된 인문계 및 직업 고등학교 학생들을
위한 코하노프스키(Jerzy Kochanowski)와 마투식(Przemyslaw Matusik) 공저
세계사 교과서 ≪인간과 역사: 4부. 근대 및 현대세계(19~20세기)≫는 19
세기 이후 세계사를 '정적이고 전통적인 농업세계로부터 산업적이고 도시
적인 근대 문명으로의 전환기'라고 규정한다. 이 교과서는 전근대 세계가
농업이 지배하고 인구의 대부분이 농촌에 거주하며 신분제의 위계 질서에
입각한 닫힌 세계였다면, 근대 세계는 변화와 발전, 과학적 지식이 지배하
는 도시와 산업의 세계이며 신분이 아니라 개개인의 능력과 노력이 개개인
의 위치를 결정하는 열린 세계라는 이분법에서 출발한다.[4]

그런데 이 교과서에 따르면 전근대로부터 근대로의 전환을 가져 온 이
백년의 역사는 유럽이 세계의 문을 여는 그래서 인류에게 특정한 문명의
형식을 공유하게 만든 시기이다. 바꾸어 말하면 '서양 문명은 19~20세기
의 세계를 만든 변화의 동력이다.' 이 역사 교과서가 비유럽 세계도 다루
지만 유럽에 더 큰 비중을 두는 것은 바로 그러한 이유 때문이다. 저자들
에 의하면, 폴란드인들이 유럽의 역사에 더 관심을 갖고 초점을 맞추는 것

리들의 자유: 폴란드 민족해방운동사』(아카넷, 2000), 참조.

3) 중학교 교과서는 먼저 분량이 적고 또 폴란드사의 서술을 먼저 배치하고 뒤에
유럽사를 배치하는 방식이어서 폴란드사와 유럽사의 관계가 별반 유기적으로
구성되어 있지 않다. G. Kucharczyk et. al. *Przez tysiaclecia i wieki: cywilizacje
XIX I XX wieku* (Warszawa, 2004) ; J. Skowronek, *Historia do Niepodleglej*
(Warszawa, 1984) 참조.

4) Jerzy Kochanowski ; Przemyslaw Matusik, *Czlowiek i historia: czesc 4. Czasy Nowe
i Najnowsze (XIX I XX wiek)* (Warszawa, 2004), p. 11.

은 또 다른 이유에서도 극히 당연하다. 왜냐하면 "폴란드는 서양의 일부였고 또 일부이기 때문이다; 우리에게 가장 중요한 것들은 서양문명의 궤도 안에서 일어났던 것이다."[5]

이 교과서에서 더 흥미로운 점은 인간과 경제, 인간과 사회, 인간과 권력, 인간과 전쟁, 인간과 신, 인간과 문화 등 주제별로 구획된 각 장의 구체적 서술에 앞선 서론과 문명의 장에서 러시아를 유럽과 분리시켜 다루고 있다는 점이다. 러시아의 역사를 유럽에서 분리시키는 서술 전략은 자본주의 서유럽과 사회주의 동유럽을 구분한 얄타 체제의 블록 구분을 부정하고, 폴란드의 역사를 유럽/서양에 위치시키려는 숨은 의도를 드러낸다. 그것은 비단 폴란드뿐만 아니라 유럽 연합에 가입한 체코, 헝가리, 발틱 삼국 등을 소비에트화된 동양에서 구출하여 미국화된 서양으로 편입시키는 서술 전략이라 하겠다.

이와 같은 경향은 4만 7천 5백부의 가장 많은 부수를 찍은 '대학입시 수험생을 위한 역사' 교과서에서도 손쉽게 발견된다. 1980년대 후반 당의 공식 역사서술에 대항하는 대안적 현대사의 저자로도 유명한 이 교과서의 주 저자 로쉬코프스키(Wojciech Roszkowski)는 유럽사의 관점에서 중요한 전환점들을 규정하는 것은 당연하며, "결국 19세기사의 특징은 유럽과 그 문명의 세계로의 팽창이며, 따라서 어느 정도의 유럽중심주의는 정당한 것"이라고 당당하게 주장한다.[6] 현실 사회주의의 반체제 지식인이자 역사가인 로쉬코프스키의 당당한 '유럽중심주의'는 여러 모로 시사적이다.

1990년대에 봇물처럼 쏟아져 나온 현대사 책들에서 쉽게 발견되듯이, 유럽중심주의를 승인하는 바탕 위에서 폴란드를 유럽으로 자리매김하려는 시도는 사회주의 세계혁명이라는 명분 아래 '제한주권론'이라는 이름으로 지배권을 행사해 온 소련의 헤게모니로부터 벗어난다는 함의를 담고 있다.

---

5) *Ibid.*, p. 12.
6) Anna Radziwill, Wojciech Roszkowski, *Historia dla Maturzysty. Wiek XIX* (Warszawa, 2004), p. 7.

소련의 비밀경찰 NKWD에 의한 카틴 숲에서의 폴란드군 장교 학살, '내전'에 가까운 희생과 갈등을 동반한 사회주의 정권의 수립과정, 1956년 소련군의 부다페스트 침공, 1968년 프라하의 봄을 짓밟은 바르샤바 조약군의 체코 침공 등 현실 사회주의 블록의 아픈 역사로부터 폴란드를 분리시키겠다는 일종의 사회적 합의가 담겨있는 것이다.

이와 관련하여 흥미로운 점은 베를린 장벽 붕괴 이전의 교과서와 비교해 볼 때 21세기의 교과서에서 19세기 유럽의 사회주의 사상과 운동에 대한 서술의 분량이 눈에 띄게 격감했다는 것이다. 예컨대 1977년에 초판이 나온 19세기사 교과서는 노동운동과 과학적 사회주의의 대두, 제1 인터내셔널, 파리코뮌, 제2 인터내셔널 등에 대해 전체 260여 페이지 중 45 페이지 분량을 할애하고 있는데 반해,[7] 2004년 간행된 로쉬코프스키의 교과서는 총 370여 페이지 중 10페이지만을 할애하고 있다. 또 코하노프스키의 교과서는 초기 사회주의부터 사회민주주의에 이르기까지의 사회사상을 여섯 페이지로 요약한다.[8]

약간의 정도 차이는 있지만, 21세기의 새로운 교과서들의 사회주의 사상사나 운동사 서술은 거의 무시해도 좋을 정도의 적은 분량에 불과하다. 반면에 정치권력으로서의 현실 사회주의나 소련의 정치/사회/경제 체제에 대한 기술이 사회주의에 대한 서술에서 양적인 비교 우위를 차지한다. '자유가 없는 권력'이라는 이름 아래 나치즘과 파시즘, 공산주의를 같이 놓는 전체주의적 접근 방식도 눈에 띤다. 사회주의=러시아=동양 대 자본주의=유럽=서양이라는 이항 대립적 사고방식이 일정하게 영향을 미쳤으리라 판단된다. 얄타체제에서 폴란드는 전자에 속했다면, 말타 이후의 폴란드는 후자에 속하게 된 것이다.

또 한편으로 러시아를 유럽에서 분리시키고 폴란드 역사의 유럽적 성

---

7) Adam Galos et al., *Historia* (Warszawa, 1989) 참조.
8) Roszkowski, *op. cit.*, pp. 63-66, 236-239 ; Kochanowski, *op. cit.*, pp. 234-239.

격을 강조하는 서술 경향은 다시 폴란드가 유럽 연합에 가입했다는 새로운
역사적 조건을 반영하는 것이기도 하다. '동유럽'이라는 외부의 정의를 거
부하고 '중앙 유럽'이라고 새롭게 자신을 자리매김하려는 폴란드나 체코
사회의 일반적인 흐름이나, 또는 '중앙 유럽'이라는 규정이 독일의 팽창을
정당화하는 논변으로 이용되어 온 전전의 역사를 지적하며 폴란드는 '중동
부 유럽'이라고 규정해야 한다는 학계의 주장 등에서도 그러한 흐름은 잘
드러난다.9) 말타 체제를 축하하며 거리로 뛰쳐 나온 폴란드인들이 '에우로
파'(Europa)를 외쳤을 때, 에우로파 즉 유럽은 추상 대명사 '서양'의 역사적
이름이었을 뿐이다.

　　그러나 18~19세기까지 거슬러 올라가는 긴 맥락에서 보면, 러시아를
제외한 유럽사에 폴란드 역사를 위치시키려는 노력은 폴란드는 항상 서양
에 속했으며, 현재도 서양에 속해 있고 또 앞으로도 속할 것이라는 오래된
환상의 재현이기도 하다. 키릴 알파벳 대신 로마 알파벳을 사용하고, 비잔
티움에서 기원한 그리스/슬라브 정교가 아니라 로마에 본부를 둔 가톨릭을
믿으며, 아시아적 전제정이 아니라 슐라흐타 민주정과 공화정의 정치 전통
을 갖는 폴란드는 '동양'이 아니라 '서양'이라는 것이다.10) 정작 서유럽에
서는 동양과 서양의 이분법이 서있는 오리엔탈리즘에 대한 비판이 역사학
의 상식으로 자리잡아 가는 상황에서, 서/유럽적 정체성을 갈구하는 폴란
드 역사학은 낡은 오리엔탈리즘의 시선을 재현하고 있는 것이다.

　　폴란드는 서양에 속한다는 이 오랜 믿음은 다시 역설적으로 폴란드는
동양이라는 서유럽 관찰자들의 스테레오 타입에 대한 반발이기도 하다. 폴

---

9) 예컨대 Jerzy Kloczowski ed., *Historia Europy Srodkowo-Wschodniej* (Lublin, 2000)
　　2 vols ; Janusz Zarnowski, "Europa Srodkowo-Wschodnia jako peryferie
　　'prwadziwej Europy?" *Przeglad Historyczny* T. 89, Z. 4 (1998), pp. 615-623 참조.
10) Bronislaw Lagowski, "Ideologia Polska. Zachodnie aspiracje i 'wschodnie
　　sklonnosci," Jie-Hyun Lim and Michal Sliwa ed., *Korea i Polska: Proces
　　Modernizacji w Perspektywie Historycznej* (Krakow, 1997), p. 88.

란드를 러시아, 우크라이나와 더불어 '야만적 아시아'라고 간주한 히틀러나 나치의 이데올로그들은 차치하더라도, 중세 게르만의 동부 변경에 대한 식민 이주를 야만에 대한 문명화된 민족의 권리라고 해석한 랑케나 트라이츄케와 같은 독일 역사학의 오리엔탈리즘에 대한 반발이 폴란드=서양이라는 등식에 대한 믿음을 강화시킨 것이다.[11] 그것은 서구의 오리엔탈리즘에 대항하는 가운데 자신의 역사를 서구에 편입시키고 중국과 한국을 오리엔트화한 일본의 오리엔탈리즘과 유사한 논리 구조를 갖고 있다.[12]

자국의 역사를 '서양'에 위치해 놓는 현행 폴란드 세계사 교과서의 오리엔탈리즘적 담론 전략은 물론 서유럽의 제국주의 국가가 구사했던 오리엔탈리즘과는 차이가 있다. 그것은 제국주의를 정당화하는 오리엔탈리즘이라기보다는 폴란드를 '역사 민족' 혹은 문명화된 민족의 반열에 올려 놓음으로써 민족적 자긍심을 지키려는 안쓰러운 노력의 일환으로 판단된다. 즉 폴란드를 끊임없이 오리엔트화하고 유럽의 주변부로 밀어내려는 독일을 비롯한 서유럽 역사학의 오리엔탈리즘에 대한 폴란드 역사학의 방어논리인 것이다. 19세기사가 곧 민족운동사로 등치되는 폴란드의 역사 서술에서 이러한 방어 기제를 발견하기란 그리 어렵지 않다.

그러나 서구의 오리엔탈리즘에 대한 정면 비판보다는 그것에 편승해 자신을 서양에 귀속시키고 러시아, 우크라이나, 벨로루스 등을 오리엔트화하는 전략이 얼마나 효과적일지는 의문이다. 러시아의 행정체제에 미친 발틱 거주 독일인들의 압도적인 영향력이나 볼테르와 디드로 같은 계몽사상가들이 러시아를 폴란드보다 더 문명화된 사회로 간주했던 점 등으로 미루어 볼 때, 러시아를 동양화하고 자신을 서양과 동일시하는 폴란드의 지적 풍토는 견고한 역사적 근거를 갖기보다는 충족되지 못한 열망일 뿐이다.

---

11) Jan M. Piskorski, "After Occidentalism: The Third Europe Writes Its Own History," in Piskorski ed., *Historiographical Approaches to Medieval Colonization of East Central Europe* (Boulder, 2002) 참조.

12) 일본의 오리엔탈리즘에 대해서는 Stefan Tanaka, *Japan's Orient* (Berkeley, 1995).

그럼에도 러시아에 대한 폴란드의 오리엔탈리즘은 현실 사회주의 시절 소
련의 헤게모니에 대한 반감으로 더 강화된 측면이 있다.[13]

　이처럼 스스로를 서양에 위치짓고 러시아 등 동부의 슬라브 민족을 오
리엔트화하는 폴란드 판 오리엔탈리즘은 비단 민족운동사 뿐만 아니라 폴
란드 역사 일반의 서술을 지배하는 교과서의 담론 전략이다. 그러나 그것
은 역사 현실에 대한 학문적 천착의 결과라기보다는 '에우로파'에 대한 폴
란드인들의 열망을 반영하는 것일 뿐이다. 혹은 유럽 연합의 가입 이후
'유럽적 정체성'에 대한 요구의 반영이기도 하다. 그러나 포스트 사회주의
의 초대 대통령 바웬사가 폴란드는 '제 2의 일본'이 되겠다고 천명했을 때,
역사 담론으로서의 오리엔탈리즘을 구성하는 '상상된 지리'로서의 동양과
서양은 이미 폴란드 스스로가 부정한 것이다.

　물론 아날학파의 영향이 강하게 느껴지는 현행 세계사 교과서의 편성이
나 서술 방식은 현실 사회주의 당시 편찬된 교과서의 조악한 민족주의적
해석과는 비교할 수 없을 정도로 개선된 편이다. 예컨대 페르시아 전쟁 서
술에서 '그리스의 독립투쟁'이라는 제목 아래 페르시아에 대항한 고대 그리
스인들의 희생과 영웅정신을 강조하고, 이처럼 수적으로 우세한 적과 싸운
또 다른 전쟁의 예로 나치 침략자에 대한 폴란드의 투쟁을 예로 들 것을 지
시하는 1960년대 당의 교육 이데올로그인 올세프스키(Jozef Olszewski)가 만
든 교사용 지침서 따위와는 비교가 안된다.[14] 중세 봉건영주들 간의 투쟁
을 민족주의적 프리즘으로 바라보는 시대착오주의적 서술이나 민족을 위
해 싸운 위대한 영웅들의 미덕을 강조하는 영웅사관도 거의 눈에 띄지 않
는다. 보통사람들의 일상적 삶에 대한 접근이나 역사적 사고방식을 키우는
데 목적을 두는 서술 등은 서유럽 역사학의 최신 성과들은 흡수한 진일보
한 모습을 보여준다.

---

13) Bronislaw Lagowski, "앞의 글," p. 91.
14) Marc Ferro, *The use and abuse of history or how the past is taught* (London, 1984),
　　p. 170.

Ⅲ. 야만과 문명

러시아, 프로이센, 오스트리아 삼국의 분할 점령 기간 중, 무장 봉기 혹은 민족 전쟁의 이름으로 전국적 규모에서 폴란드인들이 싸운 크고 작은 순수한 유혈투쟁의 시간들을 합산하면 무려 11년에 이른다. 이 순수한 무장투쟁의 총시간은 분할이 완료된 1791년 3차 분할부터 1918년 독립에 이르는 긴 피점령 기간의 9%에 달하는 높은 수치였다. 19세기 폴란드 역사는 그야말로 민족운동사와 등치시킬 수 있는 것이다. "프랑스가 혁명의 모델이라면, 폴란드는 봉기의 고전"[15]이라는 지적은 폴란드사에서 민족운동사가 지니는 중요성을 다시 한번 확인해준다.

한국의 민족운동사와 비교할 때, 폴란드의 민족운동사 서술에서 나타나는 뚜렷한 특징 중의 하나는 용어의 독특성이다. 전문 역사서나 교과서를 막론하고, 또 현실 사회주의의 교과서나 현재의 교과서를 막론하고, 러시아, 프로이센, 오스트리아 삼국의 분할 점령 기간 중의 민족운동사를 서술하는 데, 제국, 제국주의, 식민지, 식민주의 등의 용어는 일체 찾아볼 수 없다. 또 민족 운동이라는 용어는 자주 사용되지만, 민족주의는 의도적으로 회피되고 있다. 삼국의 분할 점령과 그에 대항하는 민족운동을 서술하는 키워드는 '점령'(zabor)과 '봉기'(powstanie), 그리고 애국주의(patriotyzm) 등이다. 폴란드의 역사교과서에서 사용되는 이 독특한 용어들이 갖는 역사적 의미에 대한 이해는 민족운동사 서사 구조를 이해하는 출발점이 된다.

용어와 관련하여 가장 먼저 주목되는 것은 식민지, 식민지배라는 용어 대신에 '러시아 점령 하의 폴란드', '오스트리아 점령 하의 폴란드', '프로이센 지배 하의 폴란드' 등 '점령 하의 폴란드'(Polska pod zaborami)라는 용어가 교과서에서 일관되게 사용된다는 점이다. 그것은 물론 교과서만의

---

15) R. F. Leslie, *Reform and Insurrection in Poland 1856-1865* (London, 1963), p. vii.

독특한 특징이 아니라, 전문 역사서의 서술을 반영한 것이다. 또 현실 사회
주의 시기의 교과서나 21세기의 현행 교과서나 '점령 하의 폴란드'라는 용
어를 사용하기는 마찬가지이다. 그러므로 19세기의 민족봉기는 식민지 지
배에 저항한 민족봉기가 아니라, 이민족의 지배에 저항한 봉기일 뿐이다.
심지어 '폴란드 왕국'(Krolestwo Polskie, 1815~1831)의 수도 바르샤바에
서 청년 사관들이 주도한 1830년 11월 봉기는 러시아의 종속에서 벗어나
완전한 독립을 향한 민족봉기이지만, 봉기의 실패는 1831년 시작된 '폴란
드-러시아 전쟁'의 패배 때문이라고 서술된다. '폴란드-러시아 전쟁'은
검토 대상인 모든 교과서에서 11월 봉기를 서술할 때 일관되게 나오는 용
어이다.16)

전쟁이라는 표현은 물론 '폴란드 왕국'이 사실상 독립적인 정치체라는
사실에서 기인하는 것으로 보인다. 러시아의 차르가 왕을 겸한다는 조항만
제외하면, 독자적인 의회와 군대, 10만에 가까운 선거권자를 지닌 '폴란드
왕국'은 사실상 당대의 유럽에서 가장 자유주의적인 입헌군주제 국가였다.
그러나 궁극적으로는 러시아에 종속된 정치체였다는 사실이 부정될 수는
없다. 모든 교과서와 전문 역사책들이 예외없이 '폴란드 왕국'을 '러시아
점령 하의 폴란드'라는 더 큰 범주 속에 포함시키고 있는 점에서도 그것은
잘 드러난다. 그럼에도 불구하고 '폴란드-러시아 전쟁'이라는 용어를 고
수하는 것은 '폴란드 왕국'과 제정 러시아가 최소한 동등한 파트너 혹은
라이벌이라는 함의를 담고 있다.

'러시아 점령 하의 폴란드'에서처럼 '점령'이라는 용어가 일관되게 사
용되는 것도 같은 맥락에서 주목된다. 폴란드 역사학계의 입장에서는 예컨
대 '러시아 제국의 식민통치' 혹은 '식민지 지배'와 같은 표현은 결코 받아
들일 수 없는 것이다. 식민주의의 전형적인 담론은 문명화의 사명이다. 헤

---

16) Kochanowski, *op. cit*., p. 23 ; Roszkowski, *op. cit*., pp. 163-165 ; Galos et. al.,
op. cit, pp. 60-65.

겔 식의 표현을 빌면, 우월한 문명을 지닌 역사 민족이 야만적이고 열등한
문명을 지닌 '무역사 민족'을 문명화시키는 데 식민주의의 역사적 사명이
있다는 논리인 것이다. 그런데 의식적으로든 무의식적으로든 러시아를 오
리엔트화하는 폴란드 역사학계의 오리엔탈리즘적 시선으로 보면, 야만적
아시아인 러시아가 문명화된 유럽의 일부인 폴란드를 식민지로 통치한다
는 것은 논리적으로 불가능한 것이다.

　선진적 유럽 문화를 야만적 러시아에 전파하는 것이 폴란드의 문명사
적 역할이었다는 전제는 부동의 것이었다. 비록 '폴란드─러시아 전쟁'에
서 패배함으로써 1830년 11월 봉기는 실패로 끝났지만, 러시아의 아시아
적 야만으로부터 유럽문명을 수호하는 역사적 사명에는 성공했다는 공통
된 기술은 이 점에서 주목된다. 11월 봉기는 프랑스의 7월 혁명과 벨기에
의 혁명을 진압하려는 차르의 기도를 분쇄함으로써, 폴란드도 그 일부인
유럽을 구한 것이다. 또 봉기의 패배 이후 폴란드 지식인들이나 행동가들
의 서유럽으로의 대규모 망명 혹은 이민(Wielka Emigracja)은 비록 러시아
에 점령당해 있지만 폴란드는 유럽의 일부임을 재확인시켜주는 것으로 묘
사된다. 비인체제를 전복시키려는 유럽의 크고 작은 혁명운동에서 망명 폴
란드인들이 보인 활약은 그 좋은 예로서 제시된다.

　그런데 로쉬코프스키의 교과서는 모든 교과서들에 일률적인 이상과 같
은 설명에서 한 걸음 더 나아간다. 그는 망명 폴란드 그룹과 서유럽 국가
들, 로마 교황청과의 연합을 강조하는 데 그치지 않고, 폴란드인들이 러시
아에 대항하는 체첸이나 터키의 투쟁을 지원하고 손을 잡았다는 사실을 강
조한다.[17] 터키로 귀화하여 터키군대의 장군으로 크리미아 전쟁에서 러시
아군과 싸운 차이코프스키(Michal Czajkowski)나 이스탄불의 폴란드 공동
묘지에서 보듯이 망명 폴란드인과 터키의 유대는 적지 않게 알려져 있지
만, 체첸과 망명 폴란드인들이 19세기에 손을 잡았다는 사실은 19세기 민

---

17) Roszkowski, *op. cit.*, p. 182.

족봉기를 다룬 두터운 역사서에서도 거의 찾기 어렵다. 그럼에도 고등학교
의 교과서 수준에서 이 사실이 언급되었다는 사실은 자꾸 1990년대 중반
이후 불거진 러시아와 체첸 반군의 대립 구도를 투영한 것이 아닌가 하는
의문을 들게 한다.

한편 러시아 점령 하의 폴란드에 비해 프로이센이나 오스트리아 점령
하의 폴란드에 대한 서술은 양과 질 두 측면에서 모두 많이 떨어진다. 민
족운동사의 방점은 아무래도 러시아 점령지역에 찍혀 있는 것이다. 단지
특기할 만한 것은 1840년대 프로이센 점령 지역에서 시작되어 러시아 점
령지역에서 발전한 '유기적 노동'(praca organiczna)에 대한 서술이다. 이것
은 경제, 교육, 문화, 학문, 사회복지 등의 비정치적 영역에서 폴란드 민족
의 삶을 개선하고 민족의식을 강화하는 사회－경제－문화적 근대화 프로
젝트로서, 개화기의 '애국계몽운동' 혹은 3·1 운동 이후의 '문화운동'과 비
슷한 결을 갖고 있다. 한국사의 용어를 빌면 '민족개량주의'라고 할 수 있
는데, 검토대상인 교과서들이나 기존의 전문 연구서 모두 '유기적 노동'에
대해서는 '민족적 삶'이 지속되도록 기여한 운동으로 비교적 후한 평가를
내리고 있다. 주로 좌파 진영에서 부정적인 의미로 사용하는 '민족 개량주
의'라는 용어는 아예 찾아볼 수 없다. 흥미로운 것은 현실 사회주의 당시의
교과서에서도 '민족 개량주의'라는 용어가 사용되지 않고 있다는 점이다.

'유기적 노동'에 대한 폴란드 역사학계나 교과서의 후한 평가는 이른
바 '민족개량주의' 운동에 대한 한국사학계의 냉랭한 평가와 대조되어 흥
미롭다. 그러나 이것을 근거로 폴란드 역사학계가 한국사학계보다 덜 민족
주의적이라거나 혹은 한국사학계가 더 민족근본주의적이라고 한다면, 그것
은 지나치게 성급한 주장일 것이다. 이 해석의 차이는 '유기적 노동'으로
대변되는 점령기 폴란드의 근대화 프로젝트가 자신의 점령국인 러시아나
프로이센의 적대국인 영국과 프랑스의 서유럽 국가들을 모델로 삼은 반면,
식민지 조선의 근대화 프로젝트로서의 민족개량주의는 자신의 점령국인

일본을 발전 모델로 삼은 데서 비롯되는 차이가 아닌가 한다. '적'의 '적'
은 친구라는 국제정치의 평범한 상식이 그 밑에는 자리잡고 있는 것이다.

폴란드 교과서의 민족운동 서술의 용례에서 또 하나 주목되는 것은 민
족주의를 기피하고 애국주의를 선호한다는 점이다. 그것은 19세기 말 리마
노프스키(Boleslaw Limanowski)이래 민족주의와 애국주의를 각각 '나쁜 것'
과 '좋은 것'으로 명확히 구분해 온 폴란드의 개념사적 전통에서 비롯된
것이 아닌가 한다. 이 관습적 구분에 따르면, 민족주의는 다른 민족의 희생
을 대가로 자기 민족의 이익만을 추구하는 비도덕적 이데올로기라면 애국
주의는 안으로는 사회적 평등 밖으로는 모든 민족의 형제애를 지향하는 이
념이라는 것이다.[18] 민족주의와 애국주의의 이러한 이분법은 현실 사회주
의 시기의 역사서술에서도 '사회 애국주의'의 코드 아래 이어져 왔다.

민족주의와 애국주의의 이러한 이분법은 다소 작위적이라는 인상을 지
울 길 없다. 그럼에도 불구하고, 이 이분법은 민족주의를 부르주아의 이데
올로기로 차치하는 대신 애국주의는 프롤레타리아트와 연결시킴으로써 현
실 사회주의 체제 하에서도 민족주의적 역사서술이 숨 쉴 수 있는 공간을
마련했다는 데 의미가 있다. '폴란드적인 사회주의로의 길'을 주장하면서
'민족 허무주의와 코스모폴리타니즘과의 투쟁'을 선언하고 프롤레타리아
국제주의는 애국주의와 모순되지 않는다는 당 서기장 고무카(Wladyslaw
Gomulka)의 대담한 선언에서도 그 점은 다시 한번 확인된다.[19] 사회주의
모국 소련에서 강요하는 프롤레타리아 국제주의와 폴란드 애국주의는 '사
회 애국주의'의 틀 안에서 다시 만날 것이었다.

그러나 다른 한편으로 이 이분법은 폴란드의 민족운동을 좋은 애국주
의의 틀에 맞추어 넣음으로써, 폴란드 민족운동에 대한 비판적 서술을 원
천 봉쇄하는 결과를 낳기도 했다. 예컨대 '발틱해에서 흑해까지'의 옛 폴란

---

18) K. J. Cottam, *Boleslaw Limanowski*, 1835-1935 (Boulder, 1978), pp. 79-86.
19) P. Machcewicz, *Wladyslaw Gomulka* (Warszawa, 1995), pp. 25-27.

드 영토를 회복한다는 폴란드 민족운동이 리투아니아나 우크라이나의 소
수 민족의 눈에는 어떻게 비추어졌을까 라는 물음이 빠져 있다. 또 변경의
이들 '무역사 민족'을 문명화해야 한다는 폴란드의 서구중심주의적 사명감
에 대한 주변부 소수 민족 지식인들의 비판은 일체 언급되지 않고 있다.
1918년 독립 이후 폴란드 제 2 공화정의 빌니우스 무력 점령이나 우크라
이나인 등 소수 민족에 대한 민족적 차별 등 이른바 폴란드의 '약한 제국
주의'의 뿌리가 19세기의 민족운동에 뻗쳐있다는 인식이 전적으로 결여되
어 있는 것이다.

　오히려 폴란드의 민족운동에 대한 프랑스나 영국, 이탈리아의 리버럴
의 지지와 긍정적인 평가만이 적극적으로 소개되고 인용될 뿐이다. "폴란
드 문제는 인류의 문제이며, 조만간 유럽의 모든 민족들은 폴란드를 수호
해야만 할 것이다"는 가리발디(Giuseppe Garibaldi)의 언급이 적극적으로
소개되고 폴란드 망명지식인들과 유럽의 진보적 지식인들간의 협력과 연
대가 강조된다.[20] 당대 서유럽 지식인들의 폴란드 민족운동에 대한 평가는
비교적 장황한 반면에 폴란드 민족주의와 사회애국주의의 헤게모니적 성
향에 대한 우크라이나의 드라호마노프(Mykhailo Drahomanov)나 이반 프랑
코(Ivan Franko) 등의 비판은 전혀 소개하지 않고 있다. 이는 유럽중심주의
가 결코 정당화될 수 없는 중요한 반증이 아닌가 한다.

　대부분이 봉건 귀족 출신인 폴란드 민족주의 엘리트들에 대한 리투아
니아와 벨로루스 등 변경 지역 농민들의 반발 또한 폴란드 교과서의 민족
운동사 서술에서는 배제되고 있다. 단지 코하노프스키의 교과서가 "다민족
국가인 합스부르크의 권력은 동갈리치아의 우크라이나인들을 폴란드인들
에게 적대적으로 만드는 데 성공했다"고 짤막하게 서술하고 있는데,[21] 이
는 폴란드 토지 귀족과 우크라이나 농민의 역사적 적대감을 오스트리아의

20) Roszkowski, *op. cit*., pp. 191-194, 215 and passim ; Kochanowski, *op. cit*., p. 23.
21) Kochanowski, *op. cit*., p. 25.

분할통치 전략으로 환원시키는 논리에 불과하다. 민족주의와 애국주의의 이분법은 이처럼 폴란드 민족운동이 지닌 다층적 특성을 압제에 저항하는 자유를 향한 폴란드 민족의 투쟁이라는 단선적 해석으로 획일화시키는 데 기여할 뿐이다. 서쪽 이웃에만 초점을 맞춘 채 동쪽 이웃을 경시하는 한, 민족운동사 서술의 폴란드 판 오리엔탈리즘은 치유할 길이 없다.

Ⅳ. 계급과 민족

스탈린 체제의 붕괴를 상징하는 1956년 10월은 정치권력의 변화와 더불어 역사서술에도 큰 바람을 몰고 왔다. 독자적 사회주의 노선을 주창해 온 고무카의 등장은 탈스탈린주의를 의미하는 동시에 소련의 헤게모니에 대항하는 민족주의의 대두를 의미하는 것이기도 했다. 해를 거듭하면서 탈스탈린주의적 민주화의 의미는 퇴색되었으나, 민족주의는 더 강화되었다. 프롤레타리아 국제주의와 애국주의는 모순이 아니라는 사회애국주의의 명제 아래 1960년대에 이르러서는 민족주의의 정치적 수사가 점차 강화되기에 이르렀다. 그것은 역사서술에도 연쇄 반응을 일으켜, 스탈린주의 역사서술이 민족의 과거에 대한 부정적이고 비관적인 이미지만을 창출했다는 비판이 제기되기에 이르렀다.

스탈린주의 역사서술에 대한 비판의 핵심은 계급투쟁만을 일방적으로 강조한다는 것이었다. 민족에 대한 일방적 강조가 부르주아 민족주의를 정당화한다면, 계급에 대한 일방적 강조는 '민족허무주의'를 불러 온다는 것이었다.[22] 미에쉬코 I세에 의해 첫 폴란드 국가가 수립된 지 천 주년이 되는 1963년 개최된 제 9차 전국 역사학 대회는 역사서술의 민족주의적 선

---

22) T. Jedruszczak, "O kryteriach oceny dziejow Polski w okresie miedzywojennym (1918-39)," *Kwartalnik Historyczny* vol. 65 (1958), p. 488.

회에 결정적인 계기였다고 판단된다. 당의 주도로 국가 수립 밀레니움을 경축한 이 해의 역사학 대회에서는 그 동안 봉건적 반동으로 매도되었던 19세기의 슐라흐타(젠트리)가 주도한 민족 운동을 역사적으로 재평가하려는 움직임이 표면에 드러났다. 민족운동에 대한 부정적 평가는 젊은 세대에게 역사적 허무주의를 심어줄 뿐이며, 맑스주의적 역사해석은 사회주의적 애국주의를 창출하는 데 실패했다는 평가까지 나오기에 이르렀다.

역사서술의 민족주의적 선회는 사실상 당에 의해 조장된 측면이 적지 않다. 1960년대에 들어서 당내 헤게모니를 장악한 민족주의 강경파는 1963년을 새로운 사회주의 폴란드 민족 수립의 원년으로 선포하고, '민족적 단합', '민족은 당과 함께, 당은 민족과 함께' 등의 민족주의적 슬로건을 전면에 내세웠다. 그 정치적 의도는 당이 독점하는 정치권력에 반대하는 이단자들을 민족 공동체에서 이탈한 반민족 행위자로 분류함으로써, 탄압의 명분을 확보하고 비판적 사회의식의 싹을 제거하는 데 있었다. 당이 주도한 원초적 민족주의는 시오니즘과 외국 스파이의 가능성을 언급한 1967년 6월 노동조합 6차 대회의 고무카 연설에 이어, 1968년에는 본격적인 반유대주의 캠페인으로 이어졌다. 공식적인 역사서술에서 여전히 맑스주의적 용어는 사용되었지만 그것은 수사에 그칠 뿐 원초적 민족주의의 해석이 지배적이었다. 역사서술에서 지배적인 민족 개념 역시 맑스주의적 민족 개념이 아니라 혈통과 문화의 객관성을 강조하는 원초론적 민족 개념이었다.[23]

한편 1970년대 후반 이후 민주화 운동이 고조되면서 특히 1980년의 연대노조 이후에는 폴란드인들이 '이차 유통'이라 부르는 지하 출판이 활성화되고 당의 공식적 역사해석에 대항하는 대안적 역사해석이 봇물처럼 쏟아져 나오게 되었다. 백화제방 식의 다양한 역사서들을 일반화하기는 매우 어렵지만, 반공주의적 우파의 주류 해석은 '그들의 민족'에 대항해 '우

---

23) 주 1) 참조.

리의 민족'을 내세우는 방식이었다. 결국 당의 공식적 역사해석과 반체제 운동의 대안적 역사해석은 정치적 길항관계에도 불구하고, 원초론적인 민족 개념과 민족주의적 역사 이해라는 인식론적 코드를 공유하는 것이었다. 즉 무엇이 민족을 위해 옳은 길이고, 누가 그 옳은 길에 섰는가 하는 구체적 문제에서 견해를 달리 할 뿐, 민족이 역사의 주체이며 또 역사 이해의 중심이라는 인식을 공유했던 것이다.

  '이차 유통'의 역사 서술의 주류는 반공 민족주의였다. 공산주의는 폴란드 민족에게 생소한 외래 이데올로기로, 공산당은 '독립 폴란드를 파괴하기 위한 외세의 돈에 놀아 난 조직' 또 심지어는 공산주의 역사를 폴란드 민족을 장악하기 위한 국제 유대 도당의 음모로 보는 거의 마타도어 수준의 역사책들이 쏟아져 나왔다. 기본적으로 그것은 이차대전 이전 보수적 민족주의의 역사 해석, 즉 폴란드의 기독교적인 민족적 가치를 부정하는 사회적 병리 현상 혹은 소련의 첩자, 유대계−프리메이슨의 음모로 사회주의를 그려 온 전통의 연장선상에 있는 것이었다. 이 글에서 분석대상으로 삼은 고등학교 교과서 중 가장 많은 부수를 찍은 교과서의 주 저자 로쉬코프스키도 '이차 유통'의 인기 있는 역사가 중의 하나였다. 안제이 알베르트 (Andrzej Albert)라는 가명으로 출판한 <폴란드 현대사>에서 그는 폴란드 현대사를 권력에 굶주린 일부 야심적인 권력 찬탈자들이 소련이라는 주인에게 민족을 갖다 바친 역사라고 해석했다.[24]

  현행 교과서의 민족운동사 서술은 기본적으로 전후 폴란드 역사 서술의 이러한 흐름 속에서 이해된다. 표현이나 서술 기법, 편제 방식 등은 많이 세련됐지만, 그 인식론적 틀은 공산당의 공식적 역사서술이나 반공 우파의 대안적 역사서술이 공유했던 원초적 민족주의에서 크게 벗어나지 못하고 있다. 무엇보다도 먼저 폴란드 민족 대 러시아, 프로이센, 오스트리아 점령 민족이라는 구도 속에서 유대인, 리투아니아인, 우크라이나인, 독일인

---

24) A. Albert, *Najnowsza Historia Polski* (Warszawa, 1986), p. 198.

등을 위한 자리는 없는 것이다. 교과서의 19세기사 서술에서 이들 소수 민족의 역사는 아예 무시되거나, 극히 최소한의 언급에 그치고 있다. 검토 대상인 어느 교과서도 이들 소수민족에 독립된 장을 할애한 경우는 없으며, 심지어는 독립된 절조차 찾아보기 어렵다. 그것은 마치 이차대전 이후 98%의 폴란드인으로 구성된 단일 민족 국가의 성격이 19세기부터 존속해 온 듯한 착각을 불러 일으킨다.

그러나 폴란드 역사의 큰 흐름에서 볼 때, 이차 대전 이후의 단일 민족 국가적 성격은 홀로코스트와 동부국경의 변경이라는 특수한 역사적 조건에서 나타난 예외적인 현상이다. 중세의 귀족공화정에서부터 전간기의 제2 공화정에 이르기까지, 폴란드는 항상 다민족 국가였다. 특히 1918년 수립된 독립 폴란드 제2 공화정이 폴란드인 66%, 우크라이나인 15.3%, 유대인 8.6%, 벨로루스인 4.3%, 독일인 2.6% 등으로 구성된 다민족국가였음을 감안한다면, 민족운동사에 초점을 맞춘 19세기 폴란드사의 서술에서는 자그만치 폴란드 인구의 34%를 차지했던 사람들의 역사가 지워지는 결과를 낳은 것이다. 폐쇄적 민족주의와 대비하여 열린 애국주의라는 폴란드 민족운동의 자기 규정에도 불구하고, 이들 소수 민족의 역사가 거의 지워졌다는 것은 민족주의와 애국주의의 이분법이 그리 타당하지만은 않다는 사실을 잘 보여준다.

폴란드 교과서의 민족운동사 서술에서 드러나는 또 다른 주요한 특징 중의 하나는 폴란드 민족 대 이민족 지배라는 민족 운동의 '외부 전선'이 강조되는 대신, 민족 운동 내부에서 갈등하는 전통적인 낡은 질서를 고수하는 세력과 근대적인 새로운 질서를 추구하는 세력 간의 헤게모니 투쟁 등 민족 운동의 '내부 전선'에 대한 고찰은 극히 빈약하다는 것이다. 민족 운동은 궁극적으로 이 두 개의 전선축이 어떻게 상호 접목되느냐에 따라 그 성격과 지향, 역사적 의미가 결정된다는 점을 고려한다면, 외부 전선에 대한 일방적 강조는 민족 운동에 대한 입체적 이해를 저해하는 것이라 하

겠다. 그것은 초계급적인 민족 공동의 보편적 목표를 지향하면서도 특수한
물적 이해를 지닌 특정한 사회계급이 주도세력으로 나설 수밖에 없는 민족
운동 고유의 변증법에 대한 인식의 부재를 드러내는 것이기도 하다.

다른 한편으로 그것은 맑스주의의 계급 분석에 대한 정서적 거부감을
드러내는 것이 아닌가 한다. 1794년 코시치우쉬코 봉기부터 시작하여,
1830년의 11월 봉기, 1846년의 크라쿠프 봉기, 1863년의 1월 봉기에 이르
기까지 폴란드 민족봉기의 실패는 신성동맹의 압도적인 군사력, 국제정세
의 변화 등 다양한 원인을 들 수 있으나, 그 못지않게 결정적인 것은 인구
의 대다수를 차지하는 농민들이 봉기 지도부의 호소에 호응하지 않았다는
점이다. 1846년의 크라쿠프 봉기에서처럼 봉기군은 점령국의 군대와 싸우
기도 전에 폴란드 농민들의 손에 진압되고 농민들에게 붙잡힌 귀족 지도부
들은 그들의 손에 의해 점령 당국에 넘겨졌던 것이다. 러시아의 차르를 비
롯한 점령국의 황제들이 폴란드 농노해방의 기치를 선점함으로써, 폴란드
의 민족운동 지도부는 농민들을 끌어들이는 데 많은 어려움을 겪었던 것이
다. 계급 구성과 계급적 역학관계가 19세기 폴란드의 민족 운동을 이해하
는 데 매우 중요한 요소라는 데에는 이론의 여지가 없다.

그러나 코하노프스키의 현행 교과서는 '(1846년의) 봉기 운동이 폴란
드 농민들의 손에 의해 진압되었다'는 한 줄의 간략한 서술과 농민들에 의
한 봉기 지도부의 학살을 아무런 부연 설명 없이 간단히 언급한다.[25] 로쉬
코프스키의 교과서는 더 나아가 농노해방과 같은 사회 해방의 강령을 놓고
보수파와 리버럴, 급진파가 갈린 것은 아예 신화라고 주장한다. 이들의 차
이는 무장 공세의 정도와 봉기의 성공 가능성, 봉기의 확장 등등 봉기 전
술의 문제에 국한되었다는 것이다.[26] 현행 교과서의 이러한 주장들은
1977년 초판이 간행된 갈로스(Adam Galos)의 교과서가 크라쿠프 봉기군의

---

25) Kochanowski, *op. cit.*, pp. 23, 218.
26) Roszkowski, *op. cit.*, pp. 166-67.

임시정부의 발표한 신분제 폐지와 농노해방 포고령을 사진자료까지 곁들여 설명하고 농민들을 동원하는 데 실패한 원인을 비교적 자세히 논한 것과는 매우 대조적이라 흥미롭다.[27] 물론 민족운동사 서술이 계급 문제로 환원되어서는 곤란하다. 그러나 봉건 슐라흐타와 농민의 계급적 대립구도가 어떠한 형식으로든 해소되거나 완화되지 않아도 민족적 단합이 이루어질 수 있다고 믿는다면, 그 또한 순진한 발상이 아닌가 한다. 요컨대 얄타의 교과서가 계급 본질주의의 혐의를 벗지 못했다면, 말타의 교과서는 민족 본질주의의 혐의에서 자유롭지 못한 것이다.

V. 연속과 단절

'말타' 체제의 역사 교과서는 '얄타' 체제의 역사 교과서와 여러 모로 다르다. '인간과 경제', '인간과 사회', '인간과 권력', '인간과 전쟁', '인간과 문화', '인간과 신' 등의 주제별 서술 체제를 택하고 있는 코하노프스키의 교과서가 가장 두드러지지만, 로쉬코프스키 등의 다른 교과서들도 과거의 편년체적 서술을 벗어나 입체적 서술을 시도하는 등 '얄타'의 교과서들보다 신선하고 혁신적인 내용을 담고 있다. 또 동유럽을 벗어나 서유럽을 지향하고, 역사 서술의 주체가 프롤레타리아 계급에서 폴란드 민족으로 위치 이동하는 등 역사 서술의 구조나 메타담론에서도 '말타'의 교과서는 '얄타'의 교과서와 분명하게 선을 긋는 것처럼 보인다.

그러나 겉으로 드러나는 역사학 패러다임의 급격한 변화에도 불구하고, 폴란드의 역사학은 정도의 차이는 있지만 민족주의의 기조를 일관되게 유지해왔다. 사회주의의 이념으로 포장된 <폴란드 통합 노동자당>의 공식 역사학의 실체가 실은 민족주의였으며, 그래서 현실 사회주의 국가권력

---

27) Galos, *op. cit.*, pp. 112-115.

이 주도했던 역사서술이 그 근본정신에서는 극우파의 배타적 민족주의와 궤를 같이 하는 것이었다. '얄타' 체제의 공식적 역사해석이 좌파 국가주의를 지향한 반면, '말타'체제와 함께 부활한 우파의 민족주의적 역사 해석은 파씨즘적 국가주의를 지향했다. 민족주의는 양자에게 공히 국가주의적 지향을 정당화하는 이데올로기였다. 자유주의의 전통이 결여되어 있는 동유럽사의 특수성을 감안한다면, 역사속에서 배타적 민족주의에 대한 이념적 대안을 선택할 수 있는 여지는 극히 제한되었던 것이다.

현실 사회주의 체제 붕괴가 폴란드의 역사학에 미친 영향이 있다면, 그것은 민족주의를 둘러싸고 있는 이념적 포장이 좌파의 무늬에서 우파의 무늬로 바뀌었다는 것뿐이다. 근현대사의 구체적인 역사적 사건들에 대한 상반된 해석에도 불구하고 폴란드의 역사학은 민족주의에서 다시 민족주의로 돌아왔을 뿐이다. 역사학의 에토스나 파토스 모두에서 근본적인 변화를 느낄 수 없는 것도 이러한 이유에서이다. 이러한 관점에서 본다면, '말타' 체제의 교과서는 '얄타' 체제의 교과서와 다르면서도 같다. 그것은 연속된 단절이면서 또 단절된 연속이다. 동유럽의 다른 국가들과 마찬가지로 폴란드 또한 현실 사회주의나 포스트 사회주의를 막론하고 근대적 국민국가 체제를 유지해 왔고, 역사학 일반 특히 역사 교육이 국민국가 체제와의 관련 속에서 작동하는 한 연속의 논리는 항상 단절의 요구와 함께 나아갈 것이다.

제4부

토론 및 녹취록 〈종합토론〉

제1부 총　론

'한국 근·현대사' 교과서의 역사인식

사회: 송양섭,　토론: 김희곤

송양섭 : 이주영 선생님의 발표에 대해 김희곤 선생님의 토론이 있겠습니다.

김희곤 : 예 김희곤입니다. 제가 해외 출장을 다녀와서 메일을 체크했더니, 토론문 마감시간이 지났습니다. 그래서 문장을 한번 본 상태에서 급히 토론문을 교정도 한번 보지 못하고, 보냈는데, 오늘 와서 보니 틀린 글자가 있어서 죄송합니다.

또 발표주제와 발표자 선생님도 누구신지도 모르는 상태에서 출장을 다녀와서 조금 당황스럽기도 하고 원로 선생님 발표인지도 모르고 토론까지 맡게 되어서 당황스럽기도 합니다.

제가 받은 전체적인 느낌은 이 발표가 우선 한국 근현대사를 전공하지 않은 분으로서, 더구나 미국사를 전공하는 분으로서 우리 문제, 한국 근현대사 교과서를 문제를 바라보고 내린 예리한 분석이라고 생각됩니다. 앞머리에서 밝혀 놓으신 것처럼, 스스로 자신의 견해를 드러내는 데 망설이면서, 다른 한편으로는 한번 던져보고 반응을 살펴보자는 욕심도 있는 것 같습니다.

현재 말해지는 양분법대로라면 발표해주신 이교수님 역시 우파적인 시각에서, 또 우파적인 학자들이 우려하고 있는 내용들과 거의 같은 걱정을 하고 계신 것 같습니다.

전반적인 내용을 보면, 우파적 시각으로 먼저 7차 교과서에 대한 논란을 정리하면서 세 가진 틀에서 논지를 전개하고 있는 것 같습니다. 첫째는,

문명사적 전환에 눈을 돌리라는 주문입니다. 근대화의 길목에서 해양문명권으로 편입된 사실, 누천년동안 대륙문명의 영향을 받고 살다가 해양문명권으로 편입된 사실, 그리고 그러한 과정에서 문명개화파와 개신교의 역할에 대한 평가 절상을 요구하고 계십니다.

둘째, 발표자는 도덕적 관점을 돌파하라고 요구하고 있습니다. 무엇보다도 민족주의 명분에 사로잡히지 말고 과감하게 그것을 탈피하라는 것입니다. 또 비현실성을 극복하라고 주장하고 있습니다.

끝으로, 발표자는 반미적인 서술을 우려하면서, 이승만의 외교활동, 그리고 건군과 군사 엘리트에 대한 평가 - 이건 제가 받은 글에는 없던 부분인데, 이 자리에서 보았습니다만 - 건군과 군사엘리트에 대한 새로운 평가를 이 글에서 요구하고 있습니다. 전반적으로 상당히 저에게 주는 충격파가 크기도 하고, 또 제가 평소에 생각하고 있던 내용과 비슷한 면도 있어서 안도감을 주기도 합니다. 저는 전반적으로 선생님께서 말씀하시는 내용에 대해서 비슷한 생각을 가지고 있기 때문에 오늘의 적절한 토론자라고 생각하지 않습니다. 아마 이 자리의 적절한 토론자라면 최소한 금성출판사의 교재를 직접 쓴 사람이 와 주었거나, 아니면 그 준거안을 마련하였던 분이 이 자리에 와서 토론을 하였으면, 가장 적절했을 것 같습니다. 그런데 저 또한 색깔이 우파적이어서, 선생님하고 오늘 맞붙어서 뭐 어떻게 할 수 있는 사람이 아니기 때문에 적절한 토론자가 아니라고 생각합니다. 다만 제가 독립운동사를 전공하고 있고, 현재 독립기념관의 한국독립운동사연구소장을 맡고 있기 때문에, 독립운동사의 서술부분에 대해 몇 말씀을 드려야 하지 않을까 하는 생각을 가집니다.

저는 발표자의 본뜻이 교과서 서술에서 특수성만이 아니라 인류사의 보편성까지 담아내는 편이 바람직하다는 데 있다고 이해하고, 대체로 거기에 동의합니다. 그런데 한국 근현대사 교과서 준거틀 마련과 서술이 그러한 방향으로 추진되지 못한 데에는 몇 가지 걸림돌이 있다는 것을 감안할 필요도 있다고 봅니다.

일제 침략과 통치라고 하는 과정에서 만들어지는 유산으로, 민족과 반민족이라는 틀이 있습니다. 또 6·25전쟁과 그 유산으로, 좌우대립과 남북분단이라는 개념이 있지요. 세 번째로 독재정권과 그 유산인데, 이것은 남북한을 아울러서 하는 이야기인데, 북한이나 남한이나 다 같은 독재정권을 거쳐 왔기 때문이지요. 그런 독재정권과 그 유산으로 말미암아 형성된 통일과 반통일 논리, 이런 세 가지가 걸림돌이 되고 있습니다. 이것은 역사전개 뿐만 아니라 서술에서도 그로 말미암은 특수성을 드러냈고, 이것이 보편적 서술과 인식을 가로막는 장애요소가 되기에 충분했습니다. 저는 이러한 부분은 역사교과서 서술 부분이나 역사인식에서 반드시 극복되어야 할 내용이라고 생각합니다.

다음으로 남북이 이미 이원화된 문명권으로 나뉘었고, 남북이 상상의 공동체일 뿐이라는 발표자의 주장에 대해서 공감을 하고, 특히 '상상의 공동체'라는 용어에 대해서 저는 상당히 탁견이라고 생각을 해 봅니다. 사실 통일주장과 그 방안 모색에서 이원화된 남북의 차이를 정확하게 인식하고 구체적인 접근과 해결방안을 찾아야 함에도 불구하고, 사실은 지금까지 통일 주장을 하는 경우에 감성에만 호소하는 사례들을 흔히 보아왔습니다. 특히 집권과 권력 장기독점을 위한 운동차원에서 늘 이러한 통일 논리가 펼쳐졌지, 실질적으로 구체적인 방안 모색은 별로 없었지 않으냐 하는 생각까지 해 봅니다. 또 항쟁사만이 아니라 발전사를 포함시켜야 한다는 주장이나, 지나치게 도덕적 관점에서 서술되었다는 주장에도 공감합니다.

하지만 교과서라고 하는 그 자체는 앞으로 양성될 건강한 시민, 또 더 나아가지고 세계 속의 건강한 시민, 이러한 것을 생각한다고 한다면, 일정한 도덕적 방향 제시는 불가피하다고 생각합니다. 다만 그 도덕성이 필요하다고 해서 지나치게 정치지향성을 지녀서는 안 된다고 생각합니다.

다음으로 선생님의 발표를 들으면서, 제가 가지고 있는 다른 생각들을 말씀드려 봅니다.

우리 독립운동은 세계의 식민지 해방운동의 하나라고 이해하고 있습니다. 19세기 20세기에 침략을 통해서 식민지를 만들어나가는 제국주의 국가라는 큰 틀이 있다고 한다면, 이 지구상에는 정확하게 통계치가 얼마인지는 모르지만, 한 4분의 3이상이나 되는 국가와 민족이 식민지 해방투쟁을 벌였습니다. 그런데 세계사적인 서술은 그 침략한 제국주의 국가 중심으로, 서유럽 중심으로 이루어졌습니다. 세계 인류 대다수의 고통과 저항은 서술에서 벗어났지요. 우리는 식민지 해방운동을 벌인 수많은 민족과 종족과 국가들 가운데 하나입니다. 그런데 그 식민지해방운동을 벌였던 나라들이 두 가지의 목표가 있었습니다. 공통된 목표, 그 하나는 자주 독립 국가를 수립하는 것이고, 다른 하나는 그 안에서 근대화를 이루는 것이었습니다.

한국독립운동도 이와 마찬가지입니다. 두 가지 요소가 어울리는 과정에서 어느 하나도 경시할 요소는 없습니다. 두 가지 요소가 어울리면서 나타난 과정에서 우리가 바라봤던 걸림돌은 무엇이냐 하면, 문명개화 속에 녹아든 종속입니다. 자주를 내던져 버린 문명개화라는 것입니다.

다음에 자주를 지향해 나가는, 앞서 발표에서 이미 말씀하신 그런 자주 지향적인 속에 포함된 반동입니다. 근대화로 가지 못하는 반동성입니다. 이들은 모두 극복되어야 할 대상이었습니다. 그런 의미에서 발표자가 지적하신 선교사와 기독교에 대한 평가 절상에 대해서는 저는 조금 다른 이견을 갖고 있기도 합니다. 물론 발표자의 주장에 공감이 되는 부분도 있지만, 선교사가 가지는 양면성이나, 개신교의 민족문제에 대한 양면성을 간과해서도 안 된다는 의견을 갖고 있습니다.

예를 들면, 1910년대의 조선총독부가 대종교 조직이 독립운동 조직이라는 것을 파악한 뒤에 대종교를 무너뜨리기 위해서 철저하게 미신타파운동을 펼치게 됩니다. 그 미신타파운동의 초점이 대종교조직을 깨부수어 만주지역의 독립운동 조직 틀을 부수는 것인데, 거기에 개신교가 미신타파운 동이라는 이름에 동참하여 앞장섬으로 말미암아, 사실은 독립운동 조직을 파괴하는 데 앞장서는 그런 모습을 보였고, 그것이 오늘날 단군상 파괴운 동까지 연결되는 그런 점도 있기 때문에 … 뭐 이것만은 아닙니다. 많은 예를 들 수 있겠지요. 그래서 이 양면성, 그러니까 순기능과 역기능에 관한 것이 다 필요하다고 생각합니다. 그런데 발표자 말씀처럼 기독교 평가가 완전히 무시된 것이 아니냐 라는 주장에 저는 완전히 동의하지 않고, 앞으 로 서술된다면, 기왕이면, 있었던 그대로 한다면 양면성을 다 포함시켜야 한다는 생각을 갖고 있습니다.

박용만과 김일성 분야에 대한 견해에도 저는 다른 견해를 가지고 있습 니다. 자료의 발굴이나 연구 업적을 통한 진전된 성과를 담아내는 것은 발표 자가 말씀한 듯이 사실 그대로의 서술이기 때문에 당연하다는 생각입니다.

선생님 발표문에서는 김일성에 관한 부분에 대해서도 사실은 '제대로 입증되지 않은 것을 교과서에 담는 것이 아니냐'하는 뉘앙스를 많이 풍기 고 계시는데, 다음 발표인 장세윤교수의 발표 속에서 그러한 내용, 즉 김일 성에 관한 연구 내용이 나오기 때문에, 제가 더 뭐라 하지는 않겠습니다. 그런데 발표자께서 그동안의 연구 과정을 통해서 객관적으로 증명된 부분 에 대해서는 인정할 부분은 인정하고, 서술할 부분에 대해서 서술해야 하 지 않느냐고 말씀하셨는데, 저는 그 논리와 틀에 동감입니다. 발표자 주장 이 그렇다면 김일성에 관한 부분도 연구 업적을 제대로 살펴보고 판단을 내려야 하지 않을까 생각합니다.

교과서는 시민들에게 일정한 방향을 제시하면서 도덕성을 요구하게 됩 니다. 이것은 항일 투쟁기에 독립운동가들이 역사서술을 통해 시대의 과제 해결을 위한 방향을 제시한 것과 동일합니다. 독립운동가들이 당시에 역사 를 서술하면서, 그 시대에 풀어나가야 하는 과제를 역사서술을 통해 드러 내놓았던 것과 동일하다는 것이죠. 시대정신이 녹아든, 또 시대적 과제가 포함된 서술이면서 보편성과 특수성이 조화를 이룬 그러한 서술이 바람직하다고 봅니다. 이 말은 우리 사회가 나아가야 할 방향을 의미하기도 합니다. 이러한 약간의 발표자와 다른 견해를 말씀드리면서 간단한 질문을 드리도록 하겠습니다.

대륙문명권으로 재편입 되는 것이 상당히 불행하다는 식으로 선생님께서 말씀해 주셨는데, 그렇다고 한다면 현재 우리는 다시 중국과 길을 열고, 러시아와 길을 열고 해서, 어찌 보면 대륙문명권과의 길을 복원을 하고 있습니다. 선생님 말씀하시는 것처럼 대륙문명권으로 재편입이라는 것이 이렇게 불행하다고 한다면, 지금 현재 우리가 걷고 있는 길도 매우 불행한 것인지요? 이런 의문이 생깁니다.

토론문에 제시된 두 번째 질문은 이미 발표 중에 말씀하셔서 줄입니다. 다음으로, 역사교과서 서술에 있어서 중요한 틀은 제가 보니까, '준거안' 마련인 것 같습니다. 다음 교과서 집필에 앞서 그 준거안을 어떤 분이 쓰실지? 어떤 과정을 거쳐서 어떤 분에게 맡겨지실지, 저는 지난 번 준거안이 만들어지던 과정을 지켜보면서 여러 분들이 걱정하시던 이야기를 듣고 저 나름대로 고민한 바도 있었습니다. 여기에 대한 선생님 혹시, 그 동안 포럼도 참석하시고 하시면서 어떤 대책을 갖고 계시는지, 그 뜻도 여쭙고 싶습니다.

이주영 : 질의 감사합니다. 민족의 자주화와 민족의 근대화는 모두 민족의 발전 문제와 직결되어 있기 때문에 김선생님과 저는 동일한 문제의 테두리 안에 있다고 생각합니다. 따라서 대화가 가능하다고 봅니다. 단지 차이가 있다면 두 가지 측면 가운데서 어느 것에 더 역점을 두는가 하는 것뿐입니다.

제가 지금 대한민국이 미국의 해양문명권에서 중국의 대륙문명권으로 되돌아가는 것이 아닌가 하고 두려워하는 이유는 두 문명의 수준 차이 때문입니다. 두 문명을 비교할 때 저는 두 문명의 '다름' 보다 '수준 차이'를 중요한 판단 기준으로 봅니다. 어느 쪽이 더 수준이 높으냐 하는 문제가 선택의 기준이 되는 것입니다. 그것은 현실적으로 생활수준과 관련된 것입니다. 따라서 국민의 생활수준을 높이는 것이 우리 시대의 국민대중과 지도자들이 일차적으로 강조해야 할 시대적 과제라고 생각합니다. 그리고 그러한 과제의 달성은 우리가 높은 수준의 선진문명과 접촉해서 배울 때 가능합니다.

그러므로 지금 대한민국이 해양문명권에서 대륙문명권으로 되돌아 간다하는 것은 미국과 일본의 높은 생활수준으로부터 중국과 북한의 낮은 생활수준으로 되돌아간다는 것, 그리고 높은 수준의 문명과의 접촉으로부터 낮은 수준의 문명과의 접촉으로 바뀌어감을 의미합니다. 그것은 곧 가난으로 되돌아감을 의미하는 것이므로 생각만 해도 끔찍한 일입니다.

그러므로 역사 교과서 제작에 참여하시는 분들은 자신들의 행동이 나라의 장래에 어떤 영향을 줄 것인지 깊이 깊이 생각하고, 또한 그 결과에 대해 책임을 느끼셔야 합니다.

그러한 의미에서 저는 교과서 제작 전체 과정에 참여하시는 모든 분들의 이름을 공개하는 것이 좋다고 생각합니다. 교육과정 작성자, 준거안 작성자, 집필자, 제작출판사 직원, 검정과 심사에 참여한 분 등 모든 관련자의 이름이 공개되어야 합니다. 특히 집필자들의 경우에는 집필 부분이 자세히 밝혀져야 합니다. 그래야만 '균형잡힌' 교과서가 나올 수 있다고 생각합니다.

송양섭 : 추가로 한분 정도 객석에서 질의 하실 분 있으시면 질문 받겠습니다.

김희곤 : 잠깐, 잠깐만요 … 여섯 가지 교과서가 동일한 '준거안' 하나가지고 쓰다보니까, 장·절 제목도 같습니다. 결국 제가 생각했을 때 준거안을 누가, 누구에게 어떻게 맡기느냐가 결정적인 중요성을 가진다고 생각합니다. 여기 계시는 선생님, 다 우려하시는 것처럼 8차 교과서가 준거안

이 또 어떻게 만들어지느냐는 것이 결정적으로 작용할 테니까, 그것을 만들기 전에, 그 담당자가 정해지기 전에 대책이 나오지 않으면, 여기서 푸념만 있을 뿐이지, 나중에 결과는 똑같은 길로 나타나지 않겠느냐는 생각이 들어서 제가 선생님께 여쭤 본 것입니다.

이주영 : 예, 알겠습니다.

김희곤 : 아마도 오늘·내일 통해서 이 문제가 뇌리를 떠나지 않고, 논의가 되어야 하지 않을까, 하는 생각을 하게 됩니다.

이주영 : 그래서 9월이나 10월에 또 한 번 공청회가 있다고 합니다. 관심있는 분들은 꼭 참석하셔서 보다 더 '균형잡힌' 교과서가 나오도록 의견을 내 주셨으면 합니다.

송양섭 : 감사합니다. 근대담론 또는 민족주의와 관련한 문제는 아마도 아무리 오래 토론해도 시간이 모자랄 중요한 이슈인것 같습니다. 시간이 조금 초과되었습니다. 이제 두 번째 발표로 들어가겠습니다. 두 번째 발표는 오영섭 선생님께서 해주시겠습니다.

제2부 국내 독립운동과 민족국가의 건설
한말의 국내외 정세와 한국독립운동

사회: 송양섭, 토론: 박민영

송양섭 : 오영섭 선생님의 발표에 대해 한국독립운동사연구소에 계신 박민영 선생님께서 토론을 해 주시겠습니다.

박민영 : 독립기념관 한국독립운동사연구소에 근무하고 있는 박민영입니다. 오선생님하고 저하고는 거의 같은 길을 뭐, 십수년 동안 걸어왔습니다. 그리고 이렇게 발표토론, 소위 번갈아가면서 무수히 해 왔습니다. 그

래서 오선생님께서 말씀하시는 요지나 내용에 대해서는 다 잘 알고 있습니다. 그리고 이 내용이 사실 그, 여기 모여계신 분들께는 좀 어떤 면에서는 오선생님 그 동안 공부해 오셨던 부분에 대해서 소개되었던 부분이 학계에 많지는 않았던 것 같습니다. 왜냐하면 의병 연구 이 분야가 장사가 잘 안 되는 것 같거든요. 그래서 애로 사항이 참 많습니다. 그리고 후진 연구자들도 많지 않은 상황이구요. 오선생님은 한국 독립 운동사의 한 중심을 차지하고 있는 의병연구에 있어서 그 연구의 폭을 다양하게 하는데 기여를 많이 했습니다.

이러한 면은 같은 연구자로서 깊이 경의를 표합니다. 학계의 의병연구가 거의 40여년이 되어가는 것 같습니다. 정말 우수한 학자들이 우수한 논문들을 발표해 왔습니다. 어떻게 보면 어떤 면에서 그 틀이 일정한 상태에서 부분적인 면을 추구해 온 것이 그 동안의 연구 경향이었습니다. 이러한 점에서 오선생님의 연구는 그 갖추어진 틀을 새롭게 하시면서 연구를 해 오신 것이어서 나름의 설을 분명히 가지고 계신 것 같습니다.

그래서 오늘 제가 말씀드릴 질문이나 토론은 오선생님께서 이미 중간에 말씀을 하셔서 오늘저의 질문은 크게 의미를 가질 수 없다고 봅니다. 다만 저는 역사교과서를 거의 접해보지 못한 상황에서 사실 이 자리에 선다는 게 … 그래서 저도 돌아가서는 교과서를 유심히 보려고 합니다. 그래서 오선생님의 전체적인 논지와 이에 따른 문제점을 저의 보편적인 입장에서 몇 가지를 말씀드리도록 하겠습니다. 오늘 발표는 고종과 고종세력 즉 이러한 중심세력이 구국운동의 큰 축을 이루고 있는데, 이러한 세력과 지방의 제야 세력이 이에 연계하는 형태로 청일전쟁부터 나라 망할 때까지 의병전쟁의 지도를 해왔다, 이 말에는 어폐가 있지만, 이러한 세력이 중심축을 가지고 있었다, 이렇게 보고 계시고, 선생님께서 교과서에 대해서 말씀하시는 것도, 실제로 교과서에 이러한 점들이 좀 더 투영되어져야 하지 않느냐, 그것이 선생님의 핵심 요지가 아닌가 생각됩니다.

선생님이 처음부터 끝에까지 주장하신 내용도, 4종의 교과서를 분석하시면서 기술적으로 보완해야하는 내용에서도 4가지를 이야기하시면서도, 고종과 측근세력, 의병에 대해서 집중적으로 이야기하셨고, 두 번째에서 고종과 의병의 유기적인 상관성에 대해 그 동안의 공부하신 중요사항만 모아서 고종세력의 범위와 성격, 그리고 이러한 고종세력에 의해 전국적으로 일어났던 의병의 전체적인 상황들, 단일 의병의 모습들을 말씀하셨고, 그리고 그 다음 장에서 의병의 시기적인 모습들을 말씀하시면서 고종세력에 대해 말씀하셨습니다. 그리고 다음장에서 평민 의병 전쟁을 이야기하면서, 4개의 평민 의병부대, 그러니까 신돌석, 안규홍, 홍범도, 채응언, 이러한 굵직한 단위 평민의병군이 고종세력과 응하면서 일어났다, 이러면서 고종세력이 의병전쟁의 중심에서 있어야한다고 이야기 하셨고, 다시 말씀드리지만, 교과서에 의병에 기여한 역할들이 교과서에 반영되어야 한다고 하셨다고 여겨집니다. 사실 오선생님은 대단히 밀도있게 논문을 구성하셨는데, 저의 질문은 감각적인 부분에 치우쳐 있어서 오선생님께 대단히 죄송하게 생각합니다. 다만 저는 고종과 그 세력이 의병전쟁 전체적인 상황에서 기여를 하고 역할을 한 것에 대해서는 오선생님 그 동안의 연구를 통해서 고종세력이 이에 기여를 한 것에 대해서 인정을 하는 면이 있습니다. 다만 고종 세력들이 의병전쟁 전체 부분에 있어서 기여를 하고 그 중심적인 역할을 하였다는 부분에 대해서는 의문을 제기합니다.

왜냐하면 그렇게 하기 위해서는 그 거기에 뒷받침할 수 있는 어떤 논거들이 정확하고, 이러한 것이 오선생님 입장에서는 사실 어려운 부분인데, 그걸 뒷받침 하려면 자료들을 뽑아내고 이걸 설득해야 하는데, 오선생님 입장에서는 이게 비밀리에 진행되어 있기 때문에, 이걸 합리적으로 명확하게 밝히는데, 어려운 면이 있어서, 오선생님 글이 대체적으로 추론이 많이 있습니다. 그런 부분들이, 그 확실한, 제가 본 것중에서는 가장 확실한 고종세력과의 연계를 확실하게 보여주는 자료가, 1906년 홍주의병 중에서 일본 정보기록에 그런 대목이 있습니다. 그래서 그러한 부분들이 조금 더 많이 모이면, 그래서 읽는 사람이 이렇게 수긍이 되면, 참 좋겠는데, 그걸 논증해 가는 절차가 연구자로 하여금, 합리적으로 이해할 수 있게 해야 하는데, 그런 부분을 인정하기가 아직까지는 오선생님의 그러한 노력에도 불구하고 그게 쉽지만은 않습니다. 그래서 의병에 대해서 조연을 했다, 기여를 했다고 말씀하시면 그 정도까지의 주장은 학계에서 대체적으로 수긍을 할 것이라 여겨집니다. 그런데 고종이 전체적인, 한말 구국운동의 중심에서 의병의 중심에 서 있었다, 이렇게 이야기하는 것은 역사적인 상황이나 추이에서 보았을 때 이것이 좀 무리가 있다는 생각이 듭니다. 그래서 이러한 상황들이 그 동안 연구해온 40년 이상의 연구성과 축적이, 그 분들은 아직까지 오선생님과 같은 의견을 그러한 성격을 내용을 언급을 하신 적은 없습니다. 그래서 그렇게 축적되어온 연구성과를 또 어떤 면에서는 수용하는 입장에서 보완하는 것이 좋지 않을까 생각이 듭니다. 예를 들면 오선생님이 후기 의병의 홍범도의병은 같은 경우에, 그 모사장이라고 해서 박충보라는 사람이 나옵니다만, 그런 경우에는 저도 아주 의아해 했거든요. 제가 홍범도를 쓰면서도 이 사람의 성향이 뭔가, 실체가 뭔가, 아주 의아했습니다. 그래서 막연하게 그걸 입증할 수 있는 자료가 없으니까, 막연하게 이 박충보는 청나라 서간도의 관원하고 연계될 수 있는 정도의 인물로 짐작만 하고 있습니다. 그런데 오선생님께서는 홍범도의병의 그 박충보를 주목하셔서, 이 박충보라는 인물을 고종과 중앙 하고 연관되어 있는 인물로 파악하셨는데, 이러한 면에서 이 글을 봤을 때, 저는 합리적으로 이해가 잘 안 된다는 이야기입니다. 그래서 저는 오선생님이 그 논지를 조금만 죽이시고, 그리고 다른 분의 견해에, 보편적인 그러한 견해에 대해 조금 보완을 하면 좋지 않겠나, 이러한 생각을 하게 됩니다. 그래서 제가 토론문을 작성하기도 했지만, 이 토론문에서 제가 오선생님한테 궁극적으로 묻고 싶은 것은 두 번째의 내용이었습니다. 그래서 두 번째 이 고종 세력과 의병과의 관계를 원조하고 지원했다는 정도의 역할로 규정한다고 한다면, 분명히 그렇게 그 동안의 성과가 그러한 것을 인정하고 계시고, 다시 말씀드리면, 그 중심에 서 있었다, 이러한 것은 아직까지는 오선생님의 논거로 그것을 설득하기에는 조금 무리가 있지 않나, 이렇게 생각이 듭니다. 제가 좀 두서없이 이야기하기는 했지만, 그러한 부분들이 보완이 되어야만 한말 의병전쟁의 실체나 성격이 좀더 균형을 잡아갈 수 있지 않을까, 이렇게 생각합니다.

그리고 첫 번째 제 문제가 지난번에도 한번 여쭤보았었지만, 그래도 이것은 한말의 의병은 1895년 저간부터 1910년 나라 망할 때까지 거의 전민족 구성원이 의병전쟁에 동참했었는데, 그래도 그것을 운동으로 규정하는 것은, 이것은 오선생님 학설과 관련이 있지만은 그렇다하더라도, 이것을 운동으로 규정하는 것은 좀 무리가 있지 않은가, 이것을 전쟁으로 재고를 해보시는 것은 어떠한가 하는 의견입니다. 마지막 것만 제가 질문으로 대신하고, 두 번째 것은 아까 설명을 하셨기 때문에 굳이 말씀을 안하셔도 되겠습니다. 이상입니다.

오영섭 : 유익한 토론에 감사드립니다. 먼저 박민영 선생님이 저의 글에 추론이 많다고 말씀하신 부분에 대해 말씀드리겠습니다. 사실 저의 논문의 각주에 소개된 논문들을 읽어보시면 알겠지만 저의 글은 추론이 많은 편이 아닙니다. 어떤 의미에서는 지극히 실증적인, 그래서 읽기에 다소 무미건조함을 느낄 정도의 글입니다. 고종세력과 재야세력과의 연대관계를 설명함에 있어서 그들이 어떠한 계기와 메카니즘을 갖고 연대를 맺었는지, 또한 어떤 인적 배경을 가지고 연대를 맺었는지를 도표와 서술을 통해서 장황하게 이야기하고 있습니다. 아울러 그러한 점들을 설명함에 있어 논문마다 1~200개의 각주에 나타난 수많은 사료들을 동원하고 있습니다. 이를테면 사료에 입각한 실증적인 논리전개가 저의 논문에 전형적으로 나타나 있다고 보겠습니다. 다만 그처럼 사료에 입각한 논리전개를 하다가 마

지막 부분에서 결론적인 추정을 내리는 경우가 드문드문 있습니다. 이는 앞에서 사료에 입각하여 서술을 하다가 최종적으로 역사가의 판단이 요구될 때에 제가 이전의 사료들의 내용을 종합적으로 감안하여 추정을 하는 경우가 있다는 말씀입니다. 따라서 제가 논문에서 추정하는 표현을 사용했을 지라도, 그러한 추정은 이미 앞에서 인용한 많은 사료에 바탕하여 나온 것이라는 사실을 분명히 말씀드리고자 합니다. 이러한 점에서 저의 주장이 논리적 내지 실증적 근거가 부족한 것은 아닐지 모르겠다는 일각의 오해가 잘못된 것이라는 점을 먼저 말씀드리고자 합니다.

사실 제가 평소에 주장하였고 오늘도 강조하여 말씀드린 요지는 한말 의병운동이란 것은 기왕에 일부 연구자들이 주장한 것처럼 재야세력만의 자발적인 항일운동이 아니라 중앙의 고종세력과 재야의 유림 및 평민세력이 조직적으로 연대하여 일으킨 항일운동이라는 것입니다. 이것이 바로 제가 주장하는 한말 의병운동 대한 새로운 기본틀입니다. 이러한 새로운 논리틀을 내세우기 위해 저는 고종과 그 주변에서 국가와 민족을 구하기 위해 항일운동을 전개했던 이들을 고종세력이라는 집단으로 유형화하여 제시했던 것입니다. 아울러 그들의 범위, 성격, 성향, 특징까지 나름대로 논문에서 장황하게 설명을 하여 드렸던 것입니다. 제가 이렇게 고종세력에 비중을 두어서 서술하는 것은, 기왕의 의병운동 연구가 의병사료에 많이 나오는 고종세력의 활동을 전적으로 배제한 채 재야세력만의 자발적인 민족운동으로 그리고 있기 때문입니다. 기왕에 연구에서 미진하게 다뤄진 고종세력이 의병운동에 미친 실상과 영향을 실증적인 연구를 통해 입증해보자, 그리하여 한말 의병운동에 대한 새로운 인식틀을 만들어보자 하는 것이 저의 의병연구의 최종목적이라고 하겠습니다.

제가 주장하는 고종세력과 재야세력의 연대 내지 연합의 양상은 시간과 상황에 따라 변화를 보이기도 합니다. 그러니까 의병진이 맨 처음 구성될 때에는 군자금이 필요하고, 군사가 필요하고, 무기가 필요합니다. 그런데 보통의 지방유력자라도 구비하기 힘든 이러한 인적, 물적 자원을 제공할 수 있는 능력을 가진 이들은 고종과 인연을 맺고 있는 고종세력입니다. 따라서 이들이 의병진이 구성되고 이어 의병진이 초기 전투를 수행할 때에 전적으로 영향을 미칠 수밖에 없다는 것입니다. 다시 말해 의병운동이라는 것은 철저하게 군사활동이기 때문에 고종세력은 의병진이 본격적인 군사활동에 돌입한 다음에는 대체로 제2선으로 물러나는 것을 볼 수 있습니다. 따라서 고종세력이 의병운동에 미치는 영향이라는 것은 단위 의병진이 태동하여 활동하게 되는 초기 시점까지라고 볼 수 있는 것이지요. 고종세력이 의병운동에 영향을 미친 시기는 대체로 1905년 직전부터 1908년 초반까지로 볼 수 있습니다. 1907년 고종이 퇴위한 직후에 고종세력의 영향력이 강성했다가 1908년 초반경까지 이르게 되면 고종세력은 의병운동에서 점차 이탈하는 모습을 보입니다.

고종세력은 고종 주변에 있는 정치적인 성향이 농후한 세력이기 때문에, 그리고 동시에 항일구국의 의지를 지닌 세력이기 때문에, 재야세력과 연합해서 무장군사활동을 전개할 때도 이러한 양자의 특징들을 동시에 보여주고 있습니다. 여기서 우리가 어찌하여 고종세력과 재야세력이 연대하여 의병활동을 전개했느냐 하는 문제를 중시해야 하는가 하면, 그것은 고종세력과 재야세력의 연대문제가 한국근대사의 특질 가운데 하나인 중앙세력과 재야세력의 연대문제에서 파생되어 나온 것이기 때문입니다. 다시 말해 한말기에 나타난 여러 가지 구국운동의 패러다임은 중앙의 정치세력과 재야의 유림-평민세력과 연대 내지 연합의 형태로 나타난다는 것입니다.

문제를 약간 달리해서 논해 보면, 우리가 동학농민운동을 언급할 때 동학세력이 대원군과 연관이 있다는 점이 논란거리가 되는데요. 그러니까 동학에 참여했던 일반농민의 역할을 중시하려는 평민중심적 역사관을 지닌 사람들은 대원군의 역할과 대원군과 동학세력과의 연대관계를 언급을 하려 하지 않습니다. 1920~30년대 동학농민운동을 연구한 사람들에게는 대원군과 동학군과 연대하여 활동했다는 것은 기본적인 상식입니다. 그리고 일본측이 남긴 일본공사관기록이나 일반 동학도들이 남긴 기록에도 이러한 연대의 증거들이 많이 나와 있습니다. 따라서 동학세력과 대원군의 연대관계는 부인할 수 없는 사실입니다. 그런데 동학농민운동을 연구하는 학자 중에 일반농민층의 역할을 중시하는 사람들은 동학도들의 역할을 언급하지 않을 뿐만 아니라 나아가서 대원군과 동학도들의 연대관계에 대해서 일체 언급을 하려고 하지 않습니다. 그것이 바로 역사발전단계에서 인민대중의 역할을 중시하느냐, 중시하지 않느냐 하는 입장의 차이에서 기인하는 것이기는 하지만, 그러나 분명한 역사적 사실로 존재하는 동학도의 역할이나 양자의 연대관계를 무시하려는 것은 엄밀한 역사인식과는 거리가 있는 자세라고 하지 않을 수 없습니다. 다만 동학세력과 대원군세력간의 연대관계에서 비중을 어디에 두느냐 하는 문제는 각기 지닌 역사관의 차이에 따라 가능하다고 생각합니다. 그렇다고 하더라도 양자의 연대관계가 있었던 사실을 의도적으로 무시하거나 언급하지 않는 것은 올바른 학자의 자세가 아니라고 봅니다.

그동안 제가 연구해온 것처럼, 을미의병운동은 중앙의 고종세력과 재야의 유림－평민세력의 연대에 의해 이루어졌기 때문에 제가 달리 첨언할 필요가 없을 것입니다. 당시 을미의병운동을 대표하는 의병장들인 문석봉, 유인석, 김하락, 이소응, 노응규, 민용호 등은 고종의 밀지를 받고 의병운동에 가담했거나 아니면 고종의 측근들로부터 내락을 받은 다음에 의병진을 구성했습니다. 따라서 을미의병운동의 경우에는 고종세력과 재야세력간의 연대에 의해 의병운동이 이루어졌다는 것을 입증하는 좋은 사례라고 생각합니다. 아울러 저는 을미의병운동을 깊이 연구하는 과정에서 불과 10년 후에 일어나는 후기의병운동도 을미의병운동과 동일한 발생 및 전개 양태를 지닌다는 점을 주목했던 것입니다. 따라서 제가 주장하는 새로운 인식틀은 그것을 을미의병운동의 양상을 통해서 입증한 다음에, 다시 그러한 인식틀을 후기의병운동에 대입하여 실증적으로 증명한 것이라고 말씀드릴 수가 있습니다.

대한제국기의 민중운동으로 널리 알려진 활빈당운동도 사실은 중앙세력과 재야세력간의 연대에 의한 것입니다. 활빈당 가운데 충청북도와 경상도에 포진하고 있던 부대는 일본에 망명중인 상태에서 고종폐립활동을 벌이고 있던 박영효로부터 자금을 받아서 조직된 전투부대였습니다. 이러한 경우도 역시 중앙세력과 재야세력과의 연대에 의해서 조직된 것임을 알 수가 있습니다. 기왕에는 활빈당에 대해 재야의 반봉건-반제적 성향을 지닌 인민들이 주도하여 일으킨 것으로 이해하고 있으며, 그들이 제기한 강령에 나타난 진보성을 특기하여 설명하고 있습니다. 그러나 그들의 주의와 주장조차도 사실은 일본망명객들의 입김이 상당히 반영되어 나타난 것임을 잊어서는 안 된다고 판단합니다. 따라서 기왕에 알려진 것과 달리 활빈당은 단순히 재야 인민들의 반정부 활동의 일환으로 이뤄진 것이 아니라는 것입니다.

1904년 이후 일어나는 항일의병활동도 제가 말씀드린 고종세력과 재야세력의 연대에 의한 패러다임의 양상을 그대로 보여주고 있습니다. 이러한 문제에 대해서는 제가 이미『동방학지』란 학술지에 400여 매의 원고를 통해서 실증적으로 입증한 바가 있습니다. 그 논문에서 저는 한말 의병운동을 대표하는 수많은 의병장들이 고종세력과 연대하여 의병운동을 일으켰음을 새롭게 밝혔습니다. 특히, 한말의 대표적인 평민의병장으로 알려진 신돌석이 사실은 평민이 아니라 양반급에 준하는 향리출신이며, 더욱이 고종의 측근인사들로부터 일정한 권고를 받고 의병운동에 참여하였음을 주장했습니다. 나아가 안규홍, 홍범도, 채응언 등 한말 의병운동기의 이름난 평민의병장들에 대해서도 그들의 의병운동을 구조적, 심층적으로 이해하기 위해서는 그들과 고종세력과의 연대관계를 주목해야 한다는 말씀을 드렸습니다. 따라서 오늘 우리 학계에서 정설처럼 알려진 신돌석 출현 이래 의병운동이 양반유생 중심에서 평민세력 중심으로 이행해 나갔다고 하는 주장은 논리적 근거가 없다는 점을 저의 논문 속에서 여러 사례를 들어가며 장황하게 말씀드렸던 것입니다.

고종세력과 재야세력이 연대하여 의병운동을 전개한 문제는 1910년 이후에 나타나는 복벽운동의 경우에도 동일했다고 판단합니다. 복벽운동이란 고종을 다시금 전제황위에 올리자는 항일구국운동인데, 전라도를 중심으로 일어났던 조선독립의군부 역시 그러한 패러다임을 여실히 보여주고 있습니다. 그리고 1910년대 말에 일어난 유림에 의한 파리장서운동이라는 것도 단순하게 경상도, 충청도의 일반 유림들의 반일운동 차원에서 이뤄진 것이 아니었습니다. 그 운동이 발단하는 것은 사실 국제정세의 변화를 예민하게 관찰하고 있던 서울의 일반 유림들, 그 유림들은 대체로 고종측근의 문객들인 것 같습니다. 그들이 원사료에서는 '경중유림'이라고 나와 있는데, 그 경중유림들이 먼저 사람들을 경상도로 보내 가지고 곽종석같은 명망 있는 유림들에게 장서운동을 하라고 독려를 하죠. 그래서 경상도 사람들이 곽종석을 중심으로 장서운동을 하는데, 그 경우도 역시 중앙과 지방이 연대관계에 의해서 민족운동을 하는 것을 볼 수 있습니다. 결국 한말 근대기에 나타났던 민족운동의 여러 양상은 대체로 중앙의 고종세력과 재야의 유림-평민세력의 연대에 의해 이루어진다는 것입니다. 다만 서울에서 활동하는 정치세력이 고종황제를 지지하는 세력인지, 아니면 고종황제를 반대하는 세력인지에 따라 각기 연대의 상대가 달리 나타날 수가 있겠지만, 중앙세력과 재야세력이 연대하여 활동을 전개하는 것은 일반적인 양상이라는 것입니다. 이러한 점은 1910년대 중후반까지도 이러 저러한 항일비밀결사운동을 통해서 동일하게 나타나고 있습니다. 그러한 점을 우리가 전반적으로 고려하여 한말 근대기의 근왕적 민족운동을 파악해 들어가야 한다는 것입니다.

그러면 고종세력과 재야세력이 연대하여 의병운동을 전개하는 그러한 특이한 현상은 왜 벌어지는 것일까? 저는 그 문제를 이렇게 보고 있습니다. 통일신라 이래로 한국은 중국이나 일본과 달리 중앙집권적인 전제주의 국가를 오래도록 유지해 왔습니다. 그러니까 한반도라는 좁은 강토에서 중앙으로 인적 자원과 경제적인 자원이 밀려들기 마련이었고, 거기서 이웃 나라들보다 상대적으로 강한 중앙정치권력이 파생되어 나왔다는 것입니다. 나아가 그러한 중앙집중화 현상이 한말기에는 더욱 강하게 나타났습니다. 그렇게 강화된 중앙집중화 현상에서 파생된 강력한 정치권력이 한말기에 일어나는 민족운동에도 일정부분 영향을 미칠 수밖에 없었다는 것이죠. 바로 그런 측면이 고종시대에 와서, 더욱이 고종의 전제왕권이 강력한 세력을 유지하게 되는 대한제국기에 와서 더욱 두드러지게 나타났다고 보고 있습니다. 갑오경장기에 개화파가 일본의 후원을 등에 업고 설립한 궁내부가 갑오경장 이후에는 고종의 황권을 강화하는 기구로 이용되었는데, 이 궁내부에 대한제국의 모든 인적, 물적 자원이 집중화되는 특이한 현상이 나타났던 것이죠. 그리고 궁내부에서 주로 활동했던 고종 측근의 고종세력들이 국가멸망기에 재야세력과 연대하여 민족운동을 조직적으로 일으키는 것을 볼수가 있습니다. 당시 민족운동에 가담한 고종의 측근들은 대부분 '별입시'란 타이틀을 지니고 있었는데, 이들은 대부분 고종의 왕권강화기구인 궁내부에 소속되어 활동하고 있었습니다. 따라서 저는 그런 측면을 간과하고 한말기의 민족운동을 재야세력만의 자발적인 것으로 파악하는 기왕의 연구들은 역사적 실상을 제대로 반영하지 못한 연구라고 생각하고 있습니다.

기왕에 한국근대사 연구자들은 한말의 민족운동 당시 가장 많은 자원을 가지고 있었으며, 따라서 그 자원에 바탕하여 국가를 위기에서 구하기 위해서 많은 비밀 운동을 다각도로 전개하고 있던 고종과 그 주변의 세력들에 대해서 일체의 언급을 하지 않고 있습니다. 그러다보니까 그러한 연구성과를 반영하여 집필된 현행의 근현대사 교과서의 민족운동사 서술들은 상당히 분절적으로 되어있는 것이 많습니다. 아까 제가 말씀드린 이준열사의 활동도 그런 경우라고 하겠습니다. 이준열사의 활동은 그가 속한

헤이그밀사들의 활동이 중심이 아니라 고종의 청원외교활동이 중심이라는 것입니다. 다시 말해 고종의 구국외교운동과 헤이그밀사들의 구국운동이 맞물려서 나타난 것으로 봐야 한다는 것입니다. 한말 의병운동을 설명할 때에도 바로 그런 점을 놓쳐서는 안된다고 봅니다.

한말 의병운동에 국한하여 말씀드리면 한말 의병운동이란 것은 재야세력과 고종세력이 연합을 해서 활동을 했던 것입니다. 그런 경우 의병운동의 중심을 재야세력에게 둘 것인지, 고종세력에 둘 것인지는 연구자들의 개인적인 역사관의 차이에 따라 다양한 해석이 가능하다고 봅니다. 그러나 어떠한 경우이든 양자가 연합을 해서 의병운동을 했다는 사실, 그리고 고종세력이 의병진에 직접 참여해서 의병운동 초창기에 일정 부분 중요한 역할을 수행한 사실, 그리고 그러한 측면들이 한말 의병운동사에서 결코 무시할 수 없는 중요성을 지니고 있다는 사실 등을 간과할 수는 없다고 봅니다. 따라서 앞으로는 이러한 측면들이 현행의 한국근대사 개설서의 의병항목에 제대로 반영되어야 하며, 나아가 이것과 연동되어 서술되는 근현대사 개설서의 의병관련 부분들도 상당부분 수정되어야 한다고 생각합니다.

박민영 : 사회자 선생님, 시간이 많이 경과되었는데 한 마디만 보태도록 하겠습니다.

이제 오선생님이 고종하고 중앙세력과 의병의 연계에 집착을 하시니까, 시각이 그러한 방향으로 함몰이 되는 것을 옆에서 보아왔습니다. 거꾸로 역도 성립할 수 있겠지만, 예를 들면은 37페이지 의병의 기점을 이야기하실 때, 서상철 의병 하고 상원의 김원교 의병 이게 이제 아시는 분은 아시겠지만, 김상기 교수가 처음으로 의병의 기점문제를 말씀하시면서 드러난 연구 결과죠. 저도 이 글을 몇 번 봤습니다만, 저는 이게 의병의 단위부대로 수긍이 갔습니다. 그리고 많은 연구자들도 이 부분에 대해서 수긍을 했구요. 그런데 오선생님께서는 이 서상철하고 김원교 같은 단위의병에 대해서 의병의 실체로서 인정을 하시기가 어렵다고 말씀을 하시고, 그리고 그 다음 단계로서 확실하게 의병으로 파악이 되는 것은 1895년 9월의 문석봉 단계에 와서다, 이제 문석봉은 물론 논지가 다양한 그 내용도 있겠습니다만, 고종, 민영환 세력과의 연계가 확실히 입증이 되는 단계의 의병으로 파악을 하신 것입니다. 그런데 그렇게 했을 때 서상철 하고 다른 연구자들의 일반적인 그 김원교나 이런 경우에는 의병의, 의병장의 실체를 어떤 면에서 김원교 같은 경우에는 불분명하다고 해도 그 의병의 조직이나 활동에서 전체적인 모습에서 동학 하고는 구분이 되는, 그러니까 의병의 모습으로서 연구자들에게 파악이 되는 단계라고 생각합니다. 그런데 오선생님은 고종에 집착을 하다보니까, 그러한 시각이 여기에 작용을 한 것이 아닌가, 저는 그런 생각이 들기 때문에 …

오영섭 : 아, 아, 다른 문제는 그렇지가 않습니다.

박민영 : 다르게 이야기 하실 여지가 있으신지 …

오영섭 : 서상철의병을 말할 때에 의병장 서상철은 제가 발굴한 사람입니다. 제가 화서학파 연구를 하면서 족보를 공부하다가 서상철이라는 사람을 찾았습니다. 그래서 어떤 연구자에게 서상철이란 사람이 화서학파에 속했던 사람이란 것을 말씀드렸었죠. 현재 근현대사 연구자들은 서상철을 한말 최초의 의병장으로 파악하고 있습니다. 그러나 이미 서상철의병에 대해서는, 충북대학교의 신영우교수가 박사학위 논문에서 대원군계의 동학의병장이라는 주장을 내놓았습니다. 그리고 세명대학교의 구완회교수가 충북지역의 동학운동을 조사하다가 집필한 논문에서 서상철의병이 동학세력과 깊은 연관이 있다는 사실을 밝혀놓았습니다. 저는 그 분들의 연구성과를 반영해서 제 주장을 펴고 있는 것입니다. 그리고 뒤에 나오는 김원교부대는 분명한 의병진으로서 모양을 갖추었는데, 이 분은 동학세력과 친밀한 관계를 가지고 있는 것 같습니다. 김상기 교수의 논문에서는 그 부분에 대해서는 집중적인 설명이 되어 있지를 않습니다. 그래서 저는 아직까지 김원교를 한말 의병운동 당시의 보통 의병장처럼 충군애국을 모토로 항쟁한

의병장이라고 이야기 할 수 있을 것인가에 대해서 확정된 의견을 갖지 못하고 있습니다.

송양섭 : 감사합니다. 더 나누실 말씀이 많으실 것 같은데, 시간이 좀 부족한 것 같습니다. 시간이 예상보다 많이 흘렀습니다. 한 15분정도 초과된 것 같습니다. 약간의 휴식시간을 가진 후 다음 발표를 시작하도록 하겠습니다.

『한국 근·현대사』교과서의
"3·1운동과 국내 독립운동" 서술과 쟁점

사회: 송양섭, 토론: 김태웅

송양섭 : 윤선자 선생님 발표에 대하여 서울대학교에 근무하고 계시는 김태웅 선생님께서 토론을 해주시겠습니다.

김태웅 : 방금 소개받은 김태웅입니다. 제 토론문은 80페이지에 있습니다. 미리 주최측에 말씀을 드리긴 했지만 안동대학교에서 열리는 지방사 연구방법론 발표 준비로 내일 종합토론에 참여할 수 없을 것 같습니다. 미리 양해를 구하겠습니다.

송양섭 : 네 지금 토론문 분량이 상당히 많은것 같습니다.

김태웅 : 네, 그러면 준비된 토론문을 읽어가는 방식으로 하겠습니다. 그리고 토론에 앞서 여기 학회 연구자들이 한국 근현대사 교과서의 서술체계와 내용에 관심을 가진 점에 대해서 감사를 드립니다. 그리고 윤선자 교수의 발표를 통해서 교과서에서 간과했던 점, 사실의 오류 등을 확인할 수 있어서 적절한 자리라고 생각합니다. 우선 교과서가 민족적 자부심의 앙양, 일국사 중심의 서술 방식에 갇혀 여러 오류와 과장이 나타난다는 지적에 동의를 표합니다. 가령 일부 교과서가 5·4운동이라든가 인도의 시인 타

고르의 시를 들어 3·1운동의 세계사적 영향을 과장하거나 관련 자료마저
제시하지 못했다는 점 그리고 다른 나라의 민족운동에 대한 이해가 수반되
지 않은 채 3·1운동과 직접적으로 연결시켰던 점들이 그렇습니다.

다음 민족주의 계열과 사회주의 계열이라는 이분법에 입각한 나머지
민족운동사를 분열적으로 서술한 방식을 비판하였습니다. 이 점 일부 검정
교과서가 지닌 한계임이 분명합니다. 끝으로 근대화 운동을 독립운동의 하
위범주에 설정함으로써 이러한 운동이 지니는 역사적 의미를 축소시켰다
고 지적하고 있습니다. 물론 발표자도 지적하다시피 일제협력자들의 행위
와 별개로 다루어야 한다고 합니다. 그리하여 민족자본의 개념을 엄격하게
적용할 것을 요구하고 있습니다. 그리고 이러한 바탕에서 근대화운동을 민
족운동에 포함시켜 서술해야 함을 역설하고 있습니다. 이 점 역시 민족운
동 자체를 독립운동 자체에 중점을 둔 나머지 간과했던 문제였습니다.

그러면 토론자란 처지에서 전제 조건을 제시하며 몇 가지 문제를 지적
하고자 합니다. 우선 발표자가 다루는 대상이 고등학교의 교과서란 점입니
다. 교과서는 일반 논문이나 연구 단행본과 달리 학교 교사가 가르치고 어
린 학생들이 배우는 교재입니다. 따라서 여기에 여러 조건을 전제하고 있
습니다. 교과서는 교육과정에 입각하여 서술되고 한 나라와 사회가 지향하
는 목표가 담겨 있습니다. 그리고 교육과정 하부에는 사회과의 목표가 있
습니다. 현재 역사교과는 독립되어 있지 않아, 사회과의 하위구조로 되어
있습니다. 그리고 한국 근현대사의 교육 목표가 순차적으로 배치되어있습
니다. 한국 근현대사 교육 목표 중의 일부를 보면 한국 근현대사에 대한
이해와 국가 및 사회적 요구 차원에서 보편성 인식을 내세웠습니다. 여기
서 한국 근현대사 교육의 목표 역시 역사연구의 핵심이라 할 인과관계를
과학적으로 인식하는 것입니다. 이러한 목표 설정은 문민정부 시기에 마련
되었고, 이후 세부적인 교육과정이 제시되었습니다. 그리고 교과서는 학습
자의 수준과 학습 분량, 수업 시수를 고려하여 서술되어야 합니다. 검인정

교과서도 1종교과서 마찬가지로 이러한 여러 조건들을 염두에 두면서 집필됩니다. 따라서 교과서 서술에 대한 분석과 비판은 내용 자체도 중요하지만 교육과정의 방향과 얼개, 교육 여건들에 대한 염두가 전제되어야 합니다. 이 점에서 발표자는 서술 내용분석 이전에 관련 교육과정의 방향과 구성 체계에 대한 분석을 먼저 했어야 했다는 아쉬움이 남습니다. 즉 교육과정 자체에 대한 분석이 따르지 않는다면 내용 분석의 의미가 여러 측면에서 줄어들 수 있습니다. 특히 역사학과 역사교육이 별개의 영역이 아니라는 점에서 이러한 제반사항에 대한 점검이 필요합니다. 그리고 역사교육의 위기가 지금처럼 더욱 심화된 시점에서 학계의 관심이 대단히 중요합니다. 또한 교육과정에서 한국 근현대사의 차례가 세세하게 규정됨에도 불구하고 제7차 교육과정에선 한국 근현대사 교과서를 이전과 달리 1종인 국사에서 분리하여 검인정 형태로 발행할 수 있게 되었습니다.

그런 점에서 현재 20대 후반 30대 이후 세대가 배운 교과서는 1종인 국정교과서입니다. 그리고 제7차 교육과정에 입각하여 집필된 교과서를 배운 학생들은 지금 대학교 1학년 2학년 정도입니다. 그리고 이러한 검인정 체제는 문민정부 시절 다양한 내용체계를 갖춘 교과서의 출현을 바랐던 학계와 교육계가 기울인 노력의 결과였고, 수시 개정이라고 불리는 제8차 교육과정에서도 학회들은 제7차와 마찬가지로 검인정 교과서 체계를 더욱더 확대해야 한다는 주장을 펴고 있는 형편입니다.

따라서 한국 근현대사는 6종이 유사한 목차로 구성되어 있음에도 불구하고 집필자마다 서술 방식과 구성체계 등에서 차이를 보입니다. 이는 발행방식의 변화를 시도할 때 예견했던 점입니다. 그리하여 교과서마다 집필자들의 시각과 서술방식에 따라 내용상 조금씩 차이가 발생하는 것은 당연합니다. 또한 학계 및 교육계의 지적과 비판 역시 당연히 수반되어야 합니다. 그 점에서 발표자가 지적하는 내용은 집필자들이 깊게 새겨들어야 될 사항입니다. 특히 차기 교육과정을 마련하는 학계와 교육계 담당자들이 경청해야 될 것입니다.

다음 발표자는 서술 면에서 여러 문제점을 지적하였습니다마는 그 중 몇 가지는 다소 오해의 여지가 있다고 봅니다. 우선 민족주의 계열과 사회주의 계열로 나누어 서술한 방식을 두고 이분법적 방법에 입각하여 민족운동을 상호 갈등의 관계에 치우쳐 서술하였다는 지적입니다.

물론 발표자도 언급했지만 저 역시 평소에 민족주의와 사회주의라는 대립구도 방식이 적절한가에 대해서 많은 고민을 하였습니다. 특히 한쪽은 치켜세우고 한쪽은 깎아내리는 서술방식은 문제가 있습니다. 그러나 11쪽에서 단적으로 드러내고 있듯이 사회주의 운동이 민족주의 운동의 범주에 속한다는 발표에 대한 언급은 납득이 잘 안됩니다. 분명히 이 두 계열은 신국가건설을 둘러싸고 노선과 방향을 달리하고 있음은 분명합니다. 그래서 이 두 계열을 계열적으로 나누어 서술하는 것은 타당하다고 봅니다.

다만 개념을 정확하게 하기 위해서 민족주의 계열을 자본주의 계열이라고 분명히 적시할 필요가 있지 않나 하고 생각이 듭니다. 그렇다면 발표자가 지칭한 민족주의 운동의 개념, 범주가 무엇인지 또 민족운동과는 어떠한 관계가 있는지 이런 등등의 개념 정의의 엄밀성이 따라야 된다고 봅니다.

그리고 이와 관련하여 근대화 운동의 개념과 범주가 명확하지 않다고 봅니다. 근대화 운동이 자본주의 국가건설 운동인지, 단지 사회경제 근대화운동 자체에 국한된 것인지, 발표자의 부연 설명이 필요합니다. 만약 전자의 경우라면 교육과정에 보이는 것과 같이 체제상 사회경제 민주화운동을 설정할 수 없다고 봅니다. 이는 발표자의 내용에 대한 비판이기 이전에 한국 근현대사 교육과정 자체의 문제이기도 합니다.

반대로 후자의 경우라면 자본주의 계열 및 사회주의 계열 운동과 별개로 일반적인 대중들이 여러 부문 운동을 지칭하는 운동인지, 가령 형평운동, 여성운동, 국학운동 등 이런 것인지, 적시될 필요가 있습니다. 끝으로 중, 고등학교 역사교육계에 관심을 둔다면 현재 역사 교육의 열악한 여건에 눈을 돌릴 필요가 있습니다. 한국 근현대사는 전체 고등학생 중에 25% 정도만이 선택하여 배우고 있을 뿐입니다. 고등학교 1학년 국사에서는 실제로 조선후기까지 배우는데도 많은 어려움을 겪고 있습니다. 1주일에 단 2시간을 배우고 있을 뿐입니다. 따라서 70%이상의 학생들은 한국 근현대사를 전혀 배우지 않은 채 대학에 입학하거나 사회로 나갑니다. 그리고 시험 선택도 근현대사가 4위 국사는 7위, 8위 정도로 시험 선택율이 매우 낮습니다. 이 점에서 시험도 보지 않고 대학에 들어가는 학생들이 꽤 많은 셈입니다. 특히 세계사의 경우는 훨씬 열악합니다. 90% 이상이 세계사를 아예 배우지 않는다고 합니다. 내용이 매우 방대하고, 외우기가 쉽지 않다는 것입니다. 따라서 대학에서 세계사와 국사를 같이 가르치거나 세계사적 배경을 깔고 국사를 가르친다는 것은 대단히 어렵습니다.

그 결과 학생들은 다양한 역사 지식에 접하고 인과관계를 합리적으로 사고하기 이전에 자기의 구미와 이익에 맞는 언설과 이념에 쉽게 노출되어 이른바 국수주의자, 국가주의자, 세계주의자, 민족허무주의자, 민중주의자, 근대화 지상주의자, 친미주의자, 반미주의자 등 이념과 논리를 추종한 나머지 극단적인 기회주의자로 성장하거나 역사와 공동체의 현실에 무관심한 인간군에 편입할 여지가 큽니다.

이는 한국 근현대사 곡해를 시비하기 이전에 현재의 우리가 처한 엄연한 조건입니다. 다시 한번 발표자가 제기한 여러 문제에 학회 관계자들께서 깊은 관심을 보여주어 감사를 드립니다. 그리고 이러한 논의가 정치적 논란과 사회적 시비에 앞서서 학계와 중등교육계를 중심으로 이루어지면서 상호 이해를 증진시키고 체제 내용의 개선과 현장교육에 보탬이 되는 방향으로 나아가야 한다고 생각이 됩니다. 시간을 초과했는지 걱정스럽습니다. 이상입니다.

윤선자 : 예, 고맙습니다. 교과서술내용 분석 이전에 교육과정에 대한 분석이 먼저 있어야 된다고 하였는데 제 논문에 각주로 제시한, 교과 과정

이나 준거안들이 국사 기준에 의해서가 아니라 교육학 기준에 의해서 정해져 있다는 서의식 선생님의 논문이 있고 선행연구들이 대부분 교육과정에 대한 지적이기에 생략하였습니다. 선행연구를 뛰어넘을 만한 교육과정에 대한 분석을 할 수가 없었기 때문입니다.

오해의 소지가 있다고 지적한 것들에 대해 의견을 말씀드리겠습니다. 첫째로 사회주의운동이 민족주의운동의 범주에 속한다는 제 의견에 동의하기 어렵다는 것입니다. 이것은 민족주의운동을 민족운동이라고, '주의'라는 말을 뺐더라면 논란의 여지가 없지 않았을까 생각합니다. 또한 제가 지칭한 민족주의운동의 개념이 무엇이냐 물었는데, 일제강점하에서 민족을 살리고자 하였던 운동을 저는 모두 민족주의운동이라 보고 있습니다. 둘째로 지적한 것은 근대화운동의 개념과 범주가 정확하지 않다는 것입니다. 일제하의 시대조건과 상황 때문에 근대화운동 자체로는 의미가 상실될 수밖에 없다는 것이 제 의견입니다. 민족의 독립과 민족의 생존을 위한 방향으로 진전할 때 의미가 있다는 것입니다. 마지막으로 고등학교에서 학생들 중 25%만이 근·현대사를 선택한다는 학교 현장의 상황을 지적하셨습니다. 그런데 그 이유가 근·현대사 교과서 내용이 어렵다던가 하는 때문이 아니라고 알고 있습니다. 소문이 맞는지는 모르겠는데, 서울대학교 시험에 국사가 필수라는 것이 중요한 이유라는 것입니다. 고등학교 학생 중 상위권 학생들이 서울대학교에 진학하고, 그 학생들이 국사를 필수로 하기 때문에 그 학생들과의 경쟁을 피하기 위해 서울대학교에 진학하려는 학생들이 아니라면 근·현대사 과목을 선택하지 않는다는 것입니다. 김태웅 선생님이 서울대학교에 재직 중이시니 그 소문이 맞는지 묻고 싶습니다.

김태웅 : 한가지 말씀만 드리겠습니다. 다른 반박은 없구요, 마지막 지적에서 서울대학교 입시에서 볼 수 있듯이 국사 선택과 입시 현실의 괴리는 적지 않습니다. 현재 표준 점수제라서 공부잘하는 학생들이 서울대에 간다고 수능에서 국사를 선택하면 다른 학생들은 불이익을 받지 않기 위해

국사나 한국 근현대사를 기피한다는 이야기를 저도 들었습니다. 대학에서
는 한국사 공부를 권장하기 위해서 사회탐구 영역에 국사 관련 과목을 넣
었는지 몰라도 결과적으로는 많은 학생들이 기피하는 요인이 되었습니다.

　그럼에도 불구하고 또 하나의 비판은 국사라든가 세계사 과목의 내용
지식이 너무 많다는 것입니다. 그래서 학교 현장에서는 내용을 줄여달라고
요구합니다. 현재의 교과서 내용 지식이 대학의 개설서같은 느낌을 주고
있는 것이지요. 특히나 이번 고1 국사 교과서에 근현대사가 보강되었는데
저도 이를 분석하면서 느낀 점은 한 페이지에 중요 개념과 용어가 30개 이
상이나 함축적으로 들어갑니다. 그래서 어느 분은 학교 현장을 고민하지
않고 대학 선생들이 일방적으로 자기 주장이나 학설을 다 집어넣은 것 아
니냐는 불만도 나오고 있습니다. 또한 최근에 학생들의 이해 정도와 관련
하여 설문조사를 했을 때 많은 학생들이 요즘의 어법대로 북침을 북한의
침략으로 이해하고 있기도 합니다. 학생들의 용어 이해 수준이 이 정도입
니다. 어쩌면 당연한 현실인지도 모르겠습니다. 지금 중고등학교 국어교육
도 매우 어려운 현실에서 국사 교과서에 나오는 많은 용어들은 학생들에게
엄청난 부담으로 옵니다.

　그런데 이 점에서 국사교과서의 체제 문제도 학계에서 고민할 필요가
있습니다. 내용을 어떻게 간추려서 해야 될지, 중학교와 고등학교 역사교
육의 관계를 어떻게 설정할 것인지 또 역사교과 독립이 왜 필요한지 이러
한 고민이 지금 대단히 시급한 과제입니다. 제 발언이 길었던 듯 한데 다
른 분들의 이러한 지적이 없어서 제가 좀 길게 했습니다. 이상입니다.

　송양섭 : 감사합니다. 제가 부탁드린 것 보다 오히려 시간을 더 절약해
주신 것 같습니다. 그래서 앞의 발표에서 시간관계상 듣지 못했던 플로어의
의견을 청취하도록 하겠습니다. 앞에 계시는 윤선자 선생님이나 김태웅 선
생님께 반드시 말씀드리고 싶으신 분, 한 분만 질의를 해주시기 바랍니다.
… 예, 질의가 없는 것 같습니다. 내일 종합토론 시간에도 기회가 있는 것으

로 알고 있습니다. 그러니까 말씀하실 내용은 내일 하셔도 될 것 같습니다.

윤선자 : 시간이 남았다고 하니 김태웅 선생님께 감사 말씀드립니다. 오늘 토론자로 참여해주신 사정에 대해 말씀드리겠습니다. 그동안 교과서에 관한 많은 심포지엄들이 있었는데 교과서 집필에 참여하신 분들이나 사범대 역사교육과에 재직하는 분들 그리고 교육과정 편찬에 참여하신 분들이 참여했던 것 같습니다. 이번 역사학회에서 주관한 학술 심포지엄은 그동안의 학회와 조금은 달리 교과서의 서술방향과 쟁점만을 대상으로 마련했습니다. 새로운 내용을 이끌어 내보고자 발표자와 토론자도 그동안의 심포지엄에 그다지 참여가 많지 않은 분들로 구성하였습니다. 심포지엄을 준비하면서 그래도 교과서 집필자가 토론에 참여하면 훨씬 심도있는 자리가 되리라 생각하여 김태웅 선생님께 부탁드렸습니다. 처음에 김태웅 선생님은 토론을 거절하였는데 집필자로서 그동안 고충이 많았던 때문이었습니다. 그러나 집필자이기에 연구자들이 놓친 부분에 대해 이야기할 수 있을 것이며, 토론의 심도를 높일 수 있으리라는 부탁에 어려운 결정을 해주었습니다. 감사드립니다.

송양섭 : 예 감사합니다.

민현구 : 아까 말씀하실 때 지침에 따를 수 밖에 없었다고 하신 것 같은데요 …

김태웅 : 저는 그런 말씀을 안 드렸었는데요 …

윤선자 : 제가 지적했습니다. 집필에 따를 수밖에 없었으리라고 했습니다.

민현구 : 아까 김 선생님의 말씀을 들으면서 집필 지침 같은 것에 얽매이지 않을 수 없었으리라는 생각이 들었습니다. 이 지침자체에 대해서 집필자 입장에서 불만이 있다든가, 미흡했다든가, 그런 점을 느끼지 않았었는지요.

김태웅 : 교과서를 집필한 지가 꽤 오래되어 기억은 다 못합니다. 준거

안에 관해서는 여기에 참석하신 이명희선생님께서 더 잘 아시고 계시겠지만, 준거안을 6종교과서 필자들 모두 상세하게 분석하지는 않았을 겁니다. 왜냐하면 이전과 달리 하나의 이런 안이 있다는 정도였고 큰 의미로 다가오지 않았습니다. 다만 그 때에는 출판사를 통해서 교육과정을 충실하게 따라달라고 강조했습니다. 교육과정에 서술 체계와 구성 방식이 자세히 규정되어 있거든요, 또 교육과정 해설이 이미 나와 있어 집필에는 이것이 근거가 되었습니다.

가령 교육과정 해설을 보면 대한민국이 어떤 나라다. 이런 규정들이 모두 들어 있습니다. 그런데 교육과정은 문민정부 때 만들었고, 거기에는 세세한 목차까지도 규정하고 있었습니다. 그래서 간혹 그런 문제는 있었죠. 차례를 조금 바꾼 것에 대해서 심의 과정에서 출판사를 매개로 심의진과 집필자 간에 논란이 있었던 것으로 압니다.

민현구 : 준거안이라고 하는게 큰 제약은 주지 않았다는 말씀인지요?

김태웅 : 그것은 저로서는 모르겠습니다. 금성교과서의 경우를 가지고 언급하는 것이지 다른 교과서 출판사들의 경우, 준거안에 대해 각각 다르게 느꼈으리라 봅니다. 집필자에게 융통성을 주는 경우도 있을 테고 아니면 심사에서 탈락할 것을 우려하여 교육과정을 그대로 따르기를 원하기도 하였을 겁니다. 이유야 어떠하든 출판사의 영향력, 경험, 지식 이런 것들이 집필자마다 다르게 느꼈을 것입니다. 가령 집필자는 그런 식으로 쓰고 싶지 않은데 출판사가 이렇게 하면 떨어진다고 하여 교육과정 그대로 해줬으면 좋겠다고 요구할 수도 있을 겁니다. 또 어떤 출판사는 집필자에게 크게 의존하기도 하였을 겁니다. 그래서 6종 교과서가 각각 특징이 있는 것으로 압니다.

송양섭 : 예 …

민현구 : 한 가지 더 묻고 싶은데요, 집필 분담이 장별로 분명히 나눠져 있는지, 그렇지 않으면 전체적으로 뭉뚱그려 다 공동 집필의 형태를 띠

었는지 궁금합니다.

김태웅 : 예, 제 경우를 들어 말씀드리는 게 적절한지 모르겠습니다마는 저희의 경우, 총 여섯 명이 집필하였습니다. 어떤 분들은 집필자가 교과서에 소개되어 있지 않다고 하는데 실은 앞 페이지에 들어 가 있습니다. 저희들 역시 내용의 신뢰성, 책임의 소재상 밝혀야 한다고 생각하였고 규정에도 그렇게 되어 있는 것으로 압니다. 제 경우, 근대개혁기를 맡았는데 현직 교사분하고 같이 집필하였습니다.

또 6명은 본문은 누가 쓰고, 탐구자료는 누가 쓰고 하는 등 집필을 분담하였습니다. 왜냐하면 탐구자료의 경우, 중등학교 현장을 모르는 대학 교수들이 온전히 집필할 수 없기 때문입니다. 물론 적합한 자료를 찾을 때는 대학 교수들이 힘을 보태고 또 출판사에선 사진을 뽑게 됩니다. 그래서 이런 분담방식으로 진행하다가 어느 단계에 이르면 며칠을 밤새워서 토론하면서 종합 정리하게 됩니다. 다음에는 어느 분들이 집필할지 몰라도 집필 기간이 길어야 되겠다는 생각을 합니다. 사료의 오류, 자료 처리 문제 등이 여러 과정을 거치면서 교정되어야 된다고 봅니다. 물론 그 때도 이런 과정을 거쳐 고친 부분이 많습니다. 그러나 여전히 발견되어 수시로 고치고 있는 실정입니다. 지금도 여러 분들의 지적에 따라 수시로 수정하고 있습니다.

그 중 최문형 선생님이 지적하신 내용들도 확인해 보니 틀린 게 있어 수정하였습니다. 방금 말씀드렸듯이 집필 기간이 길고 검토 체계를 갖추어야 한다는 생각을 다시 해봅니다.

또 하나는 검인정 교과서가 이번이 처음인데, 다음에는 좀더 완벽한 교과서가 나오겠다는 확신도 듭니다. 왜냐하면 이미 3년 4년 동안에 숱하게 오류 내용에 대한 지적이 나오고 이를 수시로 고치면서 완벽을 기한다면 어떤 교과서보다 훨씬 좋은 교과서가 되겠다는 생각입니다.

최문형 : 내 얘기가 나왔으니까 하는 말인데 …

김태웅 : 예, 죄송합니다. 저는 오류 지적에 감사하다는 말씀을 드린 겁니다 …

송양섭 : 아니 … 간단하게 좀 부탁드리겠습니다 …

최문형 : 내가 … 뭘 만든게 아니고 분명하게 한영 신조약의 경우, 1883년이라고 했어요, 한영조약하고 한영신조약하고 구별을 안 하고 있어요, 구별을 못하고 있는지 안하고 있는지 모르겠는데 … 문장으로 봐서는 몰라서 못했다는 것이 읽혀져요 … 그걸 어떻게 설명할거에요?

김태웅 : 제가 말씀드리고자 …

최문형 : 또 하나는 … 이게 준거안은 문제가 되지 않는다고 하는데, 어떻게 그 내용과 타이틀이 거의 비슷하게 나와요, 난 도대체 이해를 못하겠어요.

김태웅 : 교육과정 보신 내용이 …

최문형 : 잠깐만, 다 듣고 이야기하세요, 내가 얘기하는데 중간에 자꾸 …

김태웅 : 예, 예, 죄송합니다 … 죄송합니다 …

최문형 : 아니 나는 뭐 … 그 쓴 사람들의 노력을 갖다가 탓하자는 것도 아니고 … 이게 세계사적인 관점에서 뭐 무슨 … 내가 좀 얘기를 좀 하려고 …

송양섭 : 간단하게 말씀해주시길 부탁드리겠습니다.

최문형 : 1882년 이후에는 이게 … 서양세력이 다 들어왔습니다. 서양세력이 들어왔는데도 불구하고 우리나라에선 꼭 한국하고 청나라, 한국하고 일본하고의 관계만 가지고 얘기를 해요, 서양세력들이 관광여행 왔어요? 우리나라에? 그들도 침략하러 왔어요, 영국하고 러시아가 완전히 틀을 이루면서 우리나라에 작용해요, 침략하기 위해 움직여요, 거기에 대한 얘기는 일체 없어요, 그러면서도 역시 세계적인 안목으로 얘기해야 한다고 그래요, 아가도 뭐, 3·1운동 가지고 얘기하는데 5·4운동하고 관계, … 이

것도 정확하게 이야기해야 돼요 … 우리가 지금 참 반성을 해야 될 문제들이 많습니다. 내가 이건 탓할려고 얘기하는 것 아니에요 …

김태웅 : 예예 …

최문형 : 이거 젊은 사람들이 좀 똑똑히 알아둬야 할 문제들이에요, 이상입니다.

송양섭 : 예. 감사합니다.

김태웅 : 답변을 드리겠습니다. 제가 약정토론자로 이 자리에서 말씀드리기 어렵지만 …

송양섭 : 예, 그런데 시간이 너무 많이 사용된 것 같습니다.

김태웅 : 최선생님께서 말씀하시니까 이제 답변을 해드려야 할 것 같습니다 …

송양섭 : 그럼 1분 안으로 말씀해주시면 감사하겠습니다.

김태웅 : 예 … 하나는 최선생님의 지적과 관련한 내용으로 교육과정을 개정하고 있는데, 지금 고1국사는 세계사적 배경을 말로만 하지 말고, 배경 설명으로 구체적인 국제관계나 국제 정세를 서술해야 한다고 그런 방향으로 노력하고 있는 것으로 알고 있습니다. 왜냐하면 이는 국사학계 내에서도 지금까지는 그런 부분을 미처 생각을 못했는데, 최근 연구 성과들이 쌓이면서 이제는 이런 부분들을 국사쪽에서 좀 고민해야 된다는 그런 지적입니다.

또 하나는 한영조약 … 저도 이 문제로 고민을 많이 했는데요, 1883년을 따르게 된 것은 일단은 국회도서관에 나온 조약자료집에 83년으로 되어 있는 게 가장 구체적인 근거였고요, 또 하나는 국제법 하시는 분의 자문에 따르면 82년과 83년 사이에 조약의 바뀐 내용이 동일한 거냐, 아닌거냐, 조금 바뀐 경우냐 아니면 결정적으로 바뀐 것이냐는 하는 게 두 조약 중에 어느 조약을 최초 조약으로 볼 것인가의 기준이라고 합니다. 82년을 따를 수도 있지만, 그 내용이 상당히 바뀌었다면, 83년이 최초가 된다는 지적입니다. 또 최근의 논문을 보면 당시에 조미 수호조약 때와 달리 영국 및 독일과 다시 조약을 맺을 때에는 관세율이 다시 낮춰진다는 것입니다. 이는 우리의 국제적인 위치가 상당히 하강되는 셈입니다. 그래서 이 부분을 중시하여 1883년도를 조약 체결 연도로 잡았습니다.

최문형 : 그것이 바로 문제라는 겁니다. 이 82년 6월 6일날의 한영조약과 1883년 11월26일의 한영신조약은 완전히 다른 거예요. 그런데 한영수호조약을 83년 이라고 했어요. 그러면 학생들보고 시험치면서 너 한영조약이 언제냐, 고 한다면 어떻게 대답해야 해요. 영국이 임오군란의 혼란을 틈타서 '한영조약'의 비준을 거부하고, 우리에게 새로 강압한 것이 '한영 신조약'입니다. 재론하지만 이 둘은 별개의 조약입니다. 내용이 상당히 바뀌었다고 해서 '한영조약'의 체결연도가 83년이 될 수는 없습니다. 그리고 '한영 신조약'으로 말미암아서 우리나라의 관세수입도 거의 반감(半減)됐습니다. 영국만 혼자 이익을 본 것이 아닙니다. '최혜국'조관에 따라 우리나라하고 수호조약을 체결한 나라는 물론 앞으로 우리나라와 수호조약을 체결할 모든 나라까지도 그 관세의 혜택을 받게 되어있어요. 우리나라의 재정수입을 파탄에 이르게 한 최종 사건이에요.

김태웅 : 예, 알고 있습니다. 예 … 그런데 이렇게 말씀하시는데 … 비준 여부도 조약 성립의 조건이 될 수 …

최문형 : 아, 됐어요 …

김태웅 : 최초 조약에 관한 비준이 영국 의회에서 이루어지지 않았다는 점을 중시했으면 합니다.

송양섭 : 예 …

최문형 : 한영수호 …

이기동 : 내일 종합토론 때 김태웅 교수께서 참석하실 수 없는 사정이 있다고 합니다.

최문형 : 그러니까, 지금 이야기 하려는 거예요. 내 얘기를 지적을 해

서 … 그러는데 … 내가 얘기를 안 하려고 했어요, 그런데 내 얘기를 했으니까 내가 할 소리를 해야되지 않겠습니까? 근데 이건 … 분명히 틀린 얘기에요, 틀렸으면 틀렸다고 해야지 그거를 … 이거를 뭐 국회도서관에서 … 뭐 … 이런 구구한 얘기를 할 필요가 없어요, 만일에 옳다고 한다면 얼마든지 나한테 이야기하세요. 언제든지 얘기할 준비가 되어있으니까, 그건 … 그렇게 하면 안됩니다. 아이들을 가르치는 교수예요 … 제발 그러지 말고 이거 오픈해가지고... 서로 내가 뭐 젊은 사람들 데리고 야단치려고 그런 것도 아니고... 지금 누구를 탓하자는 것도 아니에요 … 이게 … 교과서를 잘 만들자고 한 겁니다.

김태웅 : 예 … 알겠습니다.

송양섭 : 예 좋은 말씀 감사합니다. 이제 제 4주제로 넘어가겠습니다. 제 4주제는 국사편찬위원회에 계셨던 강영철 선생님께서 일제 강점기 민족문화 운동의 전개라는 제목으로 발제를 해주시겠습니다. 죄송합니다만 시간을 지켜주시면 감사하겠습니다.

일제강점기 민족문화운동의 전개

사회: 송양섭, 토론: 최기영

강영철 선생님께서 주제발표에 적합하지 않다고 하셨는데, 저 역시 토론에 적합한 경우라고는 생각되지 않습니다. 저는 강 선생님의 발표에 직접적이라기보다는 보충되었으면 하는 몇 가지 문제를 준비한 토론문을 읽으면서 말씀을 드리도록 하겠습니다.

제7차 교육과정이 적용되면서 '국사' 이외에, '한국 근현대사' 과목이 신설되고 11·12학년의 선택과목으로 인정되었습니다. 『국사』 교과서가 국정으로 발행되는 것과는 달리, 『한국근현대사』 교과서는 검정으로 발행되면서 6종의 교과서가 한국교육과정평가원의 검정을 거쳐 2003년 출판되기에 이르렀습니다. 이후 검정교과서의 현대사 부분 서술에 대한 이념적 편향성과 관련하여, 교과서 포럼이 만들어지는 등 사회적 논쟁거리가 된 바 있습니다. 그러나 해방 이전의 근대·일제 강점기 부분 서술에 대해서는 상대적으로 논란이 많지 않았던 것 같습니다. 그러한 점에서『국사』와『한국근현대사』교과서 서술에 대한 논의가 적지 않았는데, 독립운동사 서술 문제만을 가지고 이러한 학술대회가 개최되는 것이 보다 나은 교과편찬을 위하여 의의를 가질 수 있으리라고 봅니다. 사실『한국근현대사』의 일제시기 서술은 전체적으로 정치사 중심일 뿐만 아니라, 민족운동이랄까 독립운동의 부분이 많습니다. 그러한 점에서 오늘 학술회의가 의미를 지닐 수 있을 것이라는 생각이 듭니다.

강영철 선생님은 한국 근현대사 검정교과서 6종의 내용 가운데 '일제강점기 민족문화운동의 전개' 부분을 분석하여, 그 문제점을 밝히고 시정방향을 제시하고 계십니다. 먼저 분류사 중심의 국정교과서『국사』에 수록된 근현대사 부분에 대하여 설명하였고, 이어 검정교과서의 검정과정을 비교적 상세하게 소개하였습니다. 강 선생님이 국사편찬위원회에 재직하면서, 직간접으로『국사』와『한국근현대사』편찬과정을 정확하게 알고계시리라는 점에서도 주제와 직접 관계되지는 않으나, 필요한 언급이라고 생각됩니다.

기본적으로 검인정교과서의 문제는 강 선생님의 지적대로 교육부에서 제시한 '교육과정'과 그 지침인 '준거안'에 의거하여 교과서가 집필된다는 점입니다. 한국 근현대사 교과서의 근대·일제 강점기 부분은 구성이 정치사·사회경제사·문화사의 순서로 되어 있는데, 실제로는 정치사 부문이 주를 이루고 있습니다. 문화 부분에 해당되는 '민족문화 수호운동'이라는 절에는 일제의 식민지 문화정책·국학운동·교육－종교·문학－예술 분야에 대한 내용을 담고 있는데, 준거안이 그러한 구성을 요구한 까닭으로 이해됩니다. 준거안 문제는 검정교과서 편찬 전체와 관련되어 논의되어야 할 것으로 생각됩니다.

강영철 선생님은 6개 검정교과서의 민족문화운동 부분에서 일부 교과서에만 언급된 내용이나 상이하게 서술된 부분을 주로 검토하였습니다. 예컨대 일제의 종교탄압문제나 한국어와 한국사 교육을 금지시킨 시기라든가, 조선어연구회 발기인이나 기관지『한글』문제, 그리고 거론된 예술인 등이 언급되어 있습니다. 검정교과서의 민족문화운동에 대한 서술이 특별한 쟁점이 있는 것이 아니기 때문에, 검토 자체가 쉽지 않았을 것으로 짐작됩니다. 따라서 논평자가 강 선생님의 보고에 특별한 이의가 없습니다. 사실 강 선생님이 인용하고 있는 대로, 경희대학교 허동현 교수가 「(검정) '한국근현대사' 교과서 6종 비교·분석 연구」(국사편찬위원회, 2004)라는 보고서를 제출한 바 있는데, 사항별로 각 검정교과서를 분석한 작업이 이루어진 상태입니다.

다만 검정교과서의 민족문화운동 부분 서술에 있어서 몇 가지 문제점을 지적하고자 합니다.

우선 대부분의『한국근현대사』교과서가 일제강점기 민족문화운동를 다루면서 전체적으로 내용이 구체적이라기보다는 조금 과장되었다고 할까요? 그런 부분이 많은 것 같고, 강 선생님도 지적하셨지만, 저항과 친일, 도덕적인 관점이랄까 이런 것이 상당히 강하게 드러나 있습니다. 또 전체적으로 문화운동 자체에 대해서 상당히 소략하고, 내용이 별로 없다고 할 정도입니다. 정치사나 무장투쟁 이런 부분에 비하면 아주 소략한데, 아마도 문화에 대한 관심이 기본적으로 적다는 생각이 듭니다. 그리고 문화에 관련된 내용도 비교사적인 관점이나 세계사적인 관점에서 언급된 경우가 보이지 않습니다. 한 단원에서 몇 십 년을 한꺼번에 다루다 보니 특정한 부분을 강조하게 되어 몇몇 예가 주를 이루는 것 같습니다. 아무튼 구체적인 사항이나 내용을 느낄 수 없었습니다.

　먼저 전체적으로 모든 교과서가 일제강점기에 전개된 언론, 출판활동을 일제의 지배정책과 관련되어 다루는 경우는 있지만, 전반적으로 제외되고 있는 것으로 보입니다. 1920년대 이후 일제의 이른바 문화정치 하에서 발간된 신문과 잡지에 관련하여 그 성격에 관하여 적절한 논란이 있는 것으로 압니다. 하지만 민중계몽에 가장 중요한 역할을 한 것이 신문과 잡지 등이 출판 된 것은 우리가 잘 알고 있습니다. 일제의 문화정책에 저항하지 못한 부분도 있지만 언론출판활동에 대한 서술이 전반적으로 무시되고 있는 점은 적지 않은 문제점을 지니고 있다고 생각이 됩니다. 이점은 좀 더 부각되어야 할 것 같습니다. 또한 민립대학설립운동이나 문화운동과 같은 이런 것들이 사회운동으로만 서술되는 검정교과서가 여럿 보이고 있습니다. 이 내용은 사회운동으로서도 중요하겠지만, 그것이 교육운동의 성격이 아닐까 하는 생각이 듭니다. 또, 의외로 야학이 굉장히 저항적이었다는 그런 내용들이 많은데, 실제 야학 중에는 일본어 교육을 위한 야학들도 적지 않게 있을 텐데, 그런 점으로 미루어 야학의 저항성 같은 점이 지나치게 강조되고 있다는 인상을 받았습니다.

　전반적으로 우리 학회에서 일제강점기의 문화 활동에 대한 관심이 많지 않습니다. 강 선생님도 지적을 하셨지만, 민족문화 운동으로 가장 상세히 서술된 부분이 역사학인데, 아마도 이 분야가 역사학계에서 주목하고 있기 때문이 아닐까합니다. 특히 문화 운동으로 한국어나 한국 문학, 예술 등의 분야는 역사학계의 관심이 많지 않습니다. 이러한 분야는 학제적 연구나 각 분야 연구의 업적을 정확히 이해해야 할 것으로 생각이 되지만, 검정교과서의 서술로 미루어 그렇지 못한 것으로 보입니다. 강 선생님이 부수적으로 몇 가지 지적을 하셨지만, 어떻게 보면 그런 사실 확인까지도 제대로 이루어지지 않은 상황인 것 같습니다. 강 선생님 지적대로 거론된 인물이 문학에 편중되어있다던가, 구체적인 자료가 많은 문화 예술 부분의 친일문제가 강조 된 것, 그리고 이중섭이 식민시기의 대표적인 화가로 언급된 사실 등이 그러한 예가 될 것입니다. 마찬가지입니다만, 해방이후 활동이 두드러지는 박생광이나 이응로가 전통분야 부분의 대표적인 미술가로 언급되는 경우도 있는데, 이 역시 마찬가지겠습니다. 아울러 문학을 위시하여 문화예술의 발전이라는 관점보다는, 강 선생님도 계속 지적하시지만, 그 저항과 친일, 여기에 너무 매이는 것이 아닌가 하는 그런 느낌을 받았습니다. 이상입니다.

송양섭 : 네, 질문이셨지만, 보완설명 같은 느낌을 많이 받았습니다. 강 선생님 … 답변을 해주시겠습니까?

강영철 : 발표시간을 너무 끌었다고 워낙 경고를 받아서 … 내일 하도록 하겠습니다.

송양섭 : 그러면 마지막으로 한 분 정도 말씀하실 분이 있으시면 의견을 받도록 하겠습니다. … 예, 안 계신 것 같습니다. 네, 시간이 많이 초과되고 또 저녁식사 시간도 지난 것 같습니다. 오늘 좋은 발표와 토론 맡아주신 여덟 분 선생님께 다시 한번 감사드립니다. 또 장시간 발표와 토론을 지켜봐주시고 좋은 말씀해 주신 청중 여러분들께 다시 한번 감사 드립니다. 제가 진행이 미숙해서 여러 가지로 매끄럽지 못했던 부분들이 있었던 것 같습니다. 이 점 사과드립니다. 이것으로 2006년도 역사학회 하계심포지엄 첫날 행사를 모두 마치도록 하겠습니다.

민족국가의 건설과 독립운동의 계승

사회: 장석흥, 토론: 도진순

장석흥 : 한상도 선생님의 발표에 대해 도진순 선생님이 토론해 주시겠습니다.

도진순 : 제가 어제부터 참석하면서 상당히 많이 배웠습니다. 사실 저

회 학자들이 교과서를 잘 안보는 경향이 있는데 교과서는 미래로 가는 역사의 얼굴이 되기 때문에 대단히 중요한데 이 자리에 불러주셔서 감사합니다. 일단은 준비해온 토론문을 읽는 것으로 토론을 시작하겠습니다.

1. 교과서가 매우 중요하다는 것은 두말할 필요도 없다. 그러나, 이러한 중요성이 교과서를 획일화해야 한다든지(국정), 객관적 진리를 하나라는 잣대나 준거에 충실해야 한다는 것을 의미하는 것은 아닐 것이다. 오히려 교과서는 늘 새롭게 쓰여 져야 하며, 역사적 객관을 독점적으로 주장할 수만은 없기에 다양한 역사관이 공존하며 소통되어야 할 것이다. 물론, 현실의 난장(亂場)에 좌우되어 수준 낮은 온갖 입장이 난무하는 것은 곤란하지만, 이즈음에서 우리는 관점과 사관에 따라서 서로 다른 역사를 인정하면서 수준 높고도 다양한 교과서가 필요할 것이다.

2. 교과서를 많이 보신 한선생의 논지를 잘 못 이해한 것이 없는지 극히 우려되지만, 문제의 중요성 때문에 몇 가지 지적 드리고자 한다. 필자는 머리말에서 "현재적" "주관적" "의도된 논리"를 경계하면서 "현재의 나"라는 관점에서 벗어나 "인과관계에 바탕한 접근과 이해의 중요성"을 강조하고 있다. 우려하는 바를 짐작하지 못하는 바는 아니다. 과연 "현재의 나"에서 벗어나는 것이 가능한지, 또 바람직한 것인지도 상당한 논의가 필요하지만 적어도 두 가지는 "양자택일의 문제"아니라는 점이다. 아마도 역사 연구와 교육에서 이상적인 형태는 역사를 "인관관계"에 따라 이해하면서도, 현재 한국이나 자신의 문제와 연결시킬 수 있는 것이 가장 바람직할 것이다. 평자가 이러한 본질적이며 거창한 서두를 거론하는 이유는, 필자의 글이 어느 객관적인 하나의 기준을 상정하는 논지가 강하며, 그렇지 않다고 하더라도 교과서들 사이에서도 엄존하는 차이에 주목하여 논의의 발전을 진전시키기 보다는, 가급적 망라하여 규정하는 성향이 강하다고 판단했기 때문이다. 물론 공통의 한계를 지적하는 것은 극히 필요하다.

3. 필자의 글에서 교과서를 직접 다루는 것은 1장 1절인데, 유감스럽게

도 민족국가 건설에 대한 관련 교과서의 서술내용을 주로 "소개"하고 있다. 매우 중요한 부분이니 만큼 좀더 심층적인 분석이 필요하지 않나 생각된다.

1) 예컨대 교과서가 "대체로 냉전체제를 비판적으로 다루고 있다"고 하더라도, 냉전체제의 강도 차이, 냉전체제에서 미국과 소련의 비중(이 부분은 필자가 조금 다루고 있다), 냉전체제와 일제 식민체제의 상관성에 대한 주목 유무, 냉전체제가 강하다고 하더라도 민족의 자주적 가능 공간 설정 여부, 그 시기적 차이 등등이 다 같을 수 없을 것이며, 이러한 차이를 분석함으로써 다음 단계의 진전된 논의가 출발할 수 있다고 생각된다.

2) 아마도 이러한 차이, 즉 미세하지만 대단히 중요한 차이는 (6) 남북협상이나, (7) 통일 민족국가 수립의 좌절 등에서도 분명 노정되어 있을 것이다. 가령 (7)의 경우를 보면 두산과 금성의 교과서는 "다소 뉘앙스를 달리 하는 표현도 있다"는 정도가 아니라, 상당히, 어쩌면, 한국현대사의 출발지점에 대한 견해를 근본적으로 달리하는 것으로 볼 수 있다. 두산의 경우는 5·10선거와 한반도에서 대한민국의 정통성을 강조하였고, 금성의 경우는 분단정권의 수립으로 기술하였다. 바로 이러한 점, 즉 무엇이 얼마나 어떻게 다르며, 이를 어떻게 처리하는 것이 바람직한가를 제시하는 것은 대단히 중요한 문제이다.

3) 평자가 보기에는 두산과 금성의 경우 마치 좌우 양 진영의 반대되는 평가를 보는 듯하지만, 그 기술의 수준, 필자가 주장하는 인과관계의 근거는 상당히 빈약하고 논리의 도약도 많다고 생각된다. 금성의 경우, 대한민국의 수립을 북한정권 수립의 원인 내지 배경으로 다룬 것도 엄밀한 근거가 제시되어야 하고, 두산의 경우 "대한민국이 한반도에서 유일 합법정부로 인정받게 되었다"는 것도 관습적 서술이다. 이 자리에서 이를 상세하게 언급할 겨를이 없지만, 유엔의 규정은 "한반도의 특정 부분(남한)에서 … 합법적인 선거에 의해 수립되었으며, 그런 정부로서는 한반도에서 유일하다(북한과 다르다)"이다. 두산처럼 규정하면 한국전쟁 당시에도 북한 지역

에 대한 통치 권한이 자동으로 대한민국에 부여하여야 하지만, 그렇지 않았다(구두 설명).

4) 필자는 교과서 소개를 마무리하면서, "모든 교과서에 공통적으로 눈에 띄는 사실"로 "미국의 책임을 상대적으로 무겁게 지적"한다고 평가하였다. 그러나, 앞서 언급한 바와 같이 두산의 경우 5·10 선거의 정당성, 대한민국의 정통성 등을 강조하고 있어서 그렇지 않아 보인다. 아무튼 필자는 모든 교과서들이 미국의 책임을 무겁게 지적한다고 하면서도, 바로 다음에서 "미소를 동일시 동격화 시키는 오류가 모든 교과서에 공히 나타나고 있다"는 전상인의 평가를 "보수적 입장의 우려와 비판을 함축하고 있다"고 지적하고 있다. 미소를 동일한 수준으로 취급하는 것을 보수적 우려와 비판이라고 한다면, 소련보다 미국의 책임을 상대적으로 더 무겁게 보는 입장에 동의해야 되는 것은 아닌지. 필자의 입장은 "이성적인 눈길"과 "반성적인 반추"를 강조하지만, 이러한 입장에서 일관된 기준과 구체적인 주장을 제시해야 할 것이다.

4. 1장 2절과 2장은 교과서 문제와 직결되는 주제가 아니다. 왜 이런 배치가 되었는지 기회가 되면 설명을 부탁하면서, 한두 가지 지적하고자 한다.

1) 1장 2절에서 「일제하 독립운동세력의 국가건설론」을 다루고 있다. 교과서 내용은 해방이후 국가건설론을 다루면서 이에 대한 짝이 일제하 민족운동이라는 것은 다소 어긋나는 것이다. 즉 공시적 대비가 필요할 것이다.

아무튼, 필자는 1930년대 정당의 정강 정책이 우파의 경우도 "토지와 대기업의 국유화"가 명시되어 있는 등 좌우를 불문하고 중도적인 경향으로 수렴되는 것을 상당히 자세하게 다루고 있다(7~12쪽). "토지개혁과 주요 기업의 국유를 주장하는 것이 좌익이라면 조선사람 전부가 좌익이요, 민족해방과 완전 독립을 갈망하는 것이 우익이라면 조선사람 전부가 우익"이라는 언급처럼(김동리, 1946, 「좌우간의 좌우」『백민』 11월호, 21쪽),

당시 좌우를 불문하고 정강정책에서 민주사회주의적 지향을 보이는 것은 보편적인 현상이며, 논란의 여지가 그리 많지 않다.

문제는 그래서 어떻다는 것인가이다. 더욱이, 궁구해야 될 문제는, 그럼에도 불구하고 좌우합작이 제대로 이루어지지 못하고, 해방 직후 좌우대립이 격심해 진 것을 어떻게 해석하고 가르치는 가이다. (1) 정강정책의 허위성 또는 무력성?, (2) 정책의 동일보다 파벌의 다름이 더 위력적이어서?, (3) 아니면 보다 위력적인 외세의 원심력? 아무튼 정강정책의 동일성을 강조할수록, 그 무력성을 어떻게 해명해내는가 하는 과제가 남게 된다.

2) 2장은 「독립운동의 계승: 헌법전문에 반영된 계승의식」을 다루고 있다. 교과서 문제에 갑자기 헌법문제가 등장하는 것은 무엇 때문인지? 아무튼, 헌법의 전문에 임시정부 계승이나 역사적 문구가 들어간다고 반드시 바람직한 것은 아니며 그 반대일 수도 있다. 필자가 제시한 사례에만 보아도, "조국의 평화적 통일의 역사적 사명에 입각하여"는 유신이후 삽입된 것이다. 역사는 현실의 진전에 의해서 밝혀지기도 하지만, 현실을 비틀기 위한 수단으로 포상되기도 한다.

필자는 "임시정부를 계승한다는 의지는 1987년 제10차 헌법에 이르러서야 비로소 명문화되었다(14쪽)"며 밝히고, "이후 문민정부, 국민의 정부, 참여정부로 내려오면서, 임정법통론은 적극적으로 강조되고 확인되었다"고 평가하였다. 즉 대체로 역사, 핵심적으로는 임정법통론과 현실의 순방향적인 조응관계로 보고 있다. 과연 그런지 약간의 유예가 필요하지 않나 생각된다. 세간에는 참여 정부에 들어와 임정보다는 '사회주의자'의 복권에 더 많은 특징을 부여하는데, 이것은 어떻게 생각하시는지?

3) 「맺음말」에서 1987년 10차 헌법 이후 "'김구와 대한민국임시정부'의 역사성이 '남북화해'라는 명제의 볼모가 되는 듯한 모습 또한 그다지 아름답지는 않을 것이다"라고 글을 맺고 있다. 무슨 말인지 잘 알 수 없지만, 아마도 남북관계 때문에 임시정부의 역사성이 훼손된다는 것이라면, 바

로 앞의 구절에서 필자가 "10차 헌법이후 임정에 대한 역대정부의 과열된 관심과 애정 또한 제자리를 찾아야 할 것"이라는 것과는 어떻게 연결되는 것인지, 알 수 없다. 좀 더 상세하게 설명해주시길 바란다. (이상 토론문)

종합토론 때 말씀을 드려야 될지 모르겠지만, 어제부터 느낀 하나의 큰 문제는 국정교과서의 잔재라고 할까, 그런 것이 교과서 집필자나 토론자에게 아직 강하게 남아있다는 것입니다. 먼저 여러 선생님들이 목차나 내용을 비교한 것을 보면서 교과서가 여전히 대동소이(大同小異)한 체제를 갖추고 있다는 것을 새삼 느끼며, 그렇다면 검인정의 효과가 제대로 드러나는 것인가 하는 회의가 들었습니다. 또한 발표자나 토론자들도 "하나의 역사"를 추구하는 국정교과서의 잔재, 이런 것이 많이 남아있지 않은가 하는 생각이 들었습니다.

물론 여러 선생님들이 우려하시는 것이나 교과서에 공통된 한계들을 엄격하게 지적해야 하지만, 가장 바람직한 하나의 역사가 무엇인가를 추구하는 식의 쟁론은 아마 끝이 없지 않을까 이런 생각이 듭니다. 교과서가 갖추어야 할 최소한의 기준이 무엇이며 이러한 것들은 엄격하게 지켜져야 하지만, 그 수준 위에서는 다양하게 접근하고, 그것이 교육과정에서 평가를 받고, 그래서 더 좋은 교과서가 나오는 분위기로 바뀌어야 하는 것은 아닌가 하는 생각이 들었습니다. 그런 생각을 정리해 본 것이 토론문의 1-2번인데, 이 문제는 한상도 교수님의 발표만 해당되는 것이 아니고, 전반적인 차원의 문제 제기로 받아 주시기 바랍니다.

이제 한상도 교수님의 발표와 구체적으로 관련되는 것(토론문 3번 이하)을 이야기 하겠습니다. 먼저, 한교수님의 글을 보고 교과서를 직접 다루는 것은 1장 1절 뿐이어서, 이번 토론회가 교과서 문제 토론회인지 아닌지 제가 확인한 적도 있습니다. 1장 2절에서는 해방이전의 국가건설론, 2장에서는 헌법 문제를 다루고 해서 … 요컨대, 교과서의 해방이후 서술 부분을 좀더 집중적으로 분석할 필요가 있지 않나 생각합니다.

제가 토론문에서 예를 들었습니다만, 교과서에서 "냉전체제를 비판적으로 다루고 있다"는 공통점을 지적하는 것으로는 부족하다는 생각이 듭니다. 그 이상의 인식에 대해 분석하여 교과서가 어떻게 취급하는지 파악하는 것이 대단히 중요한 것이거든요. 이와 관련하여 토론문에서 여러 가지 세부적으로 지적했습니다만, 참고로 말씀드리면 트루먼독트린 이후에 이승만 박사 같은 경우는 세계를 대립적인 두개의 세계로 나누어지고 있다고 보고 자신의 정치행위의 출발점으로 삼습니다. 반면 백범 같은 경우는 냉전도 미소간의 평화의 한 형태, 즉 하나의 세계가 평화롭게 존속하는 형태의 하나로 보며, 이러한 시각에서 한반도의 분단과 통일에 대한 입장을 피력합니다. 이처럼 냉전체제 또는 세계를 독해하는 지도자들의 관점의 차이는 해방 정국을 이해하는데 중요한 기준의 하나가 되기 때문에 보다 자세한 비교와 분석이 필요하다고 생각됩니다.

두 번째는 한 교수님도 교과서들 사이에 뉘앙스를 달리하는 표현이 있다고 지적하셨는데, 제가 보기에는 뉘앙스의 차이가 아니라 현대사에 대한 근본적인 견해 차이라 할 수 있고, 이것을 드러내고 분석해야 하지 않는가 생각됩니다. 한 교수님의 발표문 안에서만 판단해도, 두산의 교과서는 분단에서 대한민국의 정통성을 강조하고 있고, 반면 금성의 경우는 남북의 통일을 강조하고 있습니다. 그리고 이러한 두 기조는 우리사회에서 엄존하고 있는 역사인식의 실체들입니다. 하나의 인식으로 두루뭉술하게 통합하거나 뉘앙스의 차이로 언급할 문제가 아니라, 이러한 인식의 차이를 드러내되, 객관적인 문제나 오류가 있으면 각각을 정당하게 지적하는 것이 타당하지 않나 생각됩니다. 제가 생각하는 객관적인 인과관계의 오류는 토론문(3-3)에서 지적하였습니다.

미국과 소련에 대한 인식의 차이를 지적하는데, 한교수가 자신의 기준을 애매하게 처리하다 보니까, 논리적인 혼선이 있다고 생각됩니다(토론문

3-4). 한교수의 입장은 미국을 비판적으로 보는 것에 대해 비판적이신 것 같은데, 전상인교수의 평가를 원용하여 간접적으로 논리를 구성하다 보니, 자신의 입장을 다시 부인하는 듯한 느낌이 듭니다. 자신의 주장과 기준을 선명하게 할 필요가 있다고 생각합니다.

1장 1절은 해방이후의 서술에 대한 것인데, 이것과 짝을 이루어야 하는 1장 2절은 해방이전을 다루고 있습니다. 비교대상 시기를 해방 이후로 맞추어, 2절에서도 해방이후의 국가건설론을 다루는 것이 타당하지 않은가 하는 것입니다.

한 교수님은 해방 이전 민주사회주의적 전통에 주목하시고 있는데, 해방 직후 이 문제를 아주 잘 표현한 사람이 김동리라고 생각을 합니다. 그런데 민주사회주의적 전통을 강조할 때 문제는 그럼에도 불구하고 격렬한 좌우대립으로 귀결된 원인을 규명해야 한다는 것입니다(토론문 4-1). 이하는 토론문에 논지가 제시되어 있음으로 생략합니다.

한상도 : 감사합니다. 도진순 교수님의 토론 말씀은 오늘 이 주제를 발표하는 저 뿐만 아니라 새로 교과서 집필에 참여하실 분들이나, 일선 현장에서 학생을 가르치는 선생님들이 함께 유념하고 고민해야 될 사항이라고 생각합니다. 다 알다시피 도진순 선생님은 한국사 영역에서 해방이후 한국 현대사 연구에서 단초를 여신 분으로 평가하고 있습니다. 이제 말씀하신 토론에 대해서 대답하도록 하겠습니다.

먼저 교과서에서 나타나는 냉전체제에서의 미국에 대한 부분에 대한 설명은, 기존의 교과서에 나타난 미국에 대한 평가, 그리고 그 것과 좀 배척적인 입장에서의 전상인 선생의 반론적 성격, 그리고 두 입장을 좀 더 비판적으로 지적하고 있는 정일준 선생의 글 이 세 견해를 제 나름대로 정리를 해서, 이런 부분을 좀 생각해 봐야 되겠다는 의도로, 발표했음을 이해해 주시면 고맙겠습니다.

다음으로, 여기에서는 주로 독립운동 과정에서의 국가건설운동을 주로 하고, 그것의 연장선에서, 왜곡이든 좌절이든, 그런 맥락에서 파악할 수 밖에 없는 해방정국기의 국가건설론 부분에 대한 계기성이나, 또는 좌절되거나 왜곡될 수밖에 없었던 역사적 인과관계에 대해 살펴 보려는 취지였습니다. 하지만 해방정국기 부분은 미처 서술을 못했습니다. 독립운동사 부분에 국한을 했습니다.

또 하나 말씀드리고자 하는 것은, 중고등학교 역사교사 선생님들의 연수과정에서 받은 느낌 중의 하나가 선생님들이 식민지시기의 국가건설론으로써 민주사회주의적인 것에 대한 이해도 부족하지만, 오늘날 자유민주주의·시장경제체제에 살고 있는 학생들에게 설명하려 할 때 상당히 곤혹스럽다는 그런 측면입니다. 그 선생님들조차 학교 다니실 때 그 부분에 대한 오리엔테이션을 받을 기회가 거의 없었습니다.

그런 아쉬움 같은 것에 대한 해답으로써, 일단 독립운동 과정에서의 국가건설론이 나타날 수 있었던 배경, 그리고 그것이 해방정국기로 이행되면서 변화한 부분은 차후 보완하고자 합니다. 이 분야의 전문가이신 도진순 교수님의 이 부분에 대한 깊은 연구성과를 기대해 보도록 하겠습니다.

또 독립운동기의 민족국가 건설론이 해방정국기에 이르러서는 굴절되고 파편화되어 갔으며, 또 이를 어떻게 해석하고 설명할 수 있는가 하는 문제인데요, 그 부분에 대해서는 아까 말씀드렸지만, 우리가 함께 생각해야 될 문제는, 일제 패망기는 국제정세가 '파시즘과 반파시즘의 시대'로써, 반파시즘시대는 2차 세계대전이후에 도래한 '이데올로기의 시대'와는 다르단 말이에요.

미국과 소련, 자유민주주의와 공산주의가 동맹관계를 맺어 파시즘을 타도하자던 국제연대의 시대에서, 2차 대전의 종료와 함께, 쉽게 얘기해서, 세계사의 패러다임이 완전히 바뀌어 버렸기 때문에, 그 이전 파시즘의 시대에 유효했던 민주사회적인 국가건설론은 이미 효용가치를 상실했다, 이런 점이 가장 중요한 것이 아니겠는가 생각합니다. 해방정국기의 국가건설론도 그러한 역사적 전환을 인정하는 토대 위에서, 구상되었어야 옳지 않았겠나 하는 아쉬움을 갖고 있습니다.

다음으로, 도진순 교수님께서는 '문민정부' '국민의 정부' '참여정부'에 이르러 적극화되고 있는 임정 법통론의 구체화 작업에 대해 지적하시면서, 참여정부에 들어와서는 임정보다도 사회주의자 복권에 더 많은 특징을 부여한 데에 그 특징이 있는게 아닌가 하는 대목이 있는데요, 이 부분은 우리가 함께 생각해야 될 부분인데요, 기본적으로 그동안 의도적으로나 의식적으로 소외되어 온 사회주의계열의 독립운동가들에 대한 객관적이고 정당한 평가를 내릴 그런 시기가 됐다고 봅니다.

우리사회가 그만큼 성숙하고 자신감을 보여주는 것이라고 생각합니다. 그러나 좀 더 숙고해야 할 바로, 평가를 받는다는 얘기는 그 다음의 역사적 사실 전개에 새로운 출발이 될 수도 있다는 점도 생각해야 하겠습니다. 그것이 갖는 또 다른 생산력과 파괴력이 있다는 것입니다. 이런 부분은 우리가 가야될 남북 화해와 동북아시아라는 국제체제와도 상당히 관련이 클 것입니다. 이런 부분과 관련해서 좀 더 숙고해야 되지 않겠는가 하는 뜻입니다.

그리고 마지막에 도진순 교수님께서 말씀하신 요지는, "대한민국임시정부에 대한 과열된 관심과 애정 또한 제자리를 찾아 갈 것이다. 그리고 김구와 임시정부 역사성이 남북화해라는 명제의 볼모가 되는 듯한 모습 보기에 좋지 않다"는 요지의 저의 표현에 대해서, 조금 더 솔직하게 한번 얘기를 해봐라, 네 생각이 뭐냐, 이런 말씀이신데, 말씀을 드리겠습니다.

제 얘기는 기본적으로 '조금 가볍다'는 느낌입니다. 백범기념관을 빌어 거행되는 정당이나 단체의 행사나 각종 기념식 행사가, 배경으로 뒤에 백범선생의 사진을 내걸고, 또 백범 선생의 '양심건국'과 같은 휘호 등, 이런 부분이 너무 과도하게 이용되고 있지 않은가 하는, 그런 얘기입니다.

또 어떻게 보면, 독립운동가 중에서 누구 못지않은 반공주의자로서 반공노선에 투철했던 대표적인 인물인데, 아이러니죠. 이상주의자였고, 혁명의 시기에 필요했던 김구의 모습을 그대로 간직하자, 그것을 지금 정치의 장으로 끄집어 내는 것은 보기에 좋지않다, 이런 부분은 조금 더 성숙된 모습을 보여주자 하는 요지의 외람된 말씀입니다.

장석흥 : 감사합니다. 도진순 선생님 말씀은 교과서의 내용을 기존의 연구 성과 내지 역사 이론 같은 것들과 밀착시켜 분석하는 것이 어떻겠는가 하는 말씀같습니다. 도진순 선생님의 지적은 발표 내용을 논문으로 완성시키는 과정에서 보완할 필요가 있다고 생각합니다. 그리고 앞서도 이야기가 되었지만, 근현대사 중에서도 특히 독립운동사와 관련된 용어문제는 여전히 숙제로 남아있는 것 같습니다. 실제로 정화시킬 용어가 많은 것이 사실입니다. 역사의 본질을 왜곡시키는 등 실제로 모순된 용어도 많이 사용하고 있는 실정입니다. 그러기에는 독립운동사 연구 과정에서 부득불 일제 문서를 많이 보아야 하고, 그 과정에서 일제가 사용한 용어를 그대로 차용하다 보니까 생겨난 것이 아닌가 생각됩니다. 연구자들 대부분이 그와 같은 역사 용어의 문제를 인식하고 있으면서도, 아직도 명쾌하게 해결하지 못하고 있는 것 같습니다. 이와 관련해 하실 말씀들이 많겠습니다만 종합토론에서 다루기로 하고, 오늘 2부의 오전 발표 5주제, 6주제 발표·토론을 이것으로 마치도록 하겠습니다.

제3부 국외 독립운동과 교과서 서술

검인정 『한국 근·현대사』 교과서의 국제정세와 해외 독립운동 서술 검토

사회: 장석흥,   토론: 손과지

장석흥 : 장세윤 선생님 발표에 대한 토론은 중국 복단대학의 손과지

교수가 맡아주시겠습니다. 손교수님은 '식민지 시기 상해지역 한인사회' 연구를 통해 고려대학교에서 박사학위를 받은 바 있습니다. 한국말이 다소 어눌하더라도 중국분이라는 걸 감안하시고 들어주시면 감사하겠습니다.

손과지 :손과지입니다. 한국에서 오랫동안 공부했는데도 한국어를 잘 하지 못하니 양해부탁드립니다.

잘 알다시피 중학생이나 고등학생은 성장기에 있으므로 교육으로부터 큰 영향을 받습니다. 많은 교과목 중에서도 역사교육은 매우 큰 역할을 합니다. 어떤 교과서로 어떤 방법으로 교육하느냐에 따라 학생의 인생관·가치관·세계관 등이 형성되는데 큰 영향을 줄 수 있습니다. 따라서 교과서를 편찬할 때 매우 신중히 해야 할 것입니다. 다시 말하면 교과서를 집필하는 사람은 중대한 책임을 느껴야 할 것입니다. 교과서를 잘 편찬하지 못한다면 학생의 인성에 나쁜 영향을 줄 수 있을 뿐만 아니라, 심지어 민중의 미래에도 좋지 않은 영향 줄 수 있습니다. 그러므로 교과서 편찬 후 일정한 시일이 지나서 교과서를 검토하고 오류를 시정하는 것은 바람직하다고 생각하고 있습니다.

제가 저녁 7시쯤에 장세윤 선생님의 발표문을 받았습니다. 그런데 그 다음날 오전 중에 토론문을 보내달라는 주최측의 요청이었습니다. 시간이 별로 없어서 나름대로 토론문을 작성했습니다. 장세윤 선생님은 6종의 한국 근현대사 교과서의 서술체제, 용어, 내용, 보충설명자료, 사진을 차분하게 분석하였습니다. 또한 많은 문제들을 지적하였습니다. 이런 문제들을 종합적으로 요약한다면 정치사가 너무 큰 비중을 차지한다는 점, 적당치 않은 용어를 많이 사용한다는 점, 서술 내용이 사실과 다른 점, 보충설명자료 중에 오류가 있다는 점, 사진 자료가 서술내용이나 설명자료와 맞지 않는 점들입니다. 또 한 가지는 독립운동에 관한 내용 중에 좌파의 독립운동을 무시하는 것입니다.

교과서는 학자들의 학술서와 달리 집필자의 시각이 반영될 뿐만 아니라 당시의 정세와 여러 가지 사회 세력 등 많은 영향이 반영될 수밖에 없습니다. 문제는 교과서 집필자가 최대한으로 객관적인 사실을 토대로 교과서를 만들어야 한다는 것입니다. 그렇지 않으면 정치적 도구가 될 수 있습니다.

중학교나 고등학교 심지어 대학교에서 쓰이는 역사 교과서를 살펴본다면 정치사를 중심으로 편성하는 경우가 많습니다. 사실은 이러한 현상은 한국에서뿐만 아니라 중국에서도 마찬가지입니다. 정치 중심으로 역사를 서술하면 학생들은 당시 사회의 전체적인 모습을 잘 이해할 수 없고, 또 역사과정의 흐름도 이해할 수 없습니다.

장세윤 선생님께서는 발표문에서 검인정 한국 근현대사 교과서에서 사용된 용어를 집중적으로 분석하여 용어를 정확하게 사용하지 못한 점을 많이 지적하였습니다. 이에 대해서 저도 크게 동감합니다. 한국이 해방된 지 벌써 60년이 지났는데도 불구하고 계속 일제강점하의 용어를 그대로 사용하는 것을 이해할 수 없습니다. 지적한 용어 중에 중국에 관한 것도 많이 포함되어 있습니다. 예를 들면 '만주'라는 용어는 교과서에서 많이 쓰입니다. 교과서뿐만 아니라 한국 학자의 학술서에서 많이 쓰이고 있습니다. 그런데 만주라는 말의 기원을 살펴보면 처음에 이 용어를 사용할 때는 민족의 이름이었지, 지역의 이름이 아니었습니다. 1636년 여진족이 후금이라는 나라를 청으로 바꾸면서 여진이라는 민족 이름을 만주족으로 계승하였습니다. 근대에 들어오면서 식민세력은 만주라는 용어를 만주족이 흥기하는 지역으로 사용하기 시작하였습니다. 따라서 이 용어는 식민세력이 중국을 침략하는 잔재로 위증할 수 있습니다. 일제의 용어를 계속 사용하는 것은 적당하지 않다고 생각합니다. 비슷한 사례로 장세윤 선생님께서 지적하듯이 만주사변, 상해사변, 이런 용어들은 일제강점하에서 사용하였던 용어들입니다. 그런데 장세윤 선생님께서 만주라는 용어를 중국동북 혹은 중국동삼성으로 바꿔야 한다고 주장하면서도 논문에서는 자유시 참변에 관한 수정방안에서 계속 만주라는 용어를 쓰고 있습니다. 이 점을 보면 만주라는 용어는 한국 학자에게 아주 큰 영향을 미치는 것을 알 수 있습니다. 장세윤 선생님은 테러라는 용어도 거론하였습니다. 테러라는 용어는 중국어, 한국어, 영어에서 아주 부정적인 이미지를 갖고 있습니다. 특히 9·11사태 이후 세계적으로 반테러 운동을 벌이고 있습니다. 그러나 독립운동 시기에는 테러로 볼 수 없습니다. 독립운동사를 서술하면서 지금도 이 용어를 계속 사용하는 것은 적당치 않다고 생각합니다.

한국의 교과서에서 좌파의 독립운동이 차지하는 비중이 너무 작다는 장세윤 선생님의 의견에도 동의합니다. 민주주의든 공산주의든 당시 한인들은 모두가 자주독립을 위해 싸웠습니다. 민주주의 세력이나 공산주의 세력이나 모두가 하나같이 승리하는 날이 한국이 해방되는 날이라는 이념 아래 중국항전에 참가했습니다. 그래서 좌파의 독립운동은 민주주의세력의 독립운동과 똑같이 평가를 받아야 한다고 생각합니다.

또 한 가지 보충할 것이 있습니다. 발표문에 이런 내용이 있습니다. 한인애국단의 윤봉길 의거를 계기로 조선의 독립운동에 감동을 받은 중국인들이 대한민국임시정부를 원조하였다. 이러한 활동은 중국 국민당 정부가 대한민국임시정부를 인정하는 계기가 되었고, 한국광복군이 탄생하는 과정이 되었다고 서술하고 있습니다. 그런데 역사적 사실을 보면 그렇지 않습니다. 한국의 국치 이후 3·1운동, 6·10만세운동, 광주학생운동 등 한국에서 일제에 항거한 운동이 있을 때마다 중국 신문이나 잡지에 많이 보도되었습니다. 2005년 단국대학교 한시준 교수께서 우리 복단대학교에 1년 동안 계시면서 중국의 신문에서 한국 관련 기사를 많이 발췌하셨습니다. 그리고 논문도 작성하셨습니다. 논문 중 한마디만 인용한다면, 한국 관련 기사가 많은 중국 신문을 보고 한국 신문이라는 느낌을 받았다는 것입니다. 뿐만 아니라 1920년대 초에 중국의 많은 지방에서 중한호조사를 계승하여 한인 독립운동을 활성화하였습니다. 장세윤 선생님께서 한국독립운동사를 오랫동안 연구해 왔기 때문에 아마 잘 아시리라 생각합니다. 마지막으로 역사교육은 애국주의와 상당한 관계가 있다고 생각합니다. 역사교과서도 애국주의에 순응해야 할 것입니다. 어떤 나라의 교과서이든 그렇습니다. 한국도 중국도 마찬가지입니다. 그런데 한국인들은 중국의 역사교과서가 애국주의 혹은 중화주의를 내포하고 있다고 지적합니다. 그러나 저는 이러한 말을 이해할 수 없습니다. 제가 한국에 있으면서 한국의 신문이나 뉴스를 많이 보고 또 들어왔습니다. 신문이나 뉴스에 중국의 대외정책에 우려를 표하는 기사가 적지 않습니다. 그런데 그러한 기사들은 중·한의 우호관계나 중·한의 상호 이해에 전혀 도움을 주지 않는다고 생각합니다. 제 토론은 이것으로 마치겠습니다. 감사합니다.

장석흥 : 손과지 선생님은 장세윤 선생님의 발표 내용 가운데, 특히 중국과 관련한 부분에서 중국적 입장을 많이 말씀해 주신 것 같습니다. 장세윤 선생님, 손과지 선생님이 '도저히 이해할 수 없다는 부분'에 대해 중점적으로 말씀해주시면 감사하겠습니다.

장세윤 : 손과지 선생님은 지금 토론하시는 바와 같이 한국어를 굉장히 유창하게 하시고, 발표문이 굉장히 많은데 하룻밤 사이에 토론문까지 작성하셨습니다. 하룻밤 사이에 토론문을 작성하시느라 매우 애를 많이 쓰셨는데 정말 고생하셨습니다. 지금 시간이 없기 때문에 간단히 말씀드리겠습니다.

저의 발표문 126쪽에서 제기한 '만주'의 개념문제입니다. 만주라는 용어는 '만주 독립군'과 같이, 현재 교과서에 그렇게 쓰여있다고 하는 점입니다. 근데 사실 1920~30년대의 분위기는, 특히 1930년대는 '만주국'이 실제로 있다보니까 '만주'라는 말이 너무나 익숙하게 쓰인 것이 사실이고, 또 우리의 관념 속에는 만주는 중국 본토와 구별되는 독특한 지역이다, 이게 머릿속에 뿌리박혀 있거든요. 앞으로는 그것도 물론 바꿔나가야 겠습니다만, 아직까지 한국인들에게는 '만주'하면 중국 본토와 약간 차별성이 있는

지역이다 하는 인식이 보편적으로 있습니다. 한국인들의 일반적인 생각이기 때문에 이 만주라는 말 대신에 다른 말로 바꾸기가 쉽지 않다는 것이 제 생각입니다. 저는 사실 손과지 선생님의 의견에 동의합니다. 전적으로 … 그 내용을 제 발표문에 정리했습니다. 이 문제는 장기적으로는 교과서에도 '만주 독립군'이라고 하기보다는 '중국 동북지역에서 활동한 독립군', 이런 식으로 바꾸는 것이 한·중 양 국민의 인식차를 해소하는 것이라고 보는데, 아직까지는 현실적으로 좀 어려움이 있지 않을까 생각합니다. 교과서가 그렇게 되었다는 것이고, '만주'라는 용어는 제 주장이 아닙니다.

　그리고 두번째로 "한국 독립운동에 냉담하던 중국인들" 이렇게 교과서에 서술되어있는데, 이것도 제가 볼때는 수정되어야 한다고 생각합니다. 그 당시, 즉 윤봉길 의사 의거 이전에 중국인들의 상황을 보면 개인적인 차원에서는 많이 지원했는데, 중국 국민당이나 중국 정부의 차원에서, 지원한 사실은 별로 없었습니다. 그런 점에서 일부 교과서에서 '냉담한 중국인'이라는 표현을 썼는데, 이것은 제가 볼 때는 수정되어야 한다고 봅니다. 그러니까 개인적인 차원에서 상당히 많이 지원한 것이 사실이었고, 윤봉길 의사 의거 직후에는 이제, 국민당 측에서, 또 국민정부 측에서 장기적이며 적극적인 지원을 한게 사실이거든요. 그래서 그러한 교과서 서술 부분은, 즉 '냉담한 중국인', 이런 표현도 적절히 수정이 되어야 할 것 같습니다.

　손과지 선생님이 지적한 것과 같이 냉담한 것은 아니었고, 심정적으로는 동의하고 있었고, 상당히 개인적인 차원에서 지원을 했지만, 조직적 측면에서 지원한 것은 좀 한계가 있었다. 그런 이유에서 이런 표현이 나온 것이 아닌가, 이렇게 생각을 합니다. 한국 교과서에서도 이런 부분이 좀 더 객관적으로 수정이 되어야 한다, 이런 부분에 동의하는 바입니다.

　마지막으로, 중국 교과서를 어떻게 봐야 되느냐? 과연 중국 역사교과서에서 '애국주의'와 '신중화주의'적 요소를 볼 수 있겠느냐? 이런 부분은 해석의 차이 문제라고 생각이 되는데 … 최근 많은 논자들이 중국 교과서에서 그런 지향이 나타나고 있다, 그렇게 문제를 제기하고 있는 게 사실인데, 그 부분에선 아마 선생님께서 생각을 달리 하시는 것 같고, 그럼으로 인해서 이제 "이해할 수 없다"고 말씀하시는데, 제가 몇번 중국교과서를 본 적이 있습니다. 지금은 많이 바뀌고 있습니다. 종전에는 인민교육출판사가, 거의 뭐 중국 관영이라고 볼 수가 있는 중국 인민교육출판사가 교과서를 많이 쓰고 있었습니다. 최근에는 이제 중국도 검인정 체제로 전환하고 있고, 상해교육출판사라든지, 사천교육출판사, 악록서사, 그 다음에 북경사범대학출판사, 또 상해사범대학출판사와 같은 여러 출판사에서 여러 교과서를 내고 있기 때문에 중국 인민교육출판사에서 보급한 교과서는 비중이 떨어지고 있고, 그런 점에서 볼 때 중국도 역시 검인정 체제로 가고 있고, 다양화 추세로 가고 있는 것이 사실입니다.

특히 과거 중국 교육부에서 발표한 '역사교학 대강', 그리고 최근엔 '역사과정 표준'안이 나와서 그에 부응하는 체제로 가고 있는데, 역시 한국과 마찬가지로 교육부 지침을 따라야 합니다. 그런데 '역사교학 대강'이라든지 '역사과정 표준'을 보게 되면 애국주의 문제가 거론이 되고 있고, 그런 점을 집필자들이 따르지 않을 수 없는 점은 역시 교과서에 일정한 한계가 있는 것이 아니냐 하는 것을 말씀드리고자 합니다.

제가 오늘 여기에 오신 분들에게 보여드리기 위해 직접 교과서를 가져왔습니다. 『중국 고대사』, 인민교육출판사본 교과서입니다만, 그에 해당하는 부분을 찾아가지고 왔습니다. 한번 읽어 드리겠습니다. 『중국 고대사』 책의 제4장 6절, '수·당 통일다민족국가의 발전', 85쪽인데요, 이런 부분을 볼 수가 있습니다. "북방의 돌궐, 회흘(7~8세기 중국 서북방에서 활동하던 터키계 종족, 위구르족의 선조), 말갈, 서남의 토번, 남조 등이 잇따라 정권을 수립하고, 조국의 변강지구를 개발했다." 정부가 아닙니다. 즉 지방정권을 수립하고, 조국의 변강지구를 개발하였다, 이렇게 서술하고 있는 것입니다. 이렇게, 사실은 각자 독자적인 나라인데 중국의 현재적인 입장에서, 즉 '통일적 다민족 국가'의 입장에 따라서 고대의 여러 주변 소수민족이 수립한 국가를 소수민족 정권이라는 말로 왜곡하고 있는 것입니다.

　우리가 알기로는 당시에는 완전히 독자적인 국가이고 정부였습니다. 요즘말로 소수민족 국가인 나라들인데, 중국 고대사 교과서, 그러니까 '전일제 보통 고등중학교' 선택과목 『중국 고대사』, 그 교과서 책에 보면 이렇게 여러 민족이 이룬 국가들을 정부가 아니고 정권이다, 그리고 요즘의 통일적 다민족 국가론에 따라 "조국의 변강지구를 개발하였다." 이렇게 서술하는 것입니다. 역시 중국 교육부의 지침에 따른 서술이 아닌가 합니다. 이처럼 '통일적 다민족 국가론'의 입장에서, 고대의 여러 소수민족이 세운 국가를 정부가 아닌 '당나라의 연립 정권'으로, 그러니까 당대에 책봉을 받은 정권으로 서술하고 있고, 여러 소수민족 지구의 나라를 "조국의 변강지구를 개발하였다."라고 서술하는 것은 완전히 새로운 '중화민족'의 개념으로 파악한 것으로 볼 수 있지 않을까 합니다.

　손과지 선생님이 도저히 이해할 수 없다고 말씀했습니다만, 이런 부분을 보면 최근 중국이 통일적 다민족 국가관에 따른 서술을 보이는 것이 사실이 아닐까 하고 생각합니다. 근래 다양한 자료를 검토해 볼 때 여러 소수민족 국가들을 독자적인 국가로 인정하고 있지 않은 그런 경향을 엿볼 수 있지 않나 합니다. 앞으로 많은 논의를 할 수 있고, 어떤 면에서는 관점의 차이로 볼 수 있겠습니다만, 역시 당시의 객관적 사실을 보면 교과서의 그러한 기술과는 상당한 차이가 있다고 볼 수 있을 것 같습니다.

　장석홍 : 예정보다 지금 15분 정도 지연이 되고 있습니다. 한국 근현대사 교과서를 놓고 얘기하는 과정에서, 중국 교과서 문제까지 거론되는 것 같습니다. 워낙 많은 양의 발표 내용 때문에 시간이 상당히 지연되었고, 토론에 대한 답변 역시 길어지고 있습니다. 진행 상 토론에 답변은 여기에서 그치는 것이 좋을 것같습니다. 손과지 선생님께서 하실 말씀이 많겠지만, 종합토론에서 다뤄졌으면 하는 생각입니다. 오늘 5주제 발표·토론은

이것으로 마치도록 하겠습니다.

'동양'에서 '서양'으로
―폴란드 역사교과서의 민족운동 서사 구조―

사회: 장석흥,   토론: 안병직,   객석토론: 도진순

장석흥 : 임지현 선생님의 발표에 대해 안병직 선생님께서 토론해 주십시오.

안병직 : 예 … 방금 소개받은 안병직입니다. 시간을 절약하는 의미에서 준비한 토론문을 빨리 낭독하는 것으로써 토론을 대신하겠습니다. 임교수의 논문은 동유럽 현실사회주의 체제가 붕괴한 1980년대 말 이후 발행된 폴란드 중등학교 역사교과서를 대상으로 폴란드 민족사 서술의 경향과 특징을 분석하고 있습니다. 이 논문에 따르면 현실사회주의의 몰락이라는 정치적 변화는 한편으로는 역사교과서 서술에 여러 가지 새로운 변화를 가져 왔습니다. 교과서의 구성과 서술방식 등이 달라졌을 뿐 아니라 나아가 민족사의 성격을 새롭게 인식하려는 시도가 나타났습니다. 특히 소련의 헤게모니에 종속되어 서유럽과의 역사적 차별성을 강조하던 데에서 벗어나 유럽세계의 일원으로써 역사적 전통과 정체성을 회복하고자 하는 경향이 두드러졌습니다. 다른 한편으로는 현실사회주의 이전과 이후시기의 역사 교과서에는 연속성의 요소도 확인할 수 있습니다. 역사서술의 목표를 민족의식과 민족 정체성의 함양에 두고 민족을 중심으로 역사를 인식하고 서술하는 경향에는 근본적으로 큰 변화가 없었습니다. 계급투쟁의 관점에 입각한 마르크스주의 역사해석의 틀 안에서도 애국주의의 이념을 강조한 현실사회주의의 공식적 역사서술이나 1980년대 이후 등장한 反 공산주의 우익의 代案 역사서술 모두 기본적으로 민족주의적 역사해석 틀을 공유하

였고, 역사교과서의 민족운동사 서술 역시 이 틀에서 벗어나지 못하였다는 것입니다. 이상에서 나름대로 토론자가 논문에서 요약한 임 교수 논문의 핵심적인 논지는 대체로 수긍할만합니다. 다만 다음 몇 가지 문제에 대해 좀더 보완적인 설명을 요청합니다.

첫째 전체적으로 1920년대 이후 역사교과서에 나타난 새로운 변화를 다소 과소평가하고 있지는 않나 하는 인상을 받습니다. 민족주의 프리즘에 의한 시대착오적인 역사인식과 영웅사관의 탈피, 보통 사람들의 일상적 삶에 대한 접근, 역사적 사고력의 중요성에 대한 관심 등 이 논문에서 짧게 언급하고 있는 변화는 적어도 토론자에게는 매우 주목할 만한 것입니다. 현실사회주의 이전과 이후 역사교과서의 연속성의 문제를 논의할 때 좀 적극적으로 고려해야 할 상황이 아닌가 하는 의문이 듭니다.

둘째, 현실사회주의의 공식적 역사 서술이나 반공우익의 대안 역사서술이 공유하였다는 이른바 '원초론적 민족' 개념과 '원초적 민족주의'의 의미에 대해 부연 설명을 부탁드립니다. 셋째 1980년대의 민주화와 함께 소위 '2차 유통'의 주류로써 등장한 반공우익의 대안적 역사서술이 1990년대 이후 새로운 역사 교과서의 민족운동사 서술에 미친 영향에 대해서 부연 설명을 부탁드립니다. 이 부분은 1990년대 이후에 나온 새로운 역사교과서의 주요 저자 가운데 한 사람인 노시코프스키가 '2차 유통'에서 가장 인기가 많았던 역사서술의 저자라고 하는 점 외에는 직접적인 관련성이 논문에서 그렇게 많이 언급되어있지 않다는 점에서 질문을 드리는 것입니다.

넷째, 폴란드 역사 교과서간행제도에 대한 간략한 설명과 아울러 이 논문의 분석 대상인 몇몇 교과서의 대표성에 대한 부연 설명을 부탁드립니다.

마지막으로, 1970년대 이후 폴란드는 국제화해를 목표로 독일(서독)과 역사교과서 상호협의에 나선 바 있으며, 장기간에 걸친 양국간의 교과서 얘기는 상당한 성과를 거둔 것으로 알려져 있습니다. 개별 민족국가 중심의 배타적 역사인식을 극복하고자 했던 이 교과서 협의 활동이 혹시 폴란드 역사교과서의 민족운동자 서술에 미친 영향이 있다면 소개를 부탁드립니다. 이상입니다. 감사합니다.

임지현 : 예 … 질문들이 다 사실 굉장히 중요한 포인트 들이라서 얼만큼 짧게 다 얘기 드릴 수 있는지 모르겠습니다. 우선, 첫 번째 연속성 문제는 조금 연속성을 과장한 측면이 있습니다.

그런데 왜 그랬냐 하면은 서유럽이나 기타지역의 피상적인 관찰자들이 동유럽에서, 그러니까 현실 사회주의 체제에서 폭발적으로 나타난 민주화 종교나 민주화 운동을 완전 새로운 현상으로 잘못 보고 있다라는 것이죠, 제가 볼때는 현실 사회주의의 이데올로기인 맑시즘은 그냥 그저 무늬만 맑시즘이었고 그 내용은 민족주의였습니다. 가장 극단적인 형태가 북한같은 경우라고 저는 생각을 하는데, 예컨대 이런 겁니다. 제가 사실 유대문제를 들었으면 이게 훨씬 더 선명하게 드러나는데 … 1980년대까지 폴란드에서 가장 많이 팔린 교과서가 시체시니악이 쓴 교과서인데 이 사람은 교사출신으로 나중에 대학에서 박사학위까지 받은 사람입니다. 그런데 이 사람이 교과서에서 어떤 얘기를 하냐면은 2차대전 때 가장 많은 피해를 받은 민족은 폴란드 민족이라는 겁니다 … 그리고 나치의 폴란드 점령 정책은 폴란드인을 전멸시키려는 거고 유대인들은 단지 재이주시키는 거였다는 것이지요. 폴란드인들과 유대인들의 위치가 완전히 바뀌었는데, 그런 설명이 현실사회주의 때 공공연하게 가장 인기있는 교과서에서 나왔고, 그런 식의 현실사회주의 역사교육을 받은 사람들이 반공 우파의 반유대주의적인 그 민족주의적 코드를 가지고 있다라는 거죠, 말하자면 정치적으로는 현실사회주의에 반대하지만 역사를 인식하는 코드, 인식론적 코드는 같다라는 겁니다. 제가 주장하는 것 중에 하나가 한국의 80년대의 이른바 주사파의 역사 인식은 박정희가 결정적으로 키워줬다고 전 생각을 하고 있습니다. 단지 이 사람들이 대학 들어가서 현대사를 보니까 박정희대통령은 관동군 장교였고, 김일성은 일본군과 싸웠다는 거지요. 갑자기 북한으로 이들의 충성심이 옮겨가는 겁니다. 그렇게 정치적으로는 북한쪽으로 돌았지만, 몸체는 그대로, 즉 인식론적인 코드는 박정희씨가 키운 민족주체성의 코드를 그대로 갖고 있는 채로 고개만 180도 돌아갔는데, 폴란드 우파들의 경우가 비슷합니다. 1990년대에 나타는 우파들의 극단적 민족주의도 저는 현실사회주의 역사교육의 결과라고 생각을 합니다. 물론 그 사람들 이 이야기 들으면 펄펄뛰죠. 2000년도 오슬로의 역사학대회에서 크게 논쟁한 적이 있었는데 … 그 사람들 펄펄 뛰지만 민족주의의 인식론적 코드는 그때 훈육된 코드라는 것은 거의 분명합니다. 그런 맥락에서 이제 저는 그 연속성을 말씀 드린 것입니다.

두 번째 민족개념 문제인데요. 폴란드 역사책을 읽을 때 제일 먼저 놀란 것이 민족개념이 한국에서 사용하는 민족개념하고 너무 유사하다는 점입니다. 예컨대 영어로 하면 nation, nationality, ethnicity 의 구분이 분명하게 되는데, 폴란드의 경우는 나루드, 나로도보시치, 영어로 치면 각각 nation과 nationality에 해당되는데 아주 탁월한 역사가들조차도 양자를 구분없이 그냥 섞어서 그때 그때 사용하고 있습니다. nation이라고 하는 것을 어떤 근대성의 문제로 보는 시선이 전혀 없습니다. 그래서 프랑스 혁명과 nation의 탄생 문제를 얘기를 하면 오-그랬냐라고 깜짝 놀라서 오히려 제가 깜짝 놀랐던 경험이 몇 번 있는데 그것은 바로 학문적으로나 사회적으로 유기체적 혹은 원초론적 민족 개념이 널리 사용되고 있다는 겁니다. 여기에 대해서 안제이 발리츠키는, 영어로 하면 왈리키가 되겠는데, 세 가지 애국주의들이라고 해서 폴란드에서 현실 사회주의의 애국/민족개념이 어떻게 유기체적 민족 개념에 입각했었는가를 잘 보여주고 있습니다.

세 번째로 뭐 '이차유통'의 주류로 등장한 반공주의적 역사관이 현행 역사교과서에 미친 영향을 질문했는데 … 솔직히 자신은 없습니다. 그런데, 2차유통의 역사서라는게 대체로 너무 천박합니다. 공산당은 소련에 돈을 받고 조국을 팔아먹은 놈, 민족 배반자, 뭐 이런 식의 천박한 서술인데 그런 천박한 메타포가 교과서에 수용될 수는 없었겠죠. 그런데 제가 볼 때는 언제 어디서 누가 이렇게 봉기를 일으켰고 그 경과가 어떠했고 결과는 어땠다는 식의 평이한 서술은 큰 차이가 있지 않은데, 당장 눈에 띄었던 건 아까도 얘기했듯이 체첸의 민족운동을 언급했다던가, 체첸반군이 독립을 선언했을 때 체첸의 민족 대표부를 크라쿠프에 두었거든요 폴란드가 유일하게 체첸의 민족 대표부를 받아들인 나라예요, 체첸을 통해 반 러시아적인 감정을 강하게 드러내는 부분 등은 눈에 띄는데, 이건 아마 조금 더 면밀하게 이차유통 부분의 저자들과 비교분석 해야 될 듯합니다.

김두진 선생님께서 지난 4월인가 5월에 저한테 폴란드 역사교과서 분석을 부탁하셨는데 솔직히 폴란드에 갈 시간이 없었고, 단지 한국학 중앙정보원에서 다행히 세계 각국의 역사교과서를 수집하고 있다는 사실만 믿고 수락했습니다. 그런데 의외로 생각보다 많은 6종이나 되는 교과서를 구했고, 교사용 지침서까지 구비해놓은 걸 보고 놀랐습니다. 교사용 지침서는 초등학교 과정만 있고 중고등학교 과정은 없었지만, 하여튼 제가 그곳에서 구할 수 있는 것들은 다 복사를 했는데, 가령 현실 사회주의때 교과서는 거의 없었거든요. 2~3종에 불과했는데 그때 나온 교과서 그 발행부수가 한 13만부 정도인데 지금은 폴란드도 지역마다 완전히 자율권이 주어져 있습니다. 예컨대 크라쿠프의 역사가들은 바르샤바의 역사가들을 잘 몰라요 … 그리고 전부 동종교배라고 그래야 하나요? 야길론 대학 사학과 교수는 전부 야길론 대학 출신이고 바르샤바 지역 교수는 전부 바르샤바 대학 출신이라거나 5대째 교수를 하는 집안까지 있고 뭐 이런 식입니다. 그런데 각각의 지역에서 활보하고 있는 교과서들로 미뤄볼 때 로쉬코프스키 교과서가 4만 7천부를 찍었다고 하는 것은 굉장히 많이 찍은 거예요. 로쉬코프시키가 지닌 명망성 이런 것 때문에 그런게 아닌가 싶지만, 대표성에 대해선 자신 없습니다.

그 다음에 마지막 문제는, 저는 우리나라에서 그 폴란드하고 독일의 역사가 교류에 대한 영향이 좀 과대평가된 측면이 있다고 생각합니다. 물론 한일 역사가간의 교류보다는 훨씬 진전된 형편이지만, 실제로 양국 역사가들의 교류에 관한 문서들을 보면 이게 완전히 외교문서에요. 야, 우리가 이거 양보할 테니까 너희는 이거 양보해 하는 식의 협상이지요. 그래서 자기 나라에 돌아가면 너희들 폴란드 놈들한테 혹은 독일놈들한테 이렇게 중요한 걸 양보하냐 이런 식의 반응에 부딪치지요. 이 모임이 제대로 되려면 내셔널 히스토리의 패러다임 자체에 대한 문제제기가 나왔어야 됐는데, 적어도 독·폴 역사가 교류에서는 그러한 문제제기까진 나오진 않지 않았나 싶습니다. 최근에 유럽에서 '국사를 넘어서(beyond national history)'라고 유럽 연합 가입국 25개국 역사가들이 모여서 하는 프로젝트가 있습니다. 제가 2년전에 거기 초청을 받아서 갔었는데, 거기서도 제일 큰 문제가 뭐냐 하면, 프로젝트 리더인 스테판 버거나 크리스토프 콘라드가 제일 골치 아파 하는 점이 동유럽에서온 역사가들은 전부 내셔널히스토리의 패러다임을 지지하고 여전히 민족주의적인 역사 해석에 깊이 되어있는 사람들이 참석하고 있다는 점이지요. 민족사의 한계를 넘어서자는 이 프로젝트가 신파로 전락하는 순간이지요. 아직도 이런 문제들이 노정되고 있는 것을 보면 변화가 전혀 없었다고 얘기할 순 없겠지만, 내셔널 히스토리의 기본적인 인식에 얼마나 변화가 있었을까는 의심스럽습니다. 단지 최근에 바르샤바에 있는 독일역사 연구소가 중심이 되어가지고 폴란드인, 독일인, 유대인들이 가령 우쥐같은 다민족 도시에서 어떻게 같이 살았는가 하는 등에 대한 연구들이 활발히 진행되고 있는데, 이런 연구들이 진척이 되면 다소간 영향을 미치지 않을까 하는 생각은 있습니다. 또 하나 예를 든다면 가령 폴란드에는 아날학파의 영향이 굉장히 큽니다. 중세사 하는 사람들이 이미 현실 사회주의 하에서도 아날학파와 굉장히 밀접하게 작업을 해왔는데 교과서에 이것이 반영이 된다는 점입니다. 역사교과서라는 게 직업적인 역사가들 사이에서 연구업적이 축적이 되어야 한다는걸 전제로 해야 하는

데 아직까지 새로운 패러다임에 입각한 연구는 활발하지 않습니다. 예컨대 한달 전에 폴란드의 젊은 친구가 저희 연구소의 컨퍼런스에 왔었는데 현실 사회주의에서의 줄서기, 줄서기에 대한 일상사를 박사논문으로 쓰는 친구입니다. 그런데 그 지도교수나 옆에 교수들이 다 이게 안된다라고 한다는 거에요. 구술사, 그런게 무슨 역사냐, 역사라는건 확실하게 쓰여진 자료를 가지고 해야 한다는 거지요. 그래서 일상사는 위험하다고 모두 말린다는 겁니다. 그런 관점에서 본다면 요새 젊은 20대 30대 박사과정의 학생들은 일상사의 영향이라던가 혹은 뭐 그런 … 새로운 문화의 영향을 받고 새롭게 뭔가를 하려고 하는데 여전히 주류의 역사학은 막상 실증주의 혹은 내셔널리즘적인 역사서술에서 크게 벗어나지 못하고 있지 않는가 하는 생각이 듭니다. 아무래도 시간이 조금 더 필요한 것이 아닌가 생각이 들지요.

안병직 : 네, 감사합니다. 보충질문은 없습니다.

장석흥 : 이것으로 지정 발표·토론은 다 마친 것 같습니다. 마지막으로, 이 자리에 참석하신 선생님들께서 궁금하신 것이 있으시면 기회를 드리도록 하겠습니다. 네, 도진순 선생님께서 말씀해주시지요.

도진순 : 발표를 잘 들었습니다. 그런데 폴란드의 역사교과서에서 동양의 문제, 보다 구체적으로는 러일전쟁을 어떻게 다루고 있는가, 그것이 얄타에서 말타로, 즉 냉전체제와 사회주의 해체 이후 어떠한 변화를 보이는 것인가 알고 싶습니다. 왜냐하면 폴란드 역사교과서에서 민족적 아이덴티티를 어떻게 다루고 있는가 하는 문제는 자체의 역사에 대한 서술도 중요하지만, 어쩌면 대외관계, 특히 소련(러시아)과의 관계를 보여주는 거울 (mirror)로써 러일전쟁은 상당히 의미가 있지 않나 생각됩니다. 제가 본 고교 역사교과서(2002년판『역사 1895~1939)』는 러일전쟁에 대해 요컨대 일본 우익의 교과서보다 더 친일적이고, 반러적입니다. 메이지천황의 사진과 교육칙어, 발틱함대를 격파한 일본 사령관 도고 헤이하치로를 그린 그림 등이 교과서에 실려 있어서, 일본 우익들이 아주 자랑스럽게 생각하며, 자

신들의 교과서도 이 정도는 되어야 한다고 주장하고 있어요. 선생님이 이 문제에 대해 좀 설명을 해주시고, 아울러 폴란드 교과서가 자신의 역사가 아닌 타자, 특히 동양을 어떻게 묘사하고 있는지 좀 알려주시기 바랍니다.

임지현 : 그 저 … 사실은 급하게 오느라고 교과서를 전체 다 읽지 않고 민족운동사 부분만 골라서 읽었는데, 목차를 보면은 아시아의 경우는 중국, 일본은 다루고 있습니다. 한국은 뭐 아예 … 빠져있구요, 그런데 러일전쟁은 폴란드의 역사서술에서 전통적으로 굉장히 관심이 많습니다. 러일 전쟁이 일어났을 때, 삐우수드스키가 일본 정부에 제안을 합니다. 우리가 뒤에서 제 2의 전선을 열테니까 돈을 대달라고 일본 정부에 접근하는 거지요. 일본 정부가 약아서 폴란드 민족운동의 힘이 현저히 약하다는 걸 알고 제안을 정중하게 거절합니다. 그때 삐우수드스키와 드모프스키가 일본에 옵니다 … 드모프스키는 우파민족운동의 대표자고 삐우부스키는 좌파의 민족운동의 대표자인데, 이들은 당시 폴란드인으로 러시아군에 징집되어 일본의 포로수용소에 수용된 폴란드인들을 방문하러 온 거지요. 이들은 포로수용소를 방문하여 폴란드인 포로들로 러시아에 대항하는 폴란드 여단을 하나 만들기 위한 자금을 일본 정부에서 받으려는 계획을 세웠는데 일본 정부가 돈을 안대줬고, 단지 이제 그런 맥락에서 러일전쟁은 폴란드 민족운동의 입장에서 주로 서술이 된 것 같고, 최근에는 모르겠습니다.

도진순 : 예, 러일전쟁때 폴란드 민족운동가들이 친일적인 활동을 한 것은 알고 있습니다. 문제는 역사서술로서 러일전쟁을 어떻게 다루는가 하는 것입니다. 냉전체제때 폴란드가 다른 나라도 아닌 소련에 대해서 반소친일적 입장에서 러일전쟁을 기술하는 것이 어느 정도 가능하였는지, 그렇지 않은 것이 동구체제 붕괴 이후 변화하였는지, 이런 것이 폴란드의 민족주의적 역사서술을 이해하는데 중요한 잣대가 될 수 있지 않나 하는 생각에서 말씀드린 것입니다.

임지현 : 나중에 그 부분을 한번 꼼꼼히 읽어보고 이 맥락에서 얘기할

게 있다면 집어넣도록 하겠습니다.

장석흥 : 감사합니다. 혹 궁금하신게 있으시면, 한 분 정도만 더 질의를 받겠습니다.

임지현 : 저한테만 질문을 너무 많이 부탁하시는 게 아닌가요 …

장석흥 : 오늘 제가 임선생님의 발표 제목을 소개하는데 실수를 저질렀습니다. 처음 발표가 지연되는 관계로 당황해서, 주최측이 지정한 주제와 실제 주제가 바뀐걸 모르고 당초 제목으로 소개해 드린 것, 사과드립니다. 저는 독립운동사를 공부하고 있습니다. 오늘 발표를 통해 한국의 독립운동이 중국·러시아 등과 연관되고, 또 저 멀리 폴란드하고도 연관지워지는 것을 보고, 한국 독립운동의 국제성을 생각해 봤습니다. 그것은 한국 독립운동이 주로 해외에서 전개된 것과도 무관하지 않을 것입니다. 그리고 한국 독립운동을 세계적 안목으로 볼 때, 약소민족의 민족운동이라는 큰 틀에서도 접근될 필요가 있다는 사실도 배울 수 있었습니다. 그런 점에서 오늘 학술회의는 한국 독립운동의 이해와 연구 시각을 넓혀주는 중요한 기회를 제공한 것으로 생각됩니다.

어제와 오늘, 이틀에 걸쳐 열린 이번 학술회의는 비단 교과서에 국한하지 않고, 독립운동을 어떻게 바라볼 것인가라는 문제까지도 심도있게 다루는 자리가 된 것으로 알고 있습니다. 독립운동사를 공부하는 처지에서, '독립운동의 세계화'라는 측면에서 앞으로 연구가 좀 더 진행되어야 할 필요가 있다는 생각을 하게 됩니다. 오늘 임선생님도 발표했습니다만, 한국의 독립운동을 폴란드의 민족운동과도 비교·연구할 때 한국 독립운동뿐 아니라, 세계 약소민족의 민족운동에 대한 이해의 폭을 넓힐 수 있다고 생각합니다. 그러면 어제 오늘에 이은 1부 2부 주제발표 토론을 여기서 마치도록 하겠습니다.

제4부 종합토론

사회: 이기동
토론: 안병직, 오영섭, 임지현, 김창규, 윤선자, 최기영,
이주영, 한상도, 최문형, 도진순, 장세윤, 강영철
일반 토론자

이기동 : 예, 지금부터 종합토론을 시작하겠습니다. 시간관계로 지금 자리에 계신 분들을 별도로 소개하지 않겠습니다. 어제와 오늘 발표하시고 또 토론에 참여하신 분들입니다. 역사학회의 전통이랄까 성격상, 역사 교육 내지 역사 교과서 문제를 가지고 학술회의를 개최한 경우는 지금까지 없었던 것 같습니다. 그런데 이번에 역사 교육, 특히 역사교육 지침서로서의 역사 교과서 문제를 가지고 회의를 연 것은 교과서에 기술된 내용이 현재 사회 각계에서 매우 큰 관심의 표적이 되어 있기 때문입니다. 실은 역사 전문학회로서의 문제 제기가 때늦은 감이 듭니다.

제7차 교육과정에 의해 현재의 교과서를 사용한 것이 3년 반 전, 그러니까 2003년 3월부터 사용이 되기 시작하여 이제는 어느덧 제8차 교육과정에 대비해야 하는 그런 시기에 이르렀습니다. 그 동안 실로 논란이 많았습니다. 제가 기억하기로는 2002년 여름부터 논란이 있어 왔어요. 2002년이라고 하면 현재의 교과서가 아직 원고, 고본 상태에서 한국교육과정평가원의 심사를 받고 있을 때입니다.

제 기억에는 2002년 7월 하순인가에 4종의 교과서가 심사를 통과했는데, 그 내용에 문제가 있다고 해서 처음으로 신문지상에 보도되기 시작했어요. 제가 기억하기론 그때는 다른게 아니고 김대중 대통령 개인과 '국민

의 정부'를 홍보하는 내용이 너무나 많다는 것이었어요. 즉, 그 분의 대통령 취임식 사진이 주먹 만하게 나오고, 또한 그분이 노벨평화상 받는 장면을 찍은 사진이 같은 크기로 나오고 해서 논란이 되었고, 그 이듬해 6종의 교과서가 발행되고부터는 북한정권을 만든 핵심세력의 1930년대 동북항일연군에 관련된 내용이 교과서에 크게 취급될 필요가 있는 것이냐 해서 문제가 되고, 이와는 대조적으로 대한민국 건국사에 대한 평가가 너무나 부정적이라고 해서 그 뒤 줄곧 논란이 이어져 온 것입니다.

  이번에 역사학회에서 다루려고 한 것은 1894년부터 1945년까지의 50년간, 그러니까 19세기 말부터 20세기 중엽까지의 독립운동을 중심으로 한 민족운동에 대한 것입니다. 지금까지 교과서 문제는 소위 뉴라이트라고 하는 보수적인 입장에 있는 분들이 여러 교과서의 문제점을 비판하는 선에서 논의가 있어 왔는데, 여러분께서 이미 짐작하셨듯이 이번 학술회의에서는 교과서를 비판하는 보수적 입장 뿐만 아니라, 오히려 진보적인 입장에서 현행 검정 교과서에 큰 문제가 없다고 보는 분들도 참가하고 계십니다. 그러니까 오늘 학술회의는 어느 한쪽의 일방적인 의견 제시가 아니라 쌍방이 머리를 맞대고 견해를 피력할 수 있는 매우 공평한 자리라고 할 수가 있습니다.

  어제 유영익교수님께서 기조강연을 하신 뒤 방금 전까지 일곱 분이 주제발표를 하셨고 또 각각의 개별 토론이 있었어요. 다만 어제와 오늘 회의 중에 뭔가 토론이 미진한 데가 남아 있어서 이 종합토론에서 가능한 한 해소해 보려고 합니다. 진행 요령을 말씀드리자면 발표 순서에 구애받지 않고 몇가지 사항별로 묶어 논의를 해 보았으면 합니다. 먼저 유영익선생님이 거론한 것을 보면 현행 우리 역사교과서는 너무 이념에 치우쳐있다, 그러니 이데올로기 과잉 현상에서 탈피해서 실사구시의 정신에 입각해서 기술해야 한다는 점을 지적했습니다. 그리고 어디까지나 교과서인 만큼 다른 어떤 종류의 책보다도 서술 내용이 균형을 유지하는 것이 중요하다고 지적하셨습니다. 그 다음으로 지적하신 것은 교과서인 만큼 내용도 내용이지만 표현에 있어서도 엄정하여 모범적이어야 된다고 하셨습니다. 그런데 교과서 집필자들을 보면 대개 대학 교원이 3명, 고등학교 교원이 3명씩으로 한 팀을 이루어서 집필을 했는데, 이 집필자들이 최소한 1개월 이상 합숙하면서 집필 구상을 하고 원고도 서로 검토해야하지 않겠느냐, 이것이 졸속으로 이루어진 장면을 목격한 것은 아니지만 교과서의 내용과 기술로 봐서는 그다지 성의를 기울인 것 같지 않다는 판단을 내리셨습니다.

그 다음으로 지적하신 사항은 역사교과서는 한 나라의 역사학의 학문 수준을 반영해야 하는데 충분히 반영되어 있지 못하다, 이는 역사 연구자들이 책임을 질 일이라는 것입니다. 역사 연구자들이 논문만 쓰고 있을 뿐 정작 중요한 교과서 집필같은 일을 등한시 한 결과 이런 현상이 벌어졌다고 지적했습니다. 그리고 마지막으로 집필지침에 해당하는 교육과정 해설서라든가 내용 전개의 준거안에 뭔가 문제가 있는 것 같다고 지적하셨습니다. 이처럼 유영익선생님께서는 역사교과서의 전반적인 문제점을 지적하셨는데, 아마 이 점에 대해서는 크게 이의가 없으실 것으로 생각됩니다. 여기서 특히 주의되는 것은 교과서를 집필하는 데 지침이 되는 준거안에 문제가 있다는 것을 모든 분들이 이구동성으로 지적하고 있는 점입니다.

첫 번째 주제를 발표하신 이주영교수께서 지적한 것은 여러 가지가 있습니다만, 20세기 전반기에 대한 기술이 온통 독립운동에 대한 것뿐이다, 그러니까 외부로부터의 침략과 그에 대한 저항이라고 하는 것을 기본축으로 해서 그 속에서 맴맴 돌고 있는 형국이다, 그 결과 내용이 다양하지 못하고 독립운동 이외의 내용이 틈새에 끼어들 여지가 없게 되어 있는 것은 반성해야 한다고 하는 문제 제기를 했습니다.

또 다른 분들도 이와 비슷하게 너무 정치사 중심이라고 지적하셨어요. 김희곤 교수도 토론에서 자신이 보기에도 교과서가 지나치게 정치지향성을 띄고 있다는 데 동의를 표했습니다. 이 문제와 관련해서 조금 더 얘기

를 해보도록 하겠습니다. 안병직교수님께서 서양사가의 입장에서 한 말씀
해주시지요.

안병직 : 저는 제가 오늘 임지현 선생님의 논문 외 학술대회 전체주제
에 대해서 토론을 할 것이라고는 별로 생각하지 않고 나왔습니다. 그런데
느닷없이 제일 먼저 발언하라고 하시니까 상당히 당황스럽습니다.

그리고 또 한 가지는 제가 죄송스럽게도 오늘 오전에 왔기 때문에 어
제 어떤 말씀들을 나누셨는가도 잘 모르고 있습니다. 종합토론의 첫 발언
을 하기엔 적합하지 않다고 생각합니다.

이기동 : 예, 독일 근현대사도 19세기와 20세기가 파란만장한 역사인
것으로 알고 있습니다만, 역사 서술에 있어서 우리가 타산지석으로 본받을
만한 것이 있다면 말씀해주시기 바랍니다.

안병직 : 꼭 토론을 해야 한다면 독일사가 아니라 우리 역사와 관련하
여 몇 말씀드리겠습니다. 이 자리에 계신 분들 누구나 다 아시다시피 그동
안 우리사회에서는 역사가 국내외적으로 끊임없이 문제가 되고 있습니다.
그리고 저 개인적으로도 오늘 주제와 밀접하게 관련되어 있는 한국 근현대
사의 역사서술과 역사 교육의 문제에 대해서 평소에 많은 관심을 가지고
있습니다.

그래서 기왕에 귀한 시간을 주셨기 때문에 평소에 느꼈던 바를 짧게
말씀드리겠습니다. 제가 드리는 말씀이 토론의 활성화를 위한 자극쯤으로
여겨주시면 영광이겠습니다. 저한테 하신 질문의 내용은 우리나라 중등학
교 역사교과서가 정치사 중심으로 되어 있고, 정치적인 내용이 많이 수록
되어 있지 않느냐는 것입니다. 저는 정확하게 모르지만 만약 질문하신 것
처럼 지나치게 정치사 중심으로 되어 있다면 개선해야할 필요가 있다고 판
단합니다. 일반적으로 다 아시다시피 역사가 좁은 의미로서의 정치사가 아
니라 사회사, 문화사 등 다양한 영역, 인간 삶의 다양한 부분을 아우르는
것이 되어야한다는 의미에서 정치사 중심으로 서술되어 있다는 것은 분명

문제가 될 수 있습니다.

그러나 다른 한편으로는 역사가 특히, 문제가 되고 있는 중등학교 역사 교과서가 정치문제에 많은 관심을 표명하는 것 자체를 꼭 부정적으로만 평가할 일은 아니라고 생각합니다. 혹시 반발하실 분이 계실지 모르겠습니다만 솔직히 말씀드리면 저는 오늘 이 학술대회의 주제인 한국 근현대사 역사 교과서처럼 우리사회에서 역사문제가 사회적 이슈가 되는 현상을 지켜보면서 과연 역사가 정치와 무관할 수가 있는 것인가, 과연 역사가 이데올로기와 무관할 수 있는 것인가 하는 생각을 갖습니다. 이 문제에서는 매우 다른 의견이 있고 논란이 있겠습니다만 그럴 수 없다는 것이 제 개인적인 판단입니다.

정치나 이데올로기를 초월한 역사란 역사가가 추구하는 이상이 될 수 있을지언정 실제 역사서술은 안타깝지만 이상과 상당한 괴리가 있다는 생각입니다. 따라서 역사가 마치 정치나 이데올로기와 무관하고 역사의 진실과 객관성은 문서고와 사료에 남아 있어서 마치 우리가 찾으면 찾을 수 있는 것처럼 그렇게 생각하는 것은 문제의 출발점이 아니라고 판단합니다.

오히려 역사교육과 관련된 논의의 출발점은 역사서술의 정치적, 이데올로기적 관련성을 인정하고 수용하는 것에서 시작하는 것이 좋다는 생각입니다. 중등학교 역사교육에서 정치적인 내용을 다루는 것 자체가 굳이 비판의 대상이 될 수는 없습니다. 문제는 그 정치적인 내용을 학생들에게 어떻게, 어떤 방식으로 가르쳐야 될 것인가, 그리고 교사 혹은 역사가의 역할은 무엇인가 하는 이런 질문을 깊이 생각해야 한다고 봅니다. 그런 관점에서 감히 말씀을 드리면, 적어도 구미 역사학계에서는 그런 문제를 가지고 굉장히 고민을 많이 하고 있고 그에 대한 논의가 많이 있습니다만 우리 학계는 아직 그렇지 못한 것 같습니다.

구미학계에서 역사란 실증적 학문이고 자료만 가지면 역사 서술이 가능하다는 생각은 이미 탈피한지 오래 됐습니다. 그리고 역사연구의 새로운 경향은 모두 예외 없이 역사인식론을 포함한 역사 이론 혹은 방법론에 대한 논의를 동반한 것이었습니다. 반면 우리 학계에서 역사연구는 외람된 말씀이지만 아직도 실증주의의 수준을 크게 넘어선 것 같아 보이지 않습니다. 역사인식이나 역사교육과 관련된 이론적 문제에 대한 관심과 논의는 별로 찾아보기 어렵습니다. 구미학계의 논의에 대해서도 대부분의 경우 무관심한 것 같습니다. 한국 근현대사 서술과 교육을 둘러싼 논의가 좀더 높은 수준을 확보하고 더 많은 성과를 거둘 수 있으려면 이런 현상이 먼저 개선되어야한다는 생각이 듭니다. 짧게 말씀드린다는 것이 너무 길어졌습니다. 죄송합니다.

이기동 : 예, 고맙습니다. 그러니까 정치사의 비중이 큰 것 자체가 결함은 아니지만 그것을 어떻게 쓰느냐가 문제라는 취지의 말씀인 것 같습니다. 그럼 이 문제는 일단 그 정도로 끝내기로 하고, 아까 여러분들 발표 중에서 몇가지 생각나는게 있어요. 임지현교수님 발표를 들으면서 생각난 것은 다른게 아니라, 폴란드의 경우 19세기에 국가가 없었단 말입니다. 그런데 민족운동사를 쓰면서 계층적인 차이랄까 하는 것을 초월한 그런 류의 서술을 하고 있다는 것입니다. 이에 비해 우리는 한말 의병 운동사에 대한 서술에서 계층에 대한 인식이 너무나 첨예한 편입니다. 이를테면, 처음에는 양반출신의 의병장이 다수를 이루다가 나중에는 평민출신들이 압도적으로 많아 졌다는 것을 크게 중시하고 있습니다. 이 점에 대해 마침 한말 의병운동에 대해 발표하신 오영섭 박사께 의견을 구하고 싶습니다. 우리 학계에서 의병운동을 담당한 계층의 신분문제에 신경을 곤두세우는 것이 과연 역사인식으로서 정당하다고 생각하시는지 말씀해 주셨으면 합니다.

오영섭 : 네, 어제 제가 발표한 내용 중에서 핵심적인 요점을 말씀드리겠습니다. 현재 우리나라의 근대사 학자들은 한말 의병운동의 중심이 양반 중심에서 평민중심으로 넘어갔다고 보고 있습니다. 특히나 신돌석 의병장이 평민출신으로서 후기의병기에 등장한 다음에 평민의병장이 대거 출현

해서 의병운동을 평민들이 주도한 것으로 보고 있습니다. 그런데 이러한 서술구도는 해방이전까지만 하더라도 의병운동을 연구한 사람들의 저서에는 나오지 않는 얘기입니다. 그러한 논리틀이 제일 처음 나오는 것은 북한 학계의 책에서부터 시작을 하고 있거든요. 그러니까 북한의 역사학계가 가장 먼저 펴낸 『조선민족해방투쟁사』, 그리고 이어서 나온 이나영의 책들, 오길보의 논문들, 이런 책과 논문들에 바로 그러한 논리틀이 가장 먼저 나와 있습니다. 다시 말해서 신돌석이 평민출신 의병장으로서 의병활동을 주도했다는 점, 신돌석 이후의 의병운동이 양반중심에서 평민층으로 변화되어 나갔다는 점, 의병운동이 양반유생층에서 평민층으로 변화되어 나갔다고 주장하는 과정에서 양반이 보수성을 강하게 나타냈다는 점, 그리고 의병운동의 주류세력으로서 그리고 의병운동에서 긍정적인 역할을 수행한 세력으로서 양반세력이 이탈될 수밖에 없었다는 점, 이러한 모든 점들이 북한의 연구성과에는 다소 소략하게 설명되어 있습니다. 그런데 한 가지 주목할 점은 그러한 북한의 연구성과들이 남한학계와 일본학계의 학자들에게 영향을 미쳤고, 심지어 남한학계 일각에서는 그러한 연구성과들을 실증적인 차원에서 논문을 통하여 입증하려는 연구도 나왔다는 것입니다.

북한학계의 그러한 연구성과들은 우리 남한학계의 의병연구에 많은 영향을 미쳤고, 다음 단계로서 거의 무비판적으로 우리의 교과서에도 영향을 미쳤다고 판단합니다. 그러니까 현행 6종의 근현대사 교과서 가운데 가장 평민성을 두드러지게 나타내고 있는 것이 바로 금성교과서인 것 같습니다. 이 금성교과서에서는 양반유생들이 을미의병을 주도했다고 하면서도 을미의병운동의 전개과정에서 여전히 그 내부적으로 양반층이 평민층과 농민층과 갈등을 보이고 있었다고 주장하고 있습니다. 이어서 금성교과서는 양반층과 평민층간의 갈등이 평민중심으로 해결되었고, 이어 평민들이 1905년 이후의 의병운동을 주도해 나가게 되었으며, 그리하여 결국은 평민세력이 한말 민족운동에 주도세력으로 참여하게 되었다는 것입니다. 이처럼 의병운동을 평민위주로 기술하고 있는 것이지요. 그런데 이러한 서술양태는 북한학계의 연구 성과와 일본의 강재언 교수의 연구성과, 그리고 남한의 박성수교수를 비롯한 의병연구자들의 초창기 연구결과를 교과서에 그대로 반영한 결과가 아닌가 그렇게 보고 있습니다.

그리고 한 가지 말씀을 드리면, 한말 의병운동사를 설명할 때에 사용하는 평민이라는 용어는 사실 조선시대의 신분제 사회에서 자주 쓰인 용어는 아니었습니다. 평민이라는 용어는 사실 일본에서 들어온 근대적인 용어입니다. 우리나라에서는 상민 내지 상한이라는 용어를 많이 사용하였죠. 국사편찬위원회의 역사종합정보사이트에 들어가서 검색을 해보아도, 조선시대나 개항기에 우리나라에서는 평민이라는 말을 거의 사용하지 않았습니다. 그런데 나중에 일본인들이 의병장들을 체포한 다음 그들을 심문할 때에 의병장들의 신분이나 직역에 대해 명확한 구분이 없이 그냥 자기 나라에서 관료가 아닌 농·공·상을 통칭하여 부르는 평민이라는 용어를 사용하였던 것입니다. 당시 일제의 입장에서는 한국의 의병장들이 주경야독하는 양반이든지간에 일반 농민이든지간에 다 그냥 평민이었던 것입니다. 그렇게 사용된 평민이라는 용어가 이제 다음 단계로 일제측 자료를 그대로 인용하며 의병운동을 연구하는 한국인 연구자들에게는 의병장들이 모두 평민으로 인식되었던 것입니다. 그러한 과정을 거쳐 한말 의병운동 당시에 평민의 역할이 실제보다 과도하게 기술될 수밖에 없는 측면이 있었다고 생각합니다. 사실 평민을 한말 의병운동의 주도세력으로서 설정하는 문제가 가진 문제점에 대해서는 제가 어제 발표한 논문에 들어있습니다. 저는 결론적으로 한말 의병운동을 이해함에 있어 평민세력을 주도세력으로 봐서는 안되며, 고종세력과 유림세력을 주도세력으로 간주해야 한다고 생각합니다.

유림세력들은 유교적인 의리심에 기반해서 의병운동을 전개한 유교적인 지식인이었습니다. 그런데 우리가 오늘날 알고 있는 대표적인 의병장들은 거의 대부분 유교적인 지식인들이었습니다. 당시의 유교적인 지식인들은 양반인 경우가 대부분이었고, 그리고 평민으로서 의병운동에 가담한 사람들도 유교적인 심성을 벗어나지 못했던 것입니다. 더욱이 그들이 전제군주에 대해 여전히 존경의 마음을 가지고 있었다고 하는 이른바 국왕환상에서 그들은 여전히 자유롭지 못했다는 것입니다. 따라서 현행의 근현대사 교과서에 나오는 것처럼 평민이 의병운동을 주도해 나갔다고 보는 것은 무리한 점이 많습니다. 그럼에도 불구하고 현행의 교과서들이 지나치게 평민주의적인 입장에서 기술되어 있는데, 이러한 인식을 파헤쳐 들어가면 그것은 인민대중이 역사발전을 선도해나갔다고 하는 이른바 민중주의사관과 연결되어 있습니다. 따라서 한말기 의병운동을 평민중심으로 이해하고 서술하는 문제는 앞으로 좀더 냉정한 연구와 해석이 필요하다는 것이 저의 결론입니다.

이기동 : 예, 의병투쟁만이 아니라 일제시대 전반적인 민족운동에 있어서 계층을 특히 문제 삼는 것에 평소 의견이 있으신 분은 말씀해주시길 바랍니다.

임지현 : 제가 갖고있는 상식으로선 오영섭선생의 문제 제기가 굉장히 적합한 것이라고 생각이 듭니다. 왜냐하면 폴란드사의 경우도 왜 계급문제가 나오냐 하면 농민들이 민족운동을 주도하는 양반들을 때려잡는다는 말이에요. 쉽게 얘기하면, 누구를 위한 폴란드냐 독립이 무슨 의미가 있느냐고 했을 때 귀족들이 농민들을 농노로 취급하고 동등한 민족 구성원으로 간주하지 않는 그런 사회구조 내에서 평민이 민족을 위해서 민족봉기나 민족운동에 참여한다라는 것은 정말로 우리 인간 삶의 상식을 넘어서는 것이라고 생각합니다. 그럼에도 불구하고 지금 오영섭 선생이 지적한대로 양반 의병장 단계를 지나서 민중 의병장이 나오고, 평민 의병장이 나오고 한다라는 것은 굉장히 도식적이라는 느낌을 지울 수 없습니다. 민족의 발전을 향해서 저항과 침략이 이루어지는 가운데 그것을 향해서 나아가는 도식을

먼저 만들어놓고 거기에 맞추는 것이 아닌가 하는 판단이 드는 것입니다. 그러다보니까 무엇이 문제가 되냐 하면, 일제 하의 민족운동을 얘기할 때도 그것이 단순히 일본 제국주의에 저항하는 것으로만 자리매김을 하고, 조선 식민지 사회를 내부적으로 어떻게 사회적 구성을 바꿔가려는 지향을 가졌는가? 예컨대 3·1운동은 독립운동이기도 하지만 또 한편으로는 임시정부에서 나타낸 것처럼 공화주의적, 공화주의 사상에 입각한 그 새로운 사회를 건설하려는 운동이라는 측면에 대한 언급이 상대적으로 소략하게 되어 있는 것이 아닌가, 그래서 그 의병운동에 대한 서술도 식민지시기에 그 제국주의에 저항하는 민족운동에 대한 서술까지도 극히 일관된 틀로 짜오니까 실제로 식민지 시대의 여러 가지 사회운동을 이해할 수 있는 그 입체적인 관점들을 스스로 닫아버리는 게 아닌가 하는 그런 생각이 들었습니다.

　　조병한 : 제가 조금 보충하겠습니다. 중국사의 경우에 민중이라는 개념이 본격적으로 등장한 것이 1차대전 이후입니다. 그 결과 이 새롭게 등장한 민중을 동원한 것이 중국국민당과 공산당의 근대적인 반제국주의 국민혁명이었지요. 그런데 그 이전의 중화제국 말기를 보면 아편전쟁 같은 외국의 침략이 있을 때 거기에 저항하는 우리의 의병에 해당되는 사회적 움직임이 있었습니다. 이를 위한 전근대적 기층조직으로 단련(團練: 민단), 향용(鄕勇: 의용병)이 있습니다. 그 지도자들은 지역 서원 중심의 유교적 지배층, 즉 신사(紳士)들이었습니다. 그리고 아편전쟁에 청나라가 그렇게 쉽게 패배한 원인 가운데는, 연해(沿海) 지역에 있는 서민들이 아편밀수 등, 해상무역과 관련해서 생업을 유지하는 사람들이 많았기 때문에 그들의 영국측에 대한 협조가 상당한 영향을 줬다는 것이 지적되고 있습니다. 또 국내의 반란으로서 태평천국(太平天國)과 같은 경우에도 서민은 반란을 일으킨 태평천국 측과 그것을 진압하는 청제국 측 신사들의 의용군, 양측에 다 동원되고 있습니다. 말하자면 민중을 어느 쪽에서 장악하느냐 하는 경쟁이 승패를 좌우했던 것이지요.

그런데 우리나라의 사정은 자세히는 모르겠습니다만, 중국 같은 경우에는 그 신사라든가 관료와는 관계가 없는 민간집단으로써 비밀결사로 회당(會黨) 들이 18세기 이래 아주 번성합니다. 태평천국도, 19세기 말 의화단(義和團)도 그러한 비밀조직의 결사와 관련이 있는데요, 신사나 관료 중심의 반외세 저항과는 다른 성격의 반체제 민중집단으로서 의화단의 서양 제국주의에 대한 저항은 색다른 의미가 있겠지요. 비록 전근대적 배외운동의 성격이 짙지만 민중적 반외세운동으로서 이처럼 집중적인 봉기는 그전에는 없었던 현상이었습니다. 그런데 의화단의 성격에 대해서도 비밀결사의 지도적 작용이 있었지만 그 단독으로 했던 것이 아니고, 각 지역 신사들의 단련조직 등 광범한 협력이 못지않은 작용을 한 것으로 인정되고 있습니다. 반외세 저항에서 민중적 성격이 비교적 뚜렷하게 나타나기 시작한 의화단 같은 것도 아직 근대적 민족주의는 아니고 원초적 민족주의로 설명되기도 합니다. 그러한 성격은 신해(辛亥)공화혁명과 5·4운동을 거친 뒤 출현한 국민혁명에서 근대적 지식인층의 혁명정당을 통해 민중이 계획적으로 동원되는 차원하고는 상당히 다른 것이라 할 수 있습니다. 이 문제는 또 다른 복잡한 설명을 요하기 때문에 이것으로 그치는 게 좋겠습니다.

이기동 : 예, 그럼 화제를 좀 돌려 보겠습니다. 윤선자 교수께서 3·1운동과 국내독립운동에 대해서 발표를 하셨는데, 이런 생각이 들었어요. 국사교육 내용전개 준거안이나 고등학교 교육과정 해설에 3·1 운동이 다른 나라의 민족운동에 영향을 끼친 것을 기술하도록 하라는 지침이 있는 점입니다. 그러니까, 필자들은 국내 3·1운동에 대해 쓰는 것만으로는 책임을 다하는게 아니고 다른 나라에 영향을 주었다는 것을 반드시 기술하라는 것입니다. 이를테면 중국의 5·4운동이나 인도의 비협력운동 등에 대해서 …그런데 중국의 5·4 운동에 영향을 준 것은 몰라도 인도나 이집트에까지 영향을 주었다는 데는 의문이 있다는 것인데, 마침 이 자리에는 순천대학의 김창규교수께서 토론에 참여를 하셨는데, 김교수님이 배포한 유인물의

두 번째 장에 3·1운동과 관련한 민족운동에 대한 견해가 실려있습니다. 김 교수님께서 3·1운동과 관련해서 몇 가지 덧붙여 주셨으면 합니다.

김창규 : 소개받은 김창규 입니다. 사실 저는 주제가 한국독립운동인 데, 중국사 전공자인 제가 초대를 받았다 하여 과연 참여할 만한가 했구요. 그런데 중국과 한국 독립운동에 있어서 뗄레야 뗄 수 없는 장이 있기 때문 에 참여시킨 것으로 생각해 간단히 자료를 준비했습니다.

먼저, 첫 페이지 '중국 역사교육의 동향'은, 서울대학교에 계시는 유용 태선생님 등이 쓰신『중국교과서의 한국사 인식』을 보고 정리한 것입니다. 두드러진 점으로는 국가가 앞서서 역사교육을 강화하고, 학생들에게는 다 양한 선택을 할 수 있게 배려하며, 그리고 국가 방침이 교과서들에 강하게 반영된다는 점 등이죠. 서술 내용으로는 3·1운동과 한국전쟁이 주류를 이 루고 있는데, 한국의 민족독립운동을 민족해방운동이라는 관점에서 쓰고 있습니다. 그리고 일부 교과서는 한국의 경제개발을 강조하고 있습니다. 국가의 주도로 경제를 이끌어가려는 그런 중국 정권의 속내를 읽어볼 수 있는 부분입니다. 이로써 1페이지를 간단히 정리할 수 있겠고요.

이제 방금 선생님이 말씀하셨던 3·1운동과 관련한 부분입니다. 저도 예전에 이와 관련된 논문을 썼었는데, 교육과정 해설 그리고 중학교 국사, 고등학교 국사 모두 아세아 각국의 민족운동에 대한 3·1 운동의 영향을 대단히 강조하고 있습니다. 저도 3·1 운동의 영향을 부정하거나 비판하자 는 것은 결코 아닙니다. 그러나 지나치게 자국사 중심으로 쓰여진 것이 아 닌가 싶습니다.

실제로 3·1운동이 중국에 영향을 끼친 것은 사실입니다. 장세윤 선생 님이 발표하셨듯이, 중국의 교과서에도 3·1운동을 중국이 성원하였다라는 표현이 나오고 있습니다. 그런데 그 성원이라는 말의 의미는 경제적 혹은 인적 지원은 아닌 것으로 보입니다. 당시 손문이나 신문화 운동을 주도하 였던 진독수, 이대교, 그리고 북경대학교 학생운동을 주도하였던 인물들이 조선의 독립운동에 관한 글들을 발표를 하였는데, 이들은 조선독립의 주장은 정당한 것이다, 강권에 항의하는 조선인들의 주장은 정당하기 때문에 일본은 조선인들의 목소리를 귀담아 들어야 한다며, 일본의 무자비한 탄압을 강하게 비판하면서 지지와 성원을 아끼지 않고 있죠. 특히 북경과 상해의 신문은 대대적으로 3·1운동을 보도하고 있습니다. 따라서 성원이란 여론의 상당한 지원이 있었다라는 의미로 해석해야 하지 않을까 싶습니다. 아무튼, 3월 1일부터 5월 4일 이전까지 여론의 지지와 호소가 있었다고 해서 한국의 역사학계에서는 그점을 대단히 중시하고 있는 것 같습니다.

　물론 이러한 점들이 대단치 않았다고 할 수 없습니다만, 아까 조병한 선생님께서 말씀하셨듯이 당시의 중국은 민중의 반제의식이 고양되는 그런 상황이었습니다. 비록 근대화를 실패했습니다만 근대화를 위한 일련의 노력들이 어느 정도 성과를 거두면서 자의식이랄지 혹은 민중의식의 성장이 이루어졌던 것입니다. 게다가 1915년부터 신문화 운동이 전개되었습니다. 그러면서 제국주의의 본질을 이해하게 되었고, 여기에 파리강화회의 소식 즉 산동의 이권이 중국에 회수되기는 커녕 일본으로 넘어가게 되었다는 소식이 알려지면서 5·4운동이 일어났던 것입니다. 따라서 우리의 교과서는 3·1운동의 영향을 강조하지 말라는 것이 아니라 강조는 하되, 학생들이 중국의 이런 상황을 이해할 수 있도록 서술되어야 한다고 생각합니다.

　그런데 이러한 점은 국사교과서에 국한되는 것이 아니라, 세계사를 다루는 고등학교 세계사 교과서와 중학교 사회(2)도 마찬가지로 보입니다. 심지어 어느 교과서에는 3·1운동의 영향으로 중국에서 5·4운동이 일어났다라면서 파고다공원 사진을 삽화자료로 제시하고도 있습니다. 그렇기 때문에 이러한 부분들이 조금 지나치다는 것입니다.

　요컨대 조금 절제된 표현, 그리고 인접국을 배려하는 그런 서술이 요구된다는 것입니다. 저는 역사교과서가 우리 학생들에게 우리뿐만 아니라 타자도 이해를 할 수 있는 가능성을 열어놓아야 한다는 생각을 가지고 있습니다. '안'뿐만 아니라 '밖'을 동시에 보면서 또 세계와 대화하고 교류를 할 수 있도록 역사교육이 주도적인 역할을 하자는 것이죠. 이러한 점들을 새로 쓰여질 교과서에 반영하여 주셨으면 합니다. 이상입니다.

이기동 : 예, 윤선자 교수님께서 한 말씀 하세요.

윤선자 : 논문에서 제가 하고 싶은 말은 거의 했다고 생각합니다. 대학에서 교양 한국사 강의를 하면서 학생들에게 3·1운동에 대해 설명해보라고 하면 제일 먼저 하는 말이 중국의 5·4운동에 영향을 미쳤다느니 인도의 비폭력운동에 영향을 미쳤다느니 하는 것입니다. 그런데 실제로 그랬는가 하는 것입니다. 애국심에 복받치는 이러한 시각들이 일국사 중심이랄지, 다른 민족에 대한 우리 민족만의 우월성을 강조한다는 부정적인 서술을 초래하는 빌미가 됩니다. 다른 나라에 영향을 주었다고 하지 않으면 우리가 했던 항쟁의 의미가 축소됩니까? 3·1운동도 사실에 근거한다고 하여 만세운동의 내용, 만세운동 참여자들이 국가의식이나 민족의식이 왜곡되거나 축소되는 것은 아니라고 생각합니다. 그런데 은연중 근현대사 교과서에서는 그러한 느낌이 듭니다.

이기동 : 예, 다름 아니라 윤교수님 얘기 중에 근대화 운동을 독립운동보다 하위의 것으로 다루고 있는 게 아니냐, 표현을 달리하면 근대화 운동을 독립운동보다 낮게 평가하는 것이 아니냐 하는 그런 느낌을 받는다고 하셨는데, 이 점과 관련해서 좀 더 얘기를 해보세요.

윤선자 : 근현대사 6종 교과서를 검토하니, 한국사 전공자이건 아니건 누구라도 독립운동이 보다 중요한 가치로 여겨지고 근대화를 추구했던 운동들은 독립운동보다는 낮은 가치를 지니는 것으로, 부차적인 것으로 인식하게끔 편제되어 있음을 알 수 있었습니다. 편제 뿐 아니라 서술도 그렇습니다.

근대화운동을 주제로 박사학위논문을 쓴달지, 학문의 목적지향을 근대화운동에 두는 사람이라면 독립운동과 더불어 근대화운동도 중요시하거나 독립운동보다 상위의 위치에 둘 것입니다. 제 개인적인 생각을 말씀드린다면, 저는 그 당시가 필요로 하였던 가치와 목적지향성에서 독립운동과 마찬가지로 근대화운동에도 비중을 두어야 한다고 생각합니다. 그러나 시대조건과 상황조건 때문에 자유로울 수 없는, 즉 식민지라는 상황조건 때문에 근대화운동 자체의 지향성만으로는 의미를 갖기 어렵다라는 것입니다. 근대화운동이 무엇을 위한 근대화운동이냐라는 것이 중요하다는 것입니다. 당시에 가장 필요로 했던 조건은 결국 우리 민족의 생존과 자유를 위한 것이었으므로, 그 생존과 자유에 기여하는 방향으로의 근대화를 목적으로 하는 근대화운동이었다면 의미를 가질 수 있다고 생각합니다. 따라서 현재 교과서에 드러나 있는 것처럼 여겨질 것이라 생각합니다. 물론 단언할 수는 없지만, 현재의 교과서 체제는 독립운동을 근대화운동보다는 상위의 가치로 두고 있습니다.

이기동 : 예, 제가 이 문제를 꺼낸 것은 다른 생각이 있어서가 아니고 어제 강영철선생님 발표에 대한 토론에서 최기영교수께서 이런 얘기를 하셨어요. 뭐냐하면, 야학운동이 수행한 고유한 계몽적, 교육적 기능·역할보다도 일제에 대한 저항성을 너무 강조하고 있다, 사실은 야학도 근대화운동의 일환으로 파악할 수 있는데 단지 근대화 운동의 측면만 강조해서는 미진하게 느껴지니까 여기에 독립운동으로서의 성격을 부여하여 일제에 저항했다고 강조하는 그런 풍조가 저변에 깔려있다는 것이지요. 최교수님께서 덧붙일 얘기가 있으시면 …

최기영 : 예, 전 뭐 특별히 드릴 말씀은 없습니다. 문화 운동 쪽을 봤을 때, 어떻게 보면 문화 운동이라는 것이 저항적인 그런 것도 강하겠지만, 선생님 말씀대로 근대 문화의 발전과 관련되어 이해해야 될 부분이 있는데, 교과서의 경우는 전반적으로 소략할 뿐만 아니라 상당히 모호하게 되어있습니다. 그 다루는 기간이 아마 긴 것도 있고 해서, 그것을 이제 한 단원으로 다뤄야 하니까 그런 점도 있을 것이라고 생각은 듭니다. 그렇지만

구체적으로 교과서에 민족운동 특히 독립운동이랄까 그런 부분이 중심이 되고, 분량의 차이도 있겠지만 문화 운동 부분은 간결하면서 구색을 맞추는 듯한 인상을 받게 됩니다. 다시 말하면 그전의 교과서보다도 오히려 내용은 더 부족하지 않는가 하는 그런 생각을 하게 되더군요.

또 하나는 그 아까 정치사 얘기가 나왔지만 그 우리 연구자들의 관심이 식민지시기 연구에 있어 정치·경제·사회에 관해 집중되어 있고, 문화에 관한 관심은 별로 많지 않은 것으로 보입니다. 한 예로 일제강점기 언론운동사에 관한 책의 집필자를 구하기 위하여 여러 연구자를 찾았는데, 실제 그 부분에 대한 필자를 구할 수가 없었습니다. 언론사를 전공하는 원로 분은 계시겠지만, 역사학계에서는 거의 관심을 두지 않고 있었습니다. 그런데 우리가 문학이나 예술, 또 문학운동이나 예술운동을 전공하기는 어렵겠지요. 그러나 역사학의 관점에서 역사학의 사료 훈련을 거친 연구자들이 관심을 가져야 될 부분이 적지 않을 것이라고 생각이 되는데, 관심 자체가 없습니다. 유일한 관심이 그 시기의 사학사에 관한 것이더군요. 그래서 민족주의사학, 사회경제사학, 실증사학의 이야기는 문화 전반에 비해서 상당히 양을 많이 차지하고 있습니다. 또 내용도 실하지요. 역사학자의 관심이 식민지시기 민족문화 가운데 그것 말고는 사실 관심이 없습니다. 조선어학회에 관하여 우리가 논의를 많이 하고 글도 써봤지만, 역사학자들이 관심을 가지고 조선어학회의 구성이나 출신학교 등과 같이 역사학자들이 기본적으로 하는 그런 조사 자체도 안 되어있습니다. 그러한 사실은 특히 표준어 선정에 한 기준이 될 수도 있지 않을까 하는 생각도 드는데, 이러한 부분은 어학을 전공하는 연구자들과는 다른 관점일 수도 있을 것입니다. 그러한 점에서 기초적인 조사랄까, 관심을 역사학계에서 가질 필요가 있을 것 같습니다.

아무튼 식민지시대를 연구할 때, 여전히 관심은 정치·경제사의 중심일 수밖에 없다 하더라도, 점차 문화에 관련된 관심을 촉구해야 할 것으로 생각됩니다. 막상 근대문화와 관련된 부분에 대한 정리가 별다른 검토 없이 문학사나 예술사의 연구결과를 검토 없이 원용하는 수준에 지나지 않는다는 점을 지적하고자 하였습니다. 근래 문화사의 중요성을 매우 강조하고 있고, 또 국사편찬위원회에서도 요즘 문화사 중심의 자료나 저술을 내는 것으로 아는데, 좀더 역사학자들이 주목하면 좋겠습니다. 실제 교과서에 일본군과의 전투의 상세한 내용이 기술된 것에 비하면, 문화 전반에 대해서는 뭐랄까요, 우리가 그저 상식적으로 아는 그 수준도 안 된다는 느낌을 받았기 때문에 제가 그런 말씀을 드려봤습니다.

이기동 : 예, 다음으로 어제 이주영 교수님 발표에 대해서 김희곤 교수께서 토론을 하던 중에 이런 지적을 했어요. 그러니까 이교수님 발표 내용 중에 동의하기 어려운 것으로 가령 기독교 선교사의 역할이랄까 기독교 전반에 대한 평가 문제에 있어서 민족문제와 양립되는 측면이 있다, 외국인 선교사랄까 기독교의 역할을 한쪽에서만 파악할 수 없고 민족문제로 볼 때는 마이너스 되는 측면이 있어 문제가 된다는 것입니다. 물론 김교수는 주로 한말의 경우에 적용해서 한 얘기인데, 실은 일제시대에도 교육, 의료, 스포츠, 이런 분야에서 선교사의 역할이 매우 컸습니다. 방금 김교수가 급한 일로 자리를 떴는데, 이 문제에 대해서 말씀하실 분 안 계십니까? 요즘 보면 한국은 단연 스포츠 왕국이나 다름 없습니다. 야구나 축구, 테니스 등이 모두 서양 선교사들에 의해 YMCA를 통해서 들어왔는데요, 일제시대에 대한 역사 서술에 단 한줄도 없어요. 한말의 경우에는 알렌이 와서 서양식 병원을 만들었다는 등 더러 기술되어 있는데, 일제시대에는 더 많은 교육·문화활동, 선교활동이 있었음에도 불구하고 전혀 기술되어 있지 않은 것은 공평하지 않다는 느낌이 듭니다. 이주영교수님께서 얘기 좀 하세요.

이주영 : 제 생각은 발표를 통해 이미 다 말씀을 드렸기 때문에 될 수 있는 대로 말을 안하려고 했는데 … 시간을 주시니 간단히 한 말씀 드리겠습니다. 심포지엄 주제가 교과서 부분과 독립운동 부분을 동시에 다루고

있으므로 두 문제에 대해 간단히 말씀드리겠습니다.

우선 교과서 문제인 데, 여기서 중요한 것은 '한국 근·현대사' 교과서의 좌경화 문제를 들고 나와 '역사 논쟁'을 시작한 사람들은 역사학자들이 아니라 우파로 불릴 수 있는 사회과학자들이나 일반 대중이라는 사실입니다. 그들의 주장은 역사 교과서가 학생들에게 대한민국의 존재를 부정하는 좌경화한 역사관을 가르침으로써 궁극적으로는 나라를 망하게 만든다는 것이지요.

그들의 우려가 좀 지나치다고 할 수 있을지는 몰라도, 교과서가 좌·우 대결의 과정에서 어느 한 쪽으로 크게 기운 것만은 부정할 수 없는 것 같습니다. 아마 금성출판사 본이라고 생각되는 데, 한 페이지에 김일성의 얼굴이 들어간 사진이 세 장이 나옵니다. 그러나 이승만 사진은 반드시 있어야 할 페이지에서도 안 나옵니다. 나온다 하더라도 독사진은 없고 여러 사람들 중의 하나로 나오지요. 6개 출판사 교과서들이 거의 약속이나 한 듯이 이승만에 대해서는 관심이 없습니다. 나라를 세운 건국 대통령인데도. 어떻든 얼굴이 앞으로 보이는 전면 사진은 거의 나타나지 않는다고 말할 수 있습니다.

이렇게 되니까 교과서를 집필한 사람들의 의도가 우파들에 의해 문제가 되는 것입니다. 이와 같은 저의 관점은 장세윤 선생님의 발표 내용과 가장 날카롭게 대립되는 것으로 생각됩니다.

두 번째의 독립운동 문제와 관련하여 제가 기독교(개신교) 세력의 중요성을 좀 더 크게 부각시켜야하는 이유를 말씀드리겠습니다. 예를 들어 백낙준과 김활란은 일제시대에 학교를 운영하는 과정에서 일제와의 협력이 어느 정도는 불가피했을 것입니다. 그렇지만 대한민국의 건국과 유지, 그리고 발전의 관점에서 보면 아주 쓸모있는 인재들입니다. 그들 자신이 그 일에 기여하였을 뿐만 아니라 그 목적에 필요한 많은 인재들을 육성했기 때문입니다. 또 다른 예로 백선엽 장군의 경우를 보면, 일제시대에는 만주군에서 일본을 위해 봉사했다고 말할 수 있을 것입니다. 그 사실은 독립운동사적 관점에서 보면 친일적인 것입니다. 그렇지만 그는 6·25전쟁에서 대한민국을 지키는 일에서는 큰 공헌을 했습니다.

위의 세 사람은 모두 기독교인으로서 민족사적인 관점에서 보면 모순되는 양면성을 가지고 있습니다. 일본에 협력한 측면과 국가에 기여한 측면을 가지고 있기 때문입니다. 이 경우에 이들을 어떻게 평가해야 하는가 하는 문제가 생기게 됩니다.

제 입장은 두 가지 측면이 분리되어 생각되어야 한다는 것입니다. 독립운동사의 관점에서는 친일파로 비난을 하되, 대한민국 발전사의 관점에서는 애국자로 칭송해야 한다는 것입니다. 그 때문에 그들의 과오와 공적이 모두 언급되어야 합니다.

자유주의 역사관을 가진 저로서는 그들의 과오보다 공적에 더 역점을 둡니다. 제 발표에서 강조했듯이 지난 한 세기의 우리 역사는 중국의 대륙문명권으로부터 일본과 미국의 해양문명권으로 옮겨가는 과정으로 볼 수 있습니다.그와 같은 문명사적 전환기에는 '새로운 유형의 엘리트'가 출현하게 되고, 그렇게 해서 나타난 새로운 엘리트의 성격을 보여 주는 사례가 백낙준, 김활란, 백선엽 같은 사람들입니다. 새로운 엘리트는 국민을 새로운 해양문명에 적응시킬 능력을 갖추어야 합니다.

그런데 그 능력은 자생적으로 갖추어지는 것이 아니라 새로운 문명과의 접촉에 의한 학습과 경험을 통해 갖추어지는 것입니다. 즉, 새로운 엘리트는 일본과 미국을 '모델 국가'로 설정하는 과정에서 형성되는 것입니다. 그리고 그들은 대한민국의 발전에 기여했습니다. 그들에게 독립운동의 잣대만을 들이 댈 수 없는 이유가 여기에 있습니다.

그런데 『한국 근·현대사』 교과서는 일제시대에 형성된 새로운 엘리트에 대해 독립운동이란 한 가지 잣대만을 들이대고 있습니다. 실제로 그 교과서에는 백낙준, 김활란과 같은 문명개화파의 지도자 이름이 거의 나타나지 않고 있습니다. 간혹 나오더라도 친일과 관련되어 나쁜 인상을 주는 것뿐입니다. 친일 혐의가 있다고 엘리트 이름들을 교과서에서 빼 버렸기 때문에 엘리트가 없는 역사로 묘사되든가, 아니면 별로 중요하지 않은 인물들이 엘리트의 자리를 메꾸게 되는 이상한 역사가 되고 마는 것입니다. 일제시대는 친일을 할 수 밖에 없는 시대였기 때문에 친일을 했던 엘리트라 할지라도 중요하게 다루어져야 합니다.

장세윤 선생님 발표에 따르면, 『한국 근·현대사』 교과서는 좌경화 우파들의 비난과는 달리 좌경화되지 않았고 그 때문에 앞으로 더 진보적인 측면이 강조되어야 한다는 것이었습니다. 즉, 교과서는 보수적이고 민족주의적인 입장에서 쓰여 졌을 뿐이라는 것입니다.

이 점에 대해서 저는 생각이 다릅니다. 우선 교과서가 '보수적'인 입장에서 쓰여 졌다는 주장인 데, 여기서 보수적이란 말이 구체적으로 무엇을 의미하는지 궁금합니다. 대한민국은 자유민주주의 체제를 지향하기 때문에 보수적이란 말은 그것을 지킨다는 의미입니다. 따라서 그 말은 부르주아적인 자유기업 또는 자유자본주의 체제를 지킨다는 뜻입니다. 그러나 교과서 내용의 전체적인 흐름은 그러한 대한민국 체제에 대해 절대적으로 호의적이지 않습니다. 오히려 비판적인 부분이 더 많다고 생각합니다. 그래서 우파들이 문제를 제기한 것입니다.

다음으로 교과서가 민족주의적인 입장에서 쓰여진 것이므로 '대한민국의 위기'와는 아무 관계가 없다는 의미의 주장도 제 생각과는 다릅니다. 대한민국은 자유민주국가를 표방했지만, 출발부터 반공국가의 성격을 가지고 있었습니다. 건국 직후에 여수순천 반란사건을 계기로 공산주의를 배격하는 국가보안법을 제정하지 않을 수 없었기 때문입니다. 그 때문에 대한민국은 좌파와 우파를 모두 품는 좌우합작 노선을 택할 수가 없었습니다. 좌파의 포용은 곧 우파의 붕괴를 의미했기 때문입니다. 그래서 대한민국은 자유민주주의를 하되, 좌파를 품는 미국 민주당식이 아닌, 좌파를 배격하는 미국 공화당식으로 할 수 밖에 없었습니다.

그런데 바로 그 대한민국이 거부하는 그 좌우합작의 개념이 민족주의에 포함되어 있는 것입니다. 왜냐하면 민족은 북한 국민을 품는 것이기 때문입니다. 따라서 그러한 민족주의는 반공국가인 대한민국에 치명적인 위협이 되는 것입니다.

그 때문에 저는 항상 대한민국이 이념적으로 존립하기 위해서는 그 역사학이 민족주의로부터 벗어나 자유주의를 표방해야 한다고 주장하고 있는 것입니다. 대한민국 역사학의 주류는 '민족주의 사학'이 아니라 '자유주의 사학'이 되어야 한다는 것이 제 주장입니다. 이 문제는 하루·이틀에 해결될 것이 아니므로 오늘의 토론은 서로의 입장을 확인하는 것만으로도 큰 수확이었다고 생각합니다.

이기동 : 예, 이제 장세윤 선생님 말씀 중에 금성출판사 교과서는 교육부 준거안을 충실하게 따랐으므로 문제될 게 없다고 하셨는데, 그 얘기가 맞는 것이라면 원천적으로 교육부 준거안에 문제가 있는 것입니다. 그러니까 교육부를 상대로 하여 문제를 제기할 필요가 있어요. 현재 교육부는 8차 교육과정을 준비하고 있고, 2009년이나 2010년부터는 이에 따른 새로운 교과서를 사용하게 되니까 집필 지침서가 되는 준거안의 골격을 학계가 교육부에 정식 건의하여, 아마도 국사편찬위원회가 중간에 개입하게 되겠습니다만, 유감을 남기는 일이 없도록 해야 될 것입니다. 자꾸 뒷북만 쳐서는 안 될 것입니다. 본디 역사 연구자는 언제나 결과를 놓고 원인을 탐구하는 사람들이지만, 이 교과서 제작문제에 있어서 정부에 건의서를 올리고 했는데도 정부가 반영을 안한다면 유영익교수님께서 지적한 것처럼 정부를 직무 태만죄로 행정재판소 같은 데 제소해야 됩니다. 교육부에 결코 어떤 구실을 줘선 안되요. 하기야 집필지침만 가지고는 불충분하고 검인정을 제대로 해야됩니다. 이 검인정 절차는 교육부 산하 한국교육과정평가원에서 맡아 하는데, 검정 실무를 역사교육 전문가들에게 맡기는 모양이지만 명단

을 공개 하지 않고 철저히 비밀리에 붙입니다. 세상에 무슨 대공(對共)공작의 요원 이름도 아닌데, 왜 공개하지 못하는지 끝까지 따져야 합니다.

그런데 장세윤선생 발표 중에 한가지 반가운 사실이 있어요. 이제 교과서 제목을 한국사로 바꾸는 게 좋겠다는 것인데, 매우 훌륭한 제안이라고 생각됩니다. 사실 한국의 국사니까 당연히 한국사가 되는 것인데, 그러나 이 '한'자를 넣는 것과 안 넣는 것과는 뉘앙스의 차이가 큽니다. 한국사라고 하면 세계화시대에 걸맞게 우리 역사를 상대화하는 그런 의미가 풍기고, 그냥 국사라고 하면 뭔가 우리 역사를 절대시하는 그런 뉘앙스가 풍깁니다. 그럼 한상도 교수께서 해방공간 속에서 태어난 대한민국의 의의에 대해 자유로운 입장에서 발언해 주시기 바랍니다.

한상도 : 앞에서 말씀드렸다시피, 해방정국기의 역사는 독립운동사 부분과 인과관계라는 측면에서 파악해야 합니다. 물론 앞 시대에 어떠한 축적이 있었기 때문에 그 다음시대에 새로운 진보가 있을 수 있겠지만, 큰 틀에서 패러다임의 전환도 있을 수 있다는 측면에 의지한다면, 해방정국에서 새로운 전파나 원리에 의해서 새로운 것과 생산적으로 연결되어야 한다는 부분에 너무 강박적으로 구속되는 것도 옳지않다고 생각합니다. 이때까지 그런 부분에 강박되어 왔기 때문에 소모적인 논쟁이 오가는게 아니겠는가 하는 생각입니다.

2차 세계대전의 종료 즉, 우리의 해방과 함께 독립운동가들이 기대했던 그 효용성도 다했고, 또 새롭게 주어진 냉전시대라는 새로운 체제에서, 건국의 비전도 새롭게 만들어져 갔다고 생각합니다. 냉전체제하 한반도에 주어진 선택의 여지는 미국식 자유민주주의체제냐? 아니면 소련식 공산주의체제냐? 둘 중에서 하나를 선택해야 하는 상황이었습니다. 따라서 독립운동세력이 추구해 왔던 민주사회주의체제는 그 가치를 상실할 수 밖에 없었습니다.

덧붙여 말씀드리자면, 교과서는 전문학자의 개별적인 사관에 입각한 것 보다도, 초·중·고등학교는 시민교육의 씨를 뿌리는, 성장기의 청소년 학생들을 대상으로 하고 있기 때문에, 국가관이나 시민의식을 심어주는 목적 하에서 실시되어야 하겠습니다. 중고등학교의 교육에서는 보다 합리적이고 실용적인 방안을 제시해 주는 것이 옳다는 뜻입니다. 그리고 어떤 사실에 대한 찬성과 반대의 문제는 중고등학교에서 형성된 역사에 대한 '호기심이나 관심'을 토대로 해서, 대학에 가서나 사회에 나가서 자신의 역사관을 만들어가도록, 그런 토양을 북돋아 주는 것이 옳다고 생각합니다.

이기동 : 예, 광복군이 참으로 헌신적으로 투쟁한 것은 사실이지만, 유감스럽게도 병력을 끌고 와서 서울을 점령하지 못했기 때문에 그렇게 된 것이지요. 시험공부를 열심히 했지만 최종적으로 합격하지 못 하면 목적을 이룰 수 없는 것과 같은 이치지요. 실로 안타까운 일입니다. 오늘 최문형 선생님은 학회에서 특별히 모신 것으로 압니다. 근래 선생님은 하시는 일이 많아요, 전에 민비 시해의 진상을 밝히는 저서도 내셨고, 독도 영유권문제와 관련해서도 최근에 새로운 자료를 입수하시는 등 매우 수고하고 계십니다. 또 재작년에 러일전쟁 발발 100주년에 맞춰서 새로운 연구서를 한국과 일본에서 동시에 펴내셨어요. 일본에서 상당히 반향이 컸던 것으로 알고 있습니다. 제가 일본어 책으로는 아직 안됩니다, 영어 책으로 나와야 특허권을 계속 주장할 수 있다고 건의하고 있는 중입니다. 그게 쉽지가 않은 모양이죠? 그런데 제 1공화국에 대한 평가 문제에 있어서는 이른바 뉴라이트 쪽에 아주 가까운 입장이십니다.

최문형 : 여러분 … 분위기를 조금 바꿔야 되겠습니다. 제가 53년에 대학에 입학했어요. 제가 역사공부한지 꼭 50년 됐어요, 지금 여기에 모이신 분들의 생리적 연령이 50년이 안된 분들이 많은 것 같아요, 그래서 지금 여기 같이 앉아 있는게 참 … 아주 힘들어 죽을 지경이지만 어떤 의미에서는 어떻게 내가 여기서 같이 앉아 있을 수 있는가 하여 일종의 자부심도 느낍니다. 그런데 여기서 오늘 얘기한게 뭐 준거안대로 따라 썼으니 문

제가 없다. 준거안이 잘못된 것이 없다. 또 준거안을 안 따랐다. 의견이 분분합니다. 이런 것을 지금 따지자는게 아니에요. 우리의 교과서가 어떤 점이 문제냐, 어떻게 고쳐야 되느냐, 2세 교육을 어떻게 좀 더 잘 할 수 있느냐 이게 우리의 과제입니다.

자꾸 초점을 변경하고 있어요, … 이거는 안됩니다 그러니까 … 내가 나이먹은 사람으로서 몇 가지만 이야기하겠습니다. 어떻게 봐도 지금 편제상에 불균형이 있다는 것은 인정해야 합니다. 준거안이 어떻게 되었든간에 하여간 쓰여진 교과서는 아주 심한 편제상의 불균형이 있다는 건 부정할 수 없습니다. 그 다음에 사실의 오류가 분명히 있습니다. 그 문장을 읽다보면, 이게 몰라서 잘못 썼다는게 아주 분명히 읽혀져요, 이건 고쳐야 될 거 아닙니까? 잘못 쓰여진 점이 분명히 읽혀져요, 이걸 가지고 국사교육을 시킨다는 것은 잘못된 것 아닙니까? 이것을 고치자는 거에요, 이런 걸 고쳐서 좀 더 좋은 교과서를 만들자는 것이 이 학회의 취지지, 이걸 가지고 누가 책임을 지고 이제 와서 잘잘못을 따지자는게 아니에요, 예를 들어서 동학농민운동을 너무 강조하다 보니까 상대적으로 강조해야 될 것, 써야할 것을 못 썼어요, 예를 들어서 청일전쟁이라던지 러일전쟁, 그 다음에 민왕후시해사건, 헤이그밀사 사건, 안중근의사의 의거, 심지어 독도문제 이거 다 아주 소홀하게 다룬 것은 이루 다 말할 수도 없습니다. 예를 들어서요, 러일전쟁은 어떻게 썼냐 하면, 대한제국의 개혁은 일제가 러일전쟁에 승리하면서 중단되었다, 이것이 러일전쟁에 대한 얘기 전부입니다, 혹시 다른데에 러일전쟁에 관한 이야기가 쓰여져 있나 해서 찾아봤는데 한마디도 없어요, 청일전쟁도 똑같이 기술했습니다. 혹자는 청일전쟁과 러일전쟁이 청나라와 일본하고 싸우고, 러시아와 일본하고 싸운 전쟁인데 우리와 무슨 상관이냐,고 한답니다. 이런 무지한 소리를 하면 안됩니다. 청일전쟁과 러일전쟁의 전쟁터가 어디에요? 한국땅이에요, 우리 땅을 먹으려고 두 놈이 싸운거예요, 이걸 가지고서 우리 역사하고 관계가 없다고 하는 식으로 나온다면 이거야 말로 정말 고쳐야할 부분인거죠, 이건 철두철미하게 잘못된 겁니다.

또 민왕후 시해사건은 뭐냐, 이것을 대원군하고 민비싸움으로 몰아붙여요, 무슨 낭인이라하는 깡패가 죽였다, 미우라라는 군인이 와서 죽였다, 이것은 그런 문제가 아니에요, 청일전쟁 이후 일본이 한국을 다 집어 삼키게 생겼는데 민비가 러시아 세력을 끌어들여 가지고 방해하니까 일본정부가 왕후를 회유, 아니면 죽여야 했어요. 자기네 국익을 위한 싸움이에요, 국익을 위하자면 마땅히 일본정부가 관여하게 되어 있어요, 그런데 일본정부가 모든 증거를 인멸하고 대원군하고 민비의 싸움으로만 몰아붙여요, 우리 TV에서도 언제나 민비하고 대원군의 싸움으로만 나와요, 또 교과서에도 지금까지 미우라(三浦)라는 개인이 시해한 것으로 나와요. 이건 무식한 짓이예요, 이건 아니에요, 한국에 대한 전결권(專決權)을 가진 사람이 있어요, 그가 바로 주한공사로 부임한 이노우에(井上馨)입니다. 이것은 구미문서와 일본자료를 통해 너무나도 분명한 일입니다. 그 문서가 다 남아 있어요, 오로지 우리나라에서만 아직 고치지 않고 있습니다. 이것은 국사의 태만입니다. 이걸 고치자는 거에요, 또 민왕후를 시해해서 일본이 한국에 대한 지배권을 다시 찾게 되니까 러시아는 닭쫓던 개가 됐어요, 그래서 러시아가 이에 대응한 것이 아관파천이에요, 한반도를 둘러싸고 러·일이 대립하는 가운데 일본은 민왕후를 시해했고, 이에 맞서 러시아는 아관파천을 주도한 겁니다. 이런 것을 오늘날까지도 전혀 연결고리 없이 민비시해는 민비시해, 아관파천은 아관파천, 마치 전혀 인과 관계가 없는 사건처럼 따로 기술하고 있어요. 거문도 사건은 거문도 사건, 천진조약은 천진조약 전부 따로 기술 하고 있어요 … 연결성이 하나도 없습니다. 이건 역사가 아니에요, 애들한테 그냥 단답형 내놓고 이게 맞는가 틀린가 하는 것과 똑같습니다. 이건 교과서의 중대한 문제점입니다. 그리고 1882년 이후에는 구미 열강과 수교를 맺습니다. 우리나라에 이미 구미 열강이 들어왔어요,

그럼에도 우리 역사에서는 한·청 관계와 한일관계만을 이야기 해요, 구미 열강이 우리나라에 관광여행 온 것이 아닙니다. 제국주의의 침략에 분개 하면서도 이들의 침략행위에 대한 언급은 거의 없는 것입니다.

우리 역사를 보는데도 세계사적인 빛을 비추어야야 똑바로 보입니다. 그런데 그냥 막 쓰고 있어요. 이게 국사의 큰 문제점이라는 겁니다. 그걸 내가 지금 얘기하자는 거예요, 그 다음에 헤이그 밀사사건이라던가, 심지 어 안중근의사 문제를 불과 두줄로 썼어요, 두줄로 … 헤이그밀사 사건은 단어 하나 달랑 집어 넣었어요, 이래도 되는겁니까? 이게 문제라는 거죠, 나는 교과서의 바로 이걸 문제로 삼는 거에요, 또 현안인 독도문제도 러시 아 발틱 함대가 동해로 오는 시간에 발맞추어서 일본이 다 계산해가지고 독도를 집어먹었어요, 지금 우리나라에서 독도문제 얘기하는 건 전부다 영 유권 분쟁, 즉 말싸움이에요, 말싸움 하지 말고 역사적 사실로써 입증을 하 자 이거에요, 이런 문제, 현실적으로 문제가 되는 것은 접어 두고 그저 다 른 얘기만 하는 거에요. '민족'과 '민중' 이야기만 하자는 거예요. 그 다음 에 이게 또 기가 막힙니다 또 … 많이 있지만, 시간관계로 다 얘기를 못하 겠어요, 임오군란 하면 그 결과 제물포조약 체결을 언급하지 않았느냐, 갑 신정변하면 한성조약 체결을 언급하지 않았느냐. 이걸로 다 라고 생각을 해요. 임오군란이라는 것은 어떤 것이냐, 물론 여기서 임오군란의 내용까 지 얘기할 필요는 없습니다. 임오군란을 열강이 어떻게 이용했느냐가 문제 입니다. 영국이 태평천국의 난을 이용해 가지고 제2차 애로우호(Arrow)사 건을 일으켰던 것과 똑 같습니다. 임오군란으로 한국이 혼란에 빠지니까 이틈을 타서 한영조약을 체결한지 한달도 안됐는데, 이것의 인준을 거부하 고 '신조약'을 맺겠다는 것이었어요. 이런 판국에 김옥균과 박영효가 주일 영국공사 파아크스(Parkes)를 찾아갔어요, 김옥균은 우리나라에서 선각자로 알려져 있어요. 김옥균은 당시에 32세, 박영효가 22세입니다. 당시의 주일 영국공사 파아크스를 만났는데, 파아크스는 50대 후반의 외교 베테랑입니다. 이 자는 세계적인 정보를 가지고 있어요, 그런데 22세, 32세짜리가 찾아가서 회담을 하자니 상대가 되겠어요. 이들의 말 실수를 붙잡고 그냥 늘어졌습니다. 이게 '한영신조약'이에요, 한영수호조약하고, '한영신조약'하고 교과서에서는 혼돈하고 있을 뿐만 아니라 연대까지 틀리고 있어요, 더 이상 얘기 안하겠습니다. 뭐 기록이 잘못되서 잘못 이용했다는 것은 변명이 될 수 없습니다. 잘못 이용했으면 잘못 이용한 그것도 문제란 말이에요, 그런데 그 연대만이 문제가 되지 않습니다. 한영신조약 이것 때문에 우리나라의 관세수입이 절반으로 떨어졌어요. 뿐만 아니라 조약에 의해서 영국한테만 혜택을 준게 아니에요, 우리나라와 조약을 체결한 나라뿐만 아니라 장차 체결할 나라까지 혜택을 받았어요. 우리나라의 경제 파탄을 일으킨 주범이 영국이에요, 이런걸 하나도 얘기를 안하고 있습니다.

이것은 흥분 안 할 수 없는 이야기입니다. … 그런데 국사하는 사람들은, 특히 근대사 전공자들은 흥분할 줄도 몰라요. 나이 많은 사람으로 여러분한테 다시 얘기합니다. 한국근세사 하는 사람들은 무슨 사상이니, 이데올로기니, 따지기 이전에 역사의 전체상부터 이해해야 합니다.

그 다음에 역사의 연속성이 없어요, 아까 얘기한 것처럼 … 민왕후 시해 문제예요. 민왕후는 일본이 들어오니까 러시아를 끌어들여 가지고 이걸 막으려고 했어요, 그러나 러시아가 들어오면 청국과 일본이 다 불안해져요. 그러니까, 민왕후를 견제하기 위해서 대원군을 붙잡아 갔던 청나라가 그를 석방을 해줘요, 일본과 청국이 러시아에 겁이 났어요, 1884년 말에서 1885년 초에 걸쳐 '한·러 밀약'설이 나돌자 청국은 대원군을 석방하고, 청국과 일본은 천진조약을 체결하고, 영국은 거문도를 점령해요, 이게 다 하나로 묶여져 가야되는 사건이에요, 그런데 국사학계에서는 이 여러 사건을 서로 관련이 없는 별개의 사건으로 기술하고 있어요. 인과관계를 무시하고 있을 뿐만 아니라, 밀접하게 관련된 여러 사건을 완전히 별개의 사건으로 기술하고 있는 문제가 바로 그것입니다. 이건 큰 문제입니다. 지금 제일 걱정스러운 것이 또 하나 있어요, 내가 나중에 얘기하게 되겠지만, 아주 참담한 얘기가 많아요. 을사보호조약 체결로 우리나라는 외교권을 잃었어요, 외교권을 잃고 나서 5년 후에 한국이 일본에게 병합됩니다. 이것을 어떻게 교과서에서 설명하고 있느냐면, 가관입니다. 오로지 우리 의병의 활약으로 병합을 5년이나 늦추었다 이거에요 … 외교권을 잃은 이후 일본에게 병합되는 것을 5년이나 끈 것은 오로지 우리의 의병활동 때문이었다는 것입니다. 이런 웃음감이 없어요, 물론 의병의 활동이 다소 일본에게 장애가 된 것은 사실입니다. 나도 그렇게 믿고 싶고요, 그러나 그 5년의 역사가 가능한 이야기입니까, 야마베 겐타로(山邊健太郎)라는 일본학자는 을사보호조약 체결 이후 일본의 한국병합은 '기정사실'이라고 했고, 모리야마 시게노리(森山茂德)는 '시간문제'라고 했어요. 그런데 5년 끌었어요, 그게 의병활동 때문이냐, 제가 어떤 젊은 사람한테 그걸 물었습니다. 한 30%까지는 의병활동이겠죠라는 대답이었어요. 그러나, 이건 우리가 좀 정신차려서 봐야 될 내용입니다. 일본은 러시아의 복수가 두려웠고, 만주의 문호 개방 약속을 일본이 안 지키니까 미국이 압력을 가했어요, 그래서 미국과 러시아의 힘이 작용해서 이게 5년을 끈 거에요, 이걸 우리나라에서는 모조리 의병의 활동때문으로 돌려요, 이래서 세계사적인 지식이 필요하다는 겁니다. 일본은요, 청일전쟁 때도 그렇고 러일전쟁 때도 그렇고, 처음서부터 열강의 제약을 받습니다. 동학농민혁명이 일어나자 청국은 아산만에 군대를 보냈는데, 일본은 동학혁명과 관계가 없는 제물포에 군함을 파견했습니다. 청나라는 3천명을 보냈는데 일본은 1만 3천 8백명을 보냈어요, 한꺼번에 제압하겠다는 뜻이지요, 그럼에도 일본은 전쟁을 못합니다. 50일이나 끌어요, 열강의 허락이 안 떨어졌어요, 그런 것은 우리나라 역사에는 하나도 없습니다. 그리고 맨 이데올로기만 따지는 거예요, 한 가지만 얘기하고 끝나겠습니다.

아무리 자기의 사상과 이론이 훌륭하다고 해도 역사를 거기에다 끼워 맞춰서는 안됩니다. 지금 좌파니 우파니 얘기할 것 없어요, 역사적인 사실 그대로 얘기하란 말이에요, 이걸 여기에다 끼워 넣고 지금 교과서를 갖다가 좌파니, 우파니 자꾸 얘기를 하는데, 그런 얘기 할 필요가 없어요, 또 해방 이후의 얘기도 그래요, what actually happened? 과거형이에요 … 이미 일어난 사실을 가지고 얘기하지, 일어날 사실들을 가지고 얘기하지 말라는 거에요, 이게 중요한 의미를 가지는 겁니다. 그런데 이렇게 되서는 안된다. 혁명은 이런식으로 되어야 한다. 만일 이랬더라면 더 좋았을 거다. 역사에는 가정법이 없습니다. 어느 일본의 좌파 역사가는 만일 짜르의 의도를 일본의 정치가들이 알았더라면 러일전쟁은 일어나지 않았을 것이라고 말하고 있습니다. 러일전쟁은 이미 100년전에 끝났는데, 이제 와서 안 일어날 수도 있었다는 것이 무슨 소용이 있습니까. 이 말은 일본 고관들이 미국의 실력을 똑바로 알았더라면, 태평양전쟁은 안 일어났을 것이라고 한, 일본 천황의 이야기와 비슷해요.

　　어느 우파 학자의 말은 더 기가 막힙니다. 1876년에 한국과 일본이 수호조약을 체결할 당시에 한국의 실상이 어땠는지 아느냐, 오늘날의 북한과 미국과의 관계와 비슷하다는 겁니다. 일본은 자기네들이 미국과 같다는 거에요, 그런데 우리나라는 지금 어떻게 얘기하고 있느냐 하면, 명치유신 이전의 일본은 야만적이었는데, 명치유신때부터 갑자기 상승해 가지고 일본이 선진국이 되었다는 겁니다. 그렇다면 어떻게 갑자기 그들이 명치유신을 하고 … 명치유신을 할 수 있는 기반을 쌓았어요, 이걸 우리는 전혀 몰라요, 그들의 문호는 미국의 페리 제독에 의해 개방되었지만 서양문명이 들어올 수 있도록 창문은 열어놨다는 거에요, 준비는 했다는 겁니다. 이게 일본의 실력입니다. 일본이라는 나라를 갖다가 똑바로 보아야 합니다. 더 얘기를 할 것도 없어요. 임진왜란 때, 가토 기요마사가 부산에 상륙해 가지고 서울로 오는데 얼마 걸렸는지 아세요? 19일 걸렸어요, 한강까지는 16일 걸렸어요, 6·25사변때 우리 부산으로 피난가는데 12일 걸렸어요, 우리가 방어했단 얘깁니까? 우리의 모습을 좀 똑똑히 보고서 얘기하자는 말이에요. 우리는 지금 엄청난 성장을 했어요, 내가 대학을 졸업할 때 G.N.P가 67불이었어요. 그런데 오늘날 1만5천불이 되요, 오늘날 우리가 판단 비교하는 상대를 미국과 일본으로 잡고 있어요, 우리가 그것만 해도 훌륭한 겁니다. 그게 대한민국입니다. 사실은 … 그 대한민국의 덕을 우리가 보면서도 제대로 알지 못하고 밥 굶는 북한을 그리워하는 무리들이 눈에 띠어요. 그거 가지고 지금 따질 것 없어요, 언젠가는 알게 됩니다. 역사적 사실만 충실하다면 다 알게 되요, 그러니까 해방 이후의 역사는 좀 역사적인 사실이 정제된 다음에 얘기를 하자는 겁니다, 이게 내 얘기입니다. 이제 기운이 없어서 그만 …

이기동 : 이제 시간 사정상 10분쯤 뒤에 끝내야 하겠습니다. 꼭 하시고 싶은 얘기가 있으신 분들께서는 간명하게 해 주시기 바랍니다.

도진순 : 달리 기회를 주시지 않아서 외람되이 몇가지 언급하겠습니다. 하고 싶은 얘기가 많이 있지만, 시간상 가급적 간명하게 하겠습니다.

우리 교과서에서 좌파냐 우파냐 이런 문제보다도, 공통으로 부족하고 보완할 부분이 무엇인지 이런 이야기가 좀 필요할 것 같습니다. 저의 주관적인 평가가 될 수 있습니다만, 첫 번째 교과서가 대부분 상당히 재미가 없다는 점이 교육적인 면에서 상당히 문제가 된다고 생각됩니다. 요사이 학생들은 동영상, 애니매이션 등에 익숙한데, 교과서도 흥미있게 서술하는 것이 상당히 중요한 과제가 아닌가 생각됩니다.

두 번째, 좌우를 불문하고 교과서에는 기초적인 인과관계나 사실 확인의 오류, 감정적인 표현 등이 적지 않습니다. 오늘도 이중섭에 관해서 유사한 지적이 있었는데, 제가 일전에 일본의 히토츠바스(一橋) 대학 교수님들과 같이 한일 역사교과서를 한 1년 동안 비교 검토하면서 토론한 적이 있는데, 당시 한 일본 교수님이 우리 교과서에 임진왜란의 원인을 도요토미 히데요시의 "불타는 정복욕"에 있다는 구절을 적시하면서 이것이 구체적으로 무슨 뜻인가 묻더군요. 참으로 민망하고 부끄러운 수준의 서술이지요. 사실 임진왜란 관련 기술들을 보면 이순신만 강조되어, 교과서가 임진왜란의 실상과 교훈을 가로막고 있지 않는가 하는 자괴감을 지울 수 없습니다. 왜란(倭亂)이란 명칭부터 사실 중화주의적 인종편견이 농후한 것이지요.

세 번째, 우리 역사에서 승리와 영광은 있지만, 실패와 교훈에는 매우 인색하다는 것입니다. 이순신 이야기와 동상은 많이 있지만, 임진왜란 당시 끌려간 도공들, 포로들 등에 관해서는 서술도 인색하고 기념물도 거의 없습니다. 이렇게 해서 임진왜란의 진상(眞相)을 가르킬 수 있겠습니까. 대중을 강조하는 경우도, 운동(運動)으로서 대중운동이 아닌, 수난자로서 대중의 모습은 제대로 부각되어 있지 않습니다.

네 번째, 우리의 국사 교과서에는 타자(他者)의 역사와 세계(世界)에 대한 인식에는 너무나 인색하다는 느낌을 지울 수 없습니다. 단순 배경 설명으로는 있습니다만, 한반도의 명운을 결정한 인과관계 속에 타자와 세계가 거의 없다는 것입니다. 청일전쟁, 러일전쟁, 38선 등 한반도가 호명되지 않는 명칭이 한반도의 역사를 좌우한 경험을 우리는 무시할 수 없습니다. 이것을 극복하기 위해서는 세계와 타자가 한국사의 중요한 한 부분으로 들어와야 한다고 생각합니다. 그렇지 않으면 우선 역사적 진실에 접근하기 힘들고, 학생들이 성장해서 세계와 타자(他者)에게도 소통되는 역사인식을 가질 수 없습니다. 오히려 세계 및 타자와의 관계를 막는 역할을 할 것이며, 이것은 참으로 심각한 문제라고 생각합니다.

가령 한국의 식민지화도, 그것을 결정한 세계적인 구도 위에서 한일관계라는 쌍무적 관계를 파악하는 것이 아니라, 한일관계라는 좁은 틀의 연장선상에서 거꾸로 세계를 독해하거든요. 이렇게 해서는 역사의 중층성과 다면성을 파악하기 힘들고, 직선적이며 배타적인 역사관을 가질 가능성이 많지요. 이만하겠습니다.

임지현 : 예 … 전 딱 두 가지만 말씀드리겠습니다. 첫 번째는 아까 이기동선생님께서 국사에다 '한'자를 붙여 한국사라고 가보는게 어떠냐고 제안을 하셨는데, 그것은 물론 제가 볼 때는 바람직한 방향이지만, 한국사의 분리된 공간의 역사서술이 실질적으로 가능한 것이냐는 의문입니다. 세계사의 보편성이니 비교사니 하는 상투적인 얘기를 하자는 것이 아니라, 최문형 선생님께서 말씀하셨다시피 이미 근대의 세계 체제속에 한반도가 편입된 이상 세계사의 흐름을 이해하지 않고 한국사를 이해할 수 없다는 아주 실질적인 차원에서 문제를 제기하는 겁니다. 그렇다면 한국사가 독자적인 교과서 또는 독립된 교과서로 존재하는 것이 타당할 것이냐는 문제가 나오는 거지요. 전근대사를 얘기할 때도 사정은 크게 다르지 않습니다. 도선생님께서 이야기 하셨지만 임진왜란은 조선과 일본의 전쟁이 아니라는 겁니다. 명나라도 참전했고, 그것이 여진족에게도 영향을 미치고 심지어는 대만, 태국까지 포괄된 그야말로 오늘날 국민국가의 경계를 넘어서는 전쟁인데 그것을 근대 이전의 한국사라는 분리된 하나의 틀로 이야기했을 때 이해가 가능한가 하는 점입니다. 조병한선생님이 더 잘 아시겠지만, 예컨대 18세기까지 동아시아의 이른바 subworldsystem, 코메란츠가 얘기하는 동아시아의 subworldsystem을 이해하지 않고 과연 17·18세기 조선의 역사를 우리가 정확하게 이해할 수 있을까? 최문형 선생님께서 지적하신 19세기말 20세기 초의 우리 중심적인 역사인식이 초래하는 문제는 17·18세기 전근대사의 문제에서 나올 수 있다라는 거죠. 그런 점에서 우선 교과서 편제를 독자적인 국사교과서로 밀고 나가는 것이 타당한가, 아니면 어떤 아이디어가 있을 지는 모르겠습니다만, 전근대사와 같은 경우, 17·18세기 예컨대 동아시아의 subworldsystem을 서술하는 과정속에서 조선역사의 위치 제기, 그리고 18·19세기 이후는 서구적 근대 혹은 세계사적 근대성의 큰 맥락속에서 19세기와 20세기의 한반도의 역사를 위치 짓는 그런 고민이 있어야 되지 않을까 하는 게 첫 번째구요, 아 두 번째, 두 번째는 얘기하다

가 잊어버렸습니다. 여기까지 하겠습니다.

장세윤 : 예, 제가 오전에 바쁜 시간을 너무 많이 썼는데요, 크게 드릴 말씀은 없고, 제가 중국교과서를 최근에 여러 종 수집해서 본 적이 있습니다. 중국교과서가 종전에는 '중국 고대사', '중국 근대현대사', 그 다음에 '세계 근대현대사'라는 이름으로 되어 있었는데, 최근에 중학교 교과서를 『역사』란 과목으로 통합을 했다길래 봤더니 내용은 거의 대부분 중국사로 되어 있었습니다. 내용이 중국사 중심으로 서술되어 있고, 세계사 내용들은 아주 부수적인 형식으로 되어있습니다. 그리고 중국사와 세계사 부분이 유기적으로 연계가 안되어 있더군요.

따라서 『역사』라고 하면 자국사와 세계사를, 양자의 관련 부분을 기술적으로 잘 해결해야 하는 것이 가장 큰 문제라고 할 수 있을 것 같습니다. 만약에 우리나라에서 한국사와 세계사가 '역사' 과목으로 통합이 된다고 하면 분명히 한국사와 세계사와의 연계 부분에 문제가 생기지 않을까 우려되기도 합니다. 속된 얘기로 하면 밥그릇 싸움도 벌어질테고, 세계사를 전공하는 어떤 사람은 왜 한국사 이야기만 이렇게 비중이 많냐, 이렇게 분명히 문제를 제기할 수도 있을 것으로 봅니다. 그래서 '역사'로 통합을 하더라도, 제가 볼 때는 아마도 한국사 부분이 많은 비중을 차지할 텐데, 그럴 경우에 양자의 서술분량의 문제라든지, 관련내용을 어떻게 유기적으로 연결시킬 것인가 하는 고민이 생길 것 같습니다. 또 세계사 연구자들이 한국사 연구자들을 볼 때 과연 할 말이 없겠는가 이런 생각을 해봅니다. 어떻게 한국사와 세계사를 효과적으로 연계하여 기술을 해나가는가, 이 문제가 앞으로 중요한 일이 될 것 같습니다. 이상입니다.

최문형 : 여러분들 얘기를 들어보니까 아주 건설적이고 이성적인 얘기가 나온 것 같아요, 그런데 어떻게 하면 문제점을 해결할 수 있을까? … 저는 이걸 우선 쉬운 방법으로 서양사 · 동양사 · 국사의 분과(分科)가 아니라 합쳐야 한다는 생각입니다. 세계적으로 동경대학 하나를 빼고는 다

합쳐져 있습니다. 이를 다시 합쳐야 합니다. 그러지 않으면 뭐냐 … 내가 단언해 둡니다, 국사학자 여러분한테 미안하지만 … 국사만 가지고서는 간도문제 해결 못합니다. 또 일본도 알지 못해요, 또 독도문제도 일본하고만 관계있는게 아닙니다. 지금 그건 미국하고도 절대관계가 있습니다. 그 다음에 민왕후 시해사건 같은 것도 뭐냐하면 일본이 자료를 인멸 왜곡했으니 외국자료, 우리나라에 와있던 외국사절들이 자기나라에 보고를 한 것을 토대로 공부할 수밖에 없었어요. 이젠 역사 전부를 가지고 얘기를 해야지, 국사만으로는 안 됩니다. 나이먹은 사람으로서 내가 단언을 하겠습니다. 이제라도 바꿔야 됩니다. 이제라도 한문을 가르쳐야 됩니다. 어느 대학에서는 지금 사학과에서도 한문 강독이 없어졌대요.

임지현 : 그거 한양대 아닌가요?

최문형 : 나는 지금은 한양대에서 나와서 모르겠어요 …

이렇게 되니까, 이제 문제가 생기는 거예요, 그러니까 나는 여러분에게 오늘 제안까지 하고 끝내겠습니다. 감사합니다.

강영철 : 제가 지금은 벗어났지만, 얼마 전까지 국사편찬위원회에 오래 근무했기 때문에 국정 교과서 문제에 직·간접적으로 관여를 했습니다. 교과서 편찬 과정이라든지 절차라든지에 대해서 좀 알기 때문에 마지막으로 몇마디 얘기를 하겠습니다. 아까 장세윤 선생이 말하신 것 같이, 검정교과서에 대한 문제점이 교육과정이나 준거안 등 틀을 충실히 따르다 보니까 문제가 더 많아졌다. 문제가 있다면 그쪽에서 더 책임이 있는 것이고, 집필자들 책임은 아니다라고 하였습니다. 그게 사실상 많이 타당성이 있는 지적이긴 합니다. 그런데 어제 한분이 직접 검정교과서를 집필한 분이 분명히 얘기했죠, 준거안을 따르지 않았다. 준거하는 것을 의식하지 않고, 서술을 했노라. 그런 얘기를 했어요, 그러니까 여러분들이 좀 이해가 잘 안될겁니다. 그런데 두분의 지적이 다 맞습니다. 현실적으로 그게 가능합니다. 그게 왜 가능하냐면 검정 절차에 문제점이 있다는 것을 어제 제가 말씀드

렸기 때문에 새삼 말씀을 드리지는 않습니다만, 그 검정 기준에는 네 영역의 공통기준과 여섯 영역의 교과기준이 있는데 독창성이 높은 교과서가 높은 평가를 받도록 하였습니다. 이 열개의 영역을 세분화하면 20개 항목 정도로 나뉘는데 어제도 말씀드렸다시피 이것들이 굉장히 추상적으로 표현되는 것들이 많아요, 그래서 일일이 항목 기준에 맞느냐 안 맞느냐 하는 것을 소수의 검정위원들이 주어진 짧은 기간 내에 제대로 다 가려서 채점할 수가 없습니다. 그렇게 해야 되는데 현실적으로는 그렇지 못합니다. 대다수의 집필자들은 검정을 의식해서 미리 교육부의 지침을 충실히 따랐고 일부는 그리 신경을 쓰지 않았다고, 하지만 검정되었습니다. 아마 금성 같은 경우 일차로 통과한 것으로 알고 있습니다. 그래서 두분의 지적이 다 맞다고 한 것입니다. 그리고 그 내용을 보면 그 집필자들이 최신의 연구성과라든지 의욕적으로 자료를 비교적 많이 섭렵한 것은 제가 봐도 그런 것을 느꼈습니다. 그런데 검정교과서에 대한 논란이 일게 되어 검정 근현대사 교과서의 관계되는 사항을 내용 분석하면서 토론을 하였는데 그중에는 저하고 젊은 학자들하고 상당히 그 의견이 차이가 나는 경우가 종종 많이 있었습니다. 이러한 것들이 확대되어 뭐 꼭 이런 표현을 해야할지는 모르겠지만, 좌 우 또는 보수와 진보로 나뉘어져 각각 일방적인 주장을 고집하여 많은 사람들이 걱정을 하게 하는 부분이 다소 있습니다.

각계에서 검정 교과서 흐름이나 내용을 분석 비판한 것을 다 수긍을 하지는 않지만, 서로 평행을 하면서 담쌓지 말고 상대방의 걱정을 귀담아 듣는 어떤 슬기가 있어야 된다라는 생각이 듭니다. 검정 교과서도 내용을 보면 이제 처음 나온 것하고 해마다 바뀝니다. 크게 바뀌진 않지만 그 자체적으로 수정도 많이 하고 안팎으로 지적된 내용을 반영하기도 합니다. 그래서 우리가 내용을 분석한 그 시점이 언제이냐에 따라서 평가가 달라질 수가 있는 것이죠, 정말 앞으로라도 이것이 하루 이틀에 끝날 일이 아니기 때문에 어떤 지적에 대해서 한번 귀를 기울이고 심사숙고를 했으면 어떻겠는가 그런 생각이 듭니다.

교과서는 어제도 말씀을 드렸지만, 자유로운 학문 활동이 보장되어야 하지만 학술연구와 교과서 편찬이 어느 정도 분리해야 된다라고 생각이 됩니다. 교과서는 2세 국민들을 교육하기 위한 긍정적인 사고가 수반되어있지 않고서는 문제가 있지요, 그렇기 때문에 전 이런 제의를 하고 싶습니다. 교과서 편찬은 나름대로 헌법적 질서를 지켰으면 한다. 헌법적 질서라고 하면 좀 거창하게 들릴지 모르지만 좀 느슨한 형태나마 우리 국가가 존재하는 정체성이 담보되는 그러한 것을 염두해 두어야 된다는 그런 생각을 합니다. 그리고 이것은 조그만 문제인데 장세윤 선생이 아까 보천보전투를 검정교과서에서 취급하자 그 내용이 2006년도에 국사 교과서에 반영되었다고 하였습니다. 아까 담당 실무자에게서 확인을 했는데 꼭 그런 것만은 아니라는 겁니다. 그러니까 필요성에 의해서 수정을 한 것이지 그걸 인식한 것은 아니라고 합니다. 사실 국정교과서는 수정 내지 보완에 흐름이 상당히 늦습니다. 예를 들자면, 우리의 근대적 역사연구를 소개하는 부분에서 사회경제사학을 수록하는 것도 7차 교육과정에 들어서면서 했거든요. 그것이 아직도 국정 교과서라는 것은 연구성과를 수렴하는데 게으르다는 뜻이 아니고, 수록하고 표현하는데 있어서 여러 가지 방안을 고려하지 않을 수 없는 나름대로의 제약성이 있어왔습니다.

이기동 : 예, 시간이 많이 경과됐습니다. 하실 말씀들이 있으시겠지만 개인적으로 하시기 바라며 이만 끝내도록 하겠습니다.

찾아보기

ㄴ

ㅅ

필자소개 (집필순)

유영익	연세대 국제학 대학원 석좌교수
이주영	건국대 사학과 교수
오영섭	연세대 현대한국학연구소 연구교수
윤선자	전남대 사학과 교수
강영철	전 국사편찬위원회 편사부장
한상도	건국대 사학과 교수
장세윤	동북아역사재단 연구위원
임지현	한양대 사학과 교수

한국 근·현대사 교과서의 '독립운동사' 서술과 쟁점   값 19,000원

2006년 12월 20일 초판 인쇄
2006년 12월 30일 초판 발행

편   자 : 역사학회
발 행 인 : 한 정 희
발 행 처 : 경인문화사
편   집 : 신 학 태
　　　　　서울특별시 마포구 마포동 324-3
　　　　　전화 : 718-4831～2, 팩스 : 703-9711
　　　　　이메일 : kyunginp@chol.com
　　　　　홈페이지 : 한국학서적.kr / www.kyunginp.co.kr
등록번호 : 제10-18호(1973. 11. 8)

ISBN : 978-89-499-0470-2   93910
ⓒ 2006, Kyung-in Publishing Co, Printed in Korea